供应链管理之美

信链
供应链管理从N到1

彭东文 著

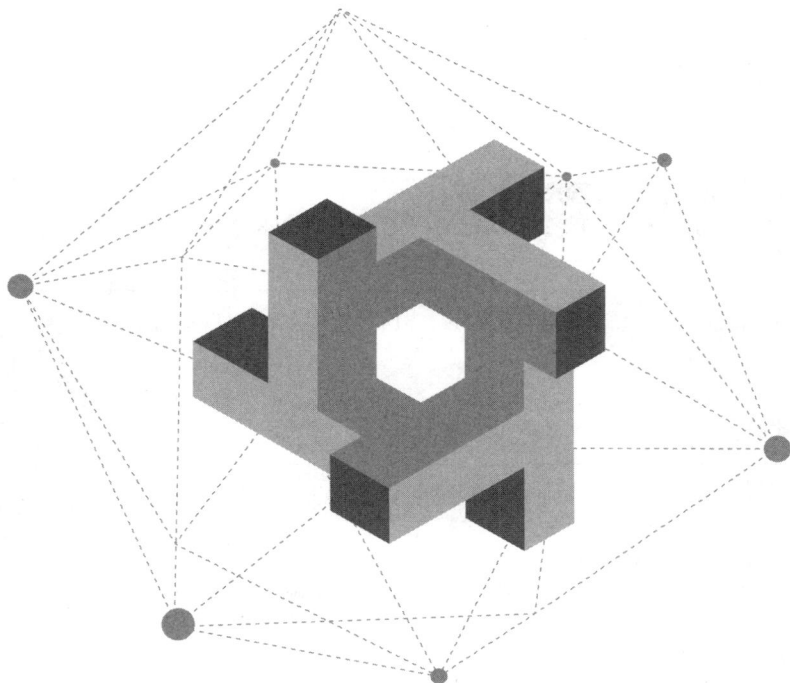

中国铁道出版社有限公司
CHINA RAILWAY PUBLISHING HOUSE CO., LTD.

北京

图书在版编目（CIP）数据

信链：供应链管理从 N 到 1 / 彭东文著 . -- 北京：
中国铁道出版社有限公司，2025. 3. --（供应链管理之
美）. -- ISBN 978-7-113-31794-2

Ⅰ . F252.1

中国国家版本馆 CIP 数据核字第 202420TB25 号

书　　名：信链：供应链管理从 N 到 1
　　　　　XIN LIAN：GONGYINGLIAN GUANLI CONG N DAO 1
作　　者：彭东文

责任编辑：郭景思　　　　编辑电话：（010）51873007　　　　电子邮箱：guojingsi@sina.cn
封面设计：郭瑾萱
责任校对：安海燕
责任印制：赵星辰

出版发行：中国铁道出版社有限公司（100054，北京市西城区右安门西街 8 号）
网　　址：https://www.tdpress.com
印　　刷：河北宝昌佳彩印刷有限公司
版　　次：2025 年 3 月第 1 版　2025 年 3 月第 1 次印刷
开　　本：710 mm×1 000 mm 1/16　印张：22.25　字数：417 千
书　　号：ISBN 978-7-113-31794-2
定　　价：88.00 元

亲爱的读者朋友，你好！

当你翻开这本书的时候，便来到了这样一个路口，在这里能看到标有"供应链管理之美"的路牌。我们之前互不相识，但我希望能和你成为同道中人，一起去享受追求供应链管理之美的旅程。

接下来，我想从如下四个问题出发，与你交流本书的相关话题。

第一问 书名的含义

1. 系列名"供应链管理之美"

供应链管理为科学，美为艺术，"供应链管理之美"是科学和艺术的融合。该系列书用了科学的模型和大量形象的图表，将知识可视化。将研究科学的枯燥过程，变成追求和享受美的有趣旅程。

2. 书名《信链：供应链管理从 N 到 1》

本书是该系列书中的一本。信链，代表满怀信心、充分信任和坚定信念的供应链共同体；N 象征着供应链上下游之间关系较为松散，彼此间可能更多地进行资源争夺，导致整体效益难以最大化，呈现出一种低效、非协同的状态；而 1 则代表着供应链上下游形成一个共同体，各方致力于开展合作与共赢，通过资源共享、优势互补，共同推动供应链的整体增长与提升，实现效益的最大化。从 N 到 1 这一转变体现了供应链从分散、低效向协同、高效发展的积极转变。

第二问 写这本书的初衷

1. 助力供应链管理发挥出其重要价值

供应链管理，贯穿于从感知客户需求到满足客户需求的全过程。在企业内部，供应链从业人员需要协同和平衡各相关部门。对企业外部，其要协同和平衡上游供应商及下游客户。只有这样，才能促使供应链共同体的健康发展。

2. 促进供应链人的职业发展

在供应链从业人员的职业生涯中，我们大概会经历在校学习、跟着师父实践、在工作中继续学习、考取供应链管理专业证书……直到成为卓越的供应链人。可能因为接触到的是零散和不准确的信息，供应链人不能高效地学习到实用的知识。因此，在职业发展中走了不少弯路。

3. 帮助供应链人从焦虑到胜利

供应链人面对着来自多个方面的压力和挑战，容易"招人厌"和成为"背锅侠"。他们需要处理复杂的计划、采购、仓储物流和成本控制等工作，平衡质量、成本和交付多方面的目标，确保及时足量且有成本优势的交付。

第三问　本书的特别之处

本书将以供应链管理的四个核心层面，即知识层面、操作层面、技术层面和人员层面为主线，从关键问题切入，引导读者循序渐进地获得解决问题能力和立竿见影的学习效果。

1. 更高效地学习

本书尝试将经验知识化、知识可视化。其中，用了 36 个模型来剖析供应链管理，以及用 260 多张图表来图解供应链管理。这也是供应链管理之美的一种外在体现。

2. 更实用的内容

本书没有去罗列那些常见或易得的理论和案例，而是结合笔者自身的专业和实战经验，从实践中提炼的知识总结。本着解决问题，以及跳出问题去认识、理解、掌握和改善供应链管理，本书对精益供应链管理及数字化，提供了可参考性强的案例，对如何实现供应链人的价值，以及供应链团队的高绩效，亦给出了切实可行的方法、建议。

第四问　如何使用这本书

推荐搭配 ASCM（国际供应链管理协会）等认证内容学习，将理论知识转化为实践能力。特别是通过将书中所学内容与专业认证知识相结合，可以更好地理解和应用供应链管理的理论体系，从而提升自己在实际工作中的能力和表现。这样的学习方式能够帮助读者事半功倍地将所学知识落地，并在实践中不断总结积累经验，从而更好地应对工作中的各种挑战。知而不行非真知，行而未果非真行。本书在每节开始处设计了"学前思考"问题，最后设计有"学后行动"，读者可以根据提示进行总结及实践，获得想要的结果。

彭东文

2025 年 1 月

目录

01

第一章 认知层面
看懂供应链管理

第一节 初识供应链管理

老子在《道德经》中写道："治大国，若烹小鲜。"这句话深刻揭示了治国之道。从烹小鲜中，我们可以领悟到治国的智慧和原则。同样的道理，从国家治理中学习管理，对个人及组织都有非常大的意义。国家治理不仅需要高超的战略眼光和智慧，还需要精湛的组织能力和决策力。从中我们可以学习到如何处理复杂的关系网络、平衡不同利益、管理资源分配，以及有效应对挑战和变革的能力。

另外，管理是相通的，我们也可以从小餐馆经营这样熟悉的生活例子中学习管理。小餐馆经营提供了许多管理学习的案例，帮助我们理解和运用管理原则和技术，不论是在日常生活中的小团队还是在复杂的商业环境中，都能够找到应用和启示。

本节我们将从国家在供应链上的行动，以及经营一家小餐馆的角度去认识和理解供应链管理。

> 🔔 **学前思考**
>
> 什么是供应链管理？
>
> _____
>
> _____
>
> _____
>
> _____
>
> _____
>
> _____

一、供应链发展新趋势

我们先从国家各部委对供应链管理的一系列行动中，去认识和理解供应链管理，这对后面内容的学习至关重要。

（一）国务院办公厅的行动

2017 年，国务院办公厅颁发《国务院办公厅关于积极推进供应链创新与应用的指导意见》（国办发〔2017〕84 号，以下简称《指导意见》），这是国务院办公厅首次发文部署和推动供应链创新与应用。《指导意见》的开头这样写道："供应链是以客户需求为导向，以提高质量和效率为目标，以整合资源为手段，实现产品设计、采购、生产、销售、服务等全过程高效协同的组织形态。" 如图 1-1-1 所示。

首页 > 信息公开 > 国务院文件 > 商贸、海关、旅游 > 国内贸易（含供销）　收藏　留言

索 引 号：	000014349/2017-00191	主题分类：	商贸、海关、旅游\国内贸易（含供销）
发文机关：	国务院办公厅	成文日期：	2017年10月05日
标　　题：	国务院办公厅关于积极推进供应链创新与应用的指导意见		
发文字号：	国办发〔2017〕84号	发布日期：	2017年10月13日
主 题 词：			

国务院办公厅关于积极推进
供应链创新与应用的指导意见

国办发〔2017〕84号

各省、自治区、直辖市人民政府，国务院各部委、各直属机构：

供应链是以客户需求为导向，以提高质量和效率为目标，以整合资源为手段，实现产品设计、采购、生产、销售、服务等全过程高效协同的组织形态。随着信息技术的发展，供应链已发展到与互联网、物联网深度融合的智慧供应链新阶段。为加快供应链创新与应用，促进产业组织方式、商业模式和政府治理方式创新，推进供给侧结构性改革，经国务院同意，现提出以下意见。

相关报道

- 国务院办公厅印发《关于积极推进供应链创新与应用的指导意见》

解读

- 我国首次部署推动供应链创新与应用

图 1-1-1　国务院办公厅关于积极推进供应链创新与应用的指导意见（部分）

（二）教育部的行动

我们先来猜一猜：120604T，这一串代码表示什么？如图 1-1-2 所示，120604T 是专业代码，这是教育部基于国务院办公厅颁发的《指导意见》的行动而产生的一个结果。教育部在《2017 年度普通高等学校本科专业备案和审批结果》当中，武汉学院成为国内第一所设立供应链管理本科专业（管理学门类的新专业）的高校。

信息名称：教育部关于公布2017年度普通高等学校本科专业备案和审批结果的通知
信息索引：360A08-07-2018-0006-1　生成日期：2018-03-21　发文机构：中华人民共和国教育部
发文字号：教高函〔2018〕4号　信息类别：高等教育
内容概述：教育部公布2017年度普通高等学校本科专业备案和审批结果。

教育部关于公布2017年度普通高等学校
本科专业备案和审批结果的通知

2017 年度普通高等学校本科专业备案和审批结果

一、新增备案本科专业名单

主管部门、学校名称	专业名称	专业代码	学位授予门类	修业年限	备注
武汉学院	供应链管理	120604T	管理学	四年	新专业

图 1-1-2　2017 年度普通高等学校本科专业备案和审批结果

从首批供应链管理专业学生的入学开始，四年之后，首批供应链管理专业的学生毕业并步入职场。一开始，他们需要从学生身份转换成雇员身份，从学习状态切换到工作状态。他们需要去适应职场，去学习职场的技能。按一万小时定律来说，五年后，这些学生有可能会成为供应链管理的行家里手，也有可能在供应链管理领

域作出突破贡献。从大学入学到行家里手，一共需要九年时间。这个过程不仅是个人成长的历程，也是整个行业发展的历程。

每一个从学生到行家的转变，都代表着专业知识和技能的传承与积累。随着时间的推移，这些从业者将掌握更深层次的专业知识和技能，为供应链管理领域的进步作出贡献。他们在实践中可能会遇到各式各样问题的挑战，从而解决问题推动企业创新，甚至引领行业发展。

因此，对于一个专业的建立和人才的培养，需要持续投入和耐心培育。只有通过长期的积累和培养，行业才能拥有更多的优秀人才，进而实现行业的繁荣和发展。"十年树木，百年树人"的理念告诉我们，教育和人才培养是一个复杂而漫长的过程，需要全社会的关注和支持，才能最终取得可喜的成果。

（三）人力资源和社会保障部的行动

我们再来猜一猜，4-02-06-05，这一串代码又表示什么呢？如图 1-1-3 所示，4-02-06-05 是职业代码，中华人民共和国人力资源和社会保障部（以下简称人社部）在 2020 年颁发的新职业当中，出现了供应链管理师这个新职业。与它一起发布的，还有智能制造工程技术人员、工业互联网工程技术人员、虚拟现实工程技术人员和人工智能训练师等职业。这些都是新时代、新技术和新的要求下产生的新职业。

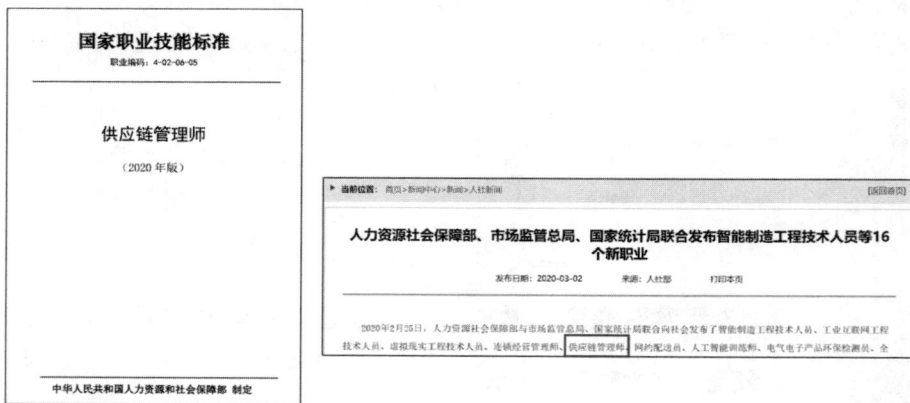

图 1-1-3　供应链管理师新职业

如图 1-1-4 所示，在 2020 年 4 月，人社部发表了《供应链管理师上演"速度与激情"——"供应链管理师"新职业正式发布》这样一篇文章。2020 年初，非常多的企业受到了很严重的影响。物流的停运、工厂的停产，这些"断供"的危机频频发生，不能得到快速的解决。文中就写道："行业企业，将供应链体系建设和供应链管理作为经营发展的重中之重。"这是将供应链管理放在了行业和企业经营的重要位置。

同样，在文节的后面的部分也强调了："供应链管理人才推动供应链产业创新，人才是关键。"

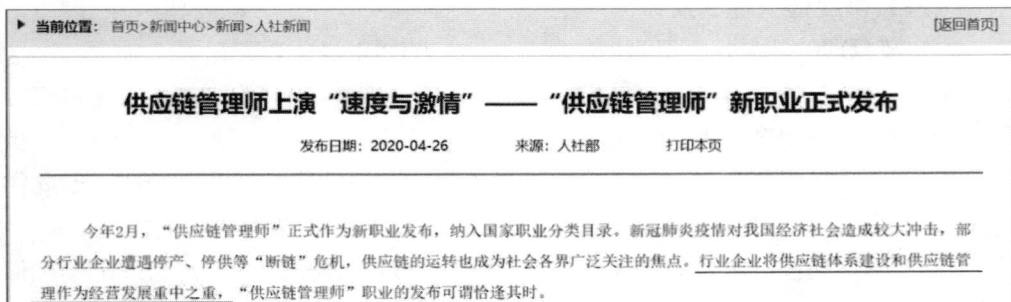

供应链管理师上演"速度与激情"——"供应链管理师"新职业正式发布

发布日期：2020-04-26　　　来源：人社部　　　打印本页

今年2月，"供应链管理师"正式作为新职业发布，纳入国家职业分类目录。新冠肺炎疫情对我国经济社会造成较大冲击，部分行业企业遭遇停产、停供等"断链"危机，供应链的运转也成为社会各界广泛关注的焦点。行业企业将供应链体系建设和供应链管理作为经营发展重中之重，"供应链管理师"职业的发布可谓恰逢其时。

图 1-1-4　文章发布界面

（四）国家及各部委联动的目的和意义

从 2017 年国务院办公厅颁发《指导意见》提出指导思想，到教育部设立高校供应链管理专业实现培养人才，再到 2020 年，人社部发布新的供应链管理师职业，其实是把人才和就业联动起来，把高校培养的供应链管理人才输送到社会各个企业和各个岗位，实现供应链管理人才兴业，如图 1-1-5 所示。人才是企业乃至国家的最重要的资源，在供应链管理领域亦是如此。

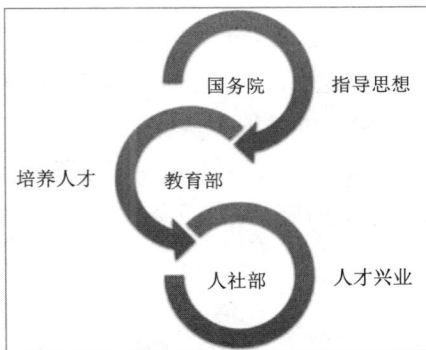

图 1-1-5　国家各部委为供应链联动

这一系列举措从政策制定到实际行动，都体现了国家对供应链管理领域人才培养和就业的高度重视。通过指导意见、专业设立和职业认证，国家为培养和引进供应链管理人才搭建了坚实的基础和平台。这不仅有利于满足企业对高素质供应链管理人才的需求，也为广大供应链管理专业学生提供了更多的就业机会和发展空间。

二、供应链管理核心要素

2017 年国务院办公厅颁发的《指导意见》对供应链做的定义，可以提炼成"一个导向、一个目标和一个手段，实现全过程高效协同"。供应链管理就是符合满足客户需求这一导向，通过资源整合这一手段，来实现提高质量和效率这一目标，最终，实现供应链上下游共同体的全过程高效协同。

能否更具象一些来描述供应链管理呢？接下来我们将从多个角度来认识供应链管理。

（一）供应链管理的使命

供应链管理的使命是满足客户的需求。客户的需求是什么呢？

（1）更快收货。客户希望能够快速收到产品，满足他们的需求，于是供应链管理需要确保生产和物流环节的高效运作。

（2）避免发错货。客户对于订单的准确性和数量的一致性非常重视，于此供应链管理需要通过精确的订单处理和库存管理系统，避免发生发错货的情况。

（3）确保品控。客户对产品的质量要求越来越高，于是供应链管理需要确保采购的物料和生产过程符合质量标准，并实施有效的质检和质量控制措施。

（4）价格优惠。在竞争激烈竞争的市场环境下，客户对于产品的价格非常敏感。于是供应链管理需要优化供应商选择和采购策略，以降低成本并提供具有竞争力的商品，同时保持良好的利润率。

在这样的环境和挑战下，供应链管理一定要踩准节拍、把握节奏，不要乱。这样，供应链管理才能够从容地去应对，才能与时代共舞，并为企业带来成功。

（二）供应链管理的战略

供应链管理有三条战略方向，如图 1-1-6 所示。

图 1-1-6　供应链管理的战略方向

（1）供应端。我们要从供应端开始，控制供应端的变化。这意味着我们需要与上游供应商建立稳定的合作关系，并确保他们的质量、成本和交付的稳定性。我们可以与供应商签订长期合同或者建立战略伙伴关系，以确保他们能够按时提供高质量的物料，并控制成本的变化。

（2）企业端。我们要减少变化，让企业自身拥有更稳定、可靠的运营。这意味着我们需要建立健全的内部管理体系，包括生产计划、库存管理和质量控制等方面。通过有效的生产计划和库存管理，我们可以降低生产过程中的变动性，提高运营的稳定性。

（3）需求端。我们要满足客户的需求。客户的需求是不断变化的，我们需要及时了解市场趋势和客户需求的变化，以便调整我们的产品和服务。这可能涉及对新产品开发、定制化生产或快速响应客户需求的能力。通过满足客户的变化需求，我们可以增强自身的竞争力，并保持客户的忠诚度。

通过稳定供应端、本企业运营和满足客户变化的需求，我们将能够建立一个强大的供应链，提高整体竞争力，并在不确定的环境中取得成功。

（三）供应链管理的定位

在供应链管理中，质量、成本和交付是三个非常关键的要素。面对这个"铁三角"，供应链管理的价值，就是要实现这三者的一个最优解。

我们知道质量、成本和交付，这三者都有自身的目标。有时，相互可能会有冲突甚至是对立的。在这种情形下，就是供应链管理发挥价值的时候。我们应该站在企业的高度来思考问题和决策，在各个环节进行更精准的协调和优化。促成对企业最优的决策，提升竞争力并获得持续发展。

企业有三个核心职能分别是研发、供应链管理和营销。

（1）研发。它通过不断创新和技术转化为企业提供具有竞争力的产品和解决方案，把专利和研发技术转化成产品，是实现价值创造的过程。

（2）供应链管理。它确保了原材料的及时供应、高效生产流程，以及产品的高质量交付，从而将研发的技术和创新转化为实际的市场价值。同时，供应链管理通过优化成本和提高效率，为企业创造更多的附加值。

（3）营销。它是负责将这些具有价值的产品和服务推向市场，实现产品的销售和资金的回笼，从而完成整个价值链的闭环。

研发、供应链管理和营销三者紧密配合，共同推动了企业的发展，如图 1-1-7 所示。

（1）研发和供应链管理之间的配合对成本和质量起着关键作用。产品的成本和质量在很大程度上是由研发阶段通过设计和技术标准决定的，而供应链管理的高效率和质量管理可以弥补或增强这些成本和质量方面的表现。

（2）供应链管理和营销之间的配合影响着交付和库存。客户需要按时获得所需产品，供应链管理和营销之间的协同作用在很大程度上决定了客户服务水平的高低。同时，客户需求和供应链产出之间的差异也决定了库存水平的高低。

（3）研发和营销之间的配合关系到收入和利润。产品的竞争力在很大程度上决定了市场表现，为营销活动提供了坚实的基础。而营销活动本身也可以弥补或增强产品的竞争力，从而带来更多的收入和利润。

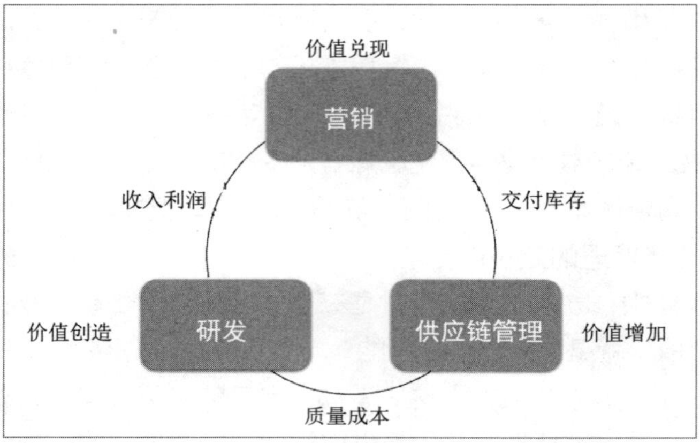

图 1-1-7 企业三大核心职能的定位及相互间的关系

综上所述，可以看出供应链管理在企业的核心职能中起到了增值的关键作用，是促进企业持续增长和发展的重要驱动力之一。

（四）供应链管理的主要任务

供应链管理的主要任务是什么呢？以常见的供应链管理的职能来说，主要包括计划、采购、仓储和物流等。供应链管理不直接参与生产、检验和销售活动，但其考核指标一定要有"及时足量交付"这一项。我们试想一下，生产、检验和销售任何一个活动的不稳定，任何一个活动的失误，都可能会对及时足量交付造成非常大的影响。如果计划做得好，但生产计划的执行非常差；如果采购的物料到货很及时，但质量的检验和放行效率非常低；如果仓储物流的收发存都非常可靠，但销售的发货指令很混乱。在以上这些情况下，供应链管理都不可能拿到一个好的结果。所以，供应链管理除了要将自己的职能做好，还要让全过程和相关各个职能间相协同。简单讲，供应链管理的主要任务就是驱动全过程的高效协同。驱动，这两个字非常关键。

三、从一家小餐馆看供应链管理

曾有一位 70 来岁的长者和我说起他的经历。他在参加论坛和交流会议时，总有年轻人喜欢跟他讲区块链和供应链，而且说得神乎其神。于是，他问："我年轻时，工作中没有这些词语，说这些话的人是不是骗子？"由于确实有人会利用供应链和供应链金融等概念设计骗局，一方面怕他真的因此而受骗，另一方面作为供应链管理的从业者，我也想为供应链管理正名。正是这件事，触发了我去思考如何引导人们理解和应用供应链管理。

供应链管理，并不是近几年才出来的新概念。但因为行业差异、地域差异、企业差异和从业者差异，其应用的程度有着天壤之别。实际上，供应链管理贯穿着我们日常生活中的方方面面。想象一下你在网上购物，当你下单购买一件商品时，整个过程涉及产品设计、原材料采购、生产制造、仓储物流、配送到最终交付等多个环节。这些环节构成了一个完整的供应链网络，而供应链管理就是确保其网络各个环节无缝衔接、高效运转的关键。

我们来打个比方，电流，虽然我们不能用肉眼看见，但它真实存在。它能让灯泡发光，能让电器工作。摸它的时候，会强烈感受到它的存在，因为会触电。显然，摸它，并不是一个确认它是否存在的好方式。我们可以使用测电笔或电表等来检测是否有电，以及电流和电压的大小。对于供应链管理，我们能否找到一个类似的"电表"来测一测，感受一下它的存在。于是，我想用一家小餐馆的故事来解释供应链管理。

（一）小餐馆的故事

我是这个故事里面的主人公。我和妻子经营着一家小餐馆，平时，我主要负责厨房里的工作，我妻子负责采购食材、收款和招待客人。春节刚过，我妻子还在老家没回来，店里就我一个人。前台的电话铃声响起来了，故事开始了……

打电话过来的是客户 A，他说："老板，今晚，我和几个朋友来你家餐馆吃饭，帮我留下座位。"这一句话，带出了这么几个信息：一是打电话过来的是客户 A；二是提供菜品和服务的是小餐馆；三是客户 A 今天晚上来小餐馆吃饭。

我回答："欢迎欢迎，一共几个人？几点到？想吃什么菜？"这就是商务洽谈中澄清订单的要求。

客户 A 说："一共 5 个人，18:30 左右到，都是湖南人。"这就是释放订单，明确了相关信息。其中，确定了人数和时间的信息。同时，客户说了来的都是湖南人，但没直接说要什么菜。这需要我们对客户需求进行解读，可以从这个信息中解读出客户对菜的要求，大概率是湘菜。

我问："那就点辣一点的菜吧，剁椒鱼头、辣椒炒肉、香干回锅肉、猪血丸子、口味小龙虾，怎么样？"这就是订单确认的过程，有时候，在接收客户首次要求后，需要向客户进一步去明确订单的要求。

客户 A 回答："太好了，那要辛苦你了。"

基于客户 A 的回复，我需要按照已确定的菜单去安排做菜计划。这就是供应链里面的主生产计划（MPS）。这里有一个很重要的过程，我在心里估摸着：要在 18:30 的时候开餐，基于此要求，评估了自己的做菜能力。做这些菜，大概需要 2 小时。平时买这些食材，需要 1 小时。所以，15:30 就要从店里出发。在此基础上，再加 1 小时，以防过程中出现突发情况。

于是，我决定 14:30 从店里出发。这里涉及生产的排程，需要根据生产能力倒推出各个生产活动的起止时间。同时，还涉及采购点，即什么时候要触发采购。基于用户需求，根据采购周期推算出采购点。接着，考虑实际执行过程中出现异常，还要设置一定的时间冗余，确保有时间处理异常，并满足客户需求。在此，我多设置 1 小时以防异常情况出现，目的是确保 18:30 吃饭。

基于确定的菜单，我得出来需要准备的食材：剁椒、鱼头、辣椒、猪肉、香干、猪血丸子、小龙虾。其实，这就是基于物料清单（BOM）来推出物料需求的过程。然后，把各道菜的食材需求汇总得出：鱼头 1 个、辣椒 1 斤、猪肉 2 斤、香干 1 斤、猪血丸子 1 个、小龙虾 3 斤。其中，有一些物料是共用的，比如辣椒，剁椒鱼头和小龙虾这两道菜都需要用到它。所以，需要把不同菜对辣椒的需求汇总起来，形成"辣椒"这一个物料的需求。接着，我打开冰箱检查一下，发现好多食材都不够了。这就需要一个物料需求计划（MRP）。打开冰箱，是为了确认各种物料的库存量。用物料需求量减掉库存量，便得出物料的净需求。于是，我需要基于此计划去采购。

于是，我来到了菜市场，问摊主："老板，请问这个辣椒怎么卖？"这就是采购询价。摊主回答："8 元 1 斤；35 元 5 斤；60 元 10 斤。"这是阶梯价格，即不同的购买量对应的单价不一样。通常来讲，大多数物料的单价会随着购买量的增加而呈现梯度降低的情形，因为从规模效应的角度来看，规模增大带来的单位成本降低、经济效益提高。但也有一些物料的单价会随着采购量的增加而呈现梯度升高的情形，比如电费、水费，用量越多，单价会越高。相对于其他商品，其定价的策略是不一样。因为，这是从节约资源的角度来考虑的。

基于摊主给出的阶梯价格，我在心里算了一下。这次炒菜，需要买 1 斤辣椒。若只买 1 斤，8 元 / 斤，单价有点高；若买 10 斤，6 元 / 斤。价钱便宜很多，但还剩下 9 斤又怕存放久了会坏掉；若买 5 斤，7 元 / 斤。炒菜后，还剩下的 4 斤。我可以放到冰箱，或者去做一些剁辣椒。不错，挺好的安排。于是，我就买了 5 斤。这其实就涉及经济订货批量的问题，需要选择一个合适的数量，即经济订货量（EOQ）。

那么，EOQ 能反映哪些问题呢？

总成本 = 订货成本 + 持有成本，总成本最低时，对应的单次订货量就是 EOQ。EOQ=SQRT(2 × 年总需求 × 每批订货成本 ÷ 每单位年持有成本)，这里的 SQRT 为平方根。

如图 1-1-8 所示，横轴是单次订货量，纵轴是每年成本。随着单次订货量的增加，订货成本和持有成本是往相反的方向发展。直线就是持有成本，会随着单次订货量的增加而增加。订货成本，随着单次订货量的增加而减少，因为订货单价降低了。总成本呢？它是结合了持有成本及订货成本而产生的一个综合值。单次订货量越大，对应着阶梯价格中的单价越低。另外，年度订货的次数越少，订货的动作、流程的动作、相关的审核人员越少，操作的成本越低。但是，库存越高，库容需求增加，仓库管理工作量增加，财产保险费增加，质量风险越高（存放周期越长，因存放环境或跌落等带来的质量风险越高），过有效期报废风险越高，降价的机会成本变大。单次订货量越小，反之亦然。

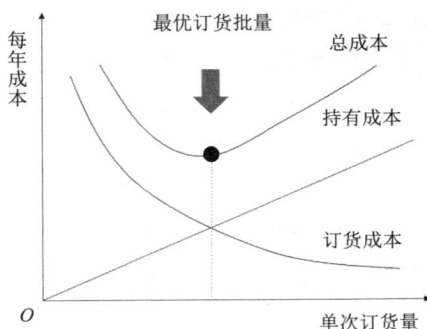

图 1-1-8　经济订货量（EOQ）

我们继续讲故事。摊主称好辣椒，递给我。我一看，发现有坏辣椒。我说："老板，像这种坏了的辣椒要挑出来。"这是什么呢？这就是验收和退换。

我买好了菜之后，就根据这些菜单去检查洗菜、切菜、炒菜的用具，准备好相应的一些锅碗瓢盆。这是什么呢？这就是根据生产工艺路线及作业指导书，把工具或设备提前先准备好。然后，检查燃气灶、电饭煲、微波炉、空气炸锅等，看这些用具能否正常使用。这就是对于各个工作中心、各个车间进行检查。

在检查过程中，发现工作量非常大的，我评估了一下，觉得自己一个人没办法按时去完成所有的工作。于是，我电话叫来了一位帮手。这就是产能测算和解决产能问题。发现产能不足，通过增加人员来临时扩大产能。另外，发现清洗小龙虾非常耗时、耗力。于是，我决定让帮手把小龙虾送到附近的门店加工，即运用外协的方式解决此问题。现在有很多 OEM、ODM、CDMO① 企业，就是承接这类业务。

时间来到 15:50，客户 B 打来电话："老板，今天晚上，我带 4 个人过来吃饭，你准备一下。"这算得上是一个紧急的订单了。

我回答："可以，但今晚店里比较忙，我妻子也不在店里。你们可能要 19:00 左右才能开餐，菜的话，能否让我来安排？"这是什么呢？跟新的客户进行商务洽谈，

_____

① OEM、ODM、CDMO 企业：三种不同的业务模式，在制造业和服务业中都有广泛的应用。OEM 即原始设备制造商，源于 original equipment manufacturer 的缩写；ODM 即原始设计制造商，源于 original design manufacturer 的缩写；CDMO 即委托研发生产组织，源于 contract development manufacturing organization 的缩写。

尝试去把不同客户的需求做并单处理。

客户 B 说："可以，记得给我们准备招牌菜剁椒鱼头，其他你帮我安排吧，我们 19:00 左右到。"这是什么呢？订单的要求，说明了硬性要求。相当于一部分由客户指定、一部分由供应商自主决定的组合。

我回答："没问题。"这就是订单确认。

但这样的话，得再买一个鱼头，以及其他对应的食材。计划好后，我立即让帮手赶紧去买鱼头。因为接收的是一张紧急订单，所以，触发了这次紧急采购。

18:00，口味小龙虾还没到。然后，我打电话去问龙虾店的老板。老板说："不好意思！小龙虾已经做好了，但现在正是饭点，店里客人太多。店员都忙不过来，也没有外卖员接单，没有人送外卖。"于是，我让帮手去店里自取。这是什么呢？这就是对外协交期的跟进。同时，因为龙虾店当前安排不了外卖，使得原定的到货方式发生了变化，由供应商送货改成了去供应商处自取。

不一会儿，帮手取回了口味小龙虾。我打开尝了一个，味道和鲜度都还不错。然后，装盘放到餐桌上。这是什么呢？这就是货物验收和入库。接着，我用手机给龙虾店老板转了小龙虾的加工费。这就是验收入库后的支付应付账款。

18:20，客户 C 进店问道："老板，3 个人，还有没有座位？"这是什么呢？这就是客户给出紧急订单的意向。但现在已经是晚餐时间，要满足此订单需要有现货。于是，我回答道："您好，我今天实在忙不过来，春节后刚上班，人手不够。两天后就可以了。您今天先去其他店看看，欢迎改天再来。下次来最好提前一天电话给我，我帮您提前留好座位，谢谢。"这是什么呢？如果将做菜的方式类比生产模式 ETO、MTO、ATO 和 MTS[1] 等，那么，我经营的小餐馆基本上是属于 MTO 或 ATO 的模式，即基于实际需求来做菜。更大的餐馆或饭店等，很多采用 ATO 模式，即提前备好半成品，基于实际需求从半成品开始做菜。当然，也有一些高端的定制菜，是 ETO 的模式。近些年，火热起来的预制菜，可以算得上是 MTS 的模式。另外，"下次""提前一天订位"，这涉及供应周期。因为，满足供应周期的订单，供应方才来得及、比较从容地满足需求。

客人陆续到场用餐后离开，我开始收拾餐桌和厨房。22:00，忙完店里的活，我给妻子打电话，聊到了店里今天的情况。平时，财务都是妻子负责。所以，妻子算了一下收支，也给帮手转了今天的工资。这是什么呢？收拾剩余的食材，就如同把

---

① ETO、MTO、ATO 和 MTS：四种不同的生产模式，它们各自具有不同的特点和适用场景。ETO 即基于客户需求定制设计并生产，源于 engineering to order 的缩写；MTO 即按订单生产，源于 make to order 的缩写；ATO 即按订单组装，不是完全从头开始的生产，源于 assemble to order 的缩写；MTS 即备货式生产，源于 make to stock 的缩写。

车间未使用完的物料退回仓库，存储在仓库，便于下次使用。同时，记账，记好开支，进行财务核算。

妻子说："今年的生意应该不错，咱们得新增一些厨具和餐具。另外，可以考虑长期雇佣一个帮手。"这是什么呢？厨具和餐具太少，造成产能不够，得采购新的设备，实现产能的扩大。另外，人员资源缺口，也得提前意识到，并提前把人力安排到位，就不会像今天这么着急。

我说："确实，认同。另外，我今天买菜共花了 600 元。"这是什么呢？在产能和人力需求上，达成共识。另外，采购这些菜，是我垫付的款，得去找财务（妻子）报销。

妻子看了一下买菜的付款记录说："没问题，我把钱转给你。"这是什么呢？这是财务根据相关证明，实报实销，进行报销转账。

到这里，故事就告一段落了。

（二）小餐馆故事的启发

我们一起回顾下这个故事，如图 1-1-9 所示，看看都有哪些收获：

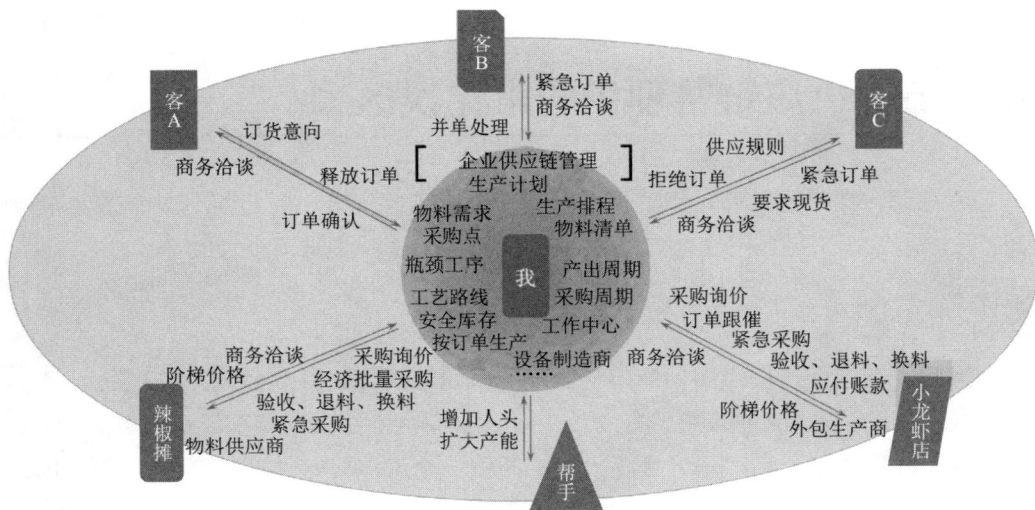

图 1-1-9　小餐馆故事和供应链管理的关系

①我们看到供应链管理涉及非常多的概念，比如采购点、生产周期、工艺路线、产出周期、采购周期、工作中心、安全库存和生产模式……

②故事里的客户 A，相当于是企业和客户之间的关系，两者之间就会涉及相应的订单、商务、订单的释放，以及确认。

③在故事里的客户 B 是第二拨客户，此客户触发的是一个紧急的订单。故事里

的客户 C，其实是一个紧急订单的意向。因来不及做菜，满足不了客户的需求，故拒绝了此订单。

④供应商这一端，辣椒摊是其中一个供应商。小餐馆和供应商之间涉及相应的阶梯价格、商务谈判、采购询价和经济批量订购……

⑤帮手，相当于第三方的人力。通过增加人员临时扩大产能。

⑥小龙虾店是外协的供应商，在此故事中属于 OEM 方式。

🔔 **学后行动**

你所在的企业是否对供应链管理有正确的认知？若没有，能如何去影响他们？

_____

_____

_____

_____

_____

第二节　供应链管理中的常见误区

近几年，在新闻、书籍和短视频当中，供应链管理这一个名词出现得越来越频繁。在国内，越来越多的企业成立供应链管理部门，新注册了一大批"×××供应链管理企业"，高校也开始设立供应链管理专业，人社部也发布了"供应链管理师"这个职业。

然而，在这个过程当中，供应链管理的概念被泛化。其他名词，也有主动和被动与供应链管理混淆的情况。为什么说主动和被动呢？主动的情况就是有意而为之，觉得供应链管理这个名字好听且高大上，便取一个带供应链管理的名字，比如小规模的贸易商、有几辆货车的物流企业等，取名为"×××国际供应链管理有限公司"，以便提升企业形象。被动的情况并非有意而为之，但其本身和供应链的叫法却很接近，且他们的实际内涵也有相互重叠的地方，很难被区分，比如产业链、价值链等。

在这样的环境下面，没有一双火眼金睛，怎么去识别"真假孙悟空"呢？要练就一眼就认出供应链管理的本事可不是件简单的事。本节我们将从供应链管理的众多分身中，一起学会一眼就能分辨出什么是供应链管理。

🔔 学前思考

"一骑红尘妃子笑，无人知是荔枝来"与供应链管理有什么联系？

_____

_____

_____

_____

_____

🔔 提示

"一骑红尘妃子笑，无人知是荔枝来。"这句诗说的是杨贵妃身处长安，荔枝从南方来。这是怎么做到的呢？这是通过物流来实现的。在古代，这是很难实现的事情。不像现在，物流这么发达，商品能突破了地域的限制。身处广东，既可以吃到新疆的特产，也可以吃到黑龙江的特产。但是，在古代，要实现这么远距离的运输，成本和难度极大，只有王公贵族才能享受。诗句中的"骑"，就是物流的工具。在那时候，马就是最快的交通工具。

一、供应链管理及其易混淆的概念

在名称或内涵方面，供应链管理与采购管理、供应商管理、物流管理、运营管理这些概念有较多的相似的地方。接下来，我们来看一看供应链管理与其他常见管理的区别。

（一）供应链管理与采购管理及供应商管理

如图 1-2-1 所示，供应商管理和供应链管理，两者虽然只差了一个字——一个是商，另一个是链。但这微妙的差别折射出它们之间的紧密联系和微妙关系。我们必须认识到，供应商管理是采购管理的一部分，而采购管理则是供应链管理的重要组成部分。因此，供应商管理并非等同于供应链管理，采购管理也不能简单地等同于供应链管理，它们实际上都只是供应链中的一个环节。

图 1-2-1　供应链管理与采购管理和供应商管理的关系

　　在商业运作中，供应商管理和供应链管理之间存在着被包含和包含的关系。供应链管理不仅包括对供应商的选择、评估和合作关系的管理，还涵盖了整个供应网络的规划、优化和协调。而供应商管理则是供应链管理中的一个重要组成部分，它关注于与特定供应商的合作与管理，以确保所采购的产品或服务能够满足企业的需求和标准。

（二）供应链管理与物流管理

　　在我国有一句成语叫"兵马未动，粮草先行"，说的就是通过物流提前将粮草运输到位，为兵马的到来做好准备。这就是物流。举个例子，当年，汉武帝征讨云南，需要运送大米。刚开始的时候，每 30 担只有 1 担能运到云南。后来，对运输方式进行改善，通过均输、平准的方法，降低了运输成本。

　　类似地，在西方有 logistics 的讲法。1838 年，瑞士的军事家安托万·亨利·约米尼在《战争艺术概论》中首次启用了 logistics 这个名词。它是指军队当中的物资补给、营地的设置、宿营等工作，阐明物流与战略、战术的关系。logistics 这一名词沿用至今，即便在现在，还有一些企业设置了 logistics 这一部门，包括了计划、采购和仓储物流等职能。

　　在时代发展过程当中，物流管理经过了一些演化，才逐渐形成了供应链管理。或者可以说，供应链管理脱胎于物流管理。

　　什么是物流管理呢？广义上简单地说就是物发生了位移，物流就产生了。于是，便有了物流的管理。而物流管理是作为供应链管理的一部分而存在。在《物流术语》（GB/T 18354—2021）中，供应链是"生产及流通过程中，围绕核心企业的核心产品或服务，由所涉及的原材料供应商、制造商、分销商零售商直到最终用户等形成的网链结构"，供应链管理是"从供应链整体目标出发，对供应链中采购、生产、销售各环节的商流、物流、信息流及资金流进行统一计划、组织、协调、控制的活动和过程"，物流是"根据实际需要，将运输、储存、装卸、搬运、包装、流通加工、配送、信息处理等基本功能实施有机结合，使物品从供应地向接收地进行实体流动的过程"，如图 1-2-2 所示。

图 1-2-2　供应链管理与物流管理的关系

　　另外，我们常说，供应链管理里面的"三流"，即信息流、实物流和资金流。要注意的是物流不等于实物流，但属于实物流中的一部分。因为，实物流包括了物流，以及在增值生产过程中的流动。

（三）供应链管理与运营管理

运营管理和供应链管理这两个名词，虽然在字面上的差别很大，但两者之间有较多模糊地带。所以，这两个名词在概念上也容易被混淆。当运营管理和供应链管理作为两个部门同时出现在一个组织当中时，这两个部门的工作范围如何界定呢？我们可以从以下几个方面来区分。

（1）两者的目标。供应链管理的目标是对从供应商到客户的产品流、信息流和资金流的集成管理，实现供应链价值的最大化。而运营管理的目标是对生产、交付产品和服务的系统进行设计、运作和改进。

（2）两者的范围。供应链管理是从内延伸到外，既面向企业内部，又面向供应商和客户。而运营管理是以内部为重点，集中管理企业内部的流程。

（3）两者之间的交叉部分。供应链管理自上而下分别是战略层、战术层和运营层。战略层把握方向，战术层确定作战策略，运营层具体实施。其实，在供应链管理活动中，本身就有供应链管理领域的运营。而运营管理除了供应链管理领域（如供应链流程的管理）的运营，还包括其他职能的运营。所以，两者交叉的部分就是供应链管理领域的运营。

🔔 **思考**

坊间流传着这么一句话："乔布斯创造了苹果，库克成就了苹果。"有人不禁疑问，库克凭借什么能力而获得如此高的评价呢？

_____

_____

_____

_____

_____

🔔 **提示**

众所周知，乔布斯是苹果的创办人，其对苹果公司和智能手机行业，都产生了很大的影响。从成为乔布斯的继任者的开始，库克承受了非常大的压力。

我们来简单回顾一下库克既往的职业生涯。库克 1960 年出生，1982 年从美国奥本大学的工业工程专业毕业；1982 年至 1994 年任职于 IBM 公司，从事供应链管理；1988 年，美国杜克大学企业管理硕士毕业；1995 年至 1997 年任职美国丹佛的智能电子公司，担任计算机分销部 COO（首席运营官）；1997 年任职美国康柏公司资材部副总裁，主要负责材料采购和产品存货管理；1998 年 3 月起，库克到了苹果公司。一开始，他担任运营部的副总裁一职。2005 年担任 COO 一职。直到 2011 年，他接替乔布斯担任 CEO（首席执行官）。从库克身上，我们能看到供应链管理和运营管理良好的结合，这两种经验的积累及融合也给库克出任苹果公司 CEO 奠定了坚实的基础。

运营管理和供应链管理有相同点，也有不同点。两者没有谁好谁坏，谁高端谁低端之分，若能将两者进行有机融合，就能成为一个非常卓越的人才。

二、供应链管理概念的不规范使用

缘于地域差异、行业差异、企业差异和个人差异，以及对供应链管理概念的理解程度不同，人们对供应链管理概念的应用也参差不齐。下面我们从一些应用案例中进一步认识供应链管理。

（一）文章名、书名和组织名对供应链管理概念的混用

在过去一段时间里，人们对供应链管理的内涵和外延的理解十分有限，如果图书或组织被直接命名为"供应链管理"，反而会引起读者或参与者的困惑。为了让人们知道该书或组织的主题，就不得不在"供应链管理"前加上大家熟悉的名词——"采购"或"物流"。这样的命名方式至少能够让读者或参与者明确了解到该内容与采购或物流有关，从而产生兴趣去阅读或参与。至今，这种早期的命名方式仍然在被沿用下来。我们可以看到很多"采购与供应链管理""物流与供应链管理"等类似的叫法。

当然，随着时间的推移和供应链管理概念在人们心中的逐渐深入，以及人们对其理解和熟悉程度的提高，供应链管理这一名词的应用也会逐渐规范化。

（二）名为"×××供应链管理"的公司是做什么的

在网上有许多以"×××供应链管理公司"命名的企业。然而，当我们深入了解这些企业的主营业务时，却发现它们只是从事供应链管理的一小部分相关业务，比如货运代理、贸易、仓储管理、采购咨询、报关、船务及物流等，但它们却都冠以"×××供应链管理公司"的名号。

当您在招聘网站上搜索供应链管理企业时，会出现许多看似与供应链管理相关的企业。然而，当您进一步对这些企业进行了解时，也许会发现那只是一家小型食品贸易企业。此外，还有很多标榜为供应链管理岗位的招聘信息，实际招聘的只是采购的岗位。

作为企业也应该更加注重在命名上展现真实的业务范围，以建立真正符合企业实际情况的品牌形象，避免给消费者和求职者带来误导。

三、供应链管理组织的形似神不似

随着供应链管理逐步被重视，当今越来越多的企业开始设立供应链管理部门。这些部门通常包括计划、采购、仓储物流、进出口等职能。有些企业甚至将更广泛的功能纳入供应链管理部门，比如生产和质量管理等。甚至，有些企业将整个工厂都纳入供应链管理部门或中心的范畴。

供应链管理部门的组织架构（示例）。如图 1-2-3 所示。

尽管很多企业设立了供应链管理部门，并配备了相应的岗位和人员，但其中许多却未能充分发挥供应链管理这一职能的实际价值。这种情况，也是当前许多企业所面临的难题。企业需要加强对供应链管理的培训和教育，提升员工对供应链管理理念的认识和理解。同时，企业也应该重新审视和调整供应链管理部门的定位，确保其与企业战略目标的紧密结合，以便更有效地发挥供应链管理在企业运营中的作用。

🔔 **学后行动**

你所在的企业，供应链管理职能的价值被充分发挥出来了吗？是否出现计划沦为执行、采购沦为跟单的情况？

_____

_____

_____

_____

_____

第三节　供应链的"三流合一"

在技术层面，区块链和数字孪生等技术可以赋能供应链的"三流合一"。数字化转型势在必行，企业在数字化转型的过程中，需要整合供应链的"三流"，只有理解并优化好供应链的"三流"，才能确保数字化转型的成功。

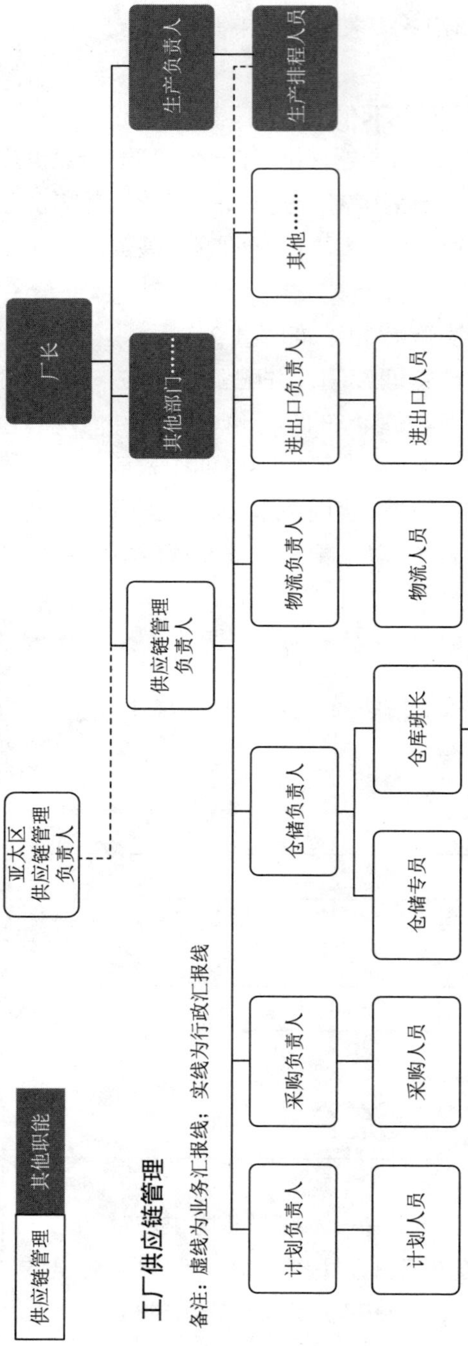

工厂供应链管理

备注：虚线为业务汇报线；实线为行政汇报线

图 1-2-3　供应链管理的组织架构（示例）

企业盲目进行数字化转型会导致很多不必要的问题和挑战，如果在数字化转型过程中才发现问题，回过头来再去梳理和优化供应链的"三流"，就会浪费了很多时间和精力。企业即便在"形"上使用了信息化和数字化工具，看似"数字化"了。但若供应链的"三流"这个底座不坚实，也可能导致整个数字化体系崩溃。况且，企业要完成数字化转型，需要大量的资金和时间。对当前大部分中小企业来说，要快速完成数字化转型是不太现实的。这就对供应链管理从业者提出了要求，要强化对供应链"三流"的理解和应用，以确保企业数字化转型顺利进行。

本节我们将通过深入了解供应链的"三流"实质和发展，以及在实际工作中的应用和改善，更好地了解供应链的"三流合一"，为企业数字化转型奠定坚实的基础。

一、什么是供应链的"三流"

供应链"三流"指的是什么？即信息流、实物流和资金流，如图 1-3-1 所示。

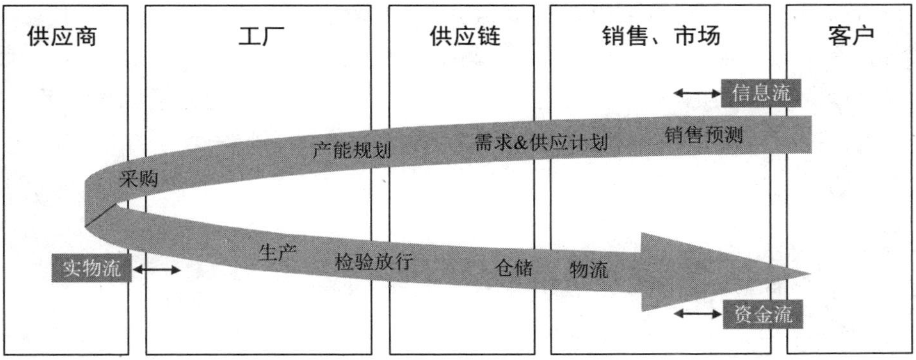

图 1-3-1 企业供应链的"三流"

供应链活动涉及的环节有客户、销售、市场，再到供应链、工厂、供应商。这些环节之间的典型事务，包括客户和企业销售部之间的需求预测，企业销售部与供应链管理部之间的需求与供应计划，企业供应链管理部和企业之间的产能规划，企业和供应商之间的采购，以及经历之后的生产、检验放行、仓储和物流。最终，将产品交付到客户手中。

信息流、实物流和资金流贯穿于整个供应链活动当中。信息流相当于供应链的神经；实物流相当于供应链的肌肉；资金流相当于供应链的血液。

（一）供应链"三流"的具体内容

供应链的"三流"到底包括什么具体内容呢？我们通过一个典型的简单模型

来理解，该模型包括供应商、制造商、分销商、零售商和终端客户，如图 1-3-2 所示。

1．信息流

从供应商方来看：信息流包括采购订单，是指下游需求方给上游供应方的采购订单。基于采购订单，供应方回复给需求方的交期等信息。另外，还涉及渠道库存、制造商产能、销售订单和质量检验等信息。这些环节相互关联，需要通过有效的信息管理和协调，确保信息的准确性、及时性和可靠性。

从终端客户方来看：信息流包括需求预测，是指下游需求方给上游供应方提供的需求预测及采购订单，以及招标和产品开发的需求等。

2．实物流

实物流又称为产品流，是指产品在整个价值链中的流动过程。

从供应商方来看：实物流包括运输、出库入库、生产和发货配送等环节，贯穿了整个供应链的活动。运输是实物流的核心环节，包括货物的运输方式、运输路线和运输时间等。通过合理选择运输方式，可以平衡成本和速度的关系，降低成本同时提高服务质量。同时，合理规划运输路线和时间，可以避免交通拥堵、天气变化等因素对运输效率的影响。与传统的物流概念不同，实物流包含了物流环节，以及增值的生产过程中涉及的流动。因此，可以说实物流等于物流加上在增值的生产过程中的流动，如图 1-3-3 所示。

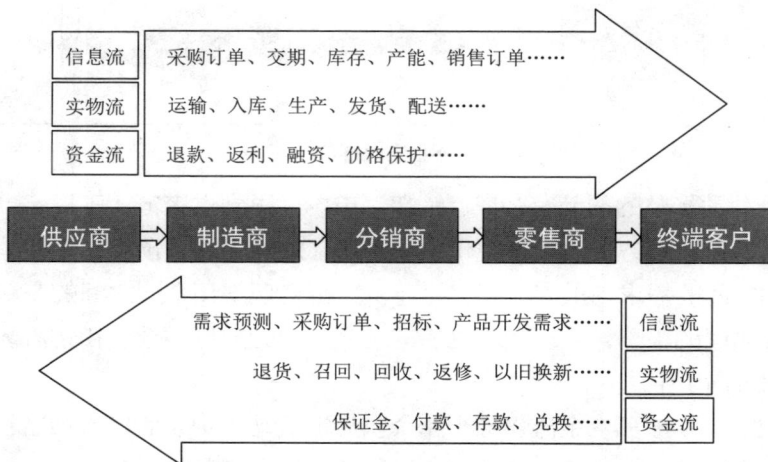

图 1-3-2　供应链"三流"的简单模型

图 1-3-3 实物流

在实物流中，物流环节主要指产品从生产到消费者手中的运输、仓储、配送等活动，而在增值的生产过程中的流动则包括了生产过程中的各种加工、装配、检验等环节。通过这些流动，原材料逐步转化为成品，并最终交付给消费者，形成完整的价值链。

从终端客户方来看：实物流包括退货，是指下游需求方将货物退回给上游供应方，还包括召回、回收、返修、以旧换新等。回收、返修、以旧换新是指企业鼓励客户将旧产品进行回收或返修，并提供新产品或升级产品作为替代。这种活动可以促进产品更新换代，提高客户忠诚度，同时也有利于企业建立可持续发展的业务模式。

3. 资金流

从供应商方来看：资金流除了包括退款、销售返利和融资之外，价格保护也是资金流的重要组成部分。价格保护是供应链资金流管理的一种策略，旨在保护客户的利益和维护品牌声誉。在价格保护政策下，商家承诺在一定时间内如果其产品降价，将会向客户退还差价或进行其他形式的补偿。这种做法可以增强客户对品牌的信任感，提高客户满意度，促进再次购买和口碑传播。举例来说，在网络购物平台上，一些商家可能会推出保价 30 天的政策。假设某位客户在购买商品时花费了 100 元，在接下来的 30 天内该商品的价格降至 80 元。按照价格保护政策，商家会将差价 20 元退还给客户，或者提供其他形式的补偿，比如优惠券或礼品卡等。这样一来，客户既感受到了商家的诚信和关怀，又能够享受到更优惠的价格，从而增强了客户对商家的忠诚度和信任度。

从终端客户方来看：资金流包括有一些代理商要向制造商缴纳保证金，是指代理商为了确保合作的诚意和履约能力，向制造商支付一定金额的保证金。这种行为有助于建立双方的信任关系，降低合作风险，同时也可以提高制造商的资金周转率和流动性。另外，资金流还包括付款、存款和兑换等。

如图 1-3-4 所示，在 20 世纪八九十年代，"三角债"是一个非常典型的资金流案例，引发了许多关于资金循环和风险管理的讨论。"三角债"现象通常形象地描述为甲欠乙的钱，乙欠丙的钱，丙又欠甲的钱，形成一个看似良性循环的资金关系。有人认为这样的循环是一种良性循环，能够促进资金流动，维持着一个平衡状态。然而，实际情况却可能并非如此理想。假设在这个甲、乙、丙中，其中一个环节出现资金问题，比如甲多花了一部分资金用于其他三角债循环中，导致无法按时偿还乙的债务。这种情况下，整个甲、乙、丙资金循环就会出现问题，可能导致资金链条的断裂。

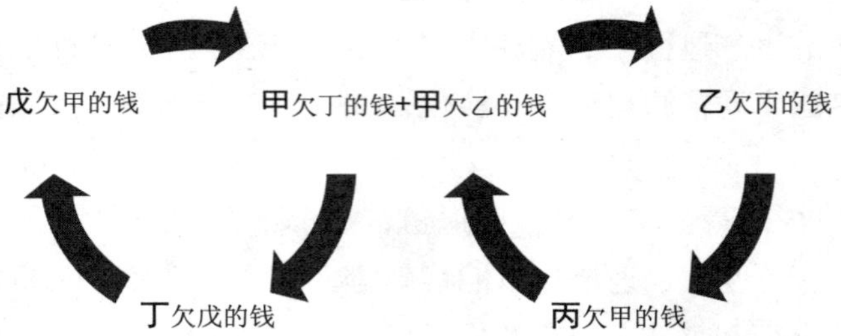

图 1-3-4　甲、乙、丙资金三角债

更糟糕的情况是，如果甲在其他三角债循环中多花了大量资金，甚至超过了自身应付的金额，那么甲将无法按时还清乙的债务，从而导致整个甲、乙、丙资金循环的崩溃。这种情况下，不仅会影响个体企业的经营，还有可能波及整个行业，导致资金链条的彻底崩溃。

因此，"三角债"现象的存在提醒我们，在资金循环中要注意风险管理和资金控制，避免出现资金链条断裂的情况。企业和个体在进行资金往来时，应该谨慎审慎，确保资金流动的稳定和可持续性，避免陷入死循环和无法挽回的财务困境。这也提醒了我们在供应链管理中要保持警惕，避免出现类似的资金流问题，确保企业的健康发展和稳定经营。

（二）供应链"三流"的发展趋势

1. 信息流方面

人工智能、区块链、数字孪生等技术的出现和应用，为信息流管理带来了革命性的变化。在硬件方面，传感技术和数据传输技术的进步，使得实时数据采集和处理成为可能。人工智能的运用使得大数据的分析与利用更加高效，自动化设备的普及也使得生产过程更加智能化和自动化。这些技术的加持不仅减少了人为错误，提高了效率，还有望实现无人化生产，释放出大量的劳动力。由此，员工可以将更多精力投入到更具挑战性和创造性的工作中。

2. 实物流方面

现代化仓储物流已经与十几年前传统仓库有了天翻地覆的变化。如今，仓库不再是简单的储存场所，而是充满了自动化设备和智能化技术，甚至实现了无人配送的场景。现代化的仓储物流系统大大提高了仓库的储存效率和物流运作的速度。随着新技术的广泛应用，生产过程中的实物流也发生了翻天覆地的变化。以前，产品的制造通常需要在流水线上逐个组装成形，每个零件都需要经过复杂的加工和装配。而现在，3D打印技术的出现彻底颠覆了这种传统的生产模式。通过一台3D打印设备，就能够实现产品的一次性生产，不再需要多个设备或车间来完成制造工作。这种革命性的技术不仅大大提高了生产效率，还减少了资源浪费和生产成本。

3．资金流方面

通过获取"三流"（信息流、实物流、资金流）的信息，可以实现对金融服务风险的极佳控制。供应链金融将不同环节的信息整合起来，包括订单信息、库存信息和物流信息等，从而建立起全方位的数据模型，帮助金融机构更准确地评估风险。通过供应链金融，金融机构可以更好地了解整个供应链的运作情况，监控资金流向和风险点，及时调整资金调度策略。这种跨界整合的方式，使得资金流动更加高效、透明和安全。同时，供应链金融还能够为中小微型企业提供更灵活、更便利的融资渠道，促进实体经济发展。

综上所述，科学技术的发展对供应链的"三流"产生重大影响，如图1-3-5所示。

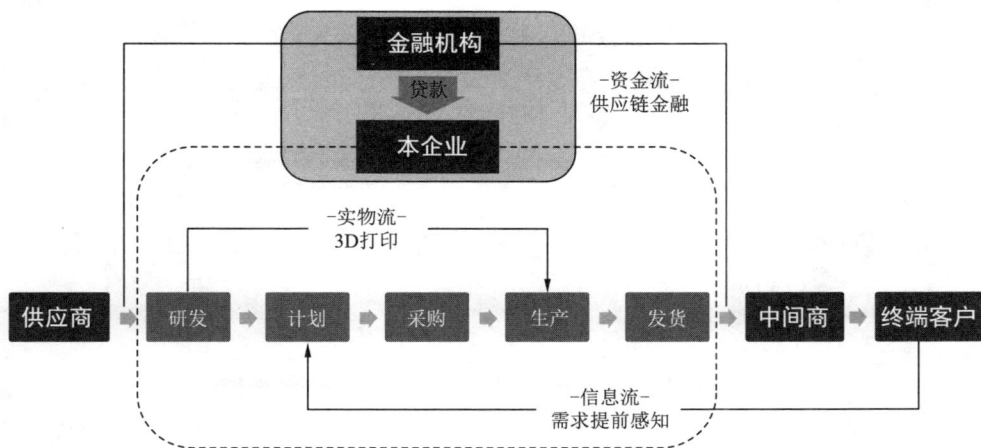

图 1-3-5　供应链"三流"的发展简图

🔔 **思考**

为什么很多医疗器械厂家要和经销商合作，而不直接和终端交易呢？

_____

_____

_____

_____

_____

🔔 **提示**

如果在厂家和终端之间增加经销商的话，实物流和资金流的路径会发生变化。在实物流方面，货物将首先从厂家流向经销商，然后再从经销商流向终端。这意味着经销商在供应链中起到了中转和分发的作用。在资金流方面，资金将首先从终端流向经销商，然后再从经销商流向厂家。经销商在这个过程中扮演资金的收付和结算的角色。然而，在实际操作中，可能存在一些简化的做法。例如，实物流可以直接从厂家直接流向终端，即由厂家直接将货物发运到终端，而不经过经销商。如果没有经销商参与，厂家和终端之间直接交易，实物流和资金流的过程将更加简单和高效。这么明显的好处，为什么还有那么多厂家选择经销商交易呢？这是因为经销商有自身的优势，而这往往是厂家的劣势，如图 1-3-6 所示。

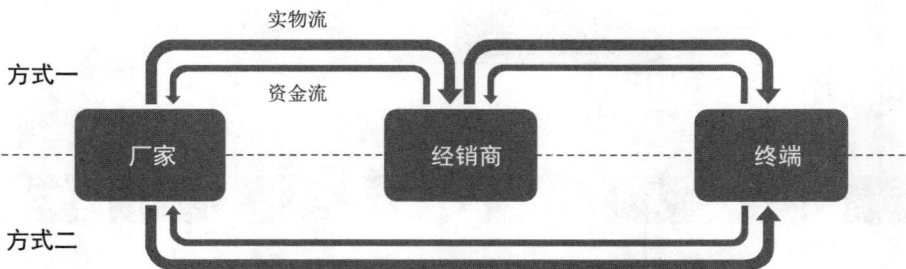

图 1-3-6　与经销商还是终端合作

首先，在信息流方面，经销商在供应链中的位置比较靠前，可以把控风险点，确保供应链的稳定性和安全性。例如，经销商可以对终端客户的信用状况进行评估和监控，避免出现坏账等风险。

其次，在实物流方面，经销商的客户资源丰富，且代理了多个厂家、多个类型和多个产品。经销商可以通过自身的营销渠道和推广能力将厂家的产品更好地推向市场，进一步提高销售业绩。经销商还可以为厂家提供售后服务和技术支持，帮助客户解决问题，增强客户满意度。

最后，在资金流方面，终端的回款周期通常是很长的，通常有半年甚至一年的账期。相对来说，经销商的账期很短，可以做到现款甚至预付款。

综上所述，很多厂家会更愿意选择和经销商合作。

二、如何应用供应链的"三流"

下面我们一起来了解供应链"三流"在交易方式和商业模式场景中的应用。通过对供应链"三流"的不同组合和设计，会产生新的交易方式和商业模式。

（一）改变交易方式

随着社会和技术的发展，交易方式也在发生着变化。在不同的交易方式下，资金流和实物流会呈现出不同的特点，见表 1-3-1。

表 1-3-1 不同交易方式下的资金流和实物流

对比项目	交易方式					
	以物换物	一手交钱一手交货	赊销	预售	第三方支付	供应链金融
交钱时间与交货时间	互换货	同步	晚	早	同步 交钱给第三方	依情况 到第三方贷款
资金流与实物流	无资金流	同步	晚	早	同步 资金流：买方和第三方； 实物流：买方和卖方	依情况 资金流：买方和第三方； 实物流：买方和卖方

1. 以物换物

以物换物作为一种最原始的交易方式，主要通过物品的直接交换来进行。在这种方式下，实物流是交易的核心，而资金流不存在。人们用自己拥有的物品来交换所需的物品，从而实现交易的目的。这种交易方式简单直接，但也存在一定的局限性，例如物品的匹配程度、价值评估等问题。

2. "一手交钱一手交货"

在"一手交钱一手交货"交易方式下，资金流和实物流是同步进行的，购买者支付货款的同时收到商品，双方的权益得到了及时的保障。这种交易方式的特点在于，交易的完成是即时的，具有很强的实时性和效率。在日常生活中，我们经常可以在"To C"（直接面对终端消费者）的场景中见到"一手交钱一手交货"的情形。比如，我们去市场购买食品或日用品时，通常会直接向商家支付货款，然后立即获得所购买的商品。这种交易方式简单直接，省时省力，符合消费者对便捷性和效率的需求。同时，对商家来说，也能够及时收到货款，提高了资金的周转速度和流动性。

3. 赊销

在赊销交易方式下，资金流和实物流出现了时间上的切割，交货时间早于交付款项的时间。这种交易方式主要体现在"To B"（直接面对企业）的场景中，即供应商向客户企业提供货物或服务后，客户企业不需立即支付货款，而是在一定期限内付款。这种交易方式的特点在于，可以为客户企业提供更大的资金周转空间和灵活性，同时也能够减轻客户企业的财务压力。在赊销的交易过程中，双方会根据具体情况协商确定账期的长短。一般来说，账期较短的赊销交易风险相对较小，资金流动性较好，而账期较长的赊销交易则可能存在一定的信用风险和资金风险，需要双方进行更加谨慎的合作和管理。

4. 预售

预售是一种逆向赊销的交易方式，其特点是付款时间早于交货的时间。这种交易方式通常出现在"To C"和"To B"的场景中，比如期货和众筹等。在这种交易方式下，资金流比实物流更早。这意味着买方在购买商品或服务之前需要先支付一定数量的定金，比如商家打出广告，预存 200 元减 20 元。意向客户需要提前交纳 200 元的意向金，以获得折扣优惠。此时，商家还没有开始销售商品，但资金流已经开始了。这种交易方式对商家来说具有很大的优势，可以提前锁定一部分资金和客户需求，同时也能够保证销售额和预期收入。对于买方来说，预售交易方式也能够提前获取所需商品或服务，并且在一定程度上享受到优惠和折扣。然而，预售交易方式也存在一定的风险和不确定性，比如在众筹中，项目可能无法按时完成或者达成预期目标，导致投资者的损失。在预售商品中，可能出现库存不足或货源问题，导致交货时间的延迟或商品无法按期交付等情况。因此，在进行预售交易时，双方应该加强沟通和合作，建立明确的交易规则和保障措施，以降低风险和保证交易顺利进行。

5. 第三方支付

第三方支付交易方式解决了买家在交易中的顾虑，即买家利益不受保障的问题，比如买家担心卖家不发货或者货物质量出现问题。如果没有第三方支付平台的介入，可能会出现买家拿不到货或者拿到不合格的货，同时又无法追回支付的情况。在这种交易方式中，商家将货物发给买家，买家向第三方支付平台付款，而非直接向商家支付。待买家确认收货后，第三方支付平台再将款项转给商家。在操作中消费者的付款和收到货物的时间是同步的。对于商家来说，这类似于赊销的行为，因为货物先发出去了，但并非同步收到款项。而是需要等待第三方支付平台在买家确认收货之后再将款项转给商家。在消费者一端，资金流和实物流是同步的，而在商家一端，资金流则晚于实物流。在这个时间差中，款项由第三方支付平台掌管。这种交易方式降低了交易中的风险有效地保障了买家的权益，同时也促进了交易的顺利进行。对于商家来说，虽然会面临一定的资金回笼周期，但第三方支付平台的介入提高了交易的可信度，有助于建立更加稳固的商业关系。

6．供应链金融

供应链金融的出现是通过管理上下游企业的资金流、实物流和信息流，将单个企业认为不可控的风险转化为整个供应链企业可控的风险。在供应链上，企业可能会面临各种需求场景，其中包括以下几种情况：作为上游企业时，由于客户的账期较长，导致资金流问题。此时，该企业可能需要贷款来缓解资金压力，确保生产运营的正常进行。作为下游企业时，可能面临供应商要求现款或者给予较短账期的情况。由于涉及制造、销售等环节和客户对账期的要求，可能会出现资金流紧张的情况。因此，这家企业也需要贷款来解决资金周转问题，确保供应链的畅通。

除此之外，供应链上的企业还可能面临其他一些情况，比如季节性需求波动导致资金短缺、原材料价格波动引发成本上升、市场竞争加剧导致市场份额下降等问题。通过供应链金融的支持，企业可以更好地管理自身的资金流，降低运营风险，提高供应链效率。

（二）创造新的商业模式

从供应链"三流"应用的角度，我们进一步讲述商业模式的创新，如图 1-3-7 所示，图中包含了两种不同的商业模式。

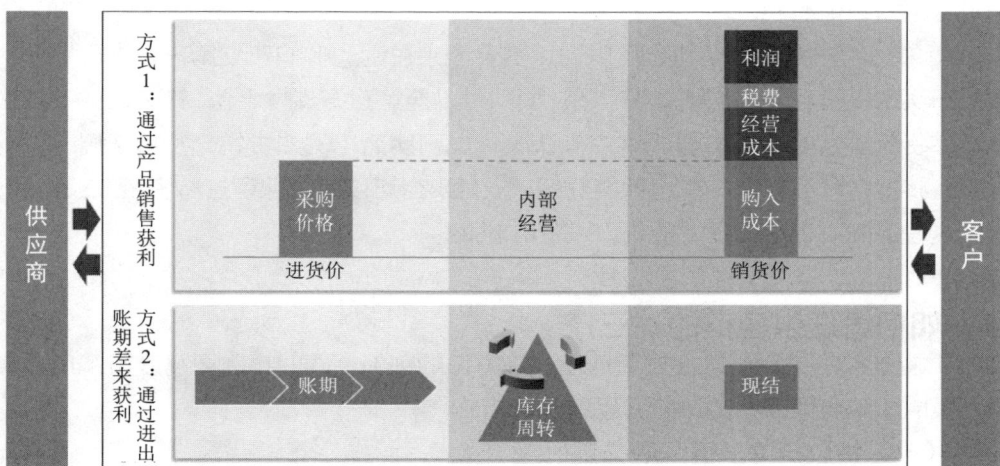

图 1-3-7　跳脱出"局限于产品差价"的商业模式

1. 传统模式

图中方式 1 为传统的商业模式，通过销售产品来获利。首先，商家进货，从供应商处采购商品，建立自己的库存。然后，内部运营，商家通过各种渠道进行市场推广和销售活动，将商品推向消费者。这可以包括线上销售、实体店销售、分销渠道销售等。同时，合理地定价，商家根据市场需求和竞争情况，确定合适的销售价格。最后，利润获取，商家在销售商品后，从销售价格中扣除进货成本、经营成本和相关税收获得利润。在这种模式下，商家可以通过扩大进货和销货的差价，提高经营效率，增加销售量和市场份额等方式来增加利润。

2. 新商业模式

图中方式 2 为新的商业模式，通过进出账期差来获利。首先，在进货环节，本企业和上游企业的结算是有账期的。这相当于赊销方式，假设账期是 2 个月。在销售环节，本企业和下游客户之间款项是现结的。这种情况下，"本企业和上游的账期"与"本企业和下游的账期"形成了一个账期差。假设本企业需要 7 天，才能将这些货销售出去，在本企业销售出商品并收到货款后的 7 周时间里（2 个月计为 8 周），本企业持有商品的全部销售货款。且直到 7 周后，才需要给上游供应商支付采购货款。如果本企业只需更短的时间就能将商品销售出去，即本企业的库存周转更快，那资金在本企业停留的时间更长，那就更有机会去利用这些资金去赚取更多的钱。这就产生了一个新的商业模式，相较于传统模式追求商品进销的高差价，其更追求以低差价换取高周转，实现高现金流下的账期差带来的收益。举个例子，进货价是 5 元，销售价格也是 5 元，商家能赚到钱吗？也是有可能的，只要设计得到位，通过账期差也能盈利。

再如，第三方支付企业也可以利用资金流来盈利。他们建立第三方支付平台，服务于买家以及卖家。首先，客户下单，同时付款至第三方支付平台。其次，商家发货。然后，货物到达客户。接着，客户确认收货或到期后（例如货物到货后 2 周），支付平台将款转付给商家。在这种情况下，支付平台可以暂时保留这些资金一段时间，利用这段时间来进行投资或放贷，以获取利润。

三、如何管理供应链的"三流"

供应链"三流"可以促进商业模式等方面的创新，同时也需要高度重视风险管理，及时了解可能带来的风险并采取相应措施。

（一）供应链"三流"的关键风控

我们以实体企业为例，讲述供应链"三流"的关键风险，如图 1-3-8 所示。

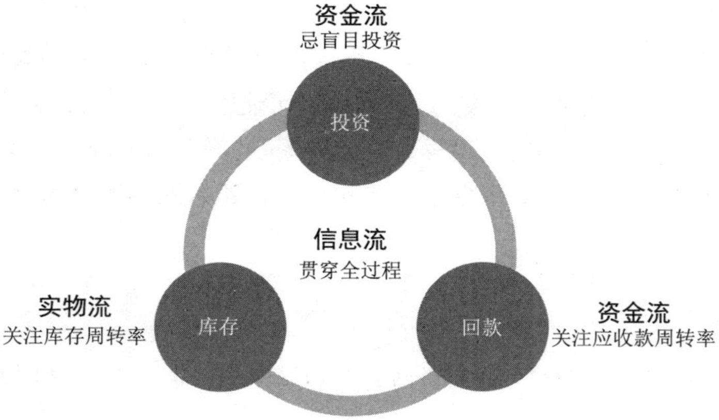

图 1-3-8　企业供应链"三流"的关键风险

1．投资风险

投资直接影响资金流，如果盲目投资可能导致资金流断裂。

如一家公司决定在新市场开设多个分支机构，以期扩大市场份额。为此，公司投入了大量资金用于租赁办公场所、招聘员工、市场推广等。然而，由于新市场竞争激烈，业务增长没有达到预期，收入不如预期，回报周期也被大大拉长。与此同时，公司还需要支付日常运营成本，如员工工资、租金和其他日常开销。如果公司原本的资金流就不充裕，又没有其他稳定的现金流来源，这种盲目的投资可能会导致公司的资金链紧张，甚至出现资金流断裂的情况，最终可能使公司陷入财务困境，影响正常运营。

2．回款风险

应收账款周转率是关键指标，若资金滞留在客户处影响资金流将增加企业被动风险。

如一家制造公司向多个客户提供产品，并允许客户在交货后 60 天内付款。公司的应收账款周转率较低，意味着很多客户在到期后仍未及时支付款项，导致大量资金滞留在客户手中。由于这些资金未能及时回到公司，导致公司在支付供应商货款、员工工资和其他运营费用时出现资金短缺的情况。为了解决这个问题，公司可能被迫借款，增加了利息支出，或是削减其他必要的支出，如营销费用或研发投资，从而影响公司的长远发展。如果客户持续拖欠货款，公司不仅要承担因资金不足而带来的运营压力，还会面临被动风险。比如，在市场出现机会时，公司可能因为资金短缺而无法及时抓住机会，或在经济环境恶化时，难以维持正常运营。

3．库存风险

库存管理涉及实物流和资金流，库存过高或过低的库存可能导致断货、库容不足和资金占用等问题。

如一家电子产品制造公司过于乐观地预测了未来的销售，结果大量产品滞留在仓库中。由于电子产品更新换代快，过高的库存可能导致产品过时，难以销售。同时，大量库存占用了公司大量的资金，导致资金流紧张，使得公司在其他重要的业务领域如研发、市场推广等方面的资金不足。库存过高还可能导致仓库空间不足，增加存储成本。

4．信息风险

信息流贯穿于全过程。

如一家服装零售公司经营多个分店，依赖实时的信息流来管理库存、订单和财务。

公司需要销售数据和市场趋势等信息来补充库存。如果信息流不畅或滞后，分店可能无法及时将销售数据反馈到总部。结果，总部无法准确判断各店的库存需求，从而导致一些分店的热门商品断货，而其他分店则可能因滞销品积压导致库容不足。这种实物流的不畅最终会影响到销售额和客户满意度。

公司需要通过信息流来管理客户的付款信息和供应商的结算。如果客户的付款信息没有及时传递，财务部门可能无法准确掌握公司的资金状况，导致资金调度不及时，影响公司的财务健康。比如，如果客户付款延迟的信息没有及时传递，公司可能会误以为有足够的资金来支付供应商货款或进行新的投资，最终可能出现资金短缺的情况。

面对可能发生的风险，企业可以采取以下措施：

（1）慎出。投资要谨慎，避免过度投资或盲目扩张。企业在资金流出方面需要审慎考虑，确保每笔支出都经过充分评估和规划。

（2）快入。注重资金流动性，追求快速回笼资金，保持良好的现金流。及时回笼资金可以增加企业的流动性，为未来经营提供更多的灵活性和资金支持。

（3）合理库存。保持合理的库存水平，既要满足业务持续性需求，又要控制成本。合理的库存管理能够平衡供应链中的实物流和资金流，确保产品供应及时和成本效益。

（4）加强信息流管理，确保信息及时准确传递，以支持决策和风险控制。

（二）供应链"三流"的管理重点

对于供应链管理从业者而言，要清楚供应链"三流"的管理重点，有的放矢，才会起到事半功倍的效果。

（1）信息流是实物流和资金流的一个抓手。

如果想解决实物流和资金流的问题，我们需要从信息流入手。要鼓励供应链上下游的伙伴及时准确地共享信息，包括企业内外部的相关方。很多时候，是要拿信息去换库存，拿信息去换资金，要努力做到这样的程度。而且，对于供应链从业者来说，其所处的管理层级越高，关注信息流的程度就会越深。简单说，要确保信息的共享，确保信息的高效。公开透明和相互渗透，减少信息失真，降低长鞭效应的影响。

（2）实物流是供应链的根本。

实物流是浪费集中呈现的地方，因此要加强供应链的透明度，包括企业内和企业外的物流路线规划是否合理、生产效率的高低等，这些因素都可能影响实物流是否畅通。加强供应链的透明度，是考虑和设计采购、制造、物流和销售全过程最经济高效的一种方式。

（3）资金流是盘活供应链的关键。

让资金流动起来，钱才能生钱，才能够避免"断链"。很多企业的倒闭，并不是因为资不抵债，而是因为资金周转不灵。所以，让资金流健康、高效地流动起来，是管理资金流的一个关键点。

四、如何改善供应链的"三流"（模型1：供应链管理"三流"的改善模型）

提到供应链"三流"的改善，就不得不说到库存，我们先来看下面这个模型，如图1-3-9所示。

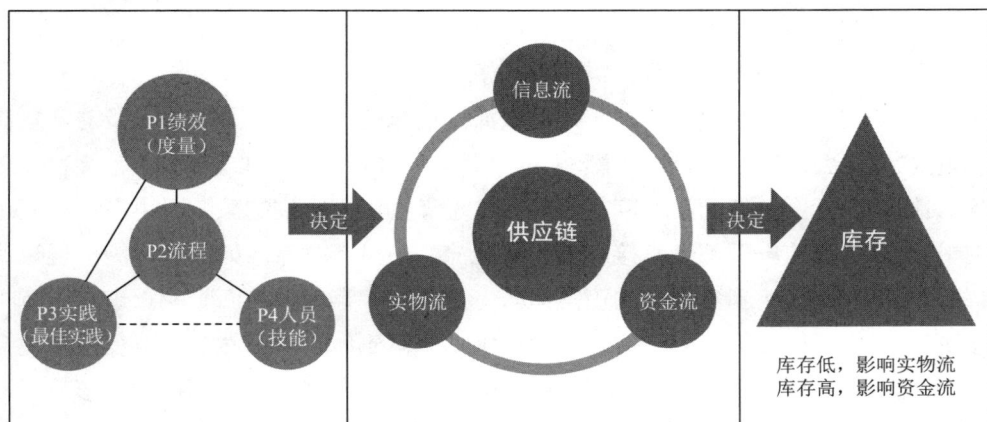

图1-3-9 供应链管理"三流"的改善模型

库存是供应链管理避不开的话题，也是每个企业都会面临的问题。衡量库存管理的好坏并没有一个固定的标准。以库存周转率为例，高库存周转率是否意味着库存管理就好呢？并非如此。高库存周转率通常被认为是一个积极的指标，但其是否适用，取决于企业对库存管理的具体需求。如果企业追求改善现金流，那么高库存周转率就是一个重要的考量因素；如果企业更注重保障供应稳定性，那么高库存周转率就不一定是首要目标。举例来说，如果一个企业预测到未来可能会出现芯片供应短缺的情况，可能会更倾向于建立战略性库存，以备应对供应链中断的风险。在这种情况下，高库存周转率并不是最重要的考虑因素。

库存管理是一个动态的过程，对于不同的企业或同一企业的不同阶段来说，所面临的问题可能会有所不同。过去一年的库存管理良好，并不意味着继续沿用去年的策略就能确保库存管理依然良好。因为不同的时期，企业对库存管理的需求可能发生了根本性的变化。如果企业仍然坚持不变的策略，可能会带来相反的效果。这是因为市场环境和竞争态势在不断变化，而不同的策略适应的情况也不同。一个过去有效的库存管理策略，在当前市场环境下可能已经不再适用，因此继续使用可能会导致库存管理效果的减弱。另外，即使策略的方向没有改变，但其在程度上可能发生了变化。企业需要根据市场需求、供应链状况以及内部运营情况等因素来评估和调整库存管理策略。不同的时期可能需要不同的库存水平、补货策略和供应链合作方式等，以适应变化的需求。

总之，库存过低影响交付，库存过高影响经营。库存需要刚刚好且寻求动态平衡。

如何做好库存管理呢？

首先，在库存管理中，我们需要深入挖掘库存背后的根本原因。库存实际上是由供应链的"三流"所决定的。一是信息流。信息的准确性、及时性以及对实物流指挥的效果都会对实际库存产生影响。如果信息不准确、过早或滞后，就会直接影响到实物流的运作，从而影响库存水平。二是实物流。实物的采购、生产和流通过程中的延迟或提前出现都会直接影响到资金流。三是资金流。如果实物流出现过早或滞后，将直接影响到资金流的正常运转，进而对库存产生负面影响。这些影响相互交织在一起，最终的结果往往会在库存水平上得到体现。当然，库存反过来也会对供应链的"三流"产生影响。高库存可能意味着资金被困在了库存中，影响了资金流的正常运转。同时，也可能导致信息传递不畅，进而影响到整个供应链的运作。因此，要想有效管理库存，就需要关注并优化"三流"的整体运作，以确保信息、实物和资金的流动协调顺畅，从而实现库存的有效管理和优化。

最后，信息流、实物流和资金流的状况是由供应链中的 4P（performance 绩效、process 流程、practice 实践和 people 人员）因素所决定的。这四个要素的成熟度反映了供应链管理的优劣，直接影响了"供应链三流"的状况。因此，要从根本上解决库存管理问题，就需要着手改善供应链的"三流"。通过对供应链的 4P 因素进行诊断，找出当前存在的问题和差距。制定改善方法，并定义和落实具体的行动计划，逐步改善"供应链三流"的状况。通过持续的努力和改进，最终实现库存管理的良好状态。

🔔 **学后行动**

你所在企业的流程和组织有哪些问题？如何实现供应链的"三流合一"，如何改善？

_____

_____

_____

_____

_____

第四节　供应链的"五性"

在人类历史的长河中，人们一直试图认识和解释各种自然现象与社会现象。实际上，这种探索的背后是人类对确定性的渴望。

在管理活动中，供应链管理被视为一种与不确定性共舞的管理方式。供应链管理说到底就是对不确定性进行管理的过程。通过有效的管理实践和策略，企业可以提高供应链的应对能力，降低不确定性带来的风险，从而实现供应链的高效运作和持续发展。随着人们对供应链管理认识的不断深入，一系列新概念，如脆弱性、柔性、弹性、韧性和不确定性等，也成了备受关注的热词。

本节我们来聊一聊供应链的"五性"。

🔔 **学前思考**

写下自己对脆弱性、柔性、弹性、韧性和不确定性词语的理解。

_____

_____

_____

_____

_____

一、什么是供应链的"五性"

供应链是从供应商到客户的一系列相互链接的供需环节构成的链条。供应链包含了很多供需环节，企业内部有实物流方面的采购与仓库的供需，仓库与生产的供需，信息流方面的采购与计划的供需，计划与生产的供需，资金流方面的采购与财务的供需，财务与销售的供需等。企业外部有销售与客户的供需，客户与客户的客户的供需，采购与供应商的供需，供应商与供应商的供应商的供需，两头可以无限延伸，尽管超出了企业的能力范围，但却实实在在地影响着企业运营，真所谓链条上环环相扣，一环动全链都动。这些供需关系，通常表现出五种特性。也就是供应链的"五性"，包括脆弱性、柔性、弹性、韧性和不确定性。

（一）供应链"五性"的含义

（1）脆弱性。在物理学里面，脆性的定义是材料在外力作用下，如拉伸或者冲击等，产生很小的变形就断裂破坏的性质。其重要特征是即使受到微小的应力，材料也会迅速发生断裂破坏，比如当陶瓷花瓶被碰倒在地板上后立即破碎，这就是陶瓷脆性的经典体现。在供应链里，这种状态就是脆弱性。

（2）柔性。它是指材料在受到外力作用的时候，呈现柔软的性质，比如人们用牙咬一口黄金，看是否有规则的牙印以识别真假。这就是利用了黄金柔性好的特点，若黄金的纯度低，则没有牙印或无规则的牙印。

（3）弹性。它是指材料在受到外力作用而发生弹性变形后，可以恢复原始形态和大小的性质。弹性变形是可逆的，即当外力移除后，材料可以自动恢复到未受力前的状态。这种现象常见于弹簧等材料中，在受力时会被压缩或拉伸，但一旦去除外力，弹簧会迅速恢复到原始形态。

（4）韧性。它是指材料在塑性变形和破裂过程中吸收能量的能力。这是一种能力，韧性越好，则发生脆性断裂的可能性越小，比如碳纤维材料的质量轻但韧性极好。韧性的特征是，直到断裂前是出现很小的弹性变形，而不出现塑性变形。弹性变形是可逆的，而塑性变形是不可逆的，即便移除外力，其不能自动恢复至受力前的形状。

（5）不确定性。确定性是指客观事物在没有发生质变之前的一种稳定的状态，呈现好的规律性和可预测性，不确定性则与之相反。比如，$1 + 1 = 2$，在数学中，这是共识，这也呈现了确定性。但若将场景放在团队管理中，好的团队会使得 $1 + 1 > 2$，由于团队成员相互激励相互帮助，团队的力量大于个体力量的简单求和。差的团队会使得 $1 + 1 < 2$，由于团队成员相互排挤相互打压，团队的力量小于个体力量的简单求和。于是，这就呈现出了不确定性。

（二）供应链"五性"的例子（乒乓球训练器原理）

如图 1-4-1 所示，在乒乓球训练器应对球拍击打的过程中，展现了多种特性，如脆弱性、柔性、弹性、韧性和确定性。这些特性共同构成了乒乓球训练器在面对挑战时的多样化应对策略，体现了其复杂而精妙的设计和功能。

（1）脆弱性。球拍不停地击打乒乓球（环境挑战或外部需求等冲击），球随时都有可能偏离中线（脆弱性）。

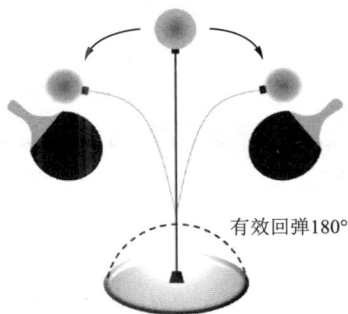

图 1-4-1　乒乓球训练器如何应对球拍的击打

（2）柔性。球拍从变化的角度且用变化的力度击打乒乓球（变幻莫测)，但球能有效回弹至中线（良好应对）。

（3）弹性。软轴与球和底座连接，其弹力能帮助球从偏离的位置回到中线（弹性）。

（4）韧性。在 180° 范围内，球都能回到中线。但超过此范围，软轴可能被破坏而不再回弹，球不再能回到中线。

（5）确定性。确保底座稳固、软轴弹性和连接紧密，就能从容应对球拍的击打。

🔔 思考

天空中的鸟群是如何保持队形的？中途遇到风向变化或其他危险时，如何实现灵活且有序的？

_____

_____

_____

_____

_____

_____

🔔 提示

几十只甚至成千上万只鸟组成鸟群在空中飞翔，其面临着非常多的不确定，比如风向变化、天气变化、不属于本鸟群的其他飞鸟、捕食者和其他的飞行物等，都可能对鸟群产生干扰和影响。鸟群是如何应对这种不确定性的环境呢？鸟群有自身的一套灵活有序的方法，如图 1-4-2 所示。

图 1-4-2　鸟群灵活有序的方法

首先，鸟群个体间的目标非常统一，即方向的一致性，每一只鸟都是朝一个方向飞。其次，为了实现同一方向这一目标，鸟群是有流程的，通过对飞行的动作、间距保持等活动的明确，确保鸟和鸟之间始终彼此靠近，即便遇上障碍物或者有其他的风险而散开，但马上又会彼此靠近。最后，就是规则。若没有规则，在相互靠近的过程当中，鸟和鸟就有可能会碰撞到自己的伙伴。保持适当距离，避免碰撞。简单讲，鸟群就用这三个法宝实现了灵活且有序，即目标、流程和规则。

鸟群的做法，给了我们什么启发呢？在我们的工作当中，我们何尝不想自己领导的或者所处的组织是一个灵活有序的有机体呢？借鉴鸟群的智慧，我们从目标、流程和规则这三个方面着手，统一目标、打通流程和遵守规则。

二、让供应链反脆弱（模型 2：供应链管理反脆弱模型）

供应链的脆弱性可以简单理解为断链临界状态，稍微增加一点压力就可能导致断裂。现实生活中存在着许多不确定性因素，例如，自然灾害、政府重大政策变化、重大社会事件等不可抗力情形。供应链的稳定性和可靠性受到影响，甚至可能瘫痪和崩溃。因此，如何有效地提高供应链的韧性和抗风险能力，成为当前供应链管理中最为关注的问题之一。

为了解决这一难题，需要加强供应链的柔性、弹性和韧性。如图 1-4-3 所示，供应链管理的反脆弱模型包括断链临界的状态、应对变化的能力、承受冲击的能力、恢复状态的能力和供需稳定的状态。

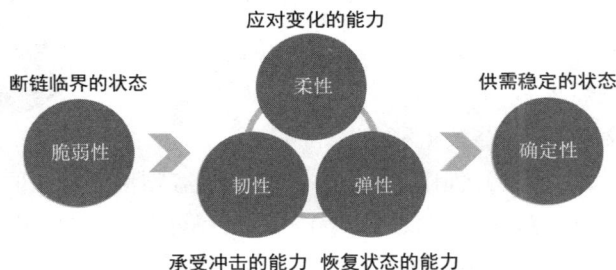

图 1-4-3　供应链管理反脆弱模型

供应链从不可避免的脆弱性开始，到主动建立并不断提升柔性、弹性和韧性的能力，最后，将供应链的不确定性变成了确定性，这就是供应链管理的反脆弱模型。供应链管理的反脆弱模型是一个逐步演化的过程。

虽然，最初供应链可能存在一些脆弱性，容易受到外部变化的影响，导致供需失衡、生产中断、延迟交货等问题。但是，通过识别和分析供应链中的脆弱环节，并采取相应的措施进行改进，可以逐步建立起柔性、弹性和韧性的能力。

三、加强供应链柔性

供应链的柔性是指供应链具备应对各种变化的能力，包括需求变化、市场变化和技术变化等。在过去几十年里，随着供需关系的根本变化，企业在面对市场挑战时需要不断加强自身的柔性以保持竞争力。过去，供方主要根据自身能力设计和制造产品，采取以产定销的商业模式。然而，随着人们生活水平的提高，消费者需求变得越来越个性化，而且变化速度越来越快。为了赢得市场份额，企业不得不加强小批量生产和定制化能力，以满足日益个性化的需求和变化应对能力。如果这种能力建立在成本优势的基础上，则是企业追求的有意义、有竞争力的柔性。

然而，需要注意的是，如果企业只注重提升柔性而忽视成本控制，即使柔性提升了，但成本却随之增加了，最终导致企业失去竞争力。因此，企业在加强柔性的同时，也必须注重降低生产成本，提高效率，才能真正实现持续发展和长期竞争力。

如何加强供应链柔性呢？我们可以从需求超前感知、精益生产能力、流程信息化和定制能力化四个方面着手，如图 1-4-4 所示。

（一）加强需求的超前感知

在需求信息方面，供应链从业者之前主要与商务部门和销售部门进行对接。如今，供应链从业者应该延伸自己的触角，通过技术手段渗透到终端和消费者，更频繁、更敏捷、最贴近地感知消费者的需求。

图 1-4-4　供应链的柔性

例如，可以利用大数据分析和人工智能技术，对市场趋势、消费者行为和竞争动态进行实时监测和分析。同时，通过与销售渠道的紧密合作，及时获取销售数据和反馈信息，从而更准确地预测需求变化。

（二）注重精益生产的能力

通过加强自身的精益生产能力，我们有机会对以下方面进行优化，比如缩短产品产出周期、提高生产效率、增强计划的灵活性。

在经营和生产过程中，我们可以运用精益生产思想、方法和工具来改善库存管理、提高生产过程的效率，并减少过程中的浪费。通过精益生产的原则，我们可以识别并消除不必要的活动、降低库存水平，并优化物流和生产流程，从而提高生产效率和响应速度。例如，我们可以运用 value stream mapping（价值流映射）工具来绘制产品的整个价值流程，从原材料采购到最终交付给客户的全过程识别瓶颈和浪费。通过分析每个环节的价值和非价值活动，我们可以找到改进的空间，并采取相应的措施，如简化流程、减少等待时间、优化布局等，以提高生产效率和响应能力。此外，我们还可以运用 SMED（single minute exchange of die，单分钟交换模具）技术缩短设备的切换时间，通过减少切换时间，我们可以更灵活地调整生产计划，更快地响应市场需求变化。

通过精益生产的思想和方法，我们可以持续改进生产过程，降低成本，提高效率，并增强供应链的柔性。这将有助于我们在市场竞争中保持竞争优势，并满足消费者日益个性化的需求。

（三）实现流程的无纸化、信息化和数字化

通过将流程信息化，我们可以实现流程的无纸化、信息化和数字化，提高生产效率和质量，降低成本和风险。

首先，电子文档的出现使得流程无纸化成为可能。不仅可以避免大量纸张的浪

费，还可以极大地提高文档的处理速度和准确性。这对于需要频繁处理文件的部门尤其重要，如人力资源、采购部门等。

其次，信息化还可以实现电子审批流等功能，使得审批过程更加透明和高效。通过电子审批流，审批人员可以在线上完成审批工作，避免了传统的纸质审批流程中需要耗费大量时间和精力去协调和沟通的问题。

最后，数字化的应用则可以进一步提高流程的效率和准确性。通过自主分析和判断，甚至决策，系统可以在保证流程标准化的前提下，根据实际情况进行灵活调整。同时，系统可以主动提醒相关人员，提供建议或下达指令，减少了人力资源的消耗。

流程的无纸化、信息化和数字化具有高频、快速敏捷的特点，可以有效降低因信息差而带来的长鞭效应影响。同时，通过压缩信息流和实物流的时间，流程的无纸化、信息化和数字化还可以进一步减小长鞭效应 ① 对企业的影响。

（四）具备定制化能力

随着客户需求的个性化和多样化，企业需要具备越来越强的定制化能力，才能够满足客户的需求，赢得订单。企业应该注重市场调研，了解客户的需求和喜好，及时调整产品和服务，以满足客户的个性化需求。同时，企业应该拥有灵活的生产线和供应链，以便在客户需求发生变化时能够快速响应，并提供相应的定制化产品和服务。

四、加强供应链弹性

供应链的弹性则是指在受到冲击和损害后，能够迅速恢复到正常状态的能力。很多企业，将业务持续性管理作为重要战略举措。在业务持续性管理中，有一项能力非常重要，就是弹性。在面对外部环境的不确定性和变化时，供应链必须具备弹性，才能够保证其持续稳定地运行。

如图 1-4-5 所示，当一个紧急事件发生的时候，企业的业务活动能力就会出现下降，随之，相应的风险在此后一段时期内会持续增加。这种情形下，企业的供应会受到不同程度的影响。紧急事件一旦发生，就会触发应急管理活动。在启动相关应急措施后，由于一些潜在的风险陆续产生影响，也包括在此过程当中产生的一些意外。此前企业的应急措施不能解决新产生的问题，响应还不够充分。因此，在一段时间内，即便有应急措施的干预，但负面影响还在持续扩大。随着应急措施的持

---

① 长鞭效应：是指供应链上的一种需求变异放大现象，是信息流从最终客户端向原始供应商端传递时，无法有效地实现信息共享，使得信息扭曲而逐级放大，导致了需求信息出现越来越大的波动，在图形上很像一个甩起的牛鞭，因此又被形象地称为牛鞭效应。

续作用，负面影响得以控制住，不再进一步恶化，达到一个相对稳定的状态。此时，开始进行资源的投入以及业务的重启。接下来，业务一步步恢复，直到业务恢复至正常水平。若业务没有遭受到紧急事件，就不会中断，应该是呈现出平稳甚至上扬的趋势。

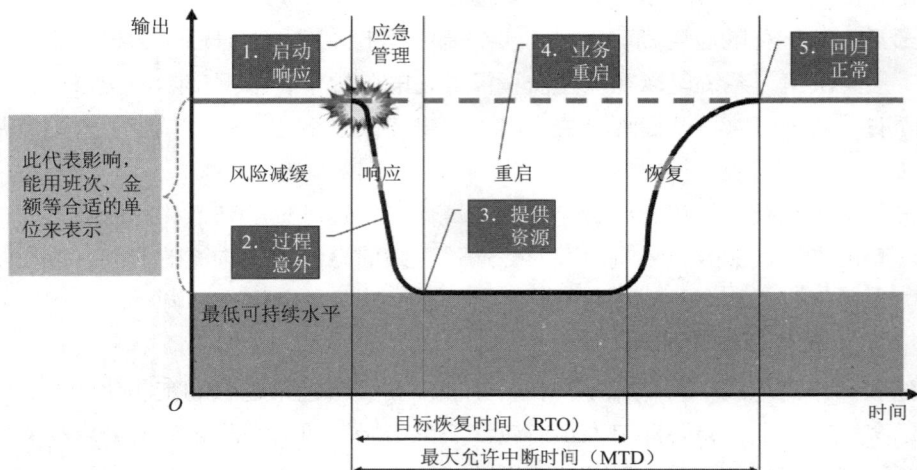

图 1-4-5　从业务持续性管理看弹性

在应急处理过程中，需要关注两个时间点。

（1）第一个是 RTO（目标恢复时长），是指应急管理行动开始到业务开始恢复这段时间。在紧急事件发生后，经过应急措施生效、资源投入和业务重启后，业务开始从持续的负面影响中回弹。

（2）第二个是 MTD（最大允许中断时间），是指应急管理行动开始到恢复至正常业务这段时间的最大值，即业务最大允许中断的时长。要想业务能在遭受重创后恢复，要求应急行动迅速。要在 MTD 之内将业务恢复至正常水平；否则，业务可能一蹶不振。

如何加强供应链的弹性？我们可以从关键业务评估、提前风险控制、业务持续计划和数字化四个方面着手，如图 1-4-6 所示。

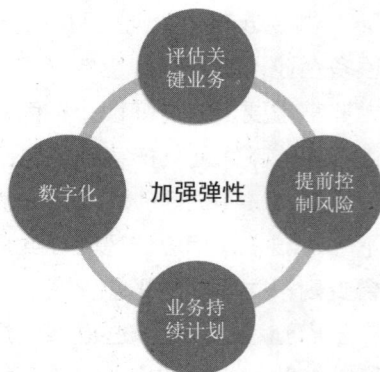

图 1-4-6　供应链的弹性

（一）评估关键业务

企业需要全面梳理业务流程，以得出关键业务清单。基于此清单，企业可以评估未来可能出现的各种风险，并进行综合分析并分级。

首先，企业需要对关键业务进行识别和评估，确定哪些环节对供应链的稳定性和顺畅运作至关重要。这涉及原材料采购、生产制造、物流运输、库存管理和销售渠道等方方面面的业务活动。

其次，针对每个关键业务环节，企业需要评估可能会发生的各种风险，如原材料供应中断、生产设备故障、交通运输延误和市场需求波动等。通过对这些风险的综合分析，并根据其可能造成的影响程度和持续时间，对风险进行分级，确定其重要性和紧急程度。

（二）提前控制风险

对于从关键业务评估中确定的风险，企业可以有针对性地制定相应的风险缓解计划和措施。这包括建立备货策略、多元化供应商来源、制定应急预案、加强库存管理、优化物流网络等措施，以应对各种可能发生的风险，保障供应链的弹性和稳定性。

首先，根据风险的分级，企业可以确定哪些风险可以立即实施和完成控制计划以消除风险。这些风险通常是较低级别的、资源需求较小或已经具备相应应对措施的风险。企业可以迅速行动，执行相应的控制计划，以尽快消除这些风险。

其次，对于一些风险，由于资源或周期等约束，不能在短时间内实施和完成控制计划。针对这些风险，企业可以制订长期的风险管理计划，并按照优先级逐步实施。通过合理分配资源和设定合理的时间表，企业可以逐步降低这些风险的影响和可能性。

最后，还有一些风险是不能通过风险控制消除的，比如自然灾害、突发传染病、"黑天鹅"事件等。对于这些不可控的风险，企业应该建立相应的应急预案，制定灵活的应对策略。这样可以在风险发生时能够迅速反应，减少损失并恢复供应链的正常运作。

（三）建立业务持续性计划

在这个计划中，需要包含一系列、多场景和全过程的应急预案。这些预案可以帮助企业在面对各种风险和不确定性时，能够及时做出反应，保障业务的持续性和顺畅运作。

为了实现这个目标，企业需要成立应急小组，并确保小组成员分工明确、流程清晰。小组成员需要熟悉应急预案的内容和流程，以便在发生紧急情况时能够快速行动。同时，企业需要定期进行演练，让相关人员能够熟练掌握应急预案的流程和步骤。这样可以提高应急响应速度和有效性，确保业务的正常运作。

当风险变成现实时，企业可以通过应急预案找到与实际情况一致的场景，并将平时的演练派上用场，高效地应对风险和紧急情况。如果实际情况偏离应急预案中的场景，企业需要在平时演练的基础上，做出必要的调整和修改，以确保有效应对。

（四）运用数字化技术

数字化技术能够提高企业持续性管理的效率。通过数字化可以加速业务持续管理流程及业务活动，有助于更快速地响应和调整，从而能够更快地将业务恢复至正常的水平。数字化技术的运用可以使企业具备灵活性和敏捷性，在不同情况时能够快速做出决策和行动，确保供应链的顺畅运作。

另外，弹性的建立并非一蹴而就的事情。它需要通过反复地练习和实践，才能真正具备弹性的能力。只有在不断的挑战和演练中，企业才能逐渐建立起强大的弹性，以更好地适应不断变化的环境和市场需求。因此，企业在强化供应链弹性的过程中，一定要及早准备，持之以恒地进行训练和演练，才能在关键时刻展现出应对挑战的能力。

五、加强供应链韧性

供应链的韧性是指抵御冲击的能力，即在面对外部压力和挑战时，供应链能够在不被破坏的前提下承受更大的冲击。

沙丁鱼是一种小型洄游鱼类。每年冬季，受到海水温度的影响，数以百万计的沙丁鱼群会进行一场浩浩荡荡的洄游旅程。从南非开普敦冷温带水域跟着寒流北上，一直到南非东海岸的印度洋亚热带水域。在沙丁鱼洄游过程中需要跨越大片海域，因为距离遥远、沿途的环境变化大，存在着很多不确定性因素。要想洄游至目的地，沙丁鱼必须克服洋流、海浪等复杂的海洋环境，经历且化解各种风险。比如，以鱼类为食的海豚，其大脑极为发达且高度"社会化"，会以团队合作的方式猎捕沙丁鱼。成千上万只南非鲣鸟群在空中也虎视眈眈，像一枚枚炮弹俯冲入海，捕食沙丁鱼。另外，还有鲨鱼和布氏鲸等猎食者。

在充满不确定性的环境中，沙丁鱼群洄游有自身的一套灵活有序的方法，如图 1-4-7 所示。

图 1-4-7 沙丁鱼群洄游灵活有序的方法

（1）目标一致。为了生存和繁殖，沙丁鱼必须洄游产卵。

（2）全局优先。每一条沙丁鱼都始终认识到自己是整个鱼群中的一部分，个体的行为和决策都是以集群的利益为出发点。这种全局优先的思维方式确保了沙丁群的协调性和整体性。

（3）流程决策。在沙丁鱼群中没有明确的首领或领导者，每一条沙丁鱼都依靠遵循特定的流程和规则来作出决策。这种流程化的方式确保了整个沙丁鱼群在面对挑战和变化时能够作出统一的决策，而不是依赖于某个个体的主观意识。

（4）行为规则。在沙丁鱼群中，共同的行为规则是确保整个群体协调运作的关键。每一条沙丁鱼都遵循这些行为规则，以便与其他成员保持一致并实现集体目标。

（5）井然有序。当沙丁鱼群遭遇外部环境变化时，它们能够井然有序地聚散离合，以保持整体性和方向。

（6）动态平衡。当沙丁鱼群受到猎食者攻击时，牺牲个体去保住整个鱼群是沙丁鱼群维持生存的重要策略。这种动态平衡的机制可以让整个沙丁鱼群在面对外部的威胁时更加具有适应性和灵活性。

受到沙丁鱼洄游的启发，企业如何加强供应链的韧性以提高自身的竞争力？我们可以从上游的本土化、适当的冗余、非核心业务的外包和总成本的控制四个方面着手，如图 1-4-8 所示。

图 1-4-8　加强供应链的韧性

（一）推进上游本土化

现在越来越多的企业开始推进上游的本土化。尤其是在当前这个逆全球化的时代，为了降低被 "卡脖子" 的风险，加强对上游供应商管理已经成为企业不可或缺的重要任务。帮助、培育和发展本土供应商，看似是花钱、花精力在帮助供应商办事，但实际上这是在降低供应链的风险，避免出现系统性问题。一旦上游供应商出现问题，可能会对整个供应链造成严重影响，甚至导致停产和物资短缺等问题。

此外，推进上游的本土化还可以有效降低跨国物流成本和运输时间，提高整个供应链的效率和响应速度。这对于企业及时应对市场变化和客户需求变化具有重要意义。

（二）保持适当的冗余

适当的冗余是非常重要的。在供应链管理中，软硬件都需要考虑适当的冗余，以备不时之需。这包括场地、库容、产能等方面。

冗余并不一定要立即用真金实银去兑现。如果企业风险较高且能够承受冗余带来的额外成本，可以在当前就实施冗余措施。然而，对于评估结果显示是几十年难得一遇的极小概率事件，或者决策得出不在当前实施冗余的情况，可以考虑寻找可靠的第三方合作。这时，需要做好对第三方的管理，以实现需求能被及时满足。

举例来说，为了实现库容的冗余，企业可以与第三方仓库进行合作，而无须增加自身的场地、设备设施和人员等资源。这样一旦企业自身的库容不够时，就可以立即启用第三方仓库，以确保供应链的顺畅运转。

（三）外包非核心业务

将非核心业务进行外包是一种常见的策略。通过将非核心业务委托给专业的外包服务提供商，企业可以集中精力和资源来发展核心业务，同时降低风险和成本。

在实施外包前，企业需要提前做好相应的准备工作。一是确认外包服务提供商。需要确认外包服务提供商具备所需的生产资质和相关工艺验证，以确保他们能够胜任外包业务。二是签订委托生产合同。签订委托生产合同也是非常重要的步骤，明确双方的责任和义务，以确保外包过程的顺利进行。

当存在业务中断风险时，企业可以立即触发并启用外包服务，以防止业务中断。通过与可靠的外包服务提供商建立长期合作关系，企业可以获得及时的支持和灵活的资源调配，从而更好地应对紧急情况。

（四）做好总成本控制

企业需要做好总成本的控制。在上游本土化方面，虽然理论上可以做得很完备，但需要综合评估以找好本土化带来的成本和效益之间的平衡。要确保本土化的成本不会过高，并且能够为供应链带来充分的优势。

适当的冗余是增强供应链韧性的重要策略。何为适当？评价标准是什么？实际上，适当的冗余需要根据具体情况进行评估。一般情况下，冗余的程度应该足够满足应对突发事件的需求，但也不能过度增加成本。成本是必要的维度，需要在考虑冗余策略时作为重要指标考虑。

企业不需要对所有的非核心业务都提前备好进行外包，需要评估每个非核心业务的重要性和风险，在此基础上决定是否值得进行外包。并不是所有潜在的风险都需要提前做准备工作的，比如成本是需要权衡的，如果忽略成本考虑，这些策略可能无法落地或给企业带来过重的负担。因此，在制定供应链韧性策略时，需要全面考虑成本、效益和风险等诸多方面的因素，以确保策略的可行性和经济性。

另外，供应链韧性的打造，一要着眼全链条；二要立足当下，防范未来。企业身处链条中一环，在链条上独善其身几乎是不可能的事情。企业不能因为要防范未来而透支过多，造成不能立足当下，亦不能只顾眼前，不想未来，不为潜在的风险做准备。

六、让供应链与不确定性共舞

交谊舞是一种考验舞伴之间默契、沟通和信任的舞种，舞者通过练习和理解对方，才能实现优美和谐的舞蹈表演。在不确定的环境中，我们可以借鉴交谊舞的精神，建立起供应链各环节之间的默契与信任，加强沟通与协作，共同遵循着规律前行。只有通过理解和应对不确定性的本质，我们才能在变化中保持灵活应对，确保供应链的高效运转和持续发展。因此，即使在不确定性的挑战下，通过深入思考和行动，我们也可以与供应链中的不确定性共舞，实现协调和谐的供应链管理。

作为企业，一方面，要掌握供应端造成的不确定，控制本企业存在的不确定，满足客户端追求的确定性。另一方面，要掌握客户端造成的不确定，控制本企业存在的不确定，满足供应端追求的确定性，如图 1-4-9 所示。

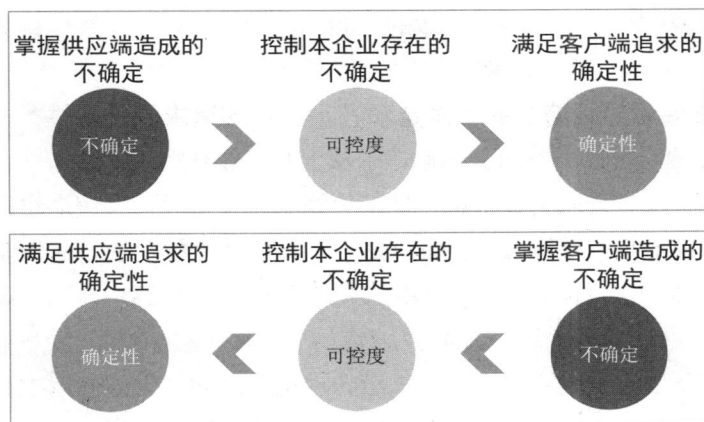

图 1-4-9　与供应链的不确定性共舞

（一）掌握供应端造成的不确定和满足供应端追求的确定性

对于供应端而言：一方面，他们自身的经营情况、交货期、生产能力、订单接收能力等有诸多不确定因素；另一方面，他们又期望下游企业能够提供稳定准确的需求信息，以及及时回款等，以满足他们对确定性的追求。

对于本企业而言：一方面，需要全面了解并掌握供应端的这些不确定因素。通过建立相应的制度、流程和机制，提高对供应端的把控程度，从而指导本企业对供应端的选择、培养、使用和淘汰，及早识别潜在风险，并采取行动化解风险，避免供应端的不确定性给本企业带来负面影响；另一方面，本企业应视供应端为合作伙伴，遵循合同精神，建立起互信互助的合作关系，甚至可以考虑向供应端提供支持，共同促进双方合作的稳定和持续发展。

（二）控制本企业存在的不确定

本企业面临着诸多的不确定性，包括人员流动、能力和态度等方面的不确定性，财务状况、投融资和现金流等方面的不确定性，以及设施设备异常等方面的不确定性。作为企业管理者，需要努力减少这些不确定因素，并将其控制在能够承受的范围内。

通过供应链模式设计、体系搭建和协同机制的建立，可以提高企业对不确定因素的可控程度。这包括建立稳定的供应链合作关系，加强与供应商的沟通和协作，以确保供应链的稳定运转。同时，通过建立健全的财务管理制度和风险控制机制，企业可以更好地管理投融资和现金流等方面的不确定性。此外，加强设施设备的维护和预防性检修，也能够有效降低设施设备异常带来的不确定性因素。

重要的是，企业需要及时发现并应对潜在的不确定因素，以避免不确定性对企业运营活动造成破坏。只有通过有效的控制和管理，企业才能够保持稳定的运营节奏，应对挑战，确保企业的可持续发展。

（三）掌握客户端造成的不确定和满足客户端追求的确定性

对于客户端而言：一方面，他们追求从上游企业获得确定性，即在约定的时间内获得合格的产品、正确的数量和合理的价格。另一方面，客户端也存在自身的不确定性，包括其企业的经营状况、需求变化以及付款能力等方面的不确定性。

对于本企业而言，需要同时掌握供应端的不确定性和客户端的不确定性，控制自身的不确定性，以满足双方对确定性的追求。通过建立良好的供产销体系和协同机制，实现整条供应链的协同运作。这意味着企业需要与供应商建立稳定的合作关系，加强沟通和信息共享，以便及时了解供应端的不确定因素，并采取相应措施降低风险。同时，企业也要与客户保持紧密联系，了解其需求变化和经营状况，以便及时调整生产和供应计划，以满足客户的需求。此外，企业还应建立完善的财务管理和风险控制机制，降低客户端付款不确定性带来的影响。

只有通过供应链各环节的协同合作，才能实现将"自己的独舞"变成"整条供应链与不确定性的共舞"。只有在供应链各方共同努力下，才能实现一个供需稳定的状态，也就是供应链的确定性。只有在供应链运作过程中保持稳定的供需平衡，才能够确保企业生产经营的正常进行，提高竞争力，实现可持续发展。

学后行动

　　为了实现供应链的确定性，减少因"供应链管理的不完善"而造成的"救火"式的工作，在现有工作中，我们可以做哪些改善？

_____

_____

_____

_____

_____

_____

02

第二章 操作层面
做好供应链管理

第一节 供应链管理的职能

有人问我："你是做什么工作的？"

我回答："供应链管理。"

他又问："供应链管理是做什么的？"

我回答："计划、采购、仓储物流……"

他接着问："计划是做什么的？"

我思考了一下，想着该如何回答。比如：计划工作，因为计划人员不直接从事研发、生产、检测等工作，好像什么事都不做；又好像什么事都要做，虽然计划人员不直接参与具体的生产、检测等工作，但"计划"又是整个供应链运作中至关重要的一环。它需要梳理和协调各个部门之间的工作流程，确保物料和产品能够按时、按需地流动，从而保证整个供应链的高效运转。没有良好的计划，其他环节将难以顺利进行。

供应链管理到底有哪些具体的事务，本节我们来聊聊供应链管理典型职能的基本事务，以及如何做好相关的具体工作。

🔔 **学前思考**

你所在的企业或你了解到的企业，其供应链管理部门包括哪些职能？分别从事什么工作？

_____

_____

_____

_____

_____

_____

一、供应链管理的职能设置（模型 3：供应链管理导航模型）

供应链管理的职能设置会因行业、企业规模、发展阶段等因素而有所差异。不同行业的特点和需求都会影响到供应链管理的职能设置。举例来说，制造业对生产和物流方面的需求相对较大，而零售业则更加关注库存管理和分销渠道。因此，供应链管理在不同行业中会有不同的侧重点。此外，企业的规模和发展阶段也会对供应链管理的职能设置产生影响。初创企业会更注重建立基本的采购和物流体系，而大型跨国企业则需要更多地关注全球供应链的协调和管理。不同阶段企业在供应链管理上的投入和关注点也会有所不同。

（一）供应链管理的典型职能

在许多企业的组织架构中，供应链管理职能包括计划、采购、仓储和物流。这些职能负责协调和管理供应链中的各个环节，确保物料和产品的顺畅流动。除了这些典型职能，某些企业可能会将更多的职能纳入供应链管理组织，比如生产、质量控制和市场需求预测等也可以被视为供应链管理的一部分。这种扩展可以帮助企业更好地整合各个部门，从而提高供应链的效率和协同作用。供应链管理的典型职能，如图 2-1-1 所示。

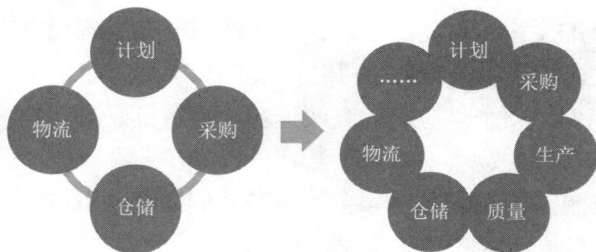

图 2-1-1　供应链管理的典型职能

此外，一些企业还将整个工厂视为供应链管理的一部分，将供应和需求两个方面都考虑进来。这种综合性的供应链管理方式有助于进一步优化生产和物流流程，提高整体供应链的绩效。

无论是哪种情况，供应链管理的目标都是确保供应链的高效运转，满足客户需求，控制成本，并提高企业的竞争力。针对不同行业、企业规模和发展阶段，供应链管理的职能设置需要灵活调整，以满足特定环境下的需求和挑战。这样的定制化设置可以更好地支持企业的运作，并提高整体供应链的效率和竞争力。

（二）供应链管理导航模型

如图 2-1-2 所示，供应链管理工作的起点是感知客户需求，即了解客户对产品、服务的具体要求和期望。只有准确把握客户需求，才能根据市场需求进行生产规划、物流运作等。

供应链管理工作的目的是满足客户需求。这意味着供应链管理需要协调各个环节，包括采购、生产、物流、库存等，以确保产品能够按时、按量、按质地交付给客户。同时，供应链管理还需要关注客户的后续需求和反馈，积极适应市场变化，不断优化供应链流程，以持续满足客户的需求。

图 2-1-2　供应链管理导航模型

那么，如何落实呢？

（1）做好供应商管理，建立稳固的供应商关系，确保合格质量、合理成本的物料被及时供应。

（2）制订和协调好生产计划，确保高效生产和良好的沟通，避免生产中断或延误。

（3）需要做好物流与库存管理，确保物流运输的效率和及时性，同时，要避免过高或过低的库存水平，以降低成本和提高供应链的灵活性。

（4）为了维持全局最优和可持续性，需要与供应商、物流服务提供商和分销渠道等合作伙伴建立良好的合作关系，共同推动供应链的协同发展和优化。

（5）关注环境保护和社会责任，比如通过环保可回收物料等操作以降低碳排放。

（三）生产计划导航模型

供应链管理的生产计划导航模型，如图 2-1-3 所示。从模型中我们可以看出，生产计划的起点是产品需求预测管理。当然，不仅仅停留在接收需求预测这一个动作上。为了实现更准确的需求预测，生产计划需要与需求预测或订单提供方进行分析和澄清。通过与提供方的合作，可以提高需求预测的准确性和可靠性。对于供应端的产能规划、生产计划和物料计划等供应活动来说，需求预测越准确，其价值越大。因此，可以说生产计划的起点是产品需求管理，而不仅仅是接收需求。生产计划的目的是产品交付，即将客户需求的产品交付给客户。

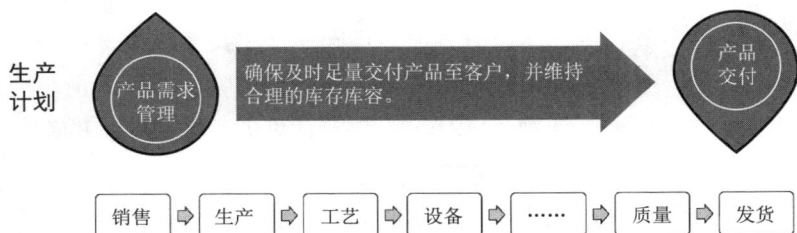

图 2-1-3　供应链管理的生产计划导航模型

确定了生产计划的终点，也知道生产计划的起点，如何从起点赶到终点呢？

（1）确保产品及时足量交付。要在客户要求的时间内交付所需数量的产品，这也是为什么生产计划的常见关键绩效指标（KPI）为及时足量交付率。这需要对订单和需求进行准确预测和分析，以便及时调整生产计划并安排生产资源。同时，供应链中的各个环节也要进行紧密协调，包括采购、生产车间和物流配送等，以确保产品顺利交付。

（2）维持合理的库存库容。过高的库存会增加成本和风险，而过低的库存则可能导致缺货和无法满足客户需求。因此，生产计划需要根据需求预测和销售情况，合理安排库存水平和库容，并进行定期盘点和库存调整。另外，生产计划还需要关注仓库的运营管理，包括合理布局、设备维护和优化仓储流程等。通过有效的仓库管理，可以确保存放在仓库中的产品质量风险可控，提高产品的可追溯性。

（3）注重内部运营的高效率。这包括优化生产过程、改善工艺流程、提高设备利用率等。通过持续改进和技术升级可以提高生产效率，减少资源浪费，并确保资金的流动性。

在从起点到终点的过程中，生产计划还涉及哪些组织和活动呢？

在生产活动过程当中，可能会有的一些工艺的变更和技术改进等。还有设备的维保，设备自动化和集成化程度越高，对设备维保的要求越高。生产前的物料、生产过程中的中间品及半成品、生产后的成品涉及来料检验、过程质量控制、成品检验放行及质量事件管理等活动。检验放行后，通过物流发货，将产品交付给客户。

在整个过程中，作为生产计划人员，虽然不直接执行上述活动，但需要与各个环节的相关人员协同合作。通过与销售、生产车间、工艺改进、设备维保、质量管理和物流等部门的沟通和协调，确保生产计划的顺利执行，实现及时足量交付产品的目标。

（四）物料计划导航模型

供应链管理的物料计划导航模型，如图 2-1-4 所示。从模型中我们可以看出，物料计划的起点是物料计划制订。物料计划人员从生产计划人员获得生产主计划。根据计划的颗粒度不同，具体可以分为每月更新一次的月度主生产计划、每周更新一次的周生产计划，或者每天更新一次的日生产计划。物料计划人员在接收生产主计划后，需要制订物料需求计划（MRP）。物料计划的目的是物料的交付。因此，物料需求计划的目的是确保物料能够按时交付到指定的地点。

确定了物料计划的起点和终点后，如何从起点赶到终点呢？

（1）要关注研发和生产等下游环节活动要求使用物料的时间，将下游活动所需的物料按时交付到位。这是为什么物料计划常见的关键绩效指标为物料及时到货率。这要求物料计划人员与采购部门和供应商密切合作，及时了解物料的供应周期和交付时间。通过建立有效的供应链管理系统和与供应商的紧密合作，确保物料能够准确、及时地到达生产现场，以满足生产的需求量。

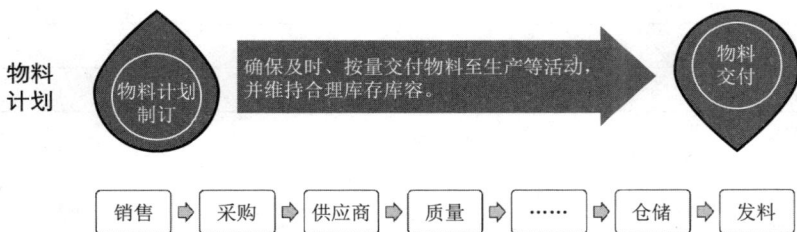

图 2-1-4　供应链管理的物料计划导航模型

（2）在及时到货的同时，需要维持合理的库存库容。这意味着物料计划人员需要根据物料的使用率、供应周期和安全库存等因素制定合理的库存控制策略。他们需要监控库存水平，确保库存处于适当的范围内，既不过高导致资金占用过多，也不过低导致生产中断。同时，他们还要注意降低物料呆滞的风险，避免过期或过时物料的积压。这需要进行库存周转分析、定期检查库存质量等措施来管理库存风险。

（3）物料计划人员还要关注资金流的良好运转。他们需要与财务部门紧密协作，确保物料采购与付款的协调一致，避免因物料延迟交付或资金不足而影响企业的正常运营。通过合理的物料计划和资金管理，实现物料供应与资金流的高效匹配。所以，物料计划管理是要兼顾多目标的。

在从起点到终点的过程中，物料计划还涉及哪些组织和活动呢？

从生产计划组织开始，涉及生产主计划活动。物料计划组织，基于主生产计划，制订物料计划，释放采购需求（PR）。采购执行组织，将采购需求转成采购订单（PO），并将采购订单发给供应商。若需开发新供应商，还需供应商开发组织加入。供应商，按订单生产并交货。质量组织，涉及来料检验检测等工作。检验检测合格后，到仓库，涉及收发料等工作。

在整个过程中，作为物料计划人员，虽然不会直接执行采购、供应商管理和质量管理等活动，但是他们需要协同各个环节，与相关部门紧密合作，以实现物料及时到货的目标。这需要高效的沟通和协调能力，以及对整个供应链流程的全面了解和把握。

🔔 思考

假如，你只是一个计划专员，职位职级很低，感觉自己根本就指挥不动生产、质量等部门。在这种情况下，你如何才能发挥计划作为 CPU（计算机的中央处理器）的作用呢？

🔔 **提示**

第一，企业和组织要重视计划，并要明确计划在组织中的定位。这一点至关重要。若组织不重视，也没有赋予对应的资源和权力，即便计划能力再强也发挥不出作用。就如同一台计算机的 CPU 性能很强，但不通电或者不将各元器件与其连接，CPU 是发挥不了作用的。

第二，计划人员认清自己的定位，打破职级约束。作为计划专员，相较于要去协调跨部门的对象，比如协调生产部门、质量部门的主管甚至经理，其职位职级确实较低。但是，结合计划职能的定位和工作内容，在工作时，计划专员和跨部门职级更高的人员应是平等的。因为，计划专员代表计划工作，生产经理代表生产工作，质量经理代表质量工作。因分工不同，不同职级都是为了协同以达成共同的工作目标。

第三，计划人员要训练有素。一是主动帮助其他部门进行协调，这样其他部门才会接受你而不是拒绝你；二是自身的能力要足够强才会赢得别人的信任；三是职业化程度要高，因为计划人员很多时间是在与人沟通，要让别人更加舒服地接受你的安排。

（五）采购导航模型

供应链管理的采购导航模型，如图 2-1-5 所示。从模型中我们可以看出，采购的起点是物料需求计划，其物料需求计划是主要来源。当然，跟生产计划一样，不只是被动地接收物料需求计划。应该主动地去分析、澄清，管理物料需求计划。这样，才可能有越来越准确和稳定的需求计划。在需求管理上，生产计划的上游是销售，管理的是产品需求，通常是产品销售预测或订单。采购的上游是物料计划，通常是物料需求计划，管理的是物料需求。物料需求计划覆盖的时间越长远以及数据越准确，采购人员在和供应商谈判时，就有更好的谈判条件，也将有利于和供应商的合作。

采购的目的是物料交付，这和物料计划工作的终点是一样的。不同角色有共同目标，这就是协同基本条件。对于采购人员而言，物料交付是天职，即把物料给买回来。对于物料计划人员而言，要去促成物料的及时交付。因此，物料计划制订的好坏会影响采购工作的开展。采购工作的好坏也会影响物料计划的达成情况。

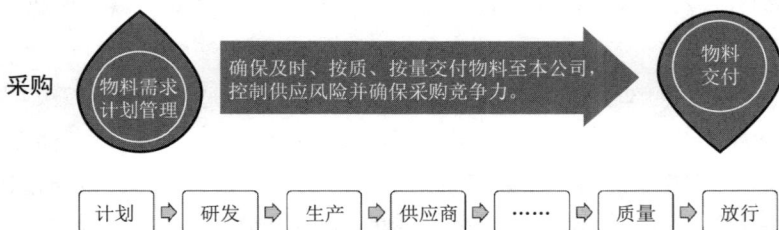

采购 ——物料需求计划管理——确保及时、按质、按量交付物料至本公司，控制供应风险并确保采购竞争力。——物料交付

计划 ➡ 研发 ➡ 生产 ➡ 供应商 ➡ …… ➡ 质量 ➡ 放行

图 2-1-5　供应链管理的采购导航模型

确定了采购的终点，也知道了采购的起点，如何从采购的起点赶到终点呢？

（1）在确定的时间，将合格质量和正确数量的物料交付至本企业，否则，会影响企业后续活动的开展，比如物料不齐套造成生产不能及时开始。所以，采购的常见关键绩效指标为物料到货及时率、物料来料合格率等。

（2）在完美交付的基础之上，要确保未来供应的风险可控。需要提前识别未来涨价的风险、供应中断的风险，判断有无必要备库存、建议备多少库存和评估是否要开发新供应商等，以控制采购成本和防止供应中断。然后，本企业与行业内其他企业相比要具有采购竞争力。何为采购竞争力？即以更低的价格获得更好质量和更优服务的产品。当然，这里讲的采购，包含了寻源以及采购执行。

在从起点到终点的过程中，采购还涉及哪些组织和活动呢？

自计划组织开始，涉及物料需求计划工作，这部分需求是基于生产计划、物料在库及在途数量、制造用物料清单）测算出的净需求。通常可以在 ERP（企业资源规划）软件中运行物料需求计划得出。当然，也可能来自研发部门的需求，因产品正在开发中，可能是基于研发物料清单测算出来的。研发过程中，可能常变更物料。通常这部分需求不在 ERP 软件中运行物料需求计划得出。若没有适合的供应商能匹配物料需求，则需启动供应商开发，直至得到合格供应商。若已有合格供应商，基于物料需求计划，采购释放采购订单给供应商，并跟进物料的及时到货，至来料检验合格。

采购工作看似简单，但在现代商业环境下，采购不仅仅是简单的购买行为。

（1）采购部门直接影响着企业的运营效率和利润水平。一个高效的采购团队能够通过选择供应商、谈判合同和控制采购成本等工作，为企业争取到更优质的物料、更有竞争力的价格，从而帮助企业降低成本、提升产品质量，增加竞争优势。

（2）采购能为企业创造利润。杰克·韦尔奇说过："采购和销售是企业仅有的两个能产生收入的部门。"我们不要将采购部门看成是只会花钱的"成本中心"，而要将其看成是还会挣钱的"利润中心"。采购部门通过与供应商的良好合作关系和有效的采购策略，可以获得更有竞争力的价格和优惠条件，从而实现成本的节约和利润的增加。

（3）优秀的采购团队还可以主动寻找市场机会，通过合理的采购决策，抓住市场变化带来的商机，进一步提高企业的盈利能力。

（4）优秀的采购人员不仅要了解市场行情和供应链管理，还要具备谈判技巧、风险管理能力、合同管理能力等。他们需要与供应商保持紧密的沟通，了解市场发展趋势和产品创新，以及关注供应链的可持续性和社会责任。

如图 2-1-6 所示，完整的圆代表采购标准成本。通过采购议价、招投标、集采、战略合作、更低成本的物料替、工艺优化、流程提效和预测管理等路径可降低采购成本。在确保质量及交付水平相当的前提下，采购成本所降低的部分相当于利润。

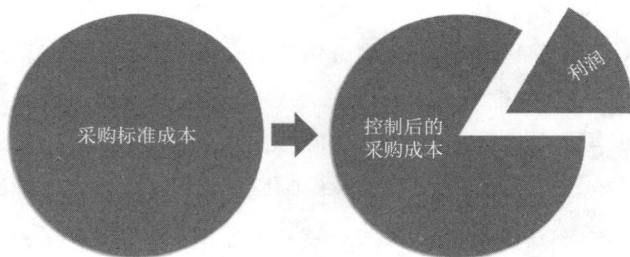

图 2-1-6　采购带来利润

注：在控制前后的质量及交付水平相当

除了创造利润，通过采购能力的加强，还能促进质量和交付的改善。相较于竞争对手能实现质量、成本、交付更优的供应链上游，即为采购竞争力。简单说，采购竞争力，是指企业具备以更低的价格获得更好质量和更优服务的产品的能力。

采购竞争力 = 本企业的采购综合价值 – 行业平均或对标企业的采购综合价值

采购综合价值指的是采购在质量、成本和交付方面的综合表现。

（六）仓储导航模型

供应链管理的仓储导航模型，如图 2-1-7 所示。从模型中我们可以看出，仓储的起点是物料及产品入库。物料在供应商处出库被送到我方仓库。产品从生产线下线被送到仓库。在物料或产品进入企业的仓库之后，需要进行验收，并执行入库操作。这个过程需要对物料或产品的数量、规格和质量报告等进行严格的检查，确保其符合企业的验收标准和要求。

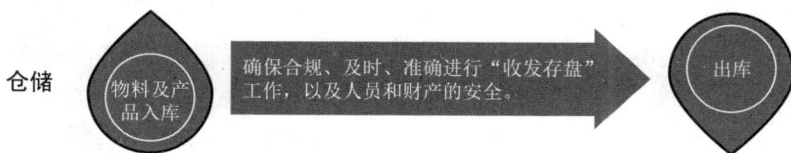

图 2-1-7　供应链管理的仓储导航模型

仓储的终点是物料及产品的出库。这意味着企业需要建立一个高效的发货系统，以确保客户的需求得到及时满足。这个过程需要根据领用部门的需求，执行发料出库操作。或者根据发货指令单，执行发货出库操作。同时，在出库过程中需要进行质量检查和包装，确保物料或产品不会在运输过程中受到损坏或污染。除了物料或产品的进出库操作，仓储还包括物料或产品的存储过程。企业需要建立一套科学的存储管理系统，确保物料或产品的存储环境符合要求，避免出现损失或质量问题。

确定了仓储的终点，也知道了仓储的起点，如何从起点赶到终点呢？

（1）实施严格的出入库管理制度。仓库是我们企业资产集中管理所在的地方，为了确保仓库里面的财产安全，使用安全锁具和监控系统来防止盗窃和损坏。同时，应定期进行库存盘点，确保财产的准确性和完整性。

（2）仓储人员需要接受相关的安全培训，遵守安全操作规程。必要时，应提供安全防护装备如安全帽、安全鞋等，确保人员在工作中的安全。同时，仓储人员应熟悉企业的应急预案，并定期进行演练。这包括火灾、事故等紧急情况的处理方法，以及人员疏散和急救等方面的知识。在紧急情况下，能够迅速应对并减少损失。

（七）物流导航模型

供应链管理的物流导航模型，如图 2-1-8 所示。从模型中我们可以看出，物流的起点是发货需求。需求方通常会确认需要发货的产品或物料的相关信息，比如数量、规格和质量要求等，并提供相应的文档和指示。这些信息是物流人员进行后续运输规划和安排的基础。物流人员会根据需求方提供的信息，进行货物的分类、打包和标记等工作。他们还会考虑到货物的特性和终点的要求，选择合适的运输方式，包括陆路、海运、空运或铁路运输等。同时，物流人员也会与供应商和承运商进行沟通，确保货物能够按时出库，并做好相关的记录和准备工作。

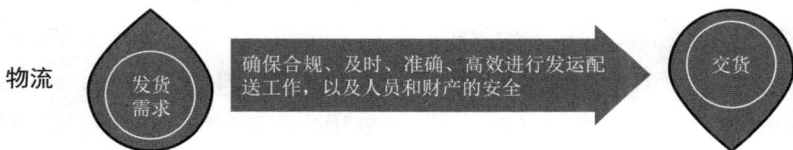

图 2-1-8　供应链管理的物流导航模型

物流的终点是交货。按照需求方的要求，准时、安全地将货物送到正确的地点。在运输过程中，物流人员需要密切关注货物的运输状态，确保货物不受损坏或丢失，并及时更新相关信息。他们可能需要与承运商、仓储人员和其他相关方进行协调和沟通，解决运输过程中的问题和障碍。一旦货物到达终点，物流人员会进行交货操作，包括货物的卸车、签收和核对等。他们会与需求方进行确认，确保货物的完整性和符合要求。同时，他们也会记录相关的交货信息，如签收单据、运输费用等。

确定了物流的终点，也知道了物流的起点，如何从起点赶到终点呢？

（1）在物流运输过程中，首要任务是落实交通安全工作。这包括司机的资质和健康状况检查、车辆的安全性检查、道路交通规则的遵守等。物流企业需要建立健全的安全管理制度，对驾驶员进行培训和考核，确保他们具备良好的驾驶技能和安全意识。

（2）针对运输条件有特殊要求的物料和产品，需要从运输方式的选择、路线规划、数据监测和复核以及应急方案等方面进行落实，比如对于需要保持特定温湿度的产品，可能需要选择冷链运输，同时也要确保在整个运输过程中温湿度的监测和记录，以确保产品的质量和安全。

（3）在确保货物安全运输的过程中，物流企业需要对运输路线进行合理规划，考虑交通状况、天气情况、安全风险等因素，选择最优的路线。同时，通过实时监测系统对货物进行跟踪和监控，及时获取货物的位置和状态信息，以便随时调整运输计划和应对突发情况。

（4）在运输过程中，物流企业需要建立健全的应急预案，针对可能出现的突发情况进行风险评估和对策制定。这包括对天气突变、交通事故、货物损坏等情况的预案制定，以便在出现问题时能够迅速应对并减少损失。

在人们的印象里，仓储物流是一项技术含量不高和不起眼的工作。当提起仓库时，容易联想到这样的画面：炎炎夏日，两扇生锈的大铁门虚掩着，门上拴着一条大黄狗，门口的大树下坐着一位穿着白背心的老汉，时不时点头瞌睡。可是，随着技术的发展和商业的进步，自动化无人仓库等新技术的应用让整个仓储物流都发生了巨大变革，仓储过程变得更加高效、精确。在现代的仓库内部，都是机器人和自动化设备忙碌地运行着，完成货物的搬运、分拣和储存，取代了传统的人工操作。高科技装备的运用使仓库的效率大大提升，同时也减少了人力成本及错误率。

当提起物流时，容易想到这样的画面：卡车驾驶舱内，播放着劲爆的音乐，旁边备着醒神的饮料，一车货物又将送到 2 000 千米以外的地方。或者快递员穿梭在门店、街道和写字楼等地方，在送餐、送药等。然而，现代物流也正在走向数字化和智能化的时代。物流路线的设计与规划借助大数据分析和智能算法实现最佳路径和资源利用。一些数字化工具的使用，比如物流管理软件和移动设备，使信息流畅传递，实时监控和跟踪货物状态。而无人机等新型物流配送工具的应用，则进一步提升了配送速度和范围。在电商行业蓬勃发展的推动下，物流也逐渐成为商业竞争力的重要组成部分。比如，一些电商平台通过自建物流网络，实现了快速准时的配送服务，去满足消费者的需求。

　　形象点说，仓储物流的定位，如同即插即用的 U 盘，需要时能马上找到——仓储物流网络覆盖面广，使用起来，传输快且成本低——精细规划和高效运营后带来的成果。仓储物流就像是商业活动中的血液系统，贯穿着各个环节，连接着生产者和消费者，承载着商品的流动与交换。没有高效的仓储物流，就无法实现商品的快速配送和及时补给，也就无法满足人们对于便捷购物的需求。

二、计划职能的事务（模型 4：计划模型；模型 5：物料计划模型）

　　如图 2-1-9 所示，计划职能的基本事务主要包括需求管理、计划制订、计划执行和体系建设。需求管理，包括需求的接收、分析和协调，还有供应规则或协议的商定。其供应规则或协议包括产品编码及名称、最小订购量、最小包装量、生产周期、运输方式及周期等，还包括因需求变更、供应变更等导致的权责条款等。计划制订，包括生产计划及物料计划的制订。计划执行，包括计划执行、协作平台的搭建和运作。这些并非由计划人员直接执行，需要通过建立相关流程、机制等实现完美交付。要做好计划的执行还要往深挖一层，即识别和促成支撑生产计划及物料计划的其他计划，如检验检测计划、设备预防性维护计划、法定节假日及集体活动等计划。若忽略了这些活动，其执行不到位，将可能造成生产计划或物料计划达不成。体系建设，包括计划体系的设计和实施。作为一名合格的计划人员，除了需求管理、计划制订和计划执行外，还需具备体系设计和实施的能力。前者是运用层面的能力，后者是创造和创新层面的能力。这也是个人职位职级发展的重要基础，让你有别于其他人。

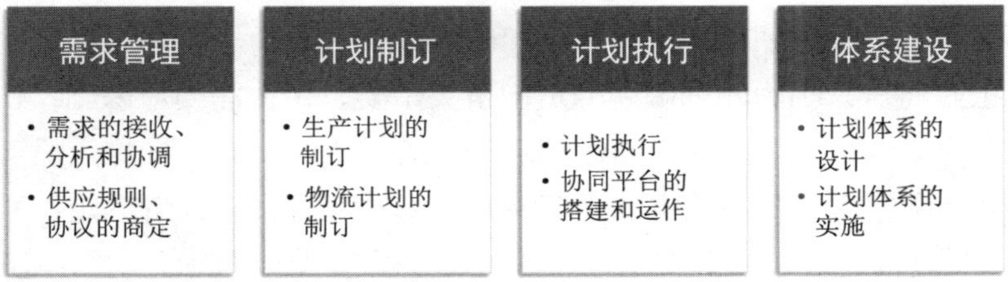

需求管理	计划制订	计划执行	体系建设
• 需求的接收、分析和协调 • 供应规则、协议的商定	• 生产计划的制订 • 物流计划的制订	• 计划执行 • 协同平台的搭建和运作	• 计划体系的设计 • 计划体系的实施

图 2-1-9　计划的基本事务

🔔 思考

既然计划赶不上变化,那么,为什么还要做计划?

_____

_____

_____

_____

_____

🔔 提示

在回答这个问题之前,我们先问自己一个问题:计划的目的是什么?是抑制变化的发生吗?当然不是,抑制变化的是控制而不是计划。计划从来都是应对变化,计划是提前预测可能发生的变化,并基于预测制定好应对策略和措施。这样,当变化真正发生的时候,我们已有既定的应对方案,能够从容地做出反应。从而使得变化对我们负面影响降到最低。甚至计划可以让我们转危为安,借助此变化获得新的机会,变被动为主动。

因此,在面对复杂的环境时,我们更需要预测和计划。只有通过积极主动的计划,我们才能够应对变化,保持竞争力,并在变化中获得机遇。

(一)计划的定位

如果把企业比作计算机,在企业的各职能中,计划职能相当于是计算机中的CPU,在计算机中负责指令的执行和协调,如图 2-1-10 所示,企业的计划职能也承担着指导和协调各项经营活动的重要任务。企业经营的所有活动应该都要基于周密的计划来有序地开展,只有这样整个企业才能像一台高效运转的计算机一样,保持有序、高效的运营状态;否则,各部门可能会陷入紧张忙碌的状态,却无法真正实现最终的盈利。甚至更糟的是,随着活动的增加,亏损的可能性也会随之增加。

对于企业而言,明确计划职能的定位至关重要。企业需要意识到,计划不仅仅是一项例行的工作,更是推动全面经营活动的关键引擎。对于计划人员而言,他们也应当深刻认识到自身在企业中的重要性,理解并充分发挥计划的定位和作用。为了让计划人员能够更好地发挥作用,企业需要提供相关的资源,并授予相应的权力,包括信息系统支持、专业培训和资金投入等方面的支持,以及在决策执行和资源配置上给予计划人员更多的参与和话语权。只有企业经营相关活动围绕着周密的计划有序展开，企业才能实现更高效的运营和更可观的成果。

图 2-1-10　计划职能是企业的 CPU

如图 2-1-11 所示，在企业经营中，如果知道有危险，但对危险本身缺乏了解，往往会导致盲目的决策和听天由命的态度。这种情况就像是给企业埋下了一颗不定时炸弹，潜在的危险随时可能引发严重的后果。如果能够对危险有清晰的了解但无法应对，包括危险发生的时间、潜在影响和相关方等信息。那么企业就像被绑定了一颗定时炸弹，但没有解除炸弹的能力。如果企业采取了行动，并在炸弹爆炸之前进行了安全拆除，确保了企业的安全。

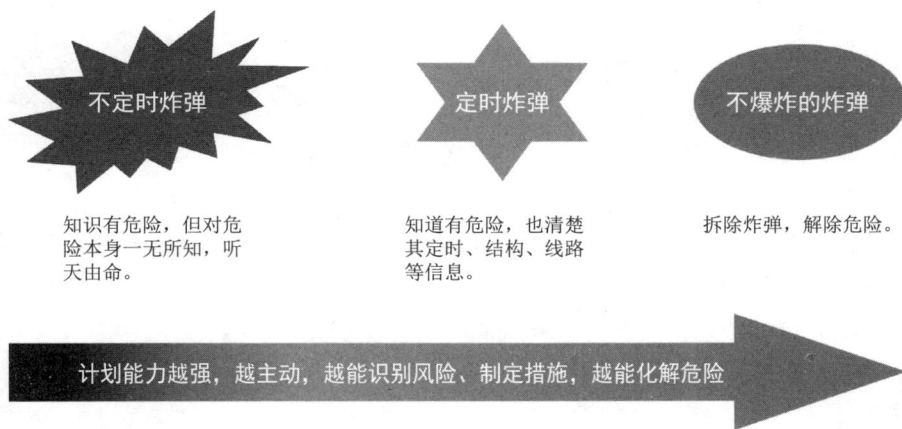

不定时炸弹	定时炸弹	不爆炸的炸弹
知识有危险，但对危险本身一无所知，听天由命。	知道有危险，也清楚其定时、结构、线路等信息。	拆除炸弹，解除危险。

计划能力越强，越主动，越能识别风险、制定措施，越能化解危险

图 2-1-11　计划能化解危险

只有通过对危险的深入了解和有效的措施，企业才能确保自身的安全。在供需这件事情上，计划能力的强弱直接关系到企业对危险的识别和风险控制的能力。计划能力越强，企业就越有主动性，能够及时发现风险，并制定相应的措施来化解危险。计划能力的强大有助于企业在面临突发事件或市场变化时做出迅速而准确的反应。通过制定紧急计划和灵活的方案，企业可以在危机时刻采取适当的行动，降低损失并保护企业的利益。

（二）计划层级

如图 2-1-12 所示，计划层级通常分解为战略层计划、战术层计划、运作层计划和执行层计划。每个层级都有不同的时间跨度和颗粒度，以应对不同的决策和执行需求。

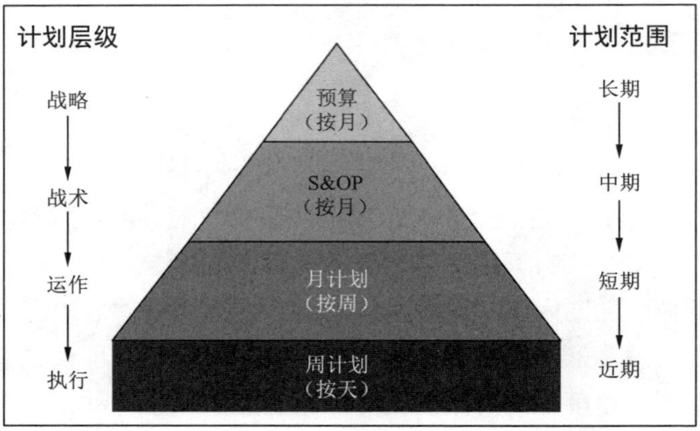

图 2-1-12　计划层级

1．战略层计划

在战略层，计划的时间跨度通常为 3 ~ 5 年，颗粒度通常为月。这个层级的计划通常反映企业的长期发展目标和战略规划，结合预算活动，制订未来数年的月度计划。这些计划通常需要与整个企业的战略方向和目标相一致。

2．战术层计划

战术层计划通过销售与运营计划活动来呈现。时间跨度一般为未来第 3 个月至未来 6 ~ 12 个月，颗粒度为月。在这个层级上，企业会根据市场需求和资源情况制订更具体的月度计划，以支持战略层面的目标实现。

3．运作层计划

运作层计划通过月计划活动来呈现。时间跨度为未来第 1 个月至未来 3 ~ 6 个月，颗粒度为周。在这个层级上，企业会更加具体地规划产品生产、供应链管理等活动，以支持战术层面的计划执行。

4．执行层计划

执行层计划通过周计划活动来呈现，时间跨度为近 1 个月，颗粒度为天甚至更细。在这个层级上，企业会制订具体的生产安排、物流配送等日常执行计划，以确保各项工作按时完成。

通过这样的层级划分，企业可以更好地进行长期规划和短期执行，确保战略目标与具体行动相互契合，从而实现高效运作和持续发展。

（三）供应规则或协议

供应链管理部门和销售部门在企业内部明确了供应规则或协议，如图 2-1-13 所示。图中呈现了从接收成品订单到交付订单的全过程，并对过程中的关键步骤进行了分解和说明。在实践中，还可以在此基础上增加内容，如权责条款等。

在企业内部，供应链管理部门和销售部门之间需要明确供应规则或协议。这包括确定产品编码、最小订购量、交货周期、价格政策等规则，以便销售部门能够准确地向客户承诺和落实供应服务。从而，销售通过供应链传递的需求会更准确、合理，更有助于供应链平稳运作。

在跨企业的供应链管理中，与上游供应商明确物料的供应规则，包括最小订购量、价格政策、质量标准、交付周期等，可以确保供应商能够按时交付所需物料，以支持企业的生产计划。在跨企业的供应链管理中，与下游客户明确产品的供应规则，包括交货时间、售后服务等，可以满足客户的需求，建立良好的合作关系。

通过明确供应规则或协议，可以提高内部各部门之间的沟通效率，减少冲突和误解，加强内部部门间的默契，并确保供应链的稳定性和可靠性。同时，可以降低供应链中的不确定性和风险，提高供应链的可控性和灵活性。另外，还有助于建立长期稳定的合作关系，提升供应链的效率和竞争力。

（四）计划模型

计划模型，如图 2-1-14 所示。图中呈现了自接收成品销售预测，至制订成品生产计划，再到制订物料需求计划的逻辑（假设条件：基于销售预测采购物料，并基于销售订单执行生产）。

图中 M 表示月份，M0 表示现在，M1 表示之后的第一个月，M2 表示之后的第二个月。成品的销售预测在 M4.5（参见实线箭头走向），基于 1 个月的成品生产提前期（假设），以及 0.5 个月的成品安全库存设置量（假设），那么，成品的生产计划在 M3。接着，基于 1 个月的物料检验周期（假设），以及 1 个月的物料安全库存设置量（假设），那么，物料到货的需求在 M1。最后，基于 1 个月的物料采购周期（假设），以及 x 个月的物料战略采购提前期（假设），那么，物料需求计划

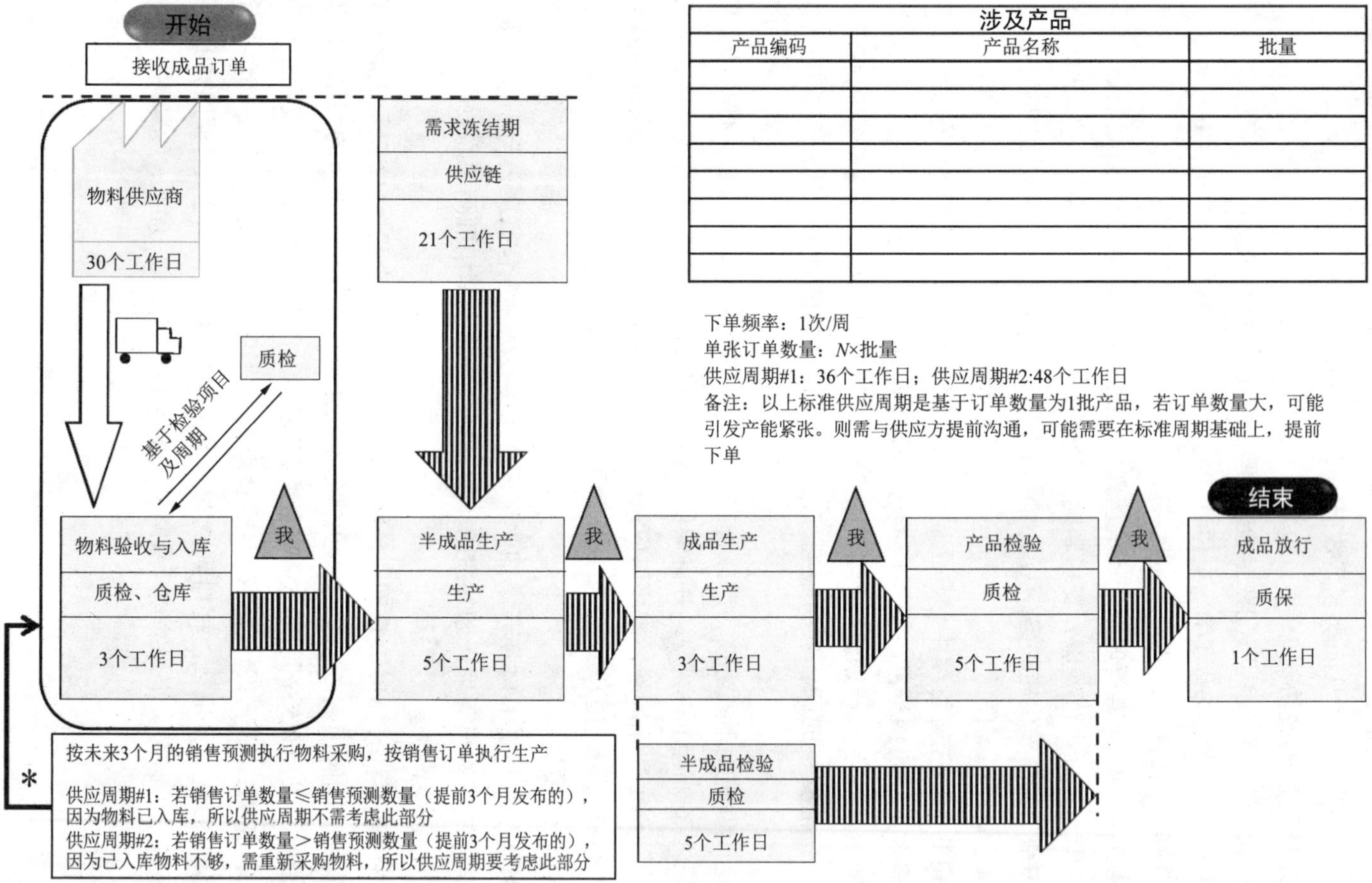

图 2-1-13　供应规则或协议（示例）

涉及产品

产品编码	产品名称	批量

下单频率：1次/周
单张订单数量：N×批量
供应周期#1：36个工作日；供应周期#2:48个工作日
备注：以上标准供应周期是基于订单数量为1批产品。若订单数量大，可能
引发产能紧张。则需与供应方提前沟通，可能需要在标准周期基础上，提前
下单

接收成品订单（开始）
物料供应商　30个工作日
物料验收与入库　质检、仓库　3个工作日
质检
（提前发货通知日）

需求冻结期　供应链　21个工作日
半成品生产　生产　5个工作日

成品生产　生产　3个工作日
半成品检验　质检　5个工作日

产品检验　质检　5个工作日

成品放行　质保　1个工作日（结束）

按未来3个月的销售预测执行物料采购，按销售订单执行生产
供应周期#1：若销售订单数量＜销售预测数量（提前3个月发布的），
因为库存已入库，所以供应周期不需考虑此部分
供应周期#2：若销售订单数量＞销售预测数量（提前3个月发布的），
因为已入库物料不够，需重新采购物料，所以供应周期要考虑此部分

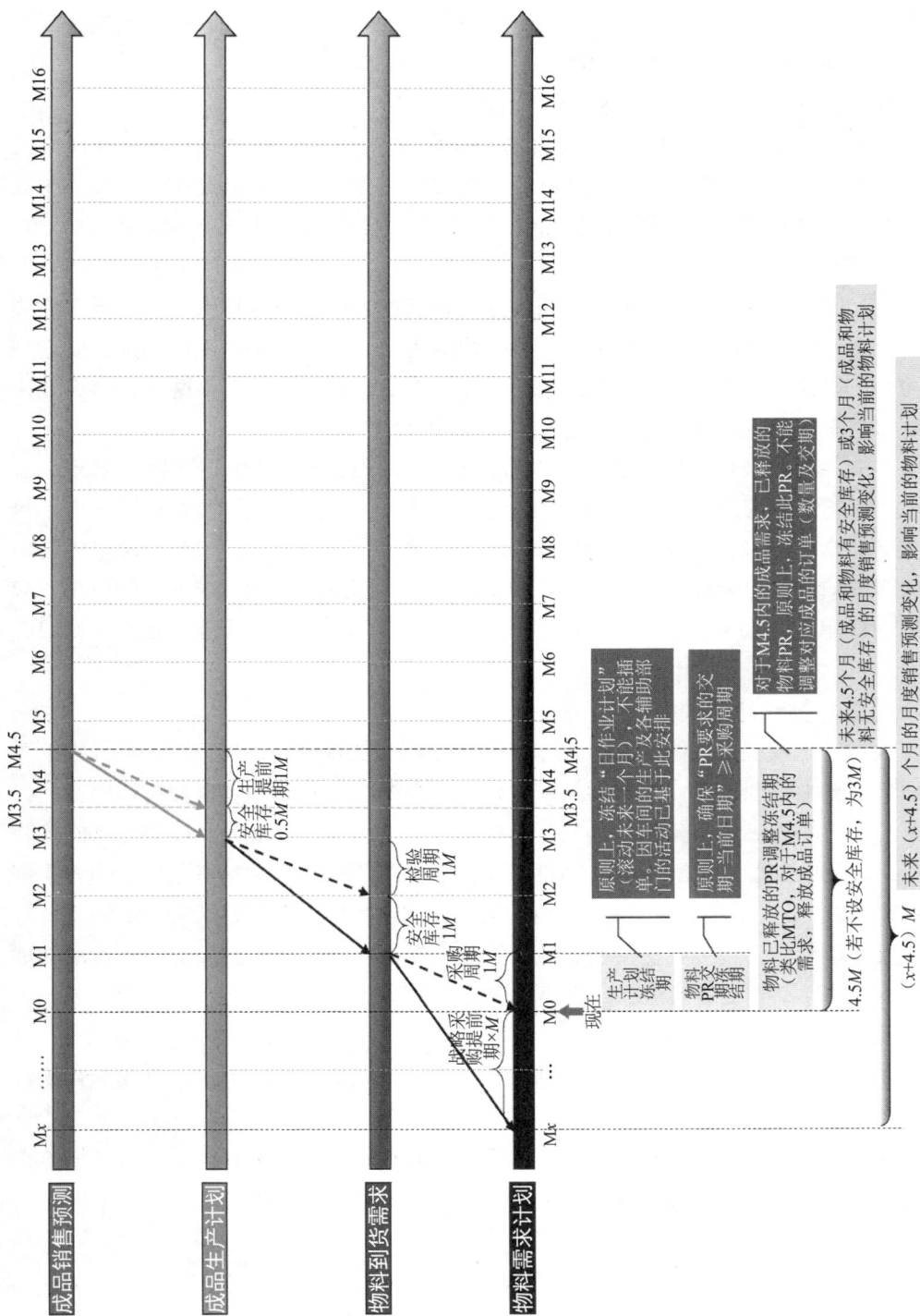

图 2-1-14 计划模型

就在 Mx。虚线箭头走向表示在实线箭头走向的基础上，若不考虑相关的安全库存设置及战略采购，将会按图示虚线的指向来缩短周期。

这涉及计划冻结期的一些概念，比如：

（1）生产计划冻结期。假设我们正在 M0 这个时间节点，由于 M0 到 M1 之间的生产及各辅助部门的活动已在 M0 之前安排好，原则上，冻结此期间（滚动未来 1 个月）的日作业计划不能插单。若调整意味着生产及辅助部门的活动都要随之调整，可能因此带来损失。

（2）物料采购需求交期冻结期。假设我们在 M0 这个时间节点，由于采购周期为 1 个月，原则上，为确保采购需求要求的交期 – 当前日期≥采购周期，要求交期在 M0 到 M1 之间的物料需求计划，需要在 M0 之前释放。若不遵守，将会要求采购用短于正常采购周期的时间去采购回需要的物料。

（3）物料已释放的采购需求调整冻结期。假设我们在 M0 这个时间节点，按照 1 个月的采购周期、1 个月的物料安全库存设置量、1 个月的检验周期、0.5 个月的成品安全库存设置量及 1 个月的成品生产提前期，那么，对于 M4.5 及以内的成品销售预测，均已释放的物料采购需求。原则上，冻结此采购需求，不能调整对应成品的订单数量及交期。若调整，将涉及采购订单的调整，而这可能涉及物料的损失。

（五）物料计划模型

物料计划模型，如图 2-1-15 所示。在计划模型的基础上，展开了物料计划的更多细节。图中呈现了自接收物料需求计划，到根据物料需求计划以及物料期初库存而得出物料净需求，再到释放物料新采购需求的逻辑。图中 M 表示月份，M0 代表现在，M1 代表之后的第一个月，M2 表示之后的第二个月。物料需求计划包含生产内外需求，以及安全库存设置量。物料期初库存包含库存、已释放采购需求待转订单、已释放订单待到货及已到货待检验放行的量，随着时间往前移，采购需求逐渐转成订单、订单逐渐到货成待检、待检逐渐转成非限制使用库存。

图中的序号说明如下：

①净需求 = 物料需求计划 – 物料期初库存。备注：当物料需求计划≤期初库存时，净需求为 0。

②本月期初库存 = 上月期初库存 – 上月物料需求计划。备注：当上月期初库存≤上月需求计划时，本月期初库存为 0。

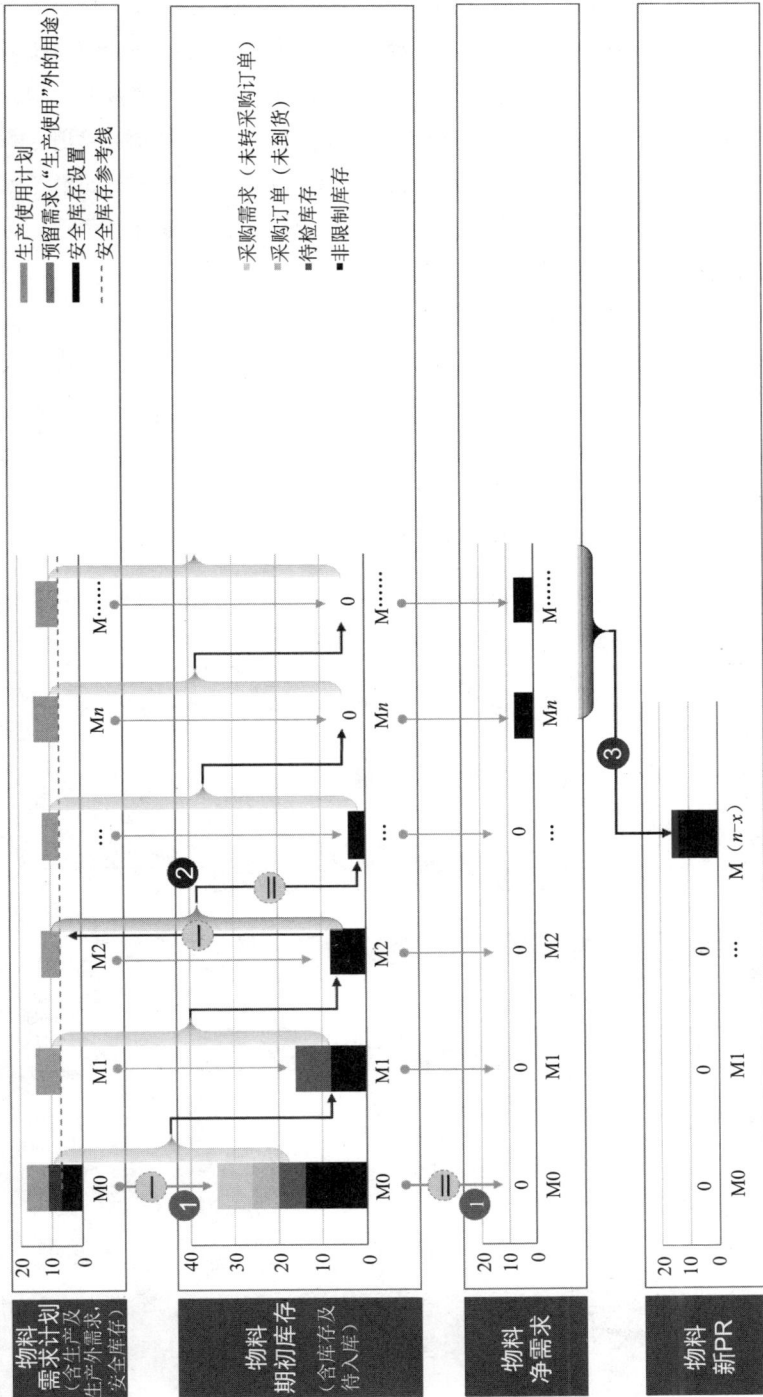

图 2-1-15　物料计划模型

③新采购需求要求到货日期，为 M(n-x)。其中：n 为净需求不为 0 的第一个月。x 为物料采购周期（自释放物料采购需求至物料到货）＋物料检验周期（自物料到货至物料检验放行）＋缓冲时长（考虑到异常等延长周期的因素）＋特殊提前期（特殊情况下的备战略库存等）；新采购需求要求到货数量包括综合考虑合理的库存水平、库容控制、最小订购量（MOQ）、最小包装量（MPQ）、经济订货批量（EOQ）和协商好的到货频率等，以及考虑能否在物料到货时的剩余效期内使用完。因此，可能对多个月的净需求进行合并采购。

（六）"预算—计划—产出"活动关系及计划能力

"预算—计划—产出"活动关系及计划能力，如图 2-1-16 所示。图中呈现了从"预算—销售预测"，到基于"预算—销售预测"制订"预算—生产计划"，而得出"预算—产量产值"的逻辑；从"预算—销售预测"，至"获单—销售订单"，再至基于"获单—销售订单"制订"计划—生产计划"（假设条件：生产计划提前期为 0.5个月），最后至"产出—产量产值"的逻辑。图中 M 代表月份，M1 代表第一个月，H1 代表上半个月。原点的大小，代表量的大小。

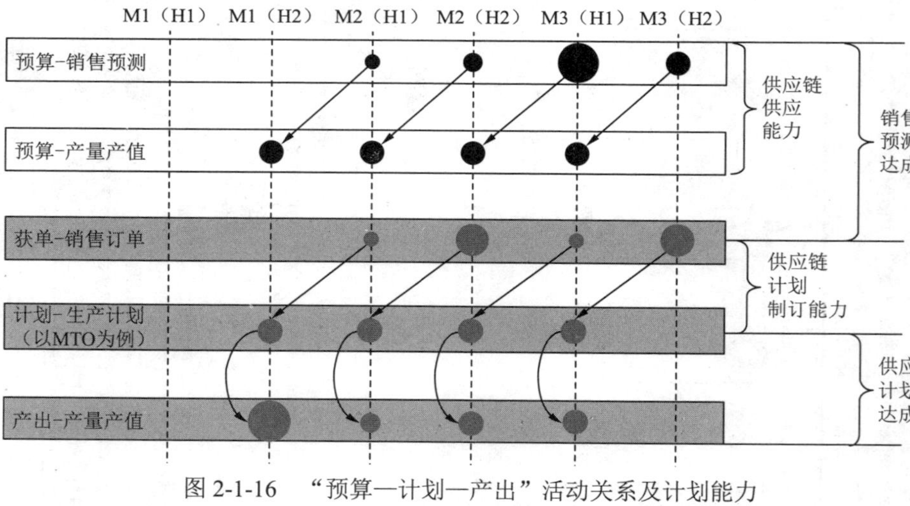

图 2-1-16   "预算—计划—产出"活动关系及计划能力

注：M1，代表第 1 个月。H1，代表上半个月。假设以计划提前期为半个月计。

图中的内容说明如下：

"预算—销售预测"到"预算—产量产值"，是指基于销售预测，考虑 0.5 个月的计划提前期以确保需求被满足，以及均衡生产以确保效率和成本控制，得出对应的产量产值。比如，对于 M2（H1）的销售预测，产量产值在 M1（H2）。产量产值能否很好地满足销售预测的需求，以及效率，其考核的是供应链管理的供应能力。

"预算—销售预测"到"获单—销售订单"，是指销售预测转化成销售订单，其转化程度为销售预测达成率。另外，其和销售预测会存在时间或数量两个维度的差异，不同行业的差异量可能不一样。销售预测达成率的高低，其考核的是销售的目标制定及达成的能力。

"获单—销售订单"到"计划—生产计划"，是指基于销售订单，考虑 0.5 个月的计划提前期以确保需求被满足，以及均衡生产以确保效率和成本控制，得出对应的生产计划。比如，对于 M2（H1）的销售订单，生产计划则在 M1（H2）。生产计划能否很好地满足销售订单的需求以及效率，其考核的是供应链管理的计划制订能力。

"计划—生产计划"到"产出—产量产值"，是指基于生产计划，执行生产活动并产出。计划执行过程中，可能因为质量、人员和效率等因素，实际产量产值和生产计划有一定差异。差异越小，计划执行能力越强。按生产计划完成产出的程度为生产计划达成率，其考核的是供应链管理的计划执行能力。

三、采购职能的事务

如图 2-1-17 所示，采购的基本事务包括采和购两部分。采，包括寻源、需求管理、品类规划等释放采购订单前的活动；购，包括释放采购订单、跟进到货、验收、入库和付款等释放采购订单及之后的活动。

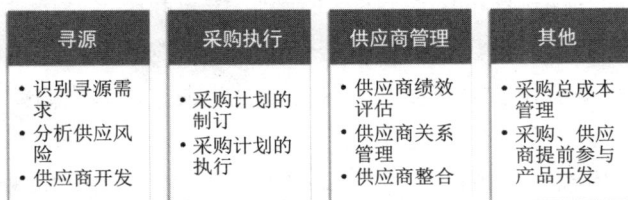

寻源	采购执行	供应商管理	其他
• 识别寻源需求 • 分析供应风险 • 供应商开发	• 采购计划的制订 • 采购计划的执行	• 供应商绩效评估 • 供应商关系管理 • 供应商整合	• 采购总成本管理 • 采购、供应商提前参与产品开发

图 2-1-17　采购的基本事务

（1）寻源。识别寻源的需求，需求从哪里来？产品开发的需求、降本的需求、缓解供应风险的需求和消除独家供应的需求等。在采购工作中，要会自己主动预判供应风险，以在风险造成实质性的损失之前化解风险。结合供应商在合作中的实时表现、定期的供应商绩效评估和特定事件中的处理等，预判后续一段时间内的风险。从而，采取促进供应商整改或开发备用供应商等策略。结合理论学习，以及总结实战经验，建立适合于所在企业的供应商寻源流程。

（2）采购执行。接收到物料需求计划之后，制订采购计划、释放采购订单、跟进按质按量地及时交付、跟进验收和跟进付款等。其中，对于单笔或集采的大额采购，一般采用招标。对于小额或零星采购，一般采用询比价。对于独家供应商的情形，一般采用战略合作或议价。

（3）供应商管理。定期开展供应商绩效评估，基于评估结果，确定各供应商的"选、育、用、留、汰"，以及执行相应的行动计划，从而使供应商库更健康。从持币采购到经济采购再到价值采购，随着采购的发展，其背后反映的是从满足短期需求到注重长期成本节约、质量保证和风险管理，再到创造更多的附加价值和利益。与供应商的关系也从简单的买卖关系到合作伙伴关系，再到更全面渗透更深的相互促进关系。形象地说，采购从猎人模式转向牧人模式。猎人模式注重市场调研、竞争分析和谈判技巧，以获得最佳的价格、质量和服务条件。牧人模式强调供应商绩效管理、合作发展和风险共担，通过密切合作实现供应链的稳定性、灵活性和创新能力。由此可见，供应商关系管理越来越重要。当然，供应商也有强弱之分，例如采购方是供应商的小客户、供应商有市场上稀缺的资源或技术优势、供应商为采购方独家供应商等，供应商在互动中是强势的，他们在谈判中可能占据主导地位，能够施加更多的压力和条件。在面对这种强势的供应商时，采购方需要保持警惕，同时也要尊重彼此的利益，并寻求建立合作共赢的关系。相反，有些供应商是弱势的，需要更加注重合作伙伴关系的建立和维护，可以通过技术、资金或市场支持等方式帮助弱势供应商提升竞争力，共同发展。而在供应商管理实践中，需要不断寻求管理成本与管理效果之间的最佳平衡点，既能在管理活动中确保有效地控制成本，又能够最大限度地实现预期的管理目标和效果。供应商整合，是企业通过减少供应商数量，集中资源和精力与优质供应商合作，降低采购成本、提高供应稳定性，以实现与供应商的战略合作、共同发展。这对于企业来说是非常重要的战略举措，能够有效提升企业的竞争力和供应链效率。

（4）其他。优秀的供应商往往是某一领域的专家，在该领域比下游的客户更专业。所以，和供应商的互动不仅仅是停留在下采购订单、跟进交货、退换货和付款上，还需要运用供应商的专业能力，比如解决当前生产过程中的材料、工艺、兼容性等问题，以及让供应商提前参与甚至共同进行产品开发工作。采购降本，是绝大部分企业永恒的话题，需要统筹全局、科学实施。若考核方只设定了降本目标，被考核方也只想着完成降本任务，很可能会导致顾此失彼，看似降本了，但其他成本却上升了。比较好的做法应该在确保供应链上下游健康的基础上，进行降本。

（一）采购层级

我们可将采购事务分为三个层级，即战略层、运作层和作业层，如图 2-1-18 所示。图中作业层包括释放采购订单并跟进到货、入库验收、退换货和货款支付等。在这一层面上，重点关注具体的采购执行过程，确保采购物资按时到达、质量符合要求，并处理可能出现的问题和异常情况。运作层包括供应商开发与管理、采购计划制订与执行和采购总成本管理等。在这个层面上，重点是与供应商建立良好的合作关系，制订有效的采购计划并实施，同时，注重整体采购成本的控制和管理。战略层包括制定资源获取、利用和整合等原则，决策采购策略等。在这一层面上，企业需要考虑长远发展规划和战略定位，制定符合整体战略目标的采购策略，以确保企业在采购活动中获得最大化的战略利益和竞争优势。

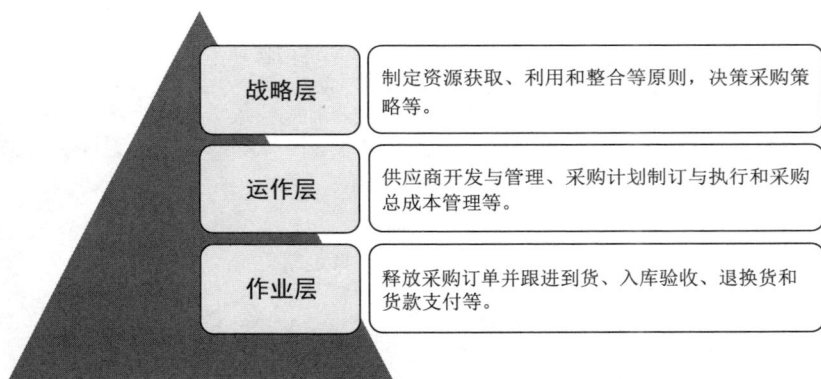

图 2-1-18　采购事务的三个层级

（二）采购事务的重点与协作

在企业内部，采购部门需要就质量、成本和交付方面与其他部门紧密协作，如图 2-1-19 所示。

（1）质量方面。质量要与设计部门和质量部门协作。与设计部门的合作可以确保采购的物料符合产品设计的需求，可以从设计阶段就考虑供应链的可行性和质量要求。与质量部门的合作则能够保证所采购的物料和零部件符合企业的质量标准，有利于提高产品的整体质量水平。

（2）成本方面。成本要与设计部门和成本或财务部门协作。与设计部门的密切合作可以帮助采购部门在选用材料和零部件时兼顾成本效益和质量，提前介入设计阶段以降低采购成本。与成本或财务部门的协作则有助于确保采购活动符合预算，同时也可以通过成本分析和控制为企业提供更多的节约机会。

（3）交付方面。交付要与计划部门和用户部门协作。与计划部门的合作有助于确保物料和零部件按时到达，以满足生产计划的需要。与用户部门的合作则能够更好地理解最终用户的需求，为企业采购决策提供更精准的指导，确保采购结果能够真正满足客户的需求。

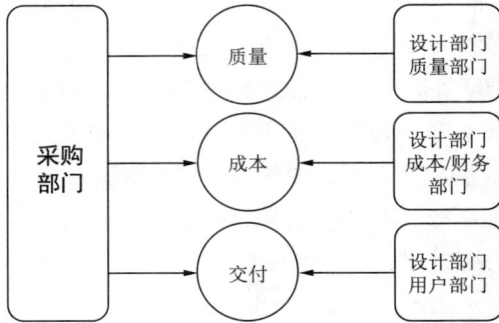

图 2-1-19   采购部门与其他部门协作

（三）采购品的生命周期管理

图中采购品的生命周期管理分引入期、成长期、稳定期和衰退期，如图 2-1-20 所示。

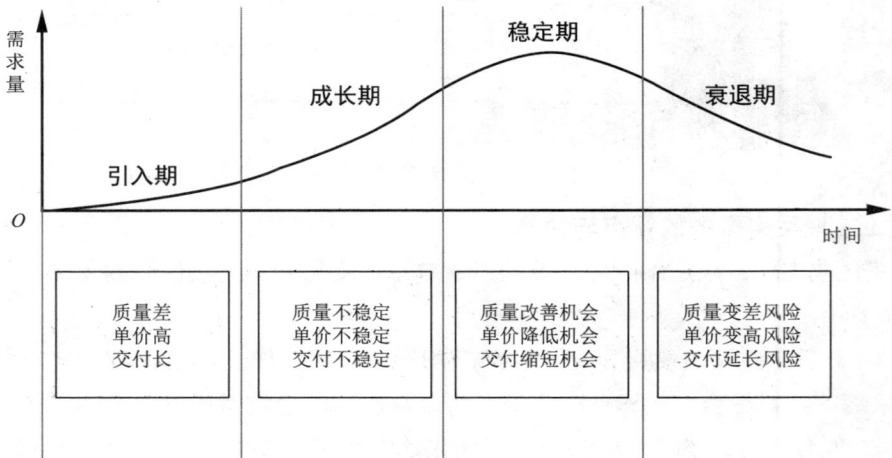

图 2-1-20   采购品的生命周期管理

（1）引入期。采购品通常具有质量差、单价高和交付周期长的特点。这是因为在产品刚刚引入市场时，供应商可能还未完全掌握生产工艺，产品质量可能不够稳定，同时由于市场需求尚未形成规模，供应商生产能力可能有限，导致交付周期较长。

（2）成长期。采购品的质量、单价和交付都会表现出不稳定的特点。这是因为在这一阶段，供需双方的默契还不够，市场需求量不稳定，供应商的生产和质量也尚未得到规模的验证，因此在质量、成本和交付方面均存在不稳定性。

（3）稳定期。质量改善机会、单价降低机会和交付缩短机会逐渐显现。此时，供应商已积累了一定经验，有机会通过持续改进和优化提高产品质量，生产成本也随着规模效应的体现而下降，同时交付周期也会相对稳定。

（4）衰退期。质量变差风险、单价变高风险和交付延长风险开始显现。这是因为在产品走向市场成熟期后，有些供应商可能会缩减对该产品的投入导致产品质量下降。同时，随着市场需求逐渐减少，供应商的生产规模可能缩减，导致单价上升，同时交付周期也会延长。

（四）采购总成本

当我们谈论采购成本时，需要有一个正确的认知，这个成本不仅仅是商品的采购价格，还包括一系列相关成本，如图 2-1-21 所示。在实际采购过程中，除了商品的采购价格之外，我们还需要考虑以下相关成本的支出：

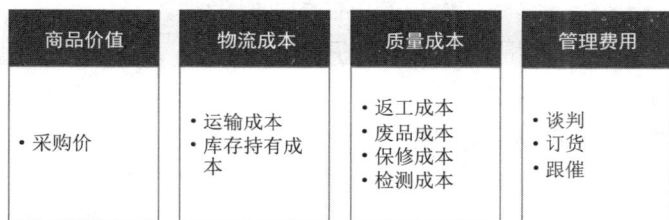

商品价值	物流成本	质量成本	管理费用
• 采购价	• 运输成本 • 库存持有成本	• 返工成本 • 废品成本 • 保修成本 • 检测成本	• 谈判 • 订货 • 跟催

图 2-1-21 采购总成本

（1）采购商品的运输成本。采购物品往往需要运输至企业，因此物流费用和运输成本都应该被列入采购成本。

（2）库存持有成本是不能忽视的。为了保证供应链的连续性，企业通常会保留一些库存，这些库存会带来一些额外的成本，比如储存、保险和管理等。

（3）质量成本是采购成本中的重要组成部分。如果采购的物品存在质量问题，可能会导致生产线停止、返修和退货等一系列问题，这些都会带来额外的成本。

（4）管理费用应该被纳入采购成本的范畴。这些管理费用包括采购流程中的各种管理和协调费用，比如人力资源、IT（互联网技术）支持和采购系统等。

因此，在采购过程中，我们应该将所有相关成本包括在内，以便更全面地了解采购成本的真实情况。只有这样，我们才能更好地控制采购成本，提高采购效率并优化供应链管理。

（五）供应商管理

想要选择合适的供应商合作，就要对供应商做好评估工作，评估供应商的情况需要综合以下几个维度：

（1）业务考评。这一维度涵盖了成本分析、交货质量、企业信誉和企业发展前景等方面。通过对供应商的成本结构和价格竞争力进行分析，以及考察其过去的交货记录和产品质量，可以评估供应商的可靠性和竞争力，同时也要考虑企业的信誉和未来的发展前景。

（2）生产能力。这一维度包括技术合作能力、财务状况、设备状况和制造生产状况等方面。评估供应商的技术实力和创新能力，以及其财务健康状况和生产设备情况，有助于确定供应商是否能够按时交付高质量产品。

（3）质量体系。这一维度涵盖了供应商的新产品开发能力、质量检测能力、质量详细资料、生产工艺说明书和供应质量保证书等。了解供应商的质量管理体系和流程，以及其对产品质量的重视程度，是确保供应品质稳定的关键因素。

（4）经营环境。最后一个重要维度是供应商所处的经营环境，包括当地政治经济环境、技术环境、自然地理环境和社会文化环境等。这些因素可能会影响供应商的经营稳定性和风险，需要在供应商评估中加以考虑。

（六）采购及供应商提前参与产品开发

除了以上采购工作，采购部门还可以进一步发挥作用，通过促使供应商提前参与产品开发来实现更多收益。这种做法将带来以下好处：

（1）缩短产品开发周期。供应商的早期参与可以帮助厂商更快地推出新产品，平均可缩短产品开发周期30%～50%，从而更快地响应市场需求。

（2）有效降低开发成本。供应商通常能够提供更专业、性能更好、成本更低和通用性更强的设计方案，有助于降低产品开发的成本并提高效率。

（3）改进和提高产品质量。供应商的专业水平和经验能够提供更可靠的零部件和解决方案，避免日后可能出现的设计更改，从而提高产品质量和可靠性。

（4）竞争优势。早期参与产品开发的供应商相比其他竞争对手更具优势，因为他们更了解产品需求、技术规范和市场趋势，并能提供更专业和可靠的支持。

（5）提高研发效率。供应商在早期参与产品开发后，可以进一步提高自身的开发能力和技术水平，保持领先或独特的供应地位，从而提高整个研发过程的效率和成果质量。

四、仓储职能的事务

仓储的基本事务，如图2-1-22所示。仓储的基本事务包括收发存、库存管理、体系检查和其他。

收发存	库存管理	体系检查	其他
• 物料、产品的收发 • 物料、产品的储存 • 仓储制度、流程等的设计与优化	• 盘点 • 异常物料、产品的分析 • 异常物料、产品的处理	• 检查前准备 • 现场应对 • 检查后整改	• 档案文件管理 • 质量事件的处理 • 验证活动

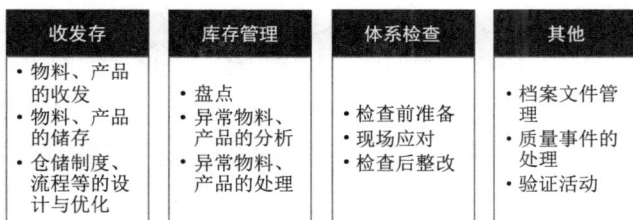

图 2-1-22 仓储的基本事务

（一）收发存

仓储最基本功能是物料和产品的收、发、存，相关操作必须做到位且及时和准确，以确保账实相符，这是一项需要细心处理的工作。为了确保这些操作能够持续稳定并不断改善，必须对仓储制度、流程等进行设计与优化。

（二）库存管理

对库存的精准管控可以帮助企业降低成本、提高效率，从而增强企业竞争力。设计盘点制度，确定抽盘和全盘等形式，定期进行盘点。对异常进行分析，并制定纠正与预防措施，以提高账实一致性。对呆滞物料的分析以及处理，以降低库存管理成本。

（三）体系检查

在 ISO、GMP 等体系中，对仓储有明确的要求：确保仓库管理符合相关的质量要求，包括货物存放、保管和出库过程中的质量控制措施；建立并保持相关的文件记录，包括货物进出记录、库存记录、损耗记录等，以便跟踪和管理仓库活动；确保仓库管理过程符合规定的程序和要求，包括货物接收、存储、装卸、包装等环节的控制；对于特定需要的产品，如易腐品或者需要特定温湿度条件的产品，可能需要对仓库环境进行控制，以确保产品质量；定期进行内部审核，以评估仓库管理的有效性，并及时纠正发现的问题。当收到检查通知时，需要做检查前的准备。当然，这里说的准备，并不是为了应付检查而临时呈现好的状态。而是按照检查方的要求，提前准备好检查人员的劳保用品、相关材料等。平时的正常工作状态，就是写我所做、做我所写。况且，还有飞检。即检查方不提前通知被检查方，临时出现在现场。检查过程中，需要配合检查方，快速、准确地回答问题，提供相关证据。检查后，对相关缺陷，需要制订、实施整改计划，并在将来规避类似问题，以提高仓储管理水平。

此外，仓库还需要妥善管理各种相关档案文件，如收货单据、发货单据、库存记录和质检报告等。建立合理的档案管理制度，包括文件的分类、编号、归档和保管等，以便于查询和追溯，确保信息的完整性和准确性。当出现质量事件时，仓库需要进行原因调查，并采取纠正与预防措施。质量事件可能包括货物损坏、过期、丢失等情况。针对这些事件，仓库管理人员需要详细了解事件的发生原因，并采取相应的纠正与预防措施，以避免类似事件再次发生。仓库还需要进行相关验证活动，如温湿度验证。对于一些对环境条件要求较高的物料或产品，仓库需要进行温湿度的监控和验证，确保存储环境符合要求，以防止物料或产品受到损害。

五、物流职能的事务

物流的基本事务，如图 2-1-23 所示。物流可以分为场内物流和场外物流。场内物流是指企业内部物流活动，包括原材料、半成品和成品在生产过程中的运输、搬运和存储等，主要涉及生产线的布局规划、物料搬运设备的选择和管理、库存控制等方面的工作。其目标是优化生产流程，提高生产效率，降低生产成本。场外物流是指企业与供应商、分销商和客户等外部合作伙伴之间的物流活动，包括原材料的采购和运输、成品的配送和交付等，主要涉及供应链管理、运输方式选择、仓储管理、订单处理等方面的工作。其目标是实现供应链的高效运作，确保原材料和产品能够按时、按量地被运输和交付。

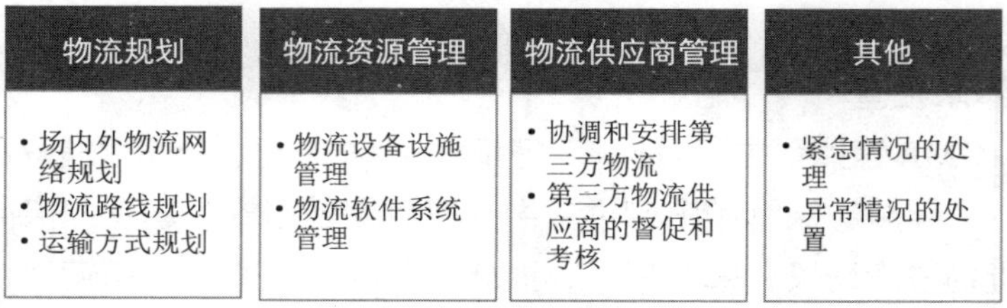

物流规划	物流资源管理	物流供应商管理	其他
• 场内外物流网络规划 • 物流路线规划 • 运输方式规划	• 物流设备设施管理 • 物流软件系统管理	• 协调和安排第三方物流 • 第三方物流供应商的督促和考核	• 紧急情况的处理 • 异常情况的处置

图 2-1-23   物流的基本事务

（一）物流规划

对物流活动进行系统性、全面的规划和布局，以达到高效、经济和可持续的物流运作目标。包括场内外物流网络规划、物流路线规划和运输方式规划等。物流规划需要综合考虑供应链、运输、仓储和信息系统等多个方面的因素，以实现整体物流活动的协调和优化。通过科学的规划和布局，可以提高物流效率，降低成本，增强企业的竞争力。

（二）物流资源管理

对物流系统中的各类资源进行有效的规划、配置和管理，以实现物流活动的高效运作和最优利用。包括物流设备设施管理、物流软件系统管理等。物流资源管理需要综合考虑人力、设施、设备、信息和资金等多方面因素，通过科学的规划和有效的管理，实现物流资源的最大化利用，提高物流运作效率和降低成本。

（三）物流供应商管理

对物流供应商进行有效的选择、合同管理和绩效评估，以确保供应商能够按照要求提供高质量的物流服务。包括协调和安排第三方物流、第三方物流供应商的督促和考核等。物流供应商管理需要建立健全的供应商管理制度和流程，保证供应商的选择和管理工作科学、规范和透明。通过有效的供应商管理，可以提高物流服务质量，降低供应链风险，并为企业创造更大的价值。

🔔 **学后行动**

你所在的企业或者你了解到的企业，供应链管理部门职能设置是怎样的？是否合理？以及定位是怎样的？是否正确？如何改善？

_____

_____

_____

_____

_____

_____

第二节　需求计划管理中的人和事

需求计划是供应链管理的源头，其对后续的供应链管理活动产生决定性的影响。在当今技术飞速发展和环境迅速变化的情况下，需求预测变得更加困难，需要我们不断探索科学的方法来引导需求计划工作的制订。另外，由于需求计划涉及市场、销售、供应链和研发等多个部门，确定谁应该负责需求计划成为一个普遍存在的问题。

合适的人和科学的方法，可以帮助我们实现更好地预测市场需求、优化库存管理和提高交付准时率，从而增强企业的竞争力和适应能力。

本节我们将深入研究需求计划中的人和事，旨在帮助大家找到合适的人员来承担需求计划工作，并寻找科学的方法制订需求计划，以应对市场变化和提高供应链效率。

🔔 **学前思考**

　　你所在的企业或你看到的企业，其需求计划是哪个部门、哪个岗位负责的？为什么这样设置？

_____

_____

_____

_____

_____

一、需求计划的价值

　　需求计划管理作为供应链管理的一部分发挥着至关重要的作用。本节我们将聊聊感知和满足需求。

（一）提升需求预测准确度

　　不同情形下的需求预测和生产计划，如图 2-2-1 所示。从图中我们可以看出，生产计划实现从容应对需求预测波动，需求计划实现提升需求预测准确度，两者所承担的责任不一样。需求计划是基础，其对后续的供应链管理活动会产生决定性的影响。这三种情形中，生产计划均实现了均衡生产，较好地应对了需求预测的波动。但情形 1 和情形 3 的需求预测准确率低，导致库存过高或者断货的负面影响，其说明见图注。

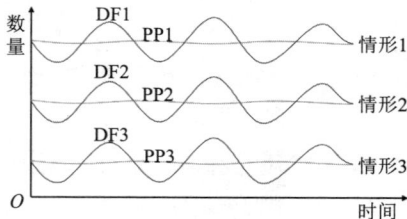

图 2-2-1　不同情形下的需求预测和生产计划

　　注：DF 表示需求预测，PP 表示生产计划，情形表示需求预测不同时的情形。假设情形 2 中的需求预测 DF2 的准确率为 100%，即为实际需求；DF1 → PP1，DF2 → PP2，DF3 → PP3 表示为满足需求预测，生产计划实现均衡生产的过程呈现出需求波动大，但生产计划波动小；DF1 → DF2 表示 DF1 预测量过高，使得 PP1 超过实际需求 DF2，高库存；DF3 → DF2 表示 DF3 预测量过低，使得 PP3 满足不了实际需求 DF2，断货。

（二）实现供需双赢

　　不同月份的需求量，如图 2-2-2 所示。图中 7 月至 9 月的需求量超大，约是其他月份的 10 倍。为了满足需求，若能提前（在正常供应周期前）确定 7 月至 9 月需求量的信息，则可提前采购物料及生产出成品，实现均衡生产。若不能提前确定 7 月至 9 月需求量信息，则需针对此期间配备相关资源以满足激增的需求，在 10 月需求激减，又需减掉相关资源。作为制造型企业，其厂房、实施设备等没办法做到如此"灵活"。则可通过需求计划来实现提前确认需求信息，从而实现均衡。比如，设置阶梯价格，忙时（7 月至 9 月）单价高，闲时（7 月至 9 月之外）单价低，其提前量越大，单价越低。于客户，其通过提前确认需求信息来获得低价。于本企业，其通过均衡生产规避了因需求剧烈波动带来的高成本，这就形成了供需双赢的局面。

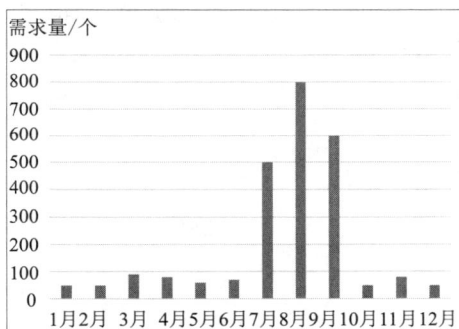

图 2-2-2　不同月份的需求量

二、谁来做需求计划

在实际工作场景中，我们经常会听到"由谁来制订需求计划"的讨论，甚至争论。下面我们来探讨应该由谁来做需求计划这件事。

（一）销售部该不该做销售预测

观点一：销售部不该做销售预测。销售部不重视销售预测，随意填写销售预测数据；提供的需求预测经常不准；不遵守需求预测量，经常紧急加单或减单。结合以上情况，供应链管理在制订生产计划时，在需求预测的基础上，要有自己判断和调整需求预测。然后，再基于调整后的需求预测来制订生产计划。或者，干脆自己做需求预测，不参考销售部提供的版本。

在分析观点一之前，我们先明确以下概念：销售预测是对于销售端而言的，指的是在未来相应时间段要销售出的产品数量。在销售预测的基础上，扣减销售端管理的库存（区别于供应端的仓库和车间等库存。如已经离开供应端但并未完成销售的产品，存放在销售端管理的仓库中）得出需求预测。供应端接收到的数据是需求预测，而非销售预测。

（1）为什么会觉得销售部不重视销售预测？

原因分析：岗位属性和考核机制造成的。销售岗位的天然属性或岗位要求，是要实现更大的销售额。其最关心的是被考核的销售业绩指标以及对应的销售奖金，即最关心销售额的达成。而销售预测是到具体到产品族或产品 SKU（库存量单位）的月度销售量，虽然，销售额是由各 SKU 销售额加总得来的，但其通常只需关注整体销售额，不关心各 SKU 的占比。

解决方案：加强产销协同，提高供需双方信息的透明度。培养供需默契，让销售部知道需求预测准确的好处。试想一下，需求预测准确率高意味着变数越少，供应端就能更好地满足销售需求，即便有紧急增减单也能很好地应对。若需求预测低，供应端已经很恼火了，再加上紧急增减单的话，越加处理不好，直接影响销售额，进而影响销售人员的业绩及奖金。另外，需要对需求预测准确率进行考核，考核的对象是需求计划岗位。

（2）为什么销售部提供的需求预测经常不准？

原因分析：需求预测不准是正常的，因为没有或不常有 100% 准确的需求预测，但可以提高需求预测准确率。

解决方案：首先，既然需求预测不准，再用准和不准来评价需求预测就失去了意义，索性我们用是否合理来评价需求预测。确定一个合理的值（需求预测准确率），若高于或等于此值，需求预测合理。否则，需求预测不合理。怎么确定此值的大小呢？其理想值应该基于供应端的供应能力（产能、供应周期）和诉求（成本、质量、效率等要求）来确定。若增加量，主要考虑物料的供应、产能，以及考虑可能因插单或紧急生产带来的成本增加；若减少量，主要考虑库存的处理、原预定产能的再利用，以及随之带来的成本损失。简而言之，假设供应端可承受 30% 的变化，那需求预测准确率的值就设置为 70%。

其次，不要用预测的心态来做需求预测，而要用计划的心态来做需求预测，以提高需求预测的计划性。预测的心态，总是会给你掐指一算的心理暗示。而计划的心态，会给你使命必达的心理暗示。虽然计划赶不上变化，但计划中考虑了变化因素的，有应对变化的相应预案。在变化发生时，即可启动既定的应对方式，可从容应对变化，避免或减少影响。

（3）为什么销售部不遵守需求预测经常紧急加单或减单？

原因分析：不管是否超过预测，绝大多数情况下，会选择尽可能满足客户。当然，供应端可能会说不值得，因为紧急插单会影响连续生产，影响生产效率；需增加加班等，提高了生产成本。但因插单而带来的效率降低或成本增加，通常没那么容易计算出来。故相对于满足订单会提高销售额的硬道理而言缺乏说服力。

解决方案：首先，建立供应规则，界定好供应周期，以及增减订单的原则。绝大部分订单，应该遵守正常的供应周期。少部分订单，其要求短于（不遵守）正常供应周期，但要遵守增减订单的原则。在设计供应规则时，确保在正常供应周期以及增减订单的原则下，供应端都能从容应对。极少的订单，其不遵守增减订单的原则，视为特殊情况。

其次，评估对现有订单的影响，并将可能影响的订单告知销售。让销售判断优先级，并接受其他订单可能的影响。

最后，其可能会对效率、成本等带来影响，可基于评估来决策是否要满足。比如，极为重要的客户，若不满足则会失去未来大的销售增长的机会。

综合以上，不能因为销售不重视、提供的需求预测不准和不遵守需求预测等现状，而由生产计划岗位去调整或干脆自己做需求预测。这是需求计划和生产计划的分工，要实现分工协作。首先，分工一定要清晰，否则职责不清。其次，协同是在对接点的工作，而不是越俎代庖，否则会让工作混乱。

观点二：需求预测，不应该让销售部做。原因 A：销售业务员只熟悉自己所负责的区域或客户情况，不清楚整体情况，所以他们没办法制定需求预测。原因 B：要让销售部的时间和精力放在销售产品和开拓市场上，而不是花很多时间去做需求预测。

（1）对于原因 A。首先，不是让销售业务员去做需求预测，但销售业务员是需要为需求预测提供信息的。比如从客户处获取到的未来需求信息，从和客户沟通中判断出的信心程度。其次，销售业务员不做需求预测，不等于销售部不做预测。因为，需求预测，是需求计划这一职能负责的。是否由销售部做需求预测，取决于需求计划职能是否设在销售部。

（2）对于原因 B。首先，销售业务员的时间和精力应该聚焦在销售产品和开拓市场上，没错。是否要花时间去做需求预测，取决于需求计划职能是否设在销售部。其次，我们来对比一下制定需求预测和销售人员的工作内容：历史销售数据—销售预测模型—销售预测（于销售端而言）—需求预测（于供应端而言）。

制定需求预测和销售人员的工作内容，见表 2-2-1。

表 2-2-1 制定需求预测和销售人员的工作内容

制定需求预测	销售人员的工作内容	吻合度
收集历史销售数据，进行数据清洗	清楚自己的销售数据以及相关历史销售数据（可从 CRM、ERP 等信息化系统或者销售台账等记录中获取）；清楚异常的销售数据，如促销、断货等引起的异常	销售的本职工作

制定需求预测	销售人员的工作内容	吻合度
使用预测模型，做出基线预测	清楚自己年度、月度的销售目标及金额，基于销售目标要分解到每个客户每个产品的销售计划（含时间和产品的销售量），这是对齐目标的行动项；结合历史销售情况以及自己对未来的预判得出销售计划达成的信心程度。这可作为销售人员对客户的资源投入以及沟通策略的基础	销售的本职工作
从销售部、市场部、产品管理部等收集招投标、促销、产品生命周期等要素	同市场部在招投标、促销等合作工作中，得出销售未来趋势及信心程度，这是销售计划的一部分；向产品管理部掌握产品生命周期的情况，这是在产品生命周期不同阶段适用不同销售策略的依据	销售的本职工作
综合上述要素，注明假设条件，在基线预测的基础上，制定出销售预测	充分考虑销售相关要素，制定出销售预测。这是销售人员梳理销售策略的关键	有利于提升销售效率
扣减在途、渠道等销售端管理的库存（区别于供应端的仓库、车间等库存），输出需求预测至供应端	掌握在途、渠道等销售端管理的库存，有利于对代理商、经销商的管理	有利于提升销售效率

从表 2-2-1 中可以看出，销售预测工作所需要的信息数据，要么是属于销售人员的本职工作，要么是属于销售人员实现更好销售业绩的条件。做这些工作，于销售部而言，并不是浪费时间，而是增值的。

当然，以上是基于两种观点做的一些分析，不尽完善。对于某一说法或某一新概念，不可生搬硬套，需要充分了解其背后的原因和意义，再根据自身情况，综合评估和使用。比如，关于需求预测该由哪个部门来做，关键在于先理解需求计划职能，再考虑需求计划岗位或者承担此职能的岗位及组织架构。需求计划的职能是确定的，放在哪只是资源配置问题，应该将资源放在效益最大化的地方。

（二）需求计划职能的岗位及部门设置

需求计划职能的岗位及部门设置，不同企业的做法有所不同，常见的是设在市场部或销售部，抑或是供应链管理部，如图 2-2-3 所示。是否需要设需求计划岗位呢？不一定。有些企业设独立的岗位，有些没有。比如，销售部的销售内勤、商务或客服（CS）岗位承担需求计划职能。需求计划可能只是其他岗位职责中的一部分。

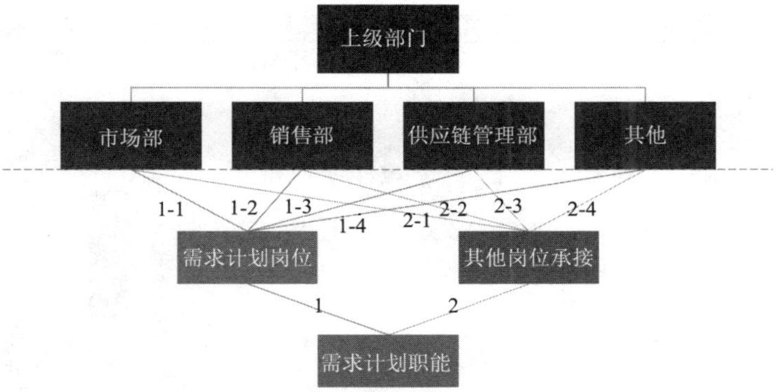

图 2-2-3 需求计划职能可能的承接岗位及所属部门

🔔 **思考**

你所在的企业或你看到的企业，是如何做需求计划的？

_____

_____

_____

_____

_____

三、如何做需求计划（模型 6：需求计划模型）

需求计划要求我们对未来做出尽可能准确的预测。为了制订高质量的需求计划，本节我们将了解到相关模型和参考相关模式，同时，也可以运用人工智能等前沿技术。

（一）需求计划模型

需求计划模型，如图 2-2-4 所示。需求模型强调用计划而非预测的心态来制定预测。这意味着我们不能仅仅依赖单一的预测结果，而是需要建立系统性、全面性的计划方案。在当前快节奏和变化多端的商业环境下，传统的预测方法可能会受到许多不确定因素的影响，因此仅仅依靠预测来制订需求计划可能会带来风险。通过强调需求计划，我们将更加注重规划和执行计划的过程，考虑市场变化、内外部环境因素，以及供应链的各个环节。这种心态下的需求计划制订，将更具灵活性和应变能力，可以更好地适应市场动态变化，减少不确定性带来的风险。

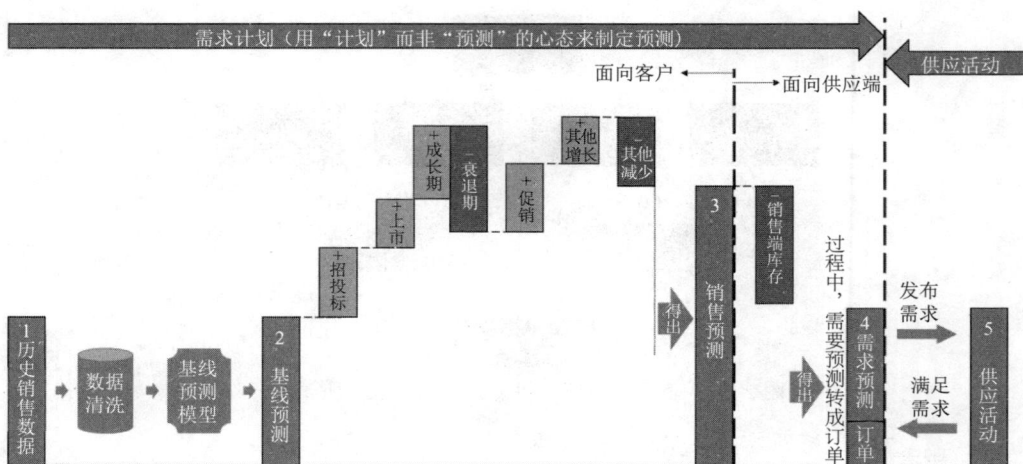

图 2-2-4　需求计划模型

在制订需求计划时，我们应以计划为核心，结合市场预测、数据分析、专业知识和团队协作等多方面的因素，建立和完善需求计划模型。这样的模型不仅能够提高预测准确性，还能够使企业更好地把握市场机会，提升竞争力，实现可持续发展。

1. 历史销售数据

在需求计划模型中需要获取历史销售数据，这一步通常通过从企业信息系统中导出数据并进行整理来实现。历史销售数据是制订需求计划的重要基础，可以帮助分析过去的销售趋势、季节性变化以及产品的销售周期，为未来的需求预测提供参考依据。

2. 基线预测

在进行基线预测之前，首先，需要对历史销售数据进行清洗工作。这一步包括剔除非常规的销售数据，如促销期间和突发事件导致的异常销售情况，以免对预测模型的运算结果产生不良影响。然后，对符合使用销售预测模型条件的产品进行基线预测。使用销售预测模型可以得出基于历史数据的预测结果，用于未来的需求规划。以销售漏斗模型为例，通过分析不同销售阶段的转化率、销售周期等指标，可以更准确地预测产品的需求量和销售趋势。

销售预测模型通常依赖于大量的历史销售数据，并结合市场调研和行业知识，考虑到产品特性、市场竞争、季节性变化等因素建模。模型的选择和设计应根据具体情况来确定，如利用时间序列分析、回归分析、机器学习等方法进行预测。

基线预测提供了一个参考点，可以帮助企业初步了解未来的需求趋势，并在制订需求计划时提供依据。然而，由于市场环境的复杂性和不确定性，基线预测并不能完全准确地预测未来的需求情况。因此，在制订需求计划时，还需要结合其他因素进行调整和优化，以最大程度地提高预测准确性和计划的实施效果。

3．销售预测

对于基线预测模型考虑不到或不周全的要素，需要销售、市场营销和产品管理等部门在此考虑和量化。然后，在基线预测的基础上进行相关调整，从而得出更加准确的销售预测结果。需要考虑如下几个关键要素：

一是招投标计划和中标概率。企业通常会参与到招投标中，根据自身实力和市场竞争情况制订招标计划。基于此，需要调整基线预测数据，以反映中标概率和实际需求情况。

二是基于产品生命周期管理来调整相关数据。处于成熟期的产品已在基线预测模型中考虑，而新上市的产品，由于此前没有相关销售数据，基线预测模型中没有此产品的信息。所以，在此调整过程中需增加新上市产品。对于成长期的产品，相较于成熟期的产品，其增速更快。因此，需要基于实际情况以调整基线预测数据。对于衰退期的产品，相较于成熟期的产品，其减速快，要考虑退市计划等信息以调整基线预测数据。

三是促销以及其他因素也需要在销售预测中进行考虑。比如，促销活动会对销售量产生影响，需要在销售预测中进行调整。此外，销售人员在与客户沟通时获取的相关信息，以及安全库存设置等也是需要考虑的因素。

4．需求预测

在销售预测的基础上，需要减掉在途订单及销售端的库存，即已经离开供应端但并未完成销售的产品。从而，得出可以提供给供应端的需求预测。

需求预测的准确性对于企业的运营非常重要，它能够帮助企业合理规划库存、优化生产计划和提高客户满意度，并最大程度地避免过剩或不足的情况发生。

（二）销售漏斗和需求管理

销售漏斗和需求管理的关系，如图 2-2-5 所示。

从实际工作场景来说，在客户关系管理（CRM）系统中的操作大致如下：

1．线索和年度销售预算

在公司开展年度预算阶段，集中在系统中录入预算期间内的线索信息（含已获取到的和预估的线索）。然后，系统基于线索信息生成年度销售预算（在此节，年度销售预算特指年度销售预算版本的销售预测）。

2．机会和滚动销售预测

在日常工作中，随时在系统中录入机会信息。随后，系统基于机会信息定期生成滚动销售预测（如每周四 24：00）。

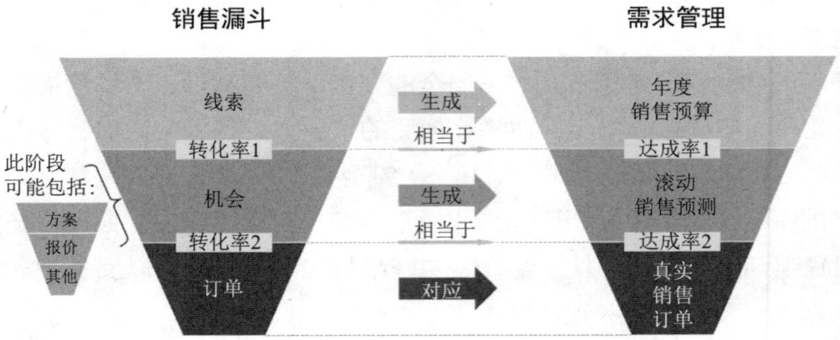

图 2-2-5   销售漏斗和需求管理的关系

线索转化成机会的转化率 1，反映了线索被开发的程度。转化率 1 越高，表示线索被开发的程度越深。转化率 1 相当于滚动销售预测对年度销售预算的达成率 1。

3. 订单和真实销售订单

在日常工作中，随时在系统中录入订单信息，创建真实销售订单。

机会转化成订单的转化率 2，反映了机会成单的成功率。转化率 2 越高，表示机会成单的成功率越高。转化率 2 相当于真实销售订单对滚动销售预测的达成率 2。

从以上操作可以看出，销售人员的操作对象是销售漏斗中的线索、机会和订单，而需求管理中的年度销售预算、滚动销售预测、真实销售订单，是可以由信息化系统（嵌入了需求计划模型）基于销售漏斗中的信息来生成的。这也在一定程度上回应了前面"谁来做需求计划"的问题，信息的来源是销售人员。至于谁来设计和维护系统，或在无系统的情况下谁来制作需求计划，需要考虑资源效益最大化等因素来决策。

另外，线索转化成订单的转化率和真实销售订单对年度销售预算的达成率等也可以被计算出来，以及不同版本滚动销售预测之间的差异也可以被对比分析出来。

（三）基于销售漏斗的销售预测

某药品的漏斗模型，如图 2-2-6 所示。通过历史数据分析，得出各级活动之间的比率。基于总人数这一容易获取的客观数据（后续活动的真实数据不易获取，是测算出来的），计算出各级活动的人数。最后，计算出某药某规格的销售预测数量。

某定制家具的漏斗模型，如图 2-2-7 所示。通过客户真实活动痕迹数据分析，得出各级活动之间的比率。选择某一级真实活动人数（越往后，得出的预测越准确）作为起点，计算出之后的活动人数，最后计算出某产品某规格销售预测数量。

如图 2-2-8 所示，基于漏斗模型，计算出销售预测量。某产品某规格销售预测

（数量）＝（$A×a\%+B×b\%+C×c\%+D×d\%+E×e\%+F×f\%$）× 平均订购数量。注意：各阶段的人数为在计算时所处对应阶段的人数，不要重复计算。如，首次进店（阶段一）总人数共 100 人，其中 40 人登记了联系方式（阶段二），其余阶段为 0 人。意味着当前处于阶段一的只有 60 人，处于阶段二的有 40 人。所以，某产品某规格销售预测（数量）=$(60×f\%+40×e\%)$× 平均订购数量，而不是 $(100×f\%+40×e\%)$× 平均订购数量。

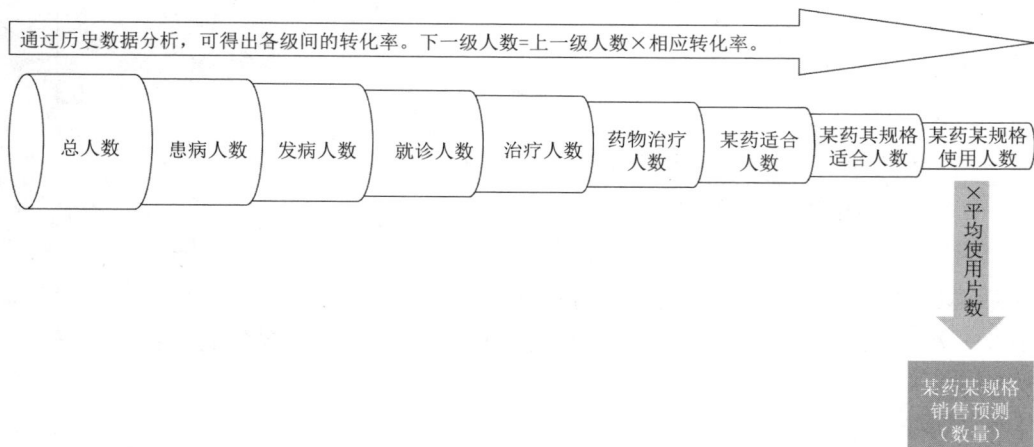

图 2-2-6　某药品的漏斗模型

注：以某药品为例。通过历史数据分析，得出各级活动之间的比率。基于总人数这一容易获取的客观数据（后续活动的真实数据不易获取，是测算出来的），计算出各级活动的人数。最后，计算出某药某规格的销售预测数量。

图 2-2-7　某定制家具的漏斗模型

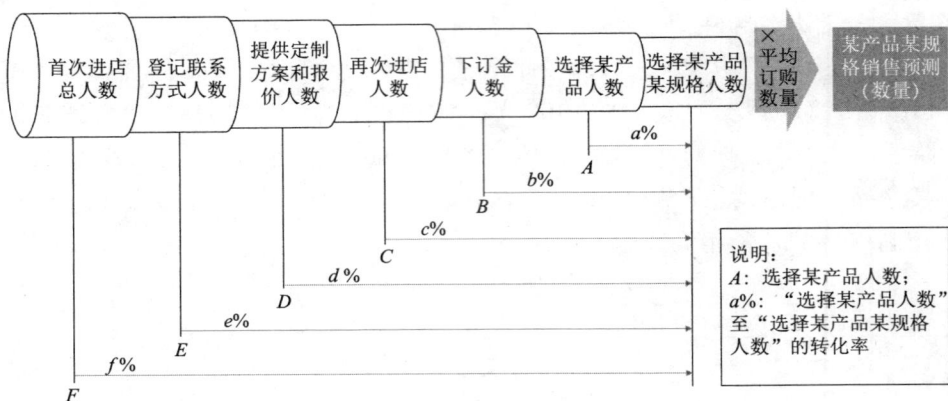

图 2-2-8　基于漏斗模型而计算出销售预测量

（四）小单快反模式

小单快反模式，如图 2-2-9 所示。小单快反是指先小批量多款式进行市场测试，然后通过终端数据分析出预爆款，最后对预爆款进行快速返单，大批量生产和销售。其中，测试款以降低销售预测难度，供应网络设计及供应商培育实现有成本优势的快响应。

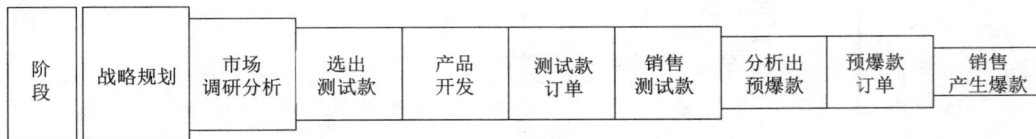

图 2-2-9　小单快反模式

在战略规划阶段，制定战略，如品类多、上新快、款式新、价格低等。后续的资源配置和行动计划都应基于此战略展开，以确保战略落地。在此阶段，涉及企业战略规划流程。

在市场调研分析阶段，借助数字化手段抓取数据，分析流行趋势、竞品情况等，得出产品开发方向。在此阶段，涉及企业市场规划流程。

在选出测试款阶段，基于产品开发方向选出测试款和确定测款策略，制定产品开发规划。在此阶段，涉及企业的市场规划流程。

在产品开发阶段，通过模仿或创新等不同路径，快速开发出符合当下及预判市场需求的产品。在此阶段，涉及企业的产品开发流程。

在测试款订单阶段，用小批量、多品种、多款式的小订单，降低库存风险。对自身或 OEM 供应商进行培育和扶持，提高灵活性及成本优势，可选择中小型供应商。在此阶段，涉及企业的市场到线索、从线索到回款订单履行流程。

在销售测试款阶段，用极小的首单量来测试市场的反应。利用互联网，线上代替线下加快响应。在此阶段，涉及企业的从线索到回款流程。

在分析预爆款阶段，通过测试款数据分析得出预爆款，即有潜力成为爆款的产品。在此阶段，涉及企业的从线索到回款流程。

在预爆款订单阶段，此阶段为返单，特点是大批量、少品种、少款式。测试款数据为预测提供了有效的输入，更易预测；考验供应链网络的快速响应性，快速交付，规避被模仿而形成竞争，占得先机。在此阶段，涉及企业的从线索到回款、订单履行流程。

在销售产生爆款阶段，在供应商账期到期之前，就实现回款。资金的快速周转，带来收益。在此阶段，涉及企业的从线索到回款流程。

表 2-2-2 给出了在小单快反模式中的产品生命周期与需求预测。在实施小单快反模式时需要结合产品生命周期阶段，以及小单快反中的销售行为，采取不同的需求预测方式。

表 2-2-2　小单快反模式中的产品生命周期与需求预测

产品生命周期	引入期			发展期			成熟期	衰落期
销售行为	选出测试款	测试款小订单	测款	分析出预爆款	预爆款大订单	销售产生爆款	稳定翻单	减量翻单至停止销售
其他行为	开发产品	供应产品（含制造+物流）			供应产品（含制造+物流）			
需求预测	此阶段不做需求预测			基于实时销售数据，每月/双周发布未来3~6个月的销售预测	少品种，大批量	基于实时销售数据，每月/双周发布未来3~6个月的销售预测	基于实时销售数据，每月发布未来3~6个月的销售预测	基于实时销售数据，每月/双周发布3~6个月的销售预测

在产品引入期，由于还没有足量的历史销售数据以及成熟的判断，因此不宜做太多的需求预测。在这个阶段，可以关注市场反馈、消费者反应和竞争情况等，根据这些信息来调整产品设计和定价策略。

在产品发展期，随着测试款中的销售数据逐渐积累，可以分析出预爆款。针对这些预爆款，需要基于实时销售数据，每月或者双周发布未来 3 ~ 6 个月的销售预测，为之后给予爆款下大订单作准备。同时，也要密切关注市场变化和竞争情况，及时调整销售策略和推广活动，确保产品能够持续走红。

在产品成熟期，由于销售情况相对稳定，因此销售预测的发布频率可以降低。基于实时销售数据，每月发布未来 3 ~ 6 个月的销售预测即可。此时，需要持续关注市场反馈和消费者需求变化，及时进行产品升级和改进，确保产品能够保持市场竞争力。

在产品衰落期，由于产品需求减少，为退市做准备是重要的一项工作。因此销售预测的发布频率需要提高。基于实时销售数据，每月或者双周发布未来 3 ~ 6 个月的销售预测。同时，也需要考虑清库存和价格调整等措施，确保产品能够顺利退市。

（五）降低需求预测的难度

为了降低需求预测的难度，可关注以下关键要素。

1. 预付款或订金

在供不应求的情况下，企业可以要求客户提前支付部分货款作为预付款。这种做法可以帮助企业缓解资金压力，同时也能够更准确地衡量客户真实需求。另一种方式是通过促销活动设置订金，即客户在购买产品时需要提前支付一部分费用作为订金，以享受相关优惠或保证产品供应。这种方式可以激励客户提前下单，减少后续订单波动，从而提高预测的准确度。

通过引入预付款或订金机制，客户的购买意向会变得更加明晰和稳定，有利于企业更精准地预测市场需求。客户支付一定比例的货款或订金后，通常会对订单更加认真，减少因为临时变化而取消订单的风险，从而提高了需求预测的准确性和可靠性。

2. 测试后再预测

参考小单快反模式，从销售选测试款到极小批量生产测试款，再到销售测试款，然后，对预爆款进行销售预测，之后大批量生产。在销售测试款前，不做销售预测，以极小批量生产。在销售测试款后得出预爆款，这时，再对预爆款进行预测，会更容易。

通过这种方式，企业可以更好地适应市场变化，降低生产风险，提高生产效率，同时也能够更加准确地预测市场需求，避免生产过剩或供不应求的情况发生。在这个过程中，需要不断地进行市场调研和数据分析，以便及时调整生产计划和销售策略，进一步提高企业的竞争力和运营效率。

3. 基于客户真实活动痕迹数据来测算

企业还可以基于客户真实活动痕迹数据来进行需求预测。这种方法依赖于客户的实际行为和购买记录，更加准确地反映了他们的需求和偏好，从而提高了预测的准确度。通过收集和分析客户的真实活动数据，例如购买历史、浏览记录、搜索行为和社交媒体互动等，企业可以深入了解客户的消费习惯、兴趣爱好和购买动机，进而进行个性化的需求预测。通过对客户行为数据的挖掘和分析，企业可以发现隐藏在数据背后的规律和趋势，从而预测未来的需求变化和趋势。

需要注意的是，在使用客户活动痕迹数据进行需求预测时，企业需要确保数据的隐私安全和合规性。同时，也需要遵守相关的法律法规和行业规范，确保数据的合法使用和保护。

4. 降低客户选择决策复杂度

为了降低客户选择决策的复杂度，企业可以采取多种措施。其中一种是减少产品 SKU（库存量单位）的数量，让客户更容易地进行选择。SKU 是指产品库存单位，通常与不同的品种、规格、颜色和包装等因素相关联。通过减少 SKU 的数量，企业可以简化产品线，提高产品组合的可管理性和可预测性，从而降低客户选择决策的复杂度。企业可以通过产品线优化、标准化和模块化设计等来实现 SKU 数量的减少。

当然，在减少 SKU 的数量时，企业还需要综合考虑产品组合规划，以确保产品线的完整性和市场竞争力。同时，也需要考虑客户的需求和偏好，避免过度精减产品线而导致客户流失或市场份额下降。

（六）衡量需求预测准确性

如图 2-2-10 所示，对于需求预测准确性的衡量，需要基于企业及供应链的战略要求，以及供应链的痛点，选择适合的指标及公式。

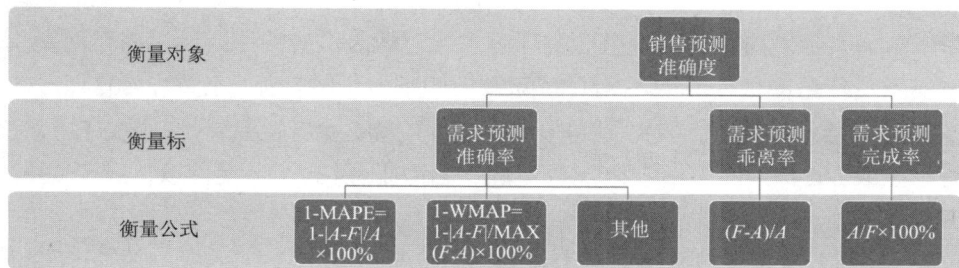

图 2-2-10　需求预测准确性的衡量

注：F 表示需求预测量 (forecast)；A 表示实际需求量 (actual)；MAPE 表示平均绝对误差百分比（mean absolute percentage error）；WMAPE 表示加权平均绝对误差百分比（weighted mean absolute percentage error）。

1. 需求预测准确率（1-MAPE）

需求预测准确率（1-MAPE）示例，见表 2-2-3。

表 2-2-3   需求预测准确率（1-MAPE）示例

项目（如 SKU、产品族）	"Month *N-x*" 需求预测量 F（forecast）*x*：若以 3 个月前的预测来计算，*x* 为 3	实际需求量 A（actual）为简化，统一设成 100	$\|F\text{-}A\|$	MAPE 平均绝对百分比误差 $=\sum\|F\text{-}A\|/\sum A \times 100\%$	需求预测准确率 =1-MAPE
A	0	100	100	100%	0
B	20	100	80	80%	20%
C	40	100	60	60%	40%
D	60	100	40	40%	60%
E	80	100	20	20%	80%
F	100	100	0	0	100%
G	120	100	20	20%	80%
H	140	100	40	40%	60%
I	160	100	60	60%	40%
J	180	100	80	80%	20%
K	200	100	100	100%	0
L	220	100	120	120%	-20%
M	240	100	140	140%	-40%
N	260	100	160	160%	-60%
O	280	100	180	180%	-80%
P	300	100	200	200%	-100%
Q	320	100	220	220%	-120%
所有项目	计算需求预测准确率不需按项目求和此项	1 700	1 620	95%	5%

2. 实际需求量和取数

实际需求量是指客户的实际需求量，即客户订单中对应交期内要求的数量。实际需求量≠实际发货量，因为有些实际需求量可能因供应的原因而没有及时发货。若按实际发货量取数，就取不到有实际需求但未发货的数据。比如，2024 年 11 月的实际需求量是 100 个，其中，90 个在 11 月内完成发货，另外 10 个在 12 月完成发货。在取 2024 年 11 月的实际需求量时，若取 11 月的实际发货量，取了 90 个，就不对。

3. 为什么需求预测准确率＝ $1 - |F - A|/A \times 100\%$

通常，我们习惯 $1 - |F - A|/F \times 100\%$，从需求预测量和实际需求量发生的顺序来说，预测在前，实际在后。人们习惯用后发生的事去和以前发生的事进行

对比，比如，上期的销量是 100，本期的销量是 150，销量增长率 =（150-100）/ 100 × 100% = 50%。

但是，我们要基于要实现的目标来选定对比的基准，并将基准放在分母。比如，销量增长率。衡量和分析的目的是要找到增长销量的行动项，实现本期较上期有增长（持续增长），对比的基准是上期的销量。需求预测准确率，衡量和分析的目的是要找到提升准确率的行动项，实现需求预测越来越接近实际需求量，越来越准，对比的基准是实际需求量。

4. 如何理解需求预测准确率

以实际需求量为基准，衡量需求预测是否准确（需求预测准确率）。需求预测量离实际需求量越近，需求预测准确率越高，即需求预测越准确。与实际需求量距离一样的"小值"（小于实际需求量的需求预测）与"大值"（大于实际需求量的需求预测），对应的需求准确率一样。对于"小值"的需求预测准确率，可以理解成直接用"小值"除以实际需求量再乘以 100% 而得出，很直观；对于"大值"的需求预测准确率，可先找到其对应的"小值"（两者离实际需求量的距离一样）。然后，再用对应的"小值"除以实际需求量再乘以 100% 而得出。

备注：小于实际需求量的需求预测量称为"小值"；大于实际需求量的需求预测量称为"大值"。

🔔 思考

有人评价 MRP（物料需求计划）模式不好，而 DDMRP（由需求驱动的物料需求计划）的产生是近 50 年来供应链最具意义的改进。认为 DDMRP 的出现消除了企业对准确需求预测的需要，甚至它能适应需求和供应的各种变化，用更少的库存实现更好的客户服务。因此，需求预测的准确性不重要了吗？为什么？

_____

_____

_____

_____

_____

_____

🔔 提示

基于需求预测，企业为未来供应能力作准备。一定周期内，适配需求的供应能力（含设备、人员、库存等）是成本最低的。供应能力过低，因满足不了需求而失去增长销量的机会；供应能力过高，会带来浪费。所以，基于需求预测，分析其对未来供应能力的需求，若高于当前供应能力，则要在需求来到前准备好供应能力的建设。为什么不可以基于销售订单来做供应能力的准备呢？因为供应能力的准备需要一定周期，而客户对订单的期望是下单后越快到货越好。基于订单的要求，通常来不及做供应能力的准备。所以，需要更长周期的需求预测。

基于需求预测，均衡产能。各周期间（如月度）无差异的需求是很少的，大部分需求在不同周期间是波动的。对于供应端，若供应任务的忽高忽低，会带来人员、设备需求的不稳定。所以，周期间均衡的生产是更高效的。需要基于需求预测，在满足客户需求的前提下，使得供应任务均衡。

从客户需求开始，到计划、生产、采购、仓储和物流，再到满足客户需求。这一连串的活动要能有迹可循的，是需求驱动了后续所有活动。没有需求，后续的活动就没有意义，需求包括需求预测和订单。另外，因为这一系列活动是需要一定周期的，预测的周期比订单的周期长，其更有利于这一系列活动的开展或准备。比如，在存货生产制造策略下，基于预测，提前备好库存；在订单生产制造策略下，即便在获取订单前不开始生产，但可以选择基于预测提前备物料库存，或者提前做相关准备。

另外，在物料需求计划模式下，常常因为上游环节的需求预测没做好或者对物料需求计划应用方式不当，而影响了后续的活动。这是需求预测或应用方式的问题，我们不能怪罪于物料需求计划模式本身。

四、如何用需求计划（模型 7：销售增长模型）

供应链管理活动从需求计划开始，后续的计划、采购和生产等一系列活动都是基于需求计划展开的。本节我们将了解如何正确地运用需求计划，确保整个供应链运作的顺畅。

（一）不同层级需求计划的应用

不同层级的需求计划，如图 2-2-11 所示。需求计划通常分为年度销售预算、滚动销售预测及真实销售订单这三个层级。

1．年度销售预算

根据企业的预算要求，年度销售预算的对象是产品族或 SPU（标准产品单位），通常覆盖未来 3 ～ 5 年，每年制定一次。在预算执行和监控过程中可能会进行季度回顾，以调整计划以适应市场变化和内部情况。这种需求计划可能是基于市场分析及线索阶段的数据测算的，因此准确度相对较低。然而，它仍然可以用于中长期产能分析，为企业提供重要的参考信息，进而支持固定资产投资决策。

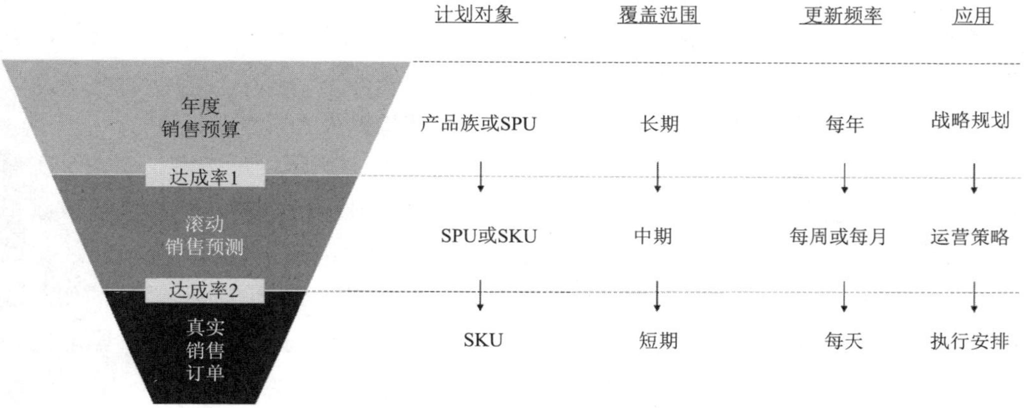

	计划对象	覆盖范围	更新频率	应用
年度销售预算	产品族或SPU	长期	每年	战略规划
达成率1				
滚动销售预测	SPU或SKU	中期	每周或每月	运营策略
达成率2				
真实销售订单	SKU	短期	每天	执行安排

图 2-2-11　不同层级的需求计划

注：假设订单周期为 1 个月。

在制定年度销售预算时，企业需要综合考虑市场趋势、竞争情况，以及内部资源情况，以便做出更明智的投资决策并规划未来发展方向。

2. 滚动销售预测

滚动销售预测（假设订单周期为 1 个月）的对象是 SPU 或 SKU（库存量单位），通常覆盖未来第 1 个月至未来 6 ~ 12 个月，每周或每月更新一次。这种需求计划可以更准确地反映实际市场需求和企业内部情况的变化，以便及时调整生产和采购计划。滚动销售预测的需求计划可能是基于机会和方案、报价、样品等阶段的数据测算，因此准确度较高。它通常用于物料库存策略和采购等供应链相关决策，以帮助企业更好地控制成本和管理风险。

在制定滚动销售预测时，企业需要考虑各种因素，比如季节性需求和潜在的市场机会，以便在最短时间内满足客户需求并提高生产效率。相较于年度销售预算，滚动销售预测具有更高的精度和灵活性，能够更好地适应市场的变化和企业内部的需求调整。

3. 真实销售订单

真实销售订单是指覆盖近 1 个月内的需求（假设订单周期为 1 个月），其对象是 SKU，可能每天都会有新订单的创建。这种需求是实际订单数据，反映当前的实时需求情况。真实销售订单主要用于订单履行活动，旨在实现完美交付。企业可以根据实际订单的数量和要求，进行生产计划、物料采购、工序安排等操作，以确保及时交付产品或服务，并满足客户的需求。

通过实时监控和管理真实订单，企业可以更好地应对市场波动和需求变化，优化供应链和生产流程，提高客户满意度和交付效率。相较于滚动销售预测，真实销售订单更加具体而实时，能够支持企业在日常运营中做出准确的决策，并确保订单的及时履行。

（二）运用需求计划实现销售增长（销售增长模型）

基于需求计划，如何实现销售增长呢？如图 2-2-12 所示为销售增长模型。在销售流程中，从线索到机会再到订单，每个阶段都有转化率的存在。增加线索数量和提高转化率是两个不同的策略，但都可以实现订单量的增长。如前面章节所述，线索对应着需求计划中的年度销售预算，机会对应着需求计划中的滚动销售预测，订单对应着需求计划中的真实销售订单。那么，分析需求计划的相关数据，则能找到销售增长的方向。

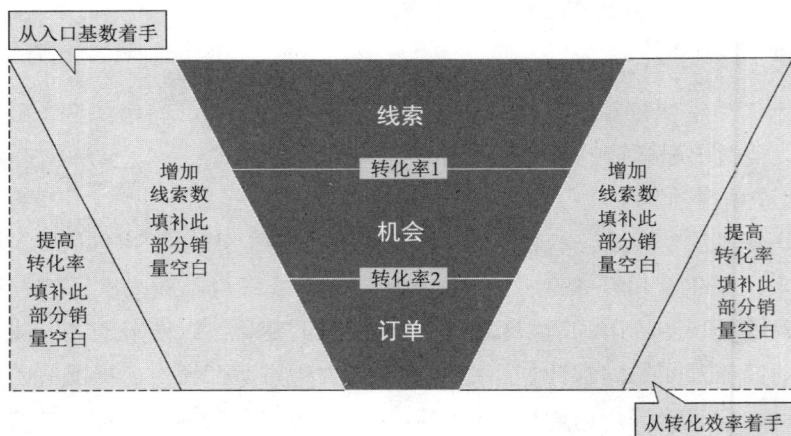

图 2-2-12　销售增长模型

（1）通过扩大市场渠道、提高品牌知名度和开展促销活动等方式，企业可以吸引更多的潜在客户进入销售漏斗。这样，即使转化率不变，由于漏斗口放大，订单量也会随之增加。

（2）在线索量不变的情况下，如果我们提高转化率，那么订单量也会随之增大。这需要企业优化销售流程、提高销售人员的专业素养和销售技能，并提供更好的客户体验和服务等。通过提高转化率，企业可以将更多的潜在客户转化为实际客户，从而实现订单量的增长。

需要注意的是，以上两种策略并不是互斥的，而是可以相互结合使用。企业可以同时努力增加线索数量，同时优化销售流程和提高转化率，从而最大限度地增加订单量。

（三）运用需求计划实现需求引导（厕纸效应）

关于需求引导，我们先来思考如下问题，对于公共厕所，以下哪种操作总用纸量更低？为什么？背后的原理是什么？①在每个蹲位放厕纸；②在厕所门口放厕纸。

想减少公共厕所的厕纸浪费、降低厕纸消耗量，将"在每个蹲位放厕纸"改成"在厕所门口放厕纸"。结果，厕纸消耗量不降反升，如图 2-2-13 所示。

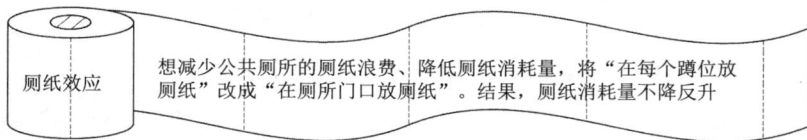

厕纸效应

想减少公共厕所的厕纸浪费、降低厕纸消耗量，将"在每个蹲位放厕纸"改成"在厕所门口放厕纸"。结果，厕纸消耗量不降反升

图 2-2-13　厕纸效应

设计者是这样想的：上厕所前使用者先从厕所门口取纸。因为蹲位没有厕纸，所以，即便想要更多的厕纸，也无法获取。从而使用者会省着用，以免造成纸不够的尴尬。

使用者是这样想的：急上厕所要排队，尴尬。但上完厕所没有纸，更尴尬。于是为了避免尴尬，上厕所前取多一点纸。这样长鞭效应便产生了。而多余的纸，大概率不会留到下次用或给别人用，于是扔掉。从而造成了纸的浪费。

因此，需要基于假设条件，提前做出需求计划。基于需求计划，调整方案以实现想要的需求引导。

🔔 **学后行动**

你所在的企业，需求计划有哪些不足之处？如何改进？

_____

_____

_____

_____

_____

_____

第三节　库存是把"双刃剑"

库存是每个企业都绕不开的话题，也是每个企业都想做好但又很难做好的管理。

不同环境下，人们对库存的看法截然相反。供过于求的环境下，认为库存是万恶之源。供不应求的环境下，认为库存是救命稻草。

既然库存每个企业都存在，怎么会有两种截然不同的态度，我们是否可以对库存管理视而不见或顺其自然呢？其实库存是一把"双刃剑"。一方面可以为企业保持良好的供应水平提供保障。另一方面又可能成为企业资金和资源的负担。如何用好库存这把"双刃剑"给企业带来收益呢？

本节着眼库存管理的核心，我们一起去认识和掌握库存管理。

🔔 学前思考

假如正在进行一场辩论会，其主题为：库存，是万恶之源？还是救命稻草？分别站在正反两方的角度思考，并写出强有力的辩词。

_____

_____

_____

_____

_____

_____

一、揭开库存的"面纱"（模型 8：库存行船模型）

库存是人们比较熟悉的一个概念，在新闻报道、管理实践、教学课程和书籍中都经常被提及。然而，库存仍然有一种神秘感，因为影响库存高低的因素众多，有时候很难确定真正的原因所在。那么，库存到底是什么样的真面目？本节我们将揭开库存的"面纱"。

（一）库存是把"双刃剑"

库存是把"双刃剑"，库存的利弊如图 2-3-1 所示。

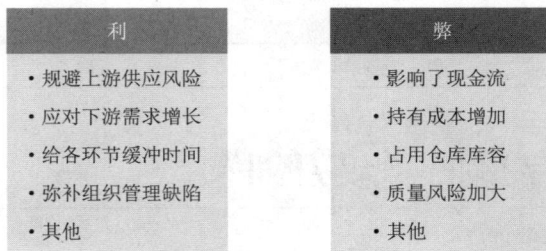

利	弊
• 规避上游供应风险	• 影响了现金流
• 应对下游需求增长	• 持有成本增加
• 给各环节缓冲时间	• 占用仓库库容
• 弥补组织管理缺陷	• 质量风险加大
• 其他	• 其他

图 2-3-1　库存的利与弊

1．库存的利

库存的利表现在哪些方面呢？

（1）充足的原材料库存可以规避上游供应的风险。即便上游供应商出了问题、原材料的供应中断了，因为有库存，本企业的生产、销售还能维持一段时间。

（2）充足的原材料或成品库存可以从容满足下游的需求增长。即便下游客户需求突增，因为有库存，本企业能快速地响应，完成生产和发货。

（3）允许相关有一定的缓冲时间。供应链上下游、各环节之间，需要紧密配合，才能高效稳定。若其中一个环节掉链子，牵一发而动全身。比如，某个环节出现异常，导致计划延后。其上游可能因此要调减计划，以避免产生过多库存。其下游可能因此要延后计划，导致交货不及时。若中间设置了库存，就能缓解异常环节给上下游带来的波动。让供应链绷得没那么紧，具备一定的柔性。

（4）弥补组织管理的缺陷。即便本企业的管理出现了问题，在库存足够的情况下，在一定时间内，对本企业的供应的影响可能很小。运用库存争取到的这段时间，本企业可以组织整改，以弥补缺陷。

2．库存的弊

库存的弊表现在哪些方面呢？

（1）库存很高占用和影响本企业现金流。资金被囤积在库存中，无法用于其他投资或支付日常开支。

（2）库存持有成本增加。包括存储费用，如仓库租金、设备折旧、维护费用等。还包括保险费用，如需要购买财产保险，以防火灾、盗窃等意外事件造成损失。也还包括管理费用，需要投入人力资源来进行库存管理、监控、盘点等工作。

（3）占用仓库的库容需要更多的仓储空间。货架满负荷，甚至将货物堆放在安全通道中；一方面不便于叉车工作，影响工作效率；另一方面带来安全隐患。

（4）质量风险加大。因跌落、碰撞等原因破坏了包装，而带来质量风险，甚至直接破坏了库存物。因仓库环境的问题，而影响库存物的质量。比如，仓库温湿度控制不当、洪涝灾害。另外，在库时间过长，剩余有效期越来越短，部分商品或原材料可能会因为质量问题或者更新换代而产生折旧，甚至过期变质。

（二）“库存—时间—价值”三者关系

不要简单地以库存多少来判断库存管理的好坏，因为只说库存的多少不说其他要素是不能评判库存的好坏。我们模拟两种情形，分别来看看其中的库存、时间和价值三者间的相互关系。

1．模拟 1

库存—时间—价值，如图 2-3-2 所示，横轴表示时间，纵轴表示价值。对于设定了有效期、更新换代快和生命周期短等特点的产品，如海鲜、鲜奶、化妆品等。

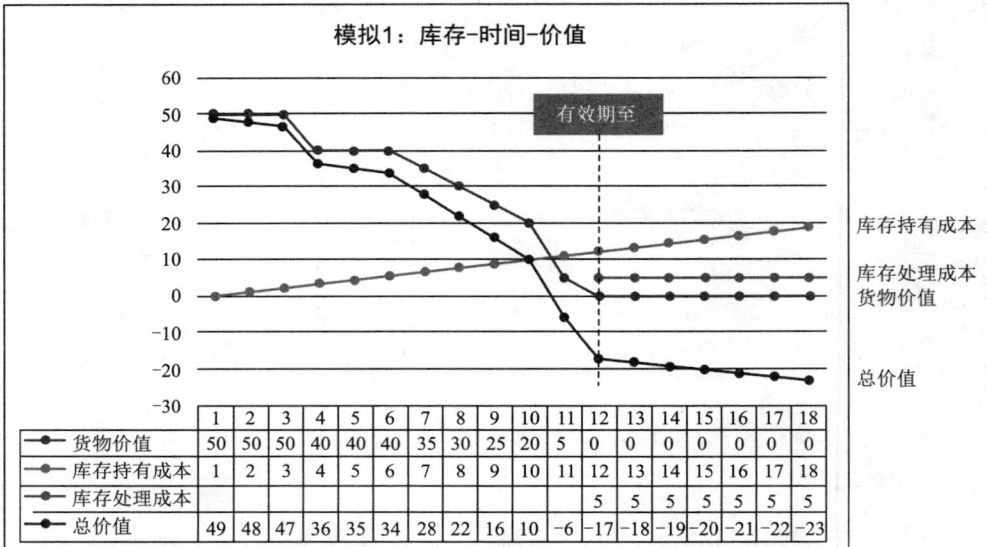

图表：模拟1：库存-时间-价值

	1	2	3	4	5	6	7	8	9	10	11	12	13	14	15	16	17	18
货物价值	50	50	50	40	40	40	35	30	25	20	5	0	0	0	0	0	0	0
库存持有成本	1	2	3	4	5	6	7	8	9	10	11	12	13	14	15	16	17	18
库存处理成本												5	5	5	5	5	5	5
总价值	49	48	47	36	35	34	28	22	16	10	-6	-17	-18	-19	-20	-21	-22	-23

货物价值：时间越长（越接近有效期），价值越低，越需折价销售；到有效期时，价值为 0
库存持有成本：时间越长，成本越高
库存处理成本：到有效期后，因销毁等处理而产生的额外费用

图 2-3-2　模拟 1　库存—时间—价值

注：总价值 = 货物价值 − 库存持有成本 − 库存处理成本。

2．模拟 2

库存—时间—价值，如图 2-3-3 所示，横轴表示时间，纵轴表示价值。对于无有效期、时间越长价值越高的产品，如陈年老酒、老茶等。

综合来看，时间 9 时的总价值超过时间 1 时的货物价值，且持续上升。意味着，即便有库存成本，总价值还是上升的。

（三）库存周转

库存周转率、库存周转次数和库存周转天数等指标，常用于衡量库存管理的好坏。库存周转相关指标和计算公式，见表 2-3-1。

表 2-3-1　库存周转相关指标和计算公式

指　　标	计算公式
库存周转率	期间销货成本 ÷[(期初库存金额＋期末库存金额)/2]×100%

续表

指　　标	计算公式
库存周转次数	期间销货成本 ÷[(期初库存金额＋期末库存金额)/2]
库存周转天数	期间天数 ×[(期初库存金额＋期末库存金额)/2] ÷ 期间销货成本

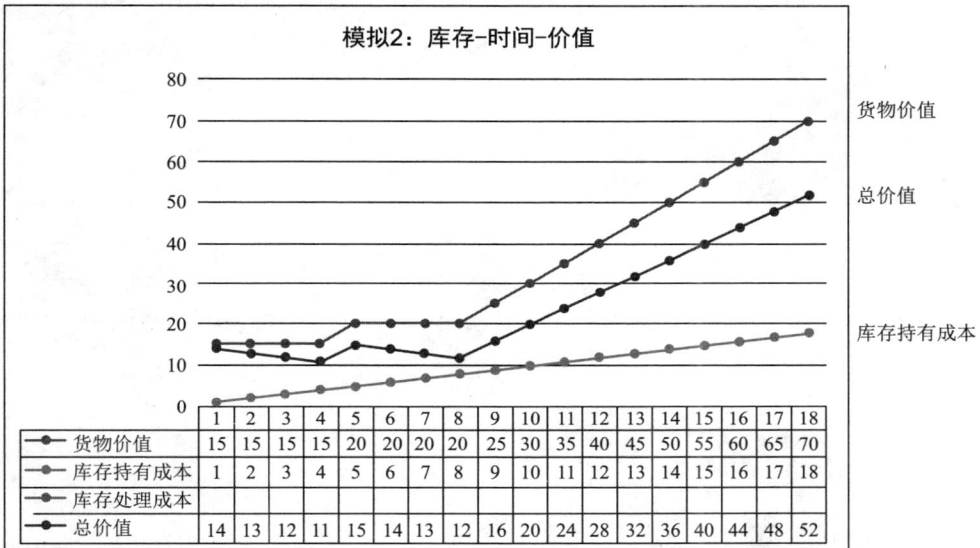

模拟2：库存-时间-价值

	1	2	3	4	5	6	7	8	9	10	11	12	13	14	15	16	17	18
货物价值	15	15	15	15	20	20	20	20	25	30	35	40	45	50	55	60	65	70
库存持有成本	1	2	3	4	5	6	7	8	9	10	11	12	13	14	15	16	17	18
库存处理成本																		
总价值	14	13	12	11	15	14	13	12	16	20	24	28	32	36	40	44	48	52

货物价值：时间越长，价值越高
库存持有成本：时间越长，成本越高

图 2-3-3　模拟 2　库存—时间—价值

注：总价值＝货物价值－库存持有成本－库存处理成本。

　　以制造业为例，在同一周期内，库存周转越快，则现金流越好，盈利能力越强，如图 2-3-4 所示。简单说，在图中右上方的情形，库存周转 4 次，资金流转 4 次，总利润＝ 4 次利润之和。在图中右下方的情形，库存周转 3 次，资金流转 3 次，总利润＝ 3 次利润之和。

　　要想科学评估库存管理水平的高低，除了计算出库存周转指标的数值，还要辨别触发库存转移的需求真实性，如图 2-3-5 所示（以制造业为例）。在某些情况下，为了在特定时间点的库存周转率指标表现良好，企业可能会采取一些不太合理的操作。比如，为了让年底的库存周转率这一指标好看，一方面把产品库存压到经销商的渠道里，另一方面把物料库存压在供应商处。过了指标计算取数这一天，就把压到经销商渠道的库存退回和把压在供应商处的库存取回。

图 2-3-4　库存周转的演示图

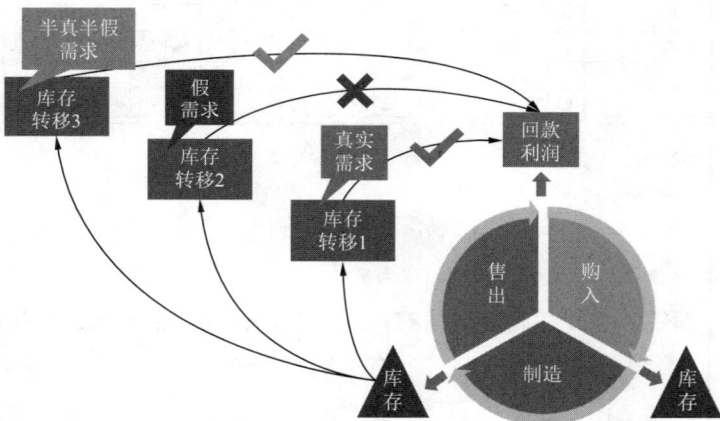

图 2-3-5　库存周转的注意事项

　　这种操作，虽然能暂时让库存指标好看，但却增加了企业的成本。比如，将产品库存过度压入经销商渠道，可能会导致经销商面临过高的库存压力，如果产品无法及时销售出去，就可能造成滞销和过期的风险，进而增加企业的损失。

　　对库存周转的注意事项的说明，见表 2-3-2。

表 2-3-2　对库存周转的注意事项的说明

情　形	特　点	说　明
库存转移 1	真实需求 + 实际交易 + 触发正常应收账款或回款流程	于库存周转指标而言，此情形是最实在和客观的。考验了需求准确率、供需平衡和供应能力等

情　形	特　点	说　明
库存转移 2	假需求 + 无实际交易 + 未触发正常应收账款或回款流程	此情形，计算该指标无意义，如往销售渠道铺货，但不产生实际交易
库存转移 3	半真半假的需求 + 实际交易 + 触发正常应收账款或回款流程 （半真半假的需求，非真实使用需求，但产生了实际交易和回款，如通过促销、返点激励等方式引发客户发起此需求，客户备货）	于企业，是有意义的，是和客户的合作方式成就了库存周转率高；于库存周转指标，不是最实在和客观的。尤其在和其他企业对标时要清楚对方的操作是否一样，否则，容易飘，因为真实的库存周转率没那么高

库存转移：库存从计算库存周转的这一方转出去，通常所说的发货

（四）库存行船模型

在很多企业，库存一直是个老大难问题，它也有着万恶之源的称号。过高的库存对企业有害，这是普遍能被接受的观点，但何以说其是万恶之源呢？因为，过高的库存隐藏着很多库存之外的问题。

水面上有一艘船正在向前航行，如图 2-3-6 所示，这艘船好比一家正在经营中的企业，水位好比库存的高低。

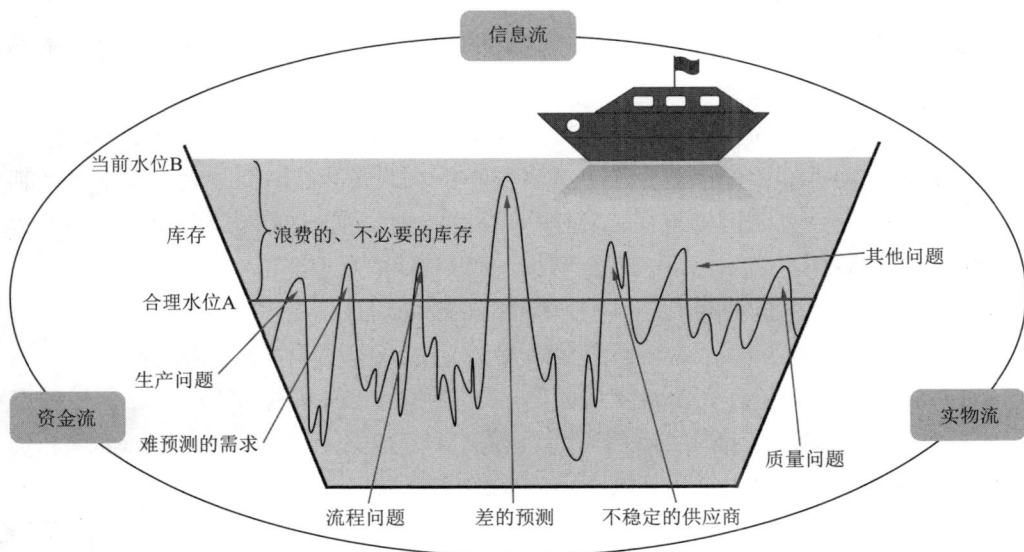

图 2-3-6　库存行船模型

当前水位 B，表示当前的库存水平。合理水位 A，表示当前情况下合理的库存水平。水位 A 和水位 B 之间的库存，为原本没必要的库存。当企业处于水位 B 时，一方面，过高的库存占用库容和资金，增加成本和风险；另一方面，其会掩盖企业

运营中的诸多问题，企业自我感觉良好，不清楚水面之下有什么危险。看似风平浪静，实则危机四伏。一旦外部环境发生变化，水位下降，企业可能受到致命撞击。为什么呢？

在水位 B 之下，有很多暗礁，这就是企业运营中诸多隐藏的问题，包括但不仅限于以下问题：

（1）生产问题。生产调度和计划不合理会导致生产过程中的闲置和等待时间增加。生产线上的故障、设备维护不善或者生产流程不畅可能导致生产效率低下，从而使得生产周期延长。由于原材料短缺、人力不足等原因导致的停工和生产延误都会导致生产计划无法按时完成，进而导致库存积压。

（2）难预测的需求。某些产品可能受季节性需求的影响，如冬季的单衣、夏季的电风扇等，如果企业无法准确预测季节性需求的波动，就可能导致季节性产品的过剩库存。当企业推出新产品或者淘汰老产品时，往往难以准确预测市场对新老产品的需求情况，导致存货管理困难，容易造成库存积压。突发的自然灾害、政策变化、市场竞争等因素可能使得需求出现快速的变化，企业难以及时调整生产和库存，从而导致库存增加。某些行业客户订单可能会出现波动，特别是 B2B（企业对企业）领域，订单量难以准确预测，这可能导致企业难以及时满足客户需求，或者过度备货导致库存积压。如果市场营销活动的效果不如预期，可能导致产品需求不足，进而使得库存增加。

（3）流程问题。销售部门制订的销售计划与计划部门制订的生产计划不匹配，产销不协同，可能导致产品供大于求或者供小于求的情况，进而影响库存水平。制订了合理的生产计划，但如果在实际执行过程中出现问题，如人员调配不当、设备故障等，将导致生产效率低下，库存增加。库存管理方面存在问题，如未能及时调整订货量、未能及时清理滞销产品等，都会导致库存积压。

（4）差的销售预测。销售预测准确度低、波动大。虽说对未来的预测很难做到 100% 准确，尤其是在竞争越来越激烈、定制化程度越来越高的市场。但是基于销售预测，供应端开启后续的计划制订、计划执行等工作。若预测本身的准确度很低，即便供应端通过相关方法来调节以缓冲，其高库存或断货的风险还是较高。

（5）不稳定的供应商。其不稳定可能表现在交付、质量、成本上。一是可能无法按照承诺的时间交付货物，甚至出现延误的情况。这样企业需要增加库存以应对突发情况，避免出现缺货的情况。二是可能无法保证产品的品质，从而导致企业需要检查货品的质量并返工或者退货。这些额外的流程也会增加库存量。三是可能导致原材料或成品价格波动，企业为了应对价格变化可能会先囤积货品以防价格上涨，这也会增加库存量。

（6）质量问题。若产品的质量出现问题，企业可能需要返工，这将使得返工期间的库存增加，甚至引发滞销而使得库存销售不出。客户可能拒收并退换货，企业需重新制造出新的产品，而退回的产品就会成为额外的库存。因为此前发生的质量问题，企业可能需要增加检验项目或检验周期变长。从而使得需要更多的物料库存来满足使用需求，或产品库存来满足销售需求。

综上所述，库存一高，则掩盖了问题。进而降低了企业对问题的感知，以及削弱了企业去改善问题的动力，这将使得问题恶化。而且这将可能成为企业的惯性，形成恶性循环。即便问题暴露出来了，那就用建更高的库存来缓解。久而久之，库存越来越高，隐藏的问题越来越多。这些问题，会涉及信息流、实物流以及资金流的相互作用与影响，进而对企业产生系统性的破坏。一旦库存水位下降，这些问题集中暴露出来。而此时，已不受控制，可能成为企业的灭顶之灾。

二、库存管理的核心（模型 9：库存水龙头模型；模型 10：库存行星模型；模型 11：库存三环模型；模型 12：库存铁杵成针模型）

库存的基础水平，是由供应链的能力和策略决定的。库存在基础水平上下的波动，很大程度上是由需求预测决定的。库存管理是复杂的任务。要实现高效的库存管理，必须直击其核心问题，有针对性地制定策略，才能取得良好的结果。

（一）库存的入口和出口（库存水龙头模型）

通过库存行船模型能看到高库存对企业的危害。那么，如何才能做好库存管理呢？我们通过库存水龙头模型一起识别库存的入口和出口，如图 2-3-7 所示。

有一个水塔，水塔里的水位代表库存水平。水位越高，库存越高。反之，亦然。在库存上限之上的水位，为过高的库存水平。高出上限的程度越多给企业带来的负面影响越大。在库存上限和下限之间的水位，为合理的库存水平。能较好地平衡库存的利弊，是一个健康的状态。在库存下限之下的水位，为过低的库存水平。因为这一区域的水位，主要是安全库存的设置水平。低于上限的程度越多，给企业带来的风险越大。

在水塔两侧，分别有三个水龙头，其代表着库存管理。库存管理的本质是库存控制（入口）和库存处置（出口）。库存管理的对象，不是库存本身，而是不合理库存背后的能力和策略。因为对于既定的库存，能做的是库存处置，做不了库存控制。不合理库存背后藏着的是企业运营能力低下、策略错误等问题。比如，在行船模型中提到的，涉及方方面面、很多因素。那如何去简单高效地实现库存管理？控制好这三个水龙头，把控库存入口和出口。

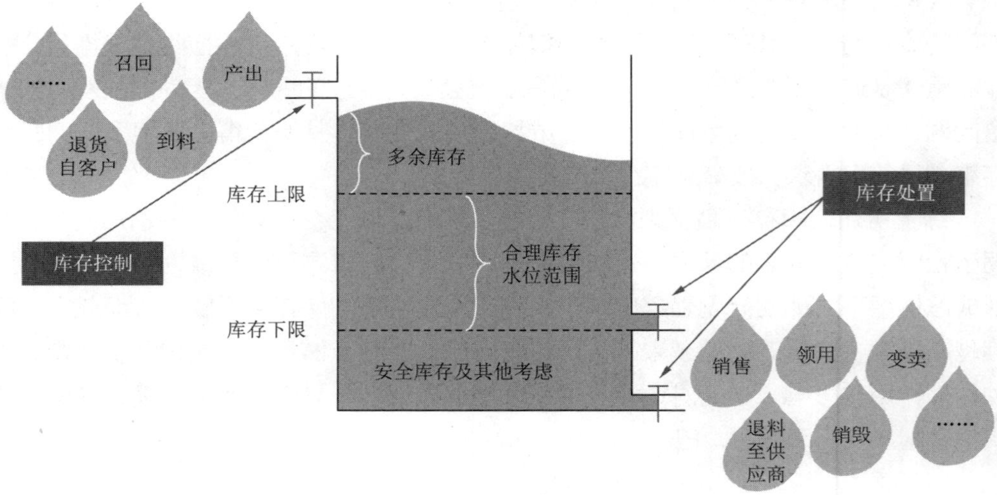

图 2-3-7　库存水龙头模型

1. 库存控制

水塔左边有一个水龙头管理库存的进项，以及库存增加的速度。有哪些进项呢？

（1）产出。生产线生产出的半成品、成品等。

（2）到料。供应商将物料送货过来收货入库。

（3）客户退货。因为质量、不合适等问题，客户将货物退回。

（4）召回。因为质量等风险主动从客户处召回货物。

这个水龙头，其起到的作用是库存控制。打开水龙头，即打开了库存的入口，库存增加。关闭水龙头，即关闭了库存的入口，库存不增加。通过调整水龙头的流速，即调整库存增加的速度。比如，当库容紧张时，需要关闭水龙头或者将库存进入的速度调慢，以避免爆仓。当库存减少的速度很快时，需要打开水龙头或者将库存进入的速度调快，以避免断货。

2. 库存处置

水塔右边有两个水龙头管理库存的出项，以及库存减少的速度。有哪些出项呢？

（1）销售。将产品销售出去，完成发货。

（2）领用。使用部门领用，如生产部门的生产领用、研发部门的实验领用、质量部门的取样领用、销售等部门的样品领用等，完成发料。

（3）退料。因为质量等问题不符合要求，将物料退给供应商。

（4）变卖。对于呆滞物料和产品，无正常使用价值或一定时期内使用不完的，可以换种形式销售出去，如近效期产品、边角料等。

（5）销毁。对于无使用价值且不能变卖的，需要进行销毁，如危化品。

这两个水龙头，其起到的作用是库存处置。打开水龙头，即打开了库存的出口，库存减少。关闭水龙头，即关闭了库存的出口，库存不减少。通过调整水龙头的流速，即调整库存减少的速度。当库容紧张时，需要打开水龙头或者将库存放出的速度调快，以避免爆仓。当库存减少的速度很快时，需要暂时关闭水龙头或者将库存放出的速度调慢，以避免断货。比如，通过限购等方式。

（二）库存管理的利益相关方（库存行星模型）

库存行星模型，如图 2-3-8 所示。恒星，本企业库存管理处在中心位置。行星，客户需求、本企业经营和供应商销售分布在恒星周围的轨道里。恒星和行星之间，存在着万有引力，使得它们相互吸引且保持稳定的距离。

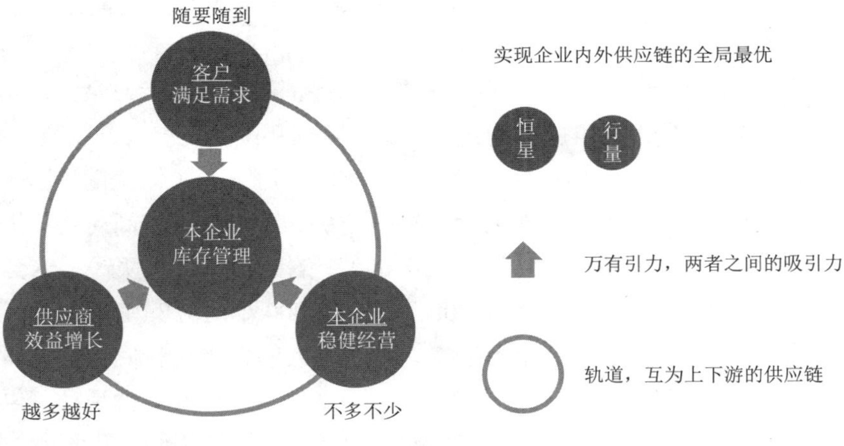

图 2-3-8　库存行星模型

对于客户，其追求高度的灵活性，降低自己的库存成本。需要时马上就有，不需要时不要出现。比如，客户采用的 JIT（及时生产准时交付）、VMI（供应商管理库存）模式，是零库存或者接近于零库存。但是，供应商处的库存可能很高。再如，个人消费者通过线上购物，对快递送货的速度要求越来越高。下单后恨不得马上就有快递员敲门送到货。在此情况下，平台和商家面对很大的挑战。建设庞大的物流网络，包括仓储设施、物流中心和配送站点。这样的网络覆盖可以确保商品在最短的时间内从仓库发出，并通过高效路线规划进行配送。采用先进的自动化和信息化技术，运用自动化分拣设备在短时间内分拣大量货物，运用物流管理系统实现实时跟踪和管理货物的位置和状态。使用新型、专业化的配送工具，根据不同场景选择海运、河运、铁路运输、汽运，以及使用配送机器人、无人机等新型工具。以加快货物的运输速度，缩短配送时间。精准的库存管理是通过数字化及早感知需求变化，需要在不早不晚的时间，建立不多不少的库存。客户和本企业库存管理之间存在着万有引力，如及时足量交付。足够高的库存，能给及时足量交付提供强有力的保障。

对于本企业，其追求的是稳健经营，既要及时足量地供应，又要确保成本优势。面向客户时，客户要多少，就生产多少。一完成生产入库，马上就出库发货，最好不要在本仓库停留。面向供应商时，需要使用多少，供应商就送货多少，甚至，还要求供应商能直接配送至本企业的生产线。比如，采用的 JIT、VMI 等模式，当然要考虑到供应风险，设置一定的安全库存。和客户或供应商建立战略合作伙伴关系，绑定共同利益。本企业和本企业库存管理间存在着万有引力，如生产效率。单品种大批量的模式下，生产效率高。但大批量可能超出一定时间内的需求，而带来高库存。

对于供应商，其追求的是销量增长。供应商是销售产品给我方企业，其销量增长获利才可能越大。所以，供应商的关注点是在如何将产品卖出来，以及卖得更多。至于我方企业库存的高低，不是其能直接关心到的问题。为了促使销量增长，供应商在营销、服务、客户关系管理等方面有很多方法。比如，供应商对客户进行阶梯报价，买 1 000 个的话，单价 5 块钱。买 2 000 个的话，单价 4 块钱。这会促使客户囤货，虽然，每个月的需求只有 1 000 个，但 2 000 个对应的单价更低。可能就愿意购买 2 000 个，一次购入两个月的量。对于个人消费者，我们也经常可以在线上购物平台或实体店看到满 299 元减 100 元、满 2 件打 8 折等促销活动。供应商和本企业库存管理间存在着万有引力，如经济订货对比量。供应商试图通过阶梯报价，促进销量增长。本企业需要结合阶梯报价的单价收益以及库存持有成本等，测算出最经济的订货量。

综合以上，客户、本企业、供应商是分布在行星模型的轨道上，他们是互为上下游的供应链。任何一方的诉求没有被顾及就可能脱轨。不能让任何一方脱轨，否则，供应链的完整性将被破坏。在此情形下，作为供应链上的任何一环，均会因为供应链的不完整而受到负面影响。故库存管理需考虑和平衡各方诉求，找到最佳库存水平，实现企业内外供应链的全局最优，而非单方面的利益。否则，将不长久。

🔔 思考

2021 年芯片荒，日本车企也受到影响，大幅减产。JIT 曾是引以为傲的模式，车企不得已打破此模式，将芯片库存从 3 个月调整至 5 个月。对此，谈谈自己的理解。

_____

_____

_____

_____

_____

🔔 提示

首先，JIT 模式旨在通过减少库存持有和提高生产效率来实现成本降低和响应能力的提升。

其次，JIT 模式对于企业的作用，不是模式本身好与不好的问题，而是取决于使用者的选择是否合适和应用是否正确。不同环境下，需要选择对应的、匹配的模式。同时，还要正确地应用。JIT 模式适合的环境有如下特点：高度稳定的需求、稳定的供应链、高质量和稳定的生产过程、高度协同的合作伙伴关系、可靠的物流和运输网络等。我们回到上面车企的例子中，在芯片供应充足的环境中，车企使用 JIT 模式是合适的。而在芯片供不应求的环境下，车企使用 JIT 模式的可行性是低的，需要结合 JIT 和 JIC 两种模式，如图 2-3-9 所示。

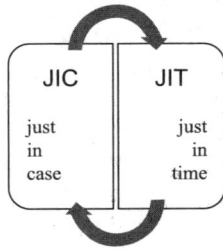

图 2-3-9　JIC 模式和 JIT 模式

最后，企业应该把 JIT 当作自己的能力去建设。要运用好 JIT 模式，其对企业的能力是有要求的。比如，要有建立稳定供应链伙伴关系的能力、灵活的生产能力、准确的需求预测和计划能力、敏捷的物流和运输能力、及时的信息共享和沟通能力等。当企业具备了这样的能力，才有可能在使用 JIT 时给企业带来收益。如果环境不合适，那就不使用。这时，企业才有真正的选择权。否则，即便环境合适，但因为没有这个能力，而错失时机。在行业竞争中，比别人慢而失去竞争优势。

（三）库存控制的能力和策略（库存三环模型）

如何管理好库存的入口，控制不增加不必要的库存？以下将通过库存三环模型，如图 2-3-10 所示，来讲述库存管理的能力和策略。

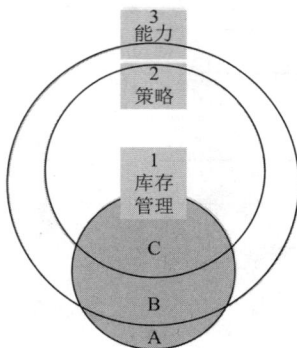

图 2-3-10　库存三环模型

注：代号为 1 的环，代表库存管理；代号为 2 的环，代表策略；代号为 3 的环，代表能力。

策略和能力分别代表什么呢？要直观了解这一点，我们得抓住策略和能力的核心。

1．能力的核心是周期

能力是通过周期反映出来的。如计划周期、采购周期、生产周期和检验周期等，这些周期其实就是效率，如流程效率、生产效率和检验效率等，它们都可以通过周期反映出来。

用以下模拟来举例：设置一个简化的逻辑，为了不断货，需要库存覆盖未来需求的天数 = 从确认需求到生产再到发货的正常供应周期天数。情形 1，正常供应周期为 10 天。在简化的逻辑设置下，为了不断货，需要保持 10 天的库存。情形 2，正常供应周期为 1 天。在简化的逻辑设置下，为了不断货，需要保持 1 天的库存。由此可见，供应能力越强，其对高库存的依赖更低。

因此，在做库存管理时，我们可以遵循这个基本原则：供应周期越短，库存设置就越低。

2．策略的核心是提前期

策略是通过提前期反映出来的。在供需活动的需求确定之前，提前多长时间去完成包括供应链模式、制造策略和生产方式等供应的准备（建立库存），这些都是库存管理活动的策略。

在供应链模式中推式和拉式对应的提前期是不一样的。推式供应链，在没有客户确定需求的情况下，先建立库存以完成供应的准备。拉式供应链，在有客户确定需求的情况下，才开始供应准备。在一段时间后，才建立好库存。

在制造模式中，无论是面向订单设计模式、面向订单组装模式、面向订单制造模式，还是面向库存制造模式，在设计到交付这一链条上，不同制造模式在不同地方都设置了解耦点（订单渗透点）。比如，在物料需求计划中设置的提前期。在数量维度上，根据客户订单需求数量，综合考虑安全库存、供应等风险应对和经济订货批量等，再得出需采购的数量。在时间维度上，根据计划使用时间，结合来料检验、入库、发料等周期，倒推出要求物料到货时间，再结合采购周期，倒推出采购下单时间。

因此，在做库存管理时，选择不同的策略，其提前期是不一样的，库存管理的结果可能因此而不一样。

3. 如何实现卓越的库存管理

再看图 7-10 中，区域 A，是库存管理环 1 被能力环 3 切除后剩下的部分。这区域的库存管理是失败的，因为超出了能力。能力之外的东西，是不能成功的。区域 B，是库存管理环 1 和能力环 3 重叠的部分，再被策略环 2 切除后剩下的部分。这区域的库存管理也是失败的，虽然在能力范围之内，但策略制定错了。能力范围之内，但策略错误，也是不能成功的。区域 C，是库存管理环 1 和能力环 3 及策略环 2 重叠的部分。这区域的库存管理是成功的，因为能力范围内，策略制定正确。

根据以上内容可以得出，实现优秀的库存管理需在能力范围内选择正确的策略。在此基础上，要想再提升库存管理水平，实现从优秀库存管理到卓越库存管理，需要加强能力以及制准策略。

（四）降低库存的思路（降低库存金字塔）

如图 2-3-11 所示，在降低库存金字塔中，策略在金字塔的底部，而能力在金字塔的顶部。降低库存可以通过以下两个层次来实现。

图 2-3-11　降低库存金字塔

1. 制定合适的策略

在评估现有能力的基础上，我们应该检视库存目标是否设置过于宽松。如果是，我们需要调整库存目标。接下来，我们应该审查库存目标的流程和行动计划是否科学，以及是否执行到位。如果存在问题，我们需要更新相关流程和行动计划，并监督其有效执行。通过这样的方法，我们可以实现库存在策略层面的降低。然而，当现有能力无法支撑进一步降低库存目标时，策略层面的方法可能会遇到瓶颈。在这种情况下，简单地继续降低库存目标可能会带来更多问题，对其他方面或目标产生负面影响。

2．提升组织能力

我们需要加强企业的运营能力，使组织能够在更低的库存水平下正常运转。比如，缩短生产周期，提高生产效率，优化供应链管理等。

（五）改善库存的过程（库存铁杵成针模型）

铁杵成针指的是那些确定能成功，但需要长期坚持和努力才能实现的事情。这类事情，见效的等待期长。如果要在对应期限内实现成果，就需要及早开始。

库存铁杵成针模型，如图 2-3-12 所示。在库存改善工作中，通常需要将在此前积压的库存消耗或处理完成后，才会使用新到货批次的物料，即按新的库存控制方式进行下单和到货的物料。而且在一定时期内，新方式和旧方式下的库存会同时存在，难以精准计算库存改善的收益。由于在改善之前已经积压了几个月甚至更多的库存，所以见效的等待期长。

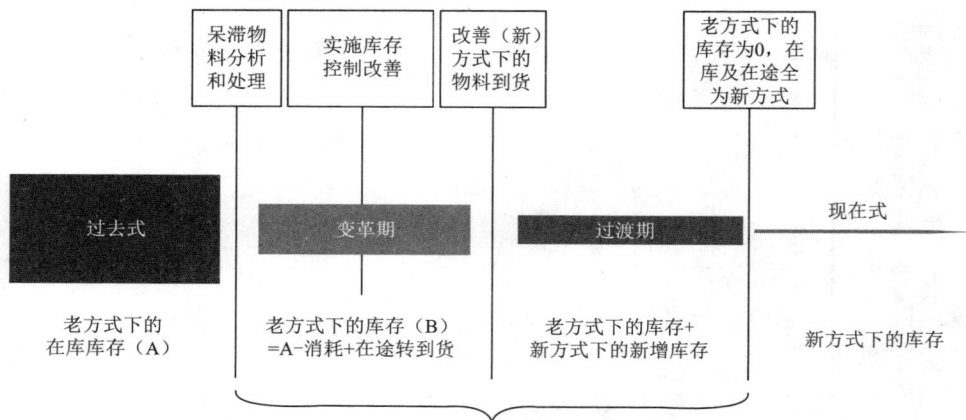

图 2-3-12　库存铁杵成针模型

注：改善周期，取决于老方式下的在库库存及在途订单：越高，周期越长；为 0 时，才实现完全切换。

在库存改善过程中，一是过去式。它是指按老方式管理下的在库库存。二是呆滞物料分析和处理。及早行动，不论是否执行新的库存控制改善措施都是确定应该做的工作。三是进入变革期。充分研究和制定库存改善措施。四是实施库存控制改善措施。一方面更新在途的采购订单，另一方面新的物料需求计划和采购订单需基于新的方式来释放。五是改善后的物料到货。六是进入到过渡期，老方式和新方式的库存同时存在。七是进入现在式。库存以及在途订单的物料都是符合新方式要求的。这意味着新老方式的完全切换。

三、库存处置的探索

库存处置管理的是库存的出口。如何做好库存处置？本节将从库存处置的机会和创新模式来讲述。

（一）库存处置的机会

为了找到库存处置的机会，需要运用逆向思维，我们先看有哪些是可获取库存的。反过来，即可找到可释放的库存，也就找到了库存处置的机会。库存处置的机会，如图 2-3-13 所示。

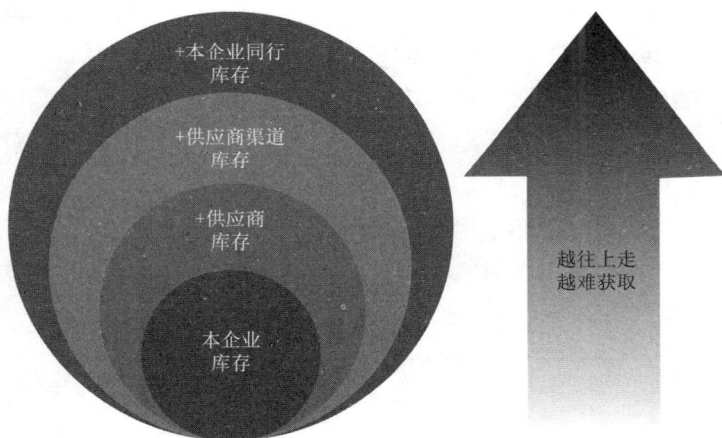

图 2-3-13　库存处置的机会

（1）本企业库存。已经通过检验检测，为非限制使用状态下的库存，企业可以直接使用这部分库存。

（2）供应商库存。当本企业库存不够时，只要供应商有库存，就可以直接向供应商采购，以弥补本企业库存不够的部分。

（3）供应商渠道库存。若供应商库存不够，但供应商的销售渠道里面还有库存，就可以通过供应商来调货，以弥补供应商库存不够的部分。

（4）本企业同行库存。若供应商的销售渠道库存还是不够怎么办？一方面可以通过开发新的供应商来获取，但开发供应商通过稳定性实验等，这可能要经历一个很长的周期。另一方面同行分散在各企业中的库存也是可能的货源。因为是同行，所以在供应商管理、需求等方面有很多相同的地方，获取这样的库存就能直接使用的可能性很大。

从本企业库存，到供应商库存、供应商渠道库存，再到本企业同行库存，越往后，可获取的难度越大。

（二）库存处置的方式

物料之所以呆滞，那是放错了地方。本企业的呆滞物料，可能是其他企业求之不得的物料。实现物料在同行企业之间的流通，能够减少整个社会的资源浪费。于企业而言，呆滞库存是占用库容、占用现金流的头疼问题。一定周期后，其库存持有成本（货值之外）会超过货值。所以很多企业最终以废品形式、以极低的价格将其出售。甚至还要为其处置付出额外的成本，如危化品，需要支付钱给第三方专业企业来处理。是否有更好处置库存的方式呢？

如图 2-3-14 所示，以同行库存为例，在一个企业里，产生了呆滞库存。需要打破企业间的层层障碍，才能实现同行企业间库存的流通。图中左侧是本企业的库存，右侧是同行企业的库存。这两个企业之间竖着两堵墙。一堵是经营范围的限制，即便有同行企业想购买本企业的呆滞库存，但因本企业营业执照中的经营范围没有此项，所以本企业无法销售。另一堵是质量保障信任，假如说本企业要销售一个呆滞物料，同行的其他企业会有如下担心：物料是否真是因为使用不完而销售的？物料是否有质量问题？货源是否可靠？物料存放的过程是否符合存储条件的要求？当前检验结果正常，但其在有效期内是否还会正常？

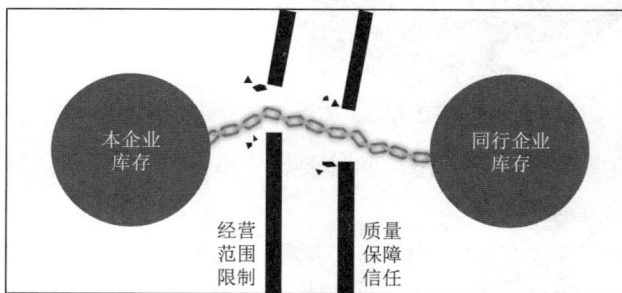

图 2-3-14   库存处置的方式

如何打破这两堵墙呢？这就需要打破限制。一旦打破限制就会创造一种新的机会。对企业和社会来说，能打破这种限制显然是一件好事。以下我们列举几种可能的方式。

1．增加经营范围

在企业营业执照的经营范围中增加适应的范围，使得企业销售呆滞库存是正常的经营活动。

2．运用集团资源

先把呆滞库存调拨到集团企业范围内的一家子企业，这家子企业营业执照具有销售该呆滞库存资质。那么，由这家分子公司来销售。当然，其中还有其他需要考虑的一些因素。

3. 第三方平台

成立一个第三方平台，在呆滞库存流通方面，成为企业 A 和企业 B 中间的桥梁。类似于二手商品的交易平台，但比二手商品的交易更复杂。比如，在医药行业，还得考虑 GMP（药品生产质量管理规范）、GSP（药品经营质量管理规范）等法规及各企业质量和管理体系的要求。可能的模式，企业 A 虽不能将某物料直接销售出，但可以以"废品"（于企业 A 而言）等形式销售给中间商，中间商的经营范围允许将物料直接销售给企业 B。读者可能有疑问，这和企业卖废品有什么区别？其本质的区别是废品收购商和中间商的区别，废品收购商在收购废品后，其处理方式较简单粗暴。拆除或分解废品，取出其中有用的一部分，其他部分则当垃圾处理。然后，再销售取出的这一部分，获得利润。其中，被当垃圾处理的部分是浪费的，分解废品所需的人工成本。所以，废品收购商只可能用很低的价格支付给企业 A。而中间商在购买废品（于企业 A 而言）后，其找到需要此废品的企业 B。于是，废品变成了商品，中间商获得利润。这中间，因不需分解废品，其完整的销售价会更高，也不会产生分解废品所需的人工成本。所以，中间商能够以较高的价格支付给企业 B。

以上内容，只是简单列举了几种方式，读者朋友们可根据行业特点而设计出科学的商业模式。

🔔 学后行动

你所在的企业或你了解到的企业，在库存管理这件事情上面，其还欠缺什么能力？其策略的制定有哪些问题？如何改善？

_____

_____

_____

_____

_____

第四节　供应链管理协同

供应链管理岗位的人员，不直接从事也不直接管理研发、销售，甚至还有生产、检验等活动，若这些过程表现不好，会直接影响供应链管理的绩效。因为，供应链管理要对交付结果负责。比如，及时足量交付率（OTIF）等指标。于是，供应链管理人员不得不去盯这些活动，这实在太操心，也根本没有那么多精力和时间，而且还会被其他部门的同事反感，常常遭到嫌弃。供应链管理人员被抱怨总是统计这个数据那个数据、总是问这问那、总是开这会开那会……

如此情况下，要做好供应链管理工作，实在太难了。有没有什么绝招啊？对相关部门有考核权，甚至有管理权，就能解决这些问题吗？不一定。因为考核权或管理权对其虽有约束作用，但不协同。供应链不协同到头来都是竹篮打水一场空，协同就顺了。所以要做好供应链管理，关键是如何做好协同。供应链管理除了企业内部的相关部门需要协同，企业上下游的供应商或客户也需要协同。

本节将围绕如何做好供应链管理的协同，我们一起去认识和掌握简洁实用的供应链管理协同机制，轻松促进供应链管理的协同。

> 📢 **学前思考**
>
> 　　促进供应链端到端各环节的协同，是供应链管理的重要工作。想一想，供应链管理的协同包括哪些工作？
>
> _____
>
> _____
>
> _____
>
> _____
>
> _____
>
> _____

一、供应链管理协同的对象

企业在哪里需要协同？供应链管理需要协同的对象是供应链共同体，不仅包括企业内部的计划、采购、制造和交付等部门，还包括企业外部上下游的供应商和客户。

只有通过协同供应链上的所有成员，我们才能更好地了解整个供应链生态系统，并使不同的参与者在共同的目标下进行合作，从而提高效率、减少浪费、降低成本，并提供更好的服务和产品。

（一）适配供应链上下游供应商和客户

如图 2-4-1 所示，要以客户为中心，基于客户的需求来配置，确保供应链上下游的供应商和客户是适配的。一旦错配就可能导致供应链的断裂和问题的产生。

以客户为中心意味着将客户的需求与供应链的设计和运作紧密结合起来。企业需要深入了解客户的需求，包括产品特性、质量要求、成本要求、交付时间等方面的需求。然后，在供应链的各个环节中选择适合的供应商，确保他们具备满足客户需求的能力和资源。这涉及供应商的技术实力、生产能力、质量管理体系等方面的评估。

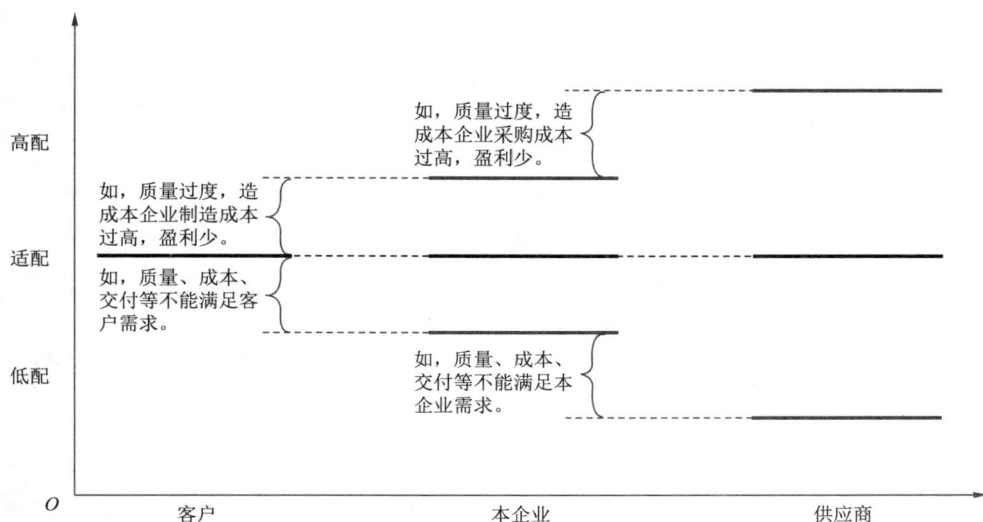

图 2-4-1　适配供应链上下游供应商和客户

在配置供应链供应商和客户时，需要考虑到各个环节的协同性和互补性。供应商和客户之间需要有相互信任和良好的沟通机制，共同制定供应链战略和规划，确保整个供应链的顺畅运作。此外，还需要关注供应商和客户的稳定性和可靠性，避免因为供应商和客户的突然变动而导致供应链的断裂。

一旦供应链上下游的供应商和客户错配，可能会出现多种问题。比如，供应商无法满足客户的质量要求，导致产品质量问题；供应商无法满足成本要求，导致利润下降或亏损；供应商无法按时交付所需物料，导致生产计划延误；上下游供应商和客户之间的沟通不畅，导致信息共享不及时影响供应链的协同性。这些问题都可能导致客户不满意，甚至损害企业的声誉和市场地位。

（二）销售、质量和安全三分天下

如图 2-4-2 所示，销售部门、质量部门和安全部门各说各有理，而供应链管理则需要协同各部门的目标和要求，实现企业最优。

我们需要避免以下片面的认知和极端的行为：

（1）以销售为龙头。销售部门不要一味地强调销售的龙头地位，而无条件地满足客户需求。这看似是确保企业的造血，但其实是片面的。紧急需求、随意修改订单等行为，对企业是不利的。要让企业及时足量满足客户需求，实现造血。同时，还要兼顾运营效率确保成本优势，否则是会降低利润的。虽然销售部门是企业的造血部门，但也不能无任何理由满足客户任意需求。而是要做好销售预测、产销协同，确保及时足量且有成本优势的供应。

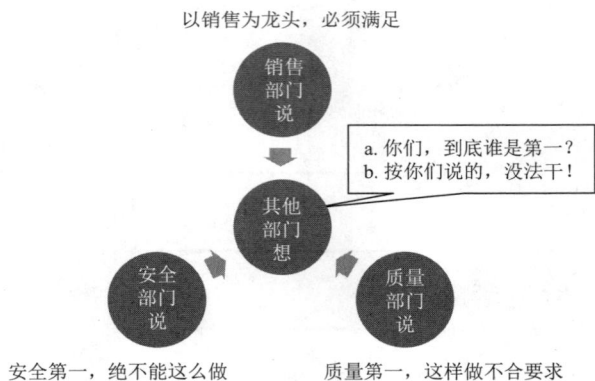

图 2-4-2　销售、质量和安全三分天下

（2）质量第一。只强调质量第一是片面的，质量部门要综合考虑质量要求，不要质量过剩，造成质量成本过高。因此，质量部门不能只做评判不担责，只喊停不作为，以及不主导质量提升。质量部门既要满足企业内外质量要求，又要考虑客户全面诉求，如质量、成本和交付等。

（3）安全第一。安全部门不只是叫停生产，而是要提前计划好、实施好，规避安全风险，减少对生产和运营的影响，降低企业的损失。因此，安全部门不能只做评判不担责，只喊停不作为，以及不主导安全提升。安全部门要既满足企业内外安全要求，又要为企业永续经营和员工长期利益负责。

综上所述，销售部门、质量部门和安全部门各有其自身的职责和目标，然而，在供应链管理中，这些部门之间需要协同合作，共同实现企业的最优效果。供应链管理涉及整个价值链的协调与优化，需要各部门之间密切合作，共同达成企业的战略目标。销售部门的市场需求信息可以帮助供应链规划和库存管理，质量部门的产品质量管控能够提高供应链的稳定性和客户满意度，安全部门的安全管理则是保障供应链运作的重要环节。

通过协同合作，各部门可以共同制定供应链策略和目标，统一行动，确保整个供应链的顺畅运作和高效协同。只有当销售部门、质量部门、安全部门，以及其他相关部门间紧密合作，共同努力，才能实现供应链的优化和企业的最优效益。因此，供应链管理需要协同各部门的目标和要求，实现整体利益的最大化，促进企业持续发展和竞争力的提升。

二、供应链管理协同的推本溯源（模型 13：知己知彼协同模型）

在供应链管理中，协同是至关重要的。它涉及多个环节和参与者之间的密切合作，包括供应商、生产商、分销商及最终客户。需要深入分析问题的起源，找到根本原因，并采取相应的措施，从而实现供应链的协同合作和高效运作。

（一）知己知彼协同模型

知己—知彼—协同模型，如图 2-4-3 所示。在供应链管理中，要想实现协同，了解各个环节和参与方的情况非常重要，这就需要知己知彼。

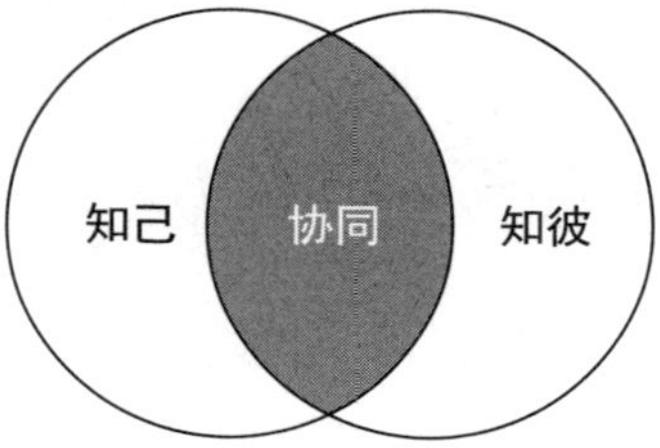

图 2-4-3　知己知彼协同模型

（1）了解自身。了解自身是指企业需要对自身的供应链进行全面的了解。包括了解自身的核心业务、产品特点、市场定位，以及自身在供应链中的角色和地位。通过深入了解自身，企业能够更好地评估自身的优势和劣势，并制定相应的供应链策略。

（2）了解供应链合作伙伴。了解供应链合作伙伴是指企业需要了解和熟悉与其合作的各个环节的参与方，如供应商、物流企业和分销商等。这包括了解他们的供应能力、交付能力、服务水平，以及与他们的合作模式和关系。通过深入了解供应链合作伙伴，企业可以更好地进行合作协调，共同追求供应链的高效运作。

在知己知彼的基础上，供应链管理可以更好地实现协同。企业可以通过信息共享、沟通合作和共同制定目标来推动供应链中的协同效应。比如，销售部门可以与供应链合作伙伴共享市场需求和销售预测信息，质量部门可以与供应商合作共同提高产品质量和生产效率，安全部门可以与物流企业密切合作确保货物的安全运输。

通过知己知彼，企业可以更好地理解供应链中各个环节，以及参与方的需求、利益和挑战，有针对性地制定策略和措施，实现协同合作，提升整个供应链的效率和竞争力。只有在充分了解自身和供应链合作伙伴的基础上，才能形成有效的协同机制，共同迈向供应链管理的成功。

（二）知己知彼实现产销协同

供应链管理部门和销售部门之间往往存在沟通不畅、信息不对称等问题，导致产销不协调。常见如下情况：

（1）供应链管理部门。销售预测变化大，要么是产能不足，要么是临时放大产能；设计又变了，但物料都入库了；又在要求交期提前，把计划给打乱。这种情况下，供应链管理部门可能感到困惑和挫败，他们不断面临着销售预测波动大、订单变动频繁、生产计划受阻等问题，需要不断应对各种挑战，调整资源配置，保证供应链的正常运转。

（2）销售部门。离订单越近的阶段，给出的需求越准（预测或订单），但要求的响应时间则越短；离订单越远的阶段，给出的需求越不准（预测或订单），但要求的响应时间则越长。销售部门则更注重订单履行和客户需求的满足，他们面临着不同时间段的需求变化，需要及时响应客户的需求，确保订单交付和客户满意度。

知己知彼实现产销协同，如图 2-4-4 所示。知己知彼是协同的前提，从僵在对立面，到双向奔赴。知道自己的流程（具象的流程图及说明），并了解对方的流程，才能选准适合的制造模式 (ETO/MTO/ATO/MTS)，进而建立科学的协同机制。比如，销售预算可能是基于市场分析及线索阶段数据测算的，准确度低，可用于中长期产能分析，进而固定资产投资决策；月度滚动预测可能是基于机会和方案、样品阶段的数据测算的，准确度较高，可用于物料库存策略甚至采购等。注意：须和需求方澄清信息，以及达成权责协议。在知己知彼后，才能建立科学的协同机制以及确认各机制中的议题和关键控制点。

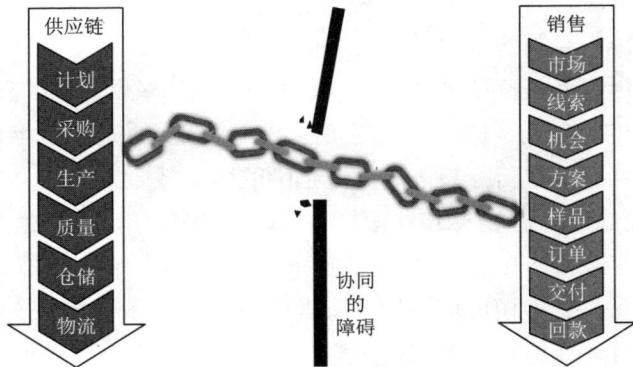

图 2-4-4　知己知彼实现产销协同

（三）沟通、沟通，再沟通

协同是沟通的果实，沟通顺畅和到位才是根基。

于人，面对有合作关系的对象，如工作伙伴、上下级等。若沟通不顺畅或没到位，则会容易产生猜忌和误解，从而带来伤害。如果根基不牢，根基之上的合作关系是很脆弱的，且时间越长越脆弱。

于事，开展工作的一般规律是 PDCA。P（plan）为和上级及相关方沟通，探讨以达成共识，少走弯路；D（do）为和执行者沟通，明确和对齐要求；C（check）为检查执行情况，将结果反馈给上级和相关方，同步进展情况；A（act）为和相关方沟通，复盘是为了让下一次更好。

平等坦诚的沟通促成共识，如图 2-4-5 所示。图中给出了两种不同的沟通模式：一种是以判官姿态，不陈述自身观点，而只是高高在上地评判，无建设性意见，错误或滥用"五个为什么"和"你怎么这样"等，这样容引发恶意对抗，不能达成共识；另一种是平等坦诚地陈述自身观点，和对方交换意见，这样容易和对方达成共识。

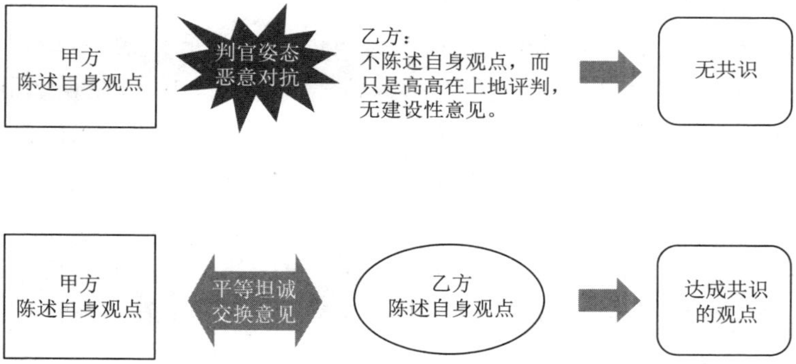

图 2-4-5　平等坦诚的沟通促成共识

别人对你的行为，是你对别人行为的一面镜子。你想别人怎么对待你，你就要怎样对待别人。比如，一个不坦诚的人，别人不可能对你坦诚。因为，要么别人会远离你，要么别人只是表面附和你。远离你的人，因为你不坦诚，所以不愿意靠近你。还留在你身边的人，只是因为还有某一种关系，暂时没离开而已。在此期间，其会附和你。长此以往，你就会生活在一个虚构的世界里。一旦某种关系被打破，在别人眼里，你什么都不是。别人会即刻离开你，连跟你多说一句话的意愿都没有。

（四）促进协同的方式方法

促进协同错误和正确的方式方法，如图 2-4-6 所示。

1. 错误的方式方法

（1）权力压制。一个人或组织利用其拥有的权力和资源，通过限制他人的自由和权利来达到控制和剥夺对方的目的。比如，每当供应链的人员去跟其他部门沟通的时候，就说这是企业的要求、老板的要求，你必须要这么做。

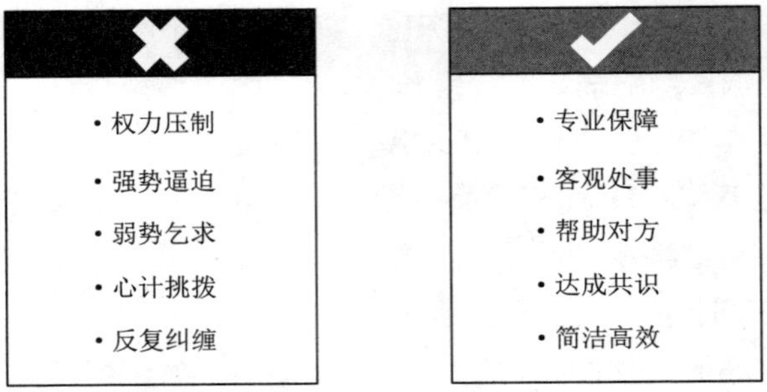

图 2-4-6　促进协同错误和正确的方式方法

（2）强势逼迫。利用暴力、威胁或其他形式的强迫手段来使他人屈服于自己的意志。比如，供应链管理人员很强势地跟其他部门的人员说，这项工作，你必须得这么做，有 KPI 在这里，不完成就会有坏的结果。在相关工作跟进中，也常常会反问对方你为什么不这么做啊？或者使用夺命连环"为什么"的绝杀技，咄咄逼人。

（3）弱势乞求。处于弱势地位的个人或群体，出于无奈、需要或恳求等原因，向他人请求帮助、支持或资源。比如，供应链管理人员面对生产部人员时说"生产部的大哥大姐求你了，这个不做交付不了，会影响及时足量交付 KPI 的"；面对质量部人员时说"质量部的大哥大姐，帮忙赶紧去做质量检查。没问题的话就赶紧放行了吧，不要耽误在这里。要不然，会影响及时质量交付的结果的"。

（4）心计挑拨。用心理手段和策略，故意煽动他人之间的矛盾、争端或不和谐的情绪达到自己的目的。比如，用一些心计、要一些小心思，去挑拨各种利害的关系，以促成结果。

（5）反复纠缠。一个人在某个问题上一遍又一遍地纠缠不休，不断地追问、反驳或抗议，直到得到满意的答复或结果为止。比如，就某一个问题，供应链管理人员不停地组织会议，不停地问其他部门的人员要这个要那个。

以上方式方法是不可取的，就算某一次拿到了好的结果，但会留下创伤是不长久的，不利于长期的协同。

2. 正确的方式方法

（1）专业保障。具备深厚的专业知识，包括供应链管理、物流运作、采购管理、库存管理等方面的知识。及时掌握行业最佳实践和发展趋势，能够运用理论知识解决实际问题。

（2）客观处事。在面对问题和挑战时，以理性、客观的态度来分析和处理问题。其重点在于不被主观情绪所左右，而是根据实际情况来制定正确的策略和决策。比如，供应链管理人员不是站在个人的角度来思考和决策问题，而是站在企业的角度，从客观事实的角度出发做出的决策、下达的指令。

（3）帮助对方。为对方着想、换位思考，倾听和理解对方的困难和挑战，给予对方充分的关注和尊重。主动分享资源和信息，提供恰当的建议和解决方案。比如，供应链管理人员带着去帮助其他业务部门的初衷而出发，帮助生产部门使得运行更高效，帮助质量部门使得质量更稳定，帮助销售部门使得需求能够更好地被满足，甚至帮助供应商使得供应商的成本更低、效率更高。这是互利共赢的方式，帮人即帮己。

（4）达成共识。在沟通和交流中，各方对一个问题或决策达成一致的意见或协议。这至关重要，一定是要达成多方的共识，而不是一厢情愿地去推动。

（5）简洁高效。在协同工作中需要使用简洁明了的语言，避免冗长的叙述和重复，以提高信息传递的效率。要将重要的信息和关键点突出呈现，避免在无关紧要的细节上浪费时间和精力，使讨论和决策更加聚焦和高效。同时，还要积极倾听对方的反馈和意见，及时了解对方的需求和期望，根据反馈做出调整和改进，以提高沟通和合作的效果和效率。

以上方式方法是本书推崇的方式。在协同工作中，供应链管理人员需做到不卑不亢客观处事，发挥自己的专业能力，带领相关部门满足局部需求、实现组织目标，实现双赢。

> **🔔 思考**
>
> 你所在的企业或者你了解到的企业，有哪一些协同的机制呢？描述一下。
>
> _____
>
> _____
>
> _____
>
> _____
>
> _____

三、简洁实用的供应链管理协同机制

在进行供应链管理时，借助一些简洁实用的协同机制，可以提高供应链管理的效率和质量，从而为企业带来更大的价值和竞争优势。

（一）S&OP：供应链管理决策和促进中长期事务的协同

销售与运营计划（S&OP），能够帮助供应链管理决策和促进中长期事务的协同。其关注的是中长期的和产品族层面的。简单说，S&OP 是一个供应链管理中的协同和决策工具。它首尾相接分成五个环节，分别为产品评审、需求评审、供应评审、业财评审和管理评审。上一个环节会站在下一个环节的视角，思考本环节需要提炼什么样的信息并传递给下一个环节。下一个环节在开展本环节的活动时，会充分结合上一环节提供的信息。这样，上一个环节的输出将成为下一环节的输入，形成一个完整的闭环。

S&OP 很重要的功能就是促进中长期事务的协同。首先，S&OP 团队由跨部门代表人员组成，如高管、研发、销售、供应链、财务和人力资源等。团队成员代表各自部门来协调和推动整个 S&OP 流程的运行，并确保各部门之间的有效沟通和协作。其次，S&OP 团队确定共同的目标和指标，不再是"屁股决定脑袋"，不再只站在个人或自己部门利益的立场，而是站在企业整体利益的立场。接着，有规律地、定期地梳理和分享、对碰上下游信息，实现信息透明，增强默契。最后，设计了协商和决策机制。对于有争议的事项，通过权衡各种因素和限制，做出最佳决策。并实现高效地上传下达，高效沟通。S&OP 将在本章的第五节中得到详细讲解。

（二）产销沟通：供需平衡和促进中期事务的协同

产销沟通是供应链管理中的一种有效的协同方式。在 S&OP 之外，因为供需变化等而需要开展的沟通，通常是会议的形式。产销沟通关注的是中短期、产品层面的协同，而上述 S&OP 关注的是中长期、产品族层面的协同。

产销沟通主要是促进供需双方及时分享各方信息，能让对方更好地对后续活动的安排实现产销协同。有效的沟通将促进产销双方的信任及理解，知己知彼供需双方的默契才会得以提升，实现协同效率的提升，进而进入到协同的良性循环。比如，根据预判，需求方预计接下来一段时间的需求将发生变化，而这些变化可能会给供应方带来库存过高或供应延迟的风险。需求方就会通过产销沟通以分享出此信息，让供应方提前应对。因为某一临时安排，供应方预计接下来一段时间的供应将发生变化，而这变化可能会给需求方带来断货的风险，或者因为要提前生产带来有效期损失的情况。供应方就会通过产销沟通以分享出此信息，让需求方提前做好准备。

下面我们将从以下几个维度来了解产销沟通。

1. 开展频率

依据不同行业及企业的具体情况而定。一般规律是基于销售预测更新的频率而定。每更新一次，可能会触发一次产销沟通。比如，大型设备行业，其需求量小、变化少，加上其供应周期长，短则几个月，长则几年，可能几个月才会更新一版销售预测，产销沟通的频率可以随销售预测的更新频率一致；快消等行业，尤其在直播等新媒体渠道中，去需求变化非常快，长则几天，短则几分钟。需要随时在线，快速对仓储物流规划。

2. 召开日期

一般来讲，选择在销售预测发布之后，尽可能有规律地固定在某个星期的某一天，或某几个星期的某几天。当然，对于销售预测变化十分频繁的情况，或者紧急情况，需要临时或随时进行产销沟通。比如，促销期间，产销双方时刻在线，准备随时沟通，以实现快速响应。

3. 会议时长

对于每月一次或每周一次的相对固定有规律的产销沟通，会议时长为 1 小时。沟通会议频率越低，单次会议时长越长；沟通会议频率越高，单次会议时长越短。

4. 参与人员

会议主要涉及供需双方的人员。对于供方，工厂的负责人、供应链的负责人，还可包括计划、物流等人员。对于需方，销售和商务的负责人，还可包括经销商等人员。

5. 会议议题

一是对于销售预测的分析以及它的变化。二是供应计划以及风险，如产能情况、库存情况、物流情况等。三是对于产品的变化，如从生产效率考虑，供应方想更改包装形式；从市场趋势、消费者购买动机上，需求方想更新包装外观。在双方达成共识后，对包装进行重新设计。四是根据实际需要，还可以设置其他相关议题确保供需双方之间的信息透明、及时共享，以让双方提前应对。这样，可以实现高效工作、减少损失。

6. 会议纪要

基于会议内容，提炼总结并让供需双方澄清，形成会议纪要。关键是要明确供需行动计划，包括行动项、负责人、完成期限、预期效果等。

（三）层级会议：各司其职和击穿层级促进近期事务的协同

在组织中是否会出现以下情况？没有使问题可见，错过在问题早期轻松处理的机会，常常触发"救火"的工作；没有问题解决的机制，发生问题一窝蜂全上，搞得热火朝天，实则收效甚微；不借助指标来识别和解决问题，关注焦点主要在沟通状态；不客观不冷静，常常吵架相互推诿；领导行为侧重于报告和催交，重形式轻实质，不去现场，不了解最真实的情况，没有从根本上解决问题；很多临时的沟通，而且是在组织的错误层级。造成组织工作效率低下，很多沟通浪费；缺乏与上下游的沟通，形成信息孤岛，使得上下游不协同；没有全局思维，只是完成任务式的工作，没有思考如何改善工作。

如果存在以上问题，那么层级会议就是一个解决之道。如图 2-4-7 所示，层级会议是一套依托于会议、标准化的用于主动管理关键业务流程的方法和工具，提供标准化和结构化的流程，以控制和汇集人员、安全、质量、交付、成本等状态。层级会议是根据企业内部事务的不同层级而设置的分层沟通协同机制。它将企业信息分门别类、人的职责明晰放在不同层级里。这样，可以实现事务的边界清晰、人员的注意力集中，专业的事由专业的人做。只要运行好层级会议，就能实现组织中各司其职、击穿层级、高效协同的状态。

图 2-4-7　层级会议

1. 层级会议的特点

层级会议可清晰地呈现当前的运营绩效，其通过可视化面板展现人员、安全、质量、交付、成本等关键指标。使得组织中的任何人能在工作场所直接看到最新的情况。在可视化面板中，对于关键业务的进展及问题进行展现、跟进、反馈；对于重要事项，明确责任和行动状态，使得组织不出现"丢三落四"；鼓励和授权全体员工进行改善，因为信息透明及可视化，组织中的全员都能直观地了解组织状态，对改善行为有良好的导向；设置双向沟通，即向上反馈和向下指引。

需要注意的是，层级会议不是强调等级观念，而是每个层级有每个层级的侧重工作。信息的传递需要打破层级，在各层级之间精准高效地传递。层级会议的宗旨是，去现场，了解并基于客观事实，快速决策并解决问题。之所以要遵守层级会议的设置，因为不能期望和强迫层级一的人员去做成层级五的工作，这是不现实的。也不会想让层级五的人员去做层级一的工作，这是人力成本的浪费。这相当于组织中的人没有做到各司其职。

2. 层级会议的设置

层级会议的结构呈现金字塔状，自塔底到塔顶依次分成五个层级。信息在各层级中间进行反馈。从上往下给出相应的决策和指引。

层级一，本班组的交接的会议，位于层级会议金字塔的塔底。参与人员包括一线的操作人员、班组长及主管。一般每个班次一次，一次时长为 10 分钟。通常就在现场的可视化面板前进行。议题包括当天的任务、当天正在进行的和接下来要发生的事务做交接。随后，明确需上报至层级二的待解决或反馈事项并上报。比如，车间或其他场景有早、中、晚三个班次，在每两个班次中间，需要有班组的交接会议。

层级二，跨部门的走动会议，位于层级会议金字塔层级一之上。参与人员包括计划、采购、质量、生产、设备等部门的主管或代表。一般每天一次，一次时长为 15 ~ 30 分钟。通常在各部门人员活动交会的地方设置可视化面板，在此进行层级二会议。议题包括层级一上报过来的事项，还有贯穿物料订购到成品检验放行全过程的事项。从物料的申购开始，到物料采购、到料入库、检验放行，再到车间执行生产计划，以及过程中的设备运行、质量事件等状况，最后到成品检验放行。然后，明确出需上报至层级三的待解决或反馈事项并上报。

层级三，企业管理层碰头会议，位于层级会议金字塔层级二之上。参与人员包括各部门负责人，一般每周一次，一次时长为 15 ~ 30 分钟。通常在管理人员办公室的公共区域设置可视化面板，在此进行层级三会议。议题包括层级二上报过来的事项，以及管理层对下一步工作计划的安排。然后，明确出需上报至更高层级的待解决或反馈事项并上报。

层级四，本部门的周会，位于层级会议金字塔层级三之上。参与人员包括本部门负责人、经理、主管、其他主要人员。一般每周一次，一次时长为 60 分钟。通常将会议议题及相关材料投屏，在会议室开展。议题包括人员、安全、质量、交付、成本等方面，每个部门根据自己部门的业务的特点，以及这个星期发生的事情和下个星期要去做的事情做一个对碰。然后，明确出需上报至更高层级的待解决或反馈事项并上报。

层级五，企业管理层的会议，位于层级会议金字塔的塔顶。参与人员包括各部门负责人、经理及其他主要人员。一般每月一次，一次时长为 120 分钟。通常，将会议议题及相关材料投屏，在会议室开展。议题包括人员、安全、质量、交付、成本等方面，每个部门各自汇报过去 1 个月的工作总结以及对未来 1 个月的工作展望，以及进行跨部门沟通、协调，以达成企业层面的共识。

（四）计划周会：促进执行和近期事务的协同

计划周会是指每周固定时间举行的会议，主要是回顾过去 1 ~ 2 周计划执行的情况、本周计划达成及预计达成情况，以及未来 1 ~ 2 周计划的情况。议题包括采购、生产、产品开发、质量、设备、仓库、物流等活动。确保计划执行中各环节信息及时互通，确保计划执行到位，进而促进订单的及时足量交付。

如果没有好的执行，再好的计划也是一场空。在计划执行过程中，计划周会是一个很重要和有效的信息互通和协同的平台。

1．参与人员

计划、采购、生产、产品开发、质量、设备、仓库、物流等主管或经理，需要能代表本部门做一定决策的人员参加。

2．会议时间

通常会议在每周三或周四召开。原因如下：对于上周计划，可以回顾其完成情况；对于本周计划，可以回顾本周一至会议当天的完成情况，以及明确会议当天至本周末的计划。对于下周计划，可以明确并梳理与之相关的物料、检验等计划。

3．主要议题

一是回顾上周计划、跟进本周计划，以及明确下周计划。其中，主要是生产计划。若生产计划有可能被影响，那还需识别是物料计划、检验计划还是发货计划，并对相应计划进行深度分析。不同行业不同企业对计划周会的覆盖周期要求不一样，通常是覆盖过去 1 周（包括本周）和未来 1 周，也可以适当放大覆盖周期。

二是物料供应情况。基于本周待达成的计划以及下周计划，梳理物料供应情况，识别供应风险，即制定风险控制措施。在此环节，需要将物料供应分解成各环节，物料申购、物料采购、供应商送货、质量检验检测、发料至生产。甚至，在供应商送货环节，要做进一步分解，供应商物料采购、生产计划、质量检验检测计划、发货至我司的计划。只有这样，才能清楚地识别卡在哪个具体环节。从而，制订出清晰的行动计划。

三是试产及技改的产品计划。包括进入到试产阶段的产品，以及技改验证的产品，如工艺变更、生产批量变更、物料变更等。常规产品的生产计划、生产排程，核算产能的重要依据是标准工时。而试产及技改这类产品，其所需工时是有别于常规产品的。而且，在试产或技改验证阶段，只有估算工时而没有标准工时。另外，其生产、质量管理等节奏也是有别于常规产品的。比如，在试产或技改验证中，一方面为了符合体系、管理等要求，另一方面将错误终止在本工序、避免流入下一工序而造成更大的损失。通常在一个工序完成后，需要进行检验检测，通过后才能开展下一工序，这样工序间会有较多等待时间。正是因为在试产或技改验证中做了此控制，所以在常规生产中，会减少很多等待时间。

四是工程项目及设备设施维护计划。工程项目包括厂房、实验室、仓库建设及修缮等事项。这些事项可能会影响生产、检验检测、仓库收发存等活动；设备维护包括生产设备、公用设施等事项，因为维护活动可能需要设备在停机时开展，可能会影响生产。需要相关方澄清具体是哪个车间、哪台设备、什么时间段等，在达成共识后，将维护计划明确至生产排程里面。这样，生产方基于此安排生产任务，按维护计划将设备交给维护方。维护方也基于此执行维护工作，按维护计划将设备归还给生产方。要避免如下这种情形，生产方抱怨维护方对设备的维护不到位，经常造成设备异常，影响产能。维护方抱怨生产方总是不把设备交出来，很想维护但没办法维护，经常造成维护计划的达成率。

五是其他可能影响生产计划的活动。比如，企业的全员会议、企业质量文化活动日、企业安全文化活动日、企业年会等。在计划性强的企业，通常会有年度工作日历。在上一年年末，就会计划好这类工作，且在工作日历中明确。在计划性弱的企业，这类活动是临时讨论和确定的。这类活动的变更或新增会影响计划执行。

六是成品的检验放行计划。在前面的环节，有涉及计划阶段、物料准备阶段、生产计划执行过程中的风险梳理和应对。到此，产品被生产出来了。在变成可发货状态前，还需要完成成品的检验及质量放行。因此，需要明确成品的检验放行计划，才能兑现交付。否则，成品检验不合格，是不能交付的。当然，不同行业不同产品的检验放行周期是不一样的，周期越长，对此计划的要求越高。

七是其他临时议题。根据实际情况，可临时增加一些专题，前提是适合于计划周会参会人员和时间允许。

四、跨企业供应链管理协同（模型 14：跨企业供应链管理协同模型）

前面所介绍的S&OP、产销沟通、层级会议和计划周会是侧重于企业内部的协同，如何去实现企业之间的协同呢？接下来，我们介绍跨企业供应链协同模型，如图2-4-8所示。该模型的主旨思想是强内功、借外力、升维思考、多维增效。

（一）制度—流程—机制—规则

如前面章节所述，在企业内部，供应链管理可通过"制度—流程—机制—规则"这一套行之有效的方法去协同，该方法同样适合于企业外部的上下游，包括供应商和客户。

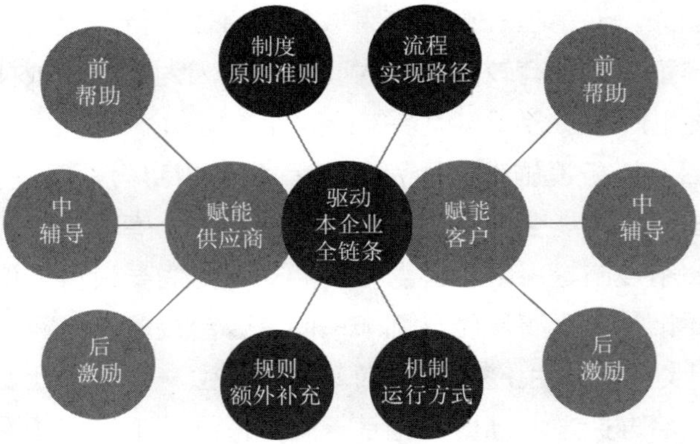

图 2-4-8　跨企业供应链的协同模型

1．对供应商

我们将供应商生命周期分解成不同阶段：供应商选择、供应商开发、供应商发展、供应商评估和供应商退出。在供应商管理选择、使用、"育、留、汰"各环节，建立和运行相应的制度—流程—机制—规则，实现和供应商的协同。

（1）在选择供应商方面。建立供应商引入和招标管理制度、供应商开发流程，以及供应商评估机制，供应商的资质、信誉、质量、成本、交付等方面进行评估，以便选择最佳供应商。

（2）在使用供应商方面。建立供应商合同及协议管理制度，明确双方权责和约定，包括价格管理、交货周期、质量标准、付款方式等，并确保供应商遵守合同条款。建立订单管理流程，包括订单的释放和接收、订单执行过程中的事件管理，以及交期和质量的异常处理等，确保质量稳定、交付可靠、成本最优。建立供应商审计制度，定期对供应商审计，检查其质量管理体系、生产能力、环境保护等方面的合规情况。建立供应商绩效评估机制，定期评估供应商的质量合格情况、交付及时率、成本优势，以及对异常事件的处理及时性等，得出供应商的综合表现。

（3）在供应商的"育、留、汰"方面。基于供应商评价结果，对于当前的表现不是很好但很有潜力的供应商，通过与供应商制订改善措施，以提升供应商的表现。这样供应商与我方的关系会更牢固。对于当前表现很好的供应商，继续维持与其合作，甚至加重与其合作的深度。对于当前表现差也无潜力的供应商，需要尽快淘汰。

2．对客户

我们将客户生命周期分解成不同阶段：客户获取、客户开发、客户发展、客户评价、客户退出。在不同阶段，需要有与之匹配的制度—流程—机制—规则。

（1）在客户获取阶段。需要具备市场规划流程，通过市场调研和洞察，了解当前市场情况并预判未来趋势。然后，经过市场细分，选定目标细分市场，确定自身定位。接着，梳理出目标客户清单。

（2）在客户开发阶段。通过行业展会、产品发布会、增值服务、吸引流量、广告等活动，线上结合线下场景，将目标客户、潜在客户转化为正式客户。其中，增值服务是指不直接以产品为切入点，而是从产品相关的角度切入。之后，自然过渡到产品销售，如免费向客户定期分享市场等行业信息、药店免费提供血压及血糖等检测、咨询企业免费提供诊断服务等。一方面，因其不是直接以产品切入，所以客户的警惕性会降低；另一方面，大多数是免费或以远低于市场价的收费标准，客户的风险大大降低。

（3）在客户发展阶段。建立客户分层分级管理制度。将有限的资源投入在重要的客户上，将潜力客户发展成大客户，实现良好的投资回报。做好良好的客户关怀，很重要的是主动客户服务流程。对拜访客户、客户来访接待、规律的客户互动、定期的客户满意度调查等活动，实现工程化。用看似呆板的工程化方法，能高效地维持好不确定性及灵活度非常高的人际关系。

（4）在客户评价阶段。建立客户分层分级的评价标准。从客户当前营收体量、发展趋势、客户在我司的采购量及占比等方面，对客户进行分层分级。定期对客户开展评价，以对其资源投入的多少以及时间节点做好规划。

（5）在客户退出阶段。建立客户退出机制，包括客户主动退出和被动退出。于本企业而言，监测客户行为，及早发现客户流失迹象，采取挽留客户措施，尽可能避免客户主动退出。对于有相关限制，或回款等合作风险高的客户，本企业选择淘汰。

以上分别是对供应商和客户的制度—流程—机制—规则，为了实现跨企业供应链上下游的良性合作和全局最优，本企业还需要再往上下游跨一步，更主动地去适应或调整上下游的节奏，实现供应链的竞争优势。正如，马丁·克里斯托弗曾说过："未来的竞争不是企业和企业之间的竞争，而是供应链之间的竞争。"如何更进一步地去协同上下游呢？需要通过赋能供应商和赋能客户。

（二）赋能供应商和赋能客户的目的

要想赋能供应商和客户，第一，要清楚供应商、本企业和客户三者的核心诉求。供应商追求的是其销量和利润的增长，本企业追求的是稳健的经营以及效益，客户追求的是满足需求。第二，要清楚赋能供应商和客户的目的是什么？是为了打破内卷式交易，实现增量式协同。内卷式交易，其停留在交易层面，没有良好的合作。

在这种模式下，参与交易的双方处在一场零和游戏当中。通常情况下，任何一方关注的是自身利益的最大化，而不太考虑整体的利益。一方的利益增加必然伴随着另一方的利益损失，这种关系是难以维系的。增量式协同，其强调的是双方良好合作和协同，从而带来共同收益的增长。在这种模式下，双方共享收益，注重供应链整体利益的最大化，通过协同创造出更高的价值和新的机会。双方的关系从原本站在对立面，到双向奔赴，再到融为一体。这种关系需要一定的信任基础，也会持续强化双方的信任，形成良性循环。

（三）赋能供应商

如何去赋能供应商呢？在心态上，不要将供应商只当成供应商来对待，而是要将供应商当成合作伙伴来对待；不是简单粗暴地压低价格，而是要站在供应商的视角，看市场、选材料、定工艺、做整合等。

让供应商从纯商务降本到协同降本，如图 2-4-9 所示。第一种情形：当到了纯商务临界点时，已触达了供应商可接受的利润下限。继续纯商务降本，由于供应商成本未降低，导致供应商进入难受三角区，直到到达亏损临界点。再继续纯商务降本，供应商进入亏损三角区。进而，导致供应链的不可持续。第二种情形：在到达纯商务降本临界点后，开启协同降本。在降低供应商卖价的同时，使得供应商的成本也相应地降低，让供应商维持可接受的利润空间。从而，实现可持续降本。

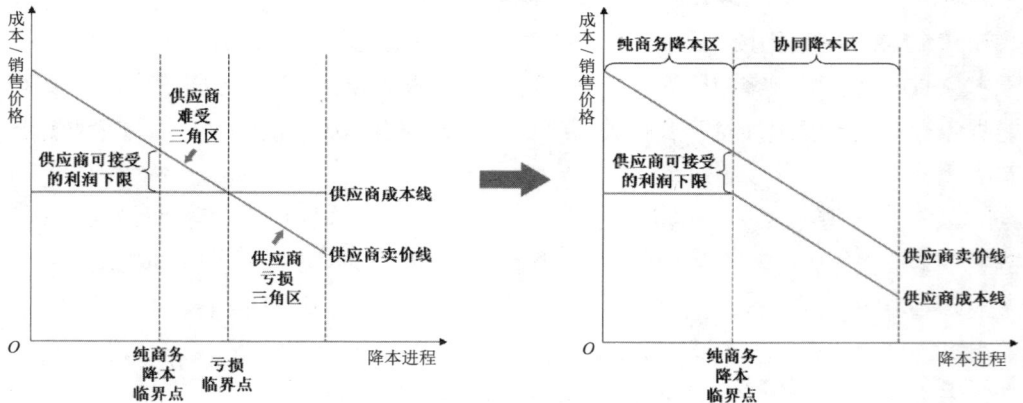

图 2-4-9　从纯商务降本到协同降本

在行动上，通过以下三个阶段来展开：

（1）前期帮助供应商。何为帮助？在此阶段，由于没有方法、资源或看不到收益等原因，供应商可能没有意愿和动力去做改善。于是，本企业可以和供应商协商。比如，本企业提供部分咨询费或者可以提供咨询服务，来帮助供应商改善。改善后的收益，本企业和供应商一起分享。供应商可以通过降低未来的价格，来兑现对我方的收益分享。一方面，本企业愿意给供应商提供帮助，能使得供应商的投入减少，投入的负担和风险降低。让其感受到不是一个人在战斗，有人与之共同分担。另一方面，本企业和供应商一起分享收益，能打消供应商的顾虑，让其看到希望，用可预见的收益来牵引供应商。

（2）中期辅导供应商。何为辅导？在此阶段，供应商经历过了前期的新鲜感，逐步进入到改善的深水区。此时投入接近最高点，而收益尚未凸显，供应商会出现犹豫、怀疑、后悔等情况。在此情形下，本企业应该多参与到供应商的改善当中，或者是以跨企业改善项目的形式共同开展。比如，在降低采购成本这件事情上，本企业一般有多家供应商资源。作为采购方，本企业通常通过招标、议价等方式来压低价格，获得收益。但价低者得这种方式有一些弊端，一方面，这需要综合评价，而非只有价格这个单一维度。否则，因偷工减料和降低标准等给质量及交期等造成负面影响，可能抵消低价带来的收益，甚至造成负收益。另一方面，这个低价是不同供应商报价相较之下的，其不一定是真的低价。因为本企业并不知道供应商的真实底价，不清楚其价格构成、成本价、利润等信息。若不同供应商事先串通联合起来报价，或者提前安排其他供应商来陪标，本企业得到的是一个假的低价。再者，这种方式很快会碰到天花板。若供应商没有利润，可能会中断与我方的合作，其也可能因此而生存不下去的，从而出现断供。相当于本企业用一把名为价低者得的钳子，将供应商这段链条剪断，破坏了整条供应链。于是，企业需要区别于价低者得的多维降本。这是需要本企业和供应商深度合作，一起来开展物料降本的项目。这种方式的好处在于能够突破价低者得的局限性，因为供需双方能够更了解彼此。我方也能更清晰了解供应商的价格构成，然后从成本出发，通过分析得出改善机会点。综合多维度特征来实现降本，这就是双赢的局面。比如，我方跟供应商一起去改善供应商的制造工艺，实现降本增效。修改我方的工艺要求，与供应商的自动化设备等生产条件更契合。在不影响质量、性能的前提下，实现降本。做好供需管理改善物流路线和装载量等，降低订单管理及物流成本。

（3）后期激励供应商。何为激励？在此阶段，供应商已完成了阶段性的改善，并兑现了对我方的收益分享。既然供应商能够提供质量更优、价格更便宜、交付更快的产品，那我方何乐而不为呢？可以调整采购策略和采购比例分配，优秀供应商的采购比例更高。更进一步者，可以和供应商成为战略合作伙伴，开展更深度的合作。比如，共同研发：一方面，回馈了已改善的供应商，以此激励其持续、深入地推进改善；另一方面，树立了一个榜样，让未参与改善的供应商能看到参与改善的好处。这样，就能调动越来越多的供应商去主动做改善。进而，供应链上游能得以强化。

（四）赋能客户

如何去赋能客户呢？在心态上，不要将客户只当成客户来对待，而是将客户当成我方经销商来对待。我方不仅要被动接收客户的需求，而是要再往前看一步，站在客户的视角，看市场、定产品、做服务等。在行动上，通过以下三个阶段来展开：

（1）前期帮助客户。何为帮助？在买卖关系中，客户通常是强势一方。在此阶段，客户明明可以通过谈判等方式让我方降价，他为什么还要在此事上投入资源呢？所以，客户与我方共同改善的意愿会很低。此时，需要和客户协商。一方面，直接降价是有底线的，一旦突破，可能会对供应链造成破坏。如果客户重视并预防此破坏的发生，其在供应链管理中的社会责任方面能获得更高的评价。另一方面，与上游供应商的协同程度，也能反映企业的供应链管理水平。于消费者而言，在选购产品时，一定会偏向于供应链管理水平高的企业。因为，选择这类企业的产品，其在质量、性价比、售后等方面更有保障，其购买的风险会极大降低。从而，能促进产品的销售。再者，在前面的几个合作项目中，我方可以给客户提供所需的方法、工具、资源等，由我方主要负责推进，客户只需提供相关信息等很容易就能实现的工作。在项目成功后，我方能和客户分享收益。比如，在产品需求上，我方只需接收客户的需求，然后再满足客户需求。我方可以站在客户视角，对客户的客户群体做市场调研、分析。接着，帮客户完成市场细分、目标市场、市场定位。再者，帮客户完成目标客户及产品清单。最后，提供一份完整的建议方案给客户。于客户而言，客户节省了时间且多了一个外部视角。于我方而言，可更早感知甚至是引领了客户的需求。对于供需协同，极大削弱了信息差及时间差对协同的负面影响。

（2）中期辅导客户。何为辅导？在此阶段，于我方而言，若客户一直浅度参与，能做的改善会越来越少，收益也将越来越低。随着时间往前走，我方需要客户更深度地参与。于客户而言，其享受到了前期几个项目的收益，参与共同改善的意愿得以增强。所以，我方需求和客户的意愿一拍即合。此时，客户甚至可能化被动为主动，提出更多的可改善点，以及开始主导跨企业的改善项目。这样，就有了一个很好的时机。我方可以输出改善的方式、方法、工具给客户，和客户开启更多、更深度的改善项目，突破修炼内功的局限，实现多维增效。为什么呢？面对客户，通常我们要先修炼内功。把自身供应链的柔性、弹性、韧性提升上去，以从容应对客户端的变化。但若只停留在修炼内功，相当于将自己置身于井底，修炼得再厉害，看到的也只是井口的那一小片天。因此，需要爬出井，将自己置身于上下游供应链中，这样会发现原来大有可为。比如，客户需求的淡旺季极为明显，旺季的需求量为淡季的 10 倍。我方作为供应方，为了满足客户旺季的需求，需要持有大量设备及人员，或者需要临时增加设备及人员，再或者将超出产能的需求外发。以上任何一种做法，都是不均衡的生产，会带来额外的成本以及管理风险。如何应对呢？爬出井口，不要仅仅停留在被动地响应，想想是否可以影响客户调整需求呢？向客户了解淡旺季背后的原因，找到平缓淡旺季的方法，以及让客户看到平缓淡旺季的收益。通过设置阶梯价格，以及与客户共享收益，是其中一种方法。设置阶梯价格的原则是，在我方淡季时单价低，在旺季时单价高。这样就能促使客户将旺季的订单挪至淡季，让客户得到实惠，进而使得我方能均衡生产成本降低，我方亦能得到收益。于是，实现了供需双赢的局面。

（3）后期激励客户。何为激励？在此阶段，于客户而言，客户通过改善，提升了自身的管理能力，也提升了供需管理的水平。因此，客户也能给我方能够提供更准确更有规律的预测。于我方而言，在自身的能力范围内能够获取到更多的订单。修炼好内功，是一项竞争力。通过管理客户，促进了供应链上下游的良性合作和全局最优，增强了客户黏性。这又是另外一项竞争力。同时，树立了一个榜样，让未参与改善的客户能看到参与改善的好处。这样就能调动越来越多的客户去主动去做改善，进而供应链下游能得以强化。

五、供应链管理协同的链接者

销售、研发和供应链是企业的三个核心职能。供应链管理人员要对最终的交付负责，因此供应链活动的好坏会直接影响供应链的绩效。销售和研发活动的好坏，也会间接影响供应链的绩效。但供应链管理人员不直接从事、管理，甚至参与研发、销售活动，如何影响销售和研发呢？若是供应链管理人员直接从事的，那就是撸起袖子加油干。若是供应链管理人员直接管理的，那就具有领导权。在此情形下，供应链管理人员是有责但无权，没有抓手，有力无处使。难道供应链管理人员就要活生生地成为背锅侠吗？并不是。这正是供应链管理有别于其他管理的特点。供应链管理人员需要转换一种思维，要做好供应链协同的链接者，而非传统意义上的管理者。

供应链的管理方式，如图 2-4-10 所示。图中左侧是由多个点组成的一个箭头，箭头顶的点①代表管理者。供应链管理者需带头冲锋陷阵，比如，直接管理研发和销售，而这种情况并不现实。图中右侧是由多个点组成的一张网，网中心的点①代表链接者。这是一张通过制度、流程、机制和规则织成的网，将供应链相关的各方牢牢地链接在一起。此时，供应链管理人员虽然不是各方的管理者，但成为了链主。这就是供应链管理的方式，这就是供应链管理人员的意义。

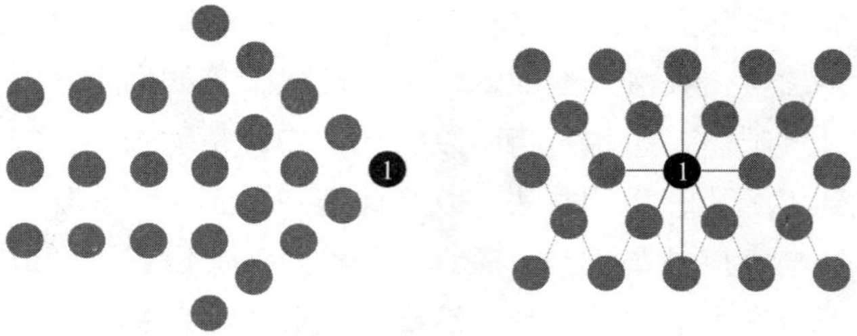

图 2-4-10　供应链的管理方式

　　另外，供应链管理人员还需具备闭环思维，促进供应链各环形成闭环，进而厘清供应链相互间的顺序和关系，使得环环相扣，形成稳固的供应链，如图 2-4-11 所示。

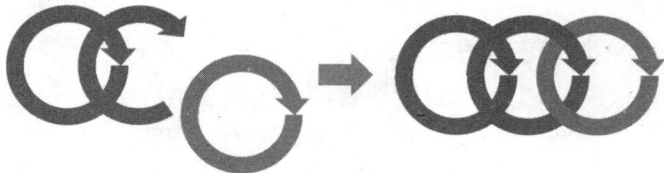

图 2-4-11　供应链协同的链接者

　　闭环思维有以下特点：

　　（1）闭环思维加强了供应链中各个环节之间的相互依赖和紧密联系。供应链的每个环节都与其他环节有着直接或间接的联系，缺一不可。因此，供应链管理人员需要思考如何将这些环节有效地连接起来，确保信息、物流和资金的流动畅通。

　　（2）闭环思维强调了持续改进和循环反馈的重要性。通过实时监控和评估供应链中的各个环节，供应链管理人员可以及时发现问题并采取相应的纠正措施。同时，供应链管理人员也需要建立反馈机制，将各个环节的信息汇总并反馈给相关部门，以便持续优化供应链的效率和质量。

　　（3）闭环思维有助于供应链管理人员更好地理解供应链中的顺序和关系。供应链管理人员需要了解每个环节的作用和职责，并明确各个环节之间的依赖关系。只有当每个环节都发挥出最佳效能并与其他环节协调一致时，整个供应链才能够高效运作。

　　（4）闭环思维要求供应链管理人员注重建立稳固的合作关系。供应链管理人员与供应商、生产部门、物流企业和销售团队等各方要保持紧密联系，共同努力解决出现的问题和实现共同目标。只有通过良好的沟通和合作，才能够形成真正稳固的供应链。

🔔 学后行动

你所在的企业或我了解到的企业，有哪些协同机制？有哪些不足？如何改善？

_____

_____

_____

_____

_____

第五节　销售与运营计划（S&OP）

S&OP作为供应链管理高级决策工具为人熟知，但是在实施过S&OP的众多企业中，很多是流于形式，这样不仅没帮助到企业，反而带来很多负面影响。比如，增加了企业员工的工作量，增加了管理成本等。很多企业觉得S&OP很好，于是想实施，但也模糊地了解到其对组织能力的要求高，没有信心。所以，迟迟没启动。随着电商及自媒体等新业态的兴起，以及产品定制化程度的加深和市场整体环境变化的加剧，每月跑一次的传统S&OP已跟不上时代。

为什么S&OP在很多企业只是流于形式？本节将把握S&OP的核心及重塑S&OP这两个方面，我们一起去认识及掌握S&OP的设计、导入、运行和重塑。

🔔 学前思考

通过观察所在企业的做法或自己了解到其他企业的做法，说说自己对S&OP的印象。

_____

_____

_____

_____

_____

一、S&OP 的基本知识

说到 S&OP，可能有不少伙伴会想到 IBP 和 S&OE。这三者各自的内容是什么？又有什么区别呢？

（1）IBP。IBP 的英文全称是 integrated business planning，即集成业务计划。它是一种综合性的业务计划工具，旨在实现企业内部各个职能之间的协调和一致性。它覆盖了销售、供应链、财务、研发等多个领域，将不同层级和职能的决策整合起来。使得各个职能可以共同制订和执行计划，优化资源配置，提高整体绩效。最终，促进企业战略和目标的实现。

（2）S&OP。S&OP 的英文全称是 sales and operations planning，即销售与运营计划。它是一种企业协调和计划决策的工具，主要关注销售和运营之间的协同。其目标是确保销售计划与运营计划之间的一致性，以满足客户需求并保持供应链的高效运转。S&OP 通常涉及销售预测、库存管理、生产计划和供应链规划等方面的内容。通过定期的会议和协商，确保销售和运营之间的信息共享和决策制定，以达到最佳的资源利用效率和业务绩效。

（3）S&OE。S&OE 的英文全称是 sales and operations execution，即销售与运营执行计划。它是在 S&OP 基础上更加具体和详细的业务计划和执行过程。其关注的是在 S&OP 计划的基础上，如何更加精细地进行资源分配和计划执行。S&OE 的目标是确保实际的销售和运营活动按照计划进行，并及时做出调整和反应。它涉及更具体的操作层面，如订单管理、生产调度、物流安排等。通过 S&OE 企业可以更好地应对订单的变化、供应链的中断和生产的问题，以确保计划的高效执行。

综上所述，IBP、S&OP 和 S&OE三者基本上构成了企业在计划方面的重要框架，从整体到局部、从粗到细。三者的侧重点不一样，IBP 侧重在战略层面，S&OP 侧重在战术层面，S&OE 侧重在执行层面。

（一）S&OP 的定义

ASCM 对 S&OP 的定义，如图 2-5-1所示。其中文大意如下：销售与运营计划是一个用于制订战术计划的过程，它通过将针对新产品及现有产品以客户为中心的营销计划与供应链管理相结合，使管理层能够连续、战略性地指导其业务，以获得竞争优势。该过程将企业的所有计划（销售、营销、开发、制造、采购、财务等）整合成一个综合的计划集。

关键词如下：战术计划、管理层、战略性的指导、竞争优势、新产品及现有产品、综合的计划集。

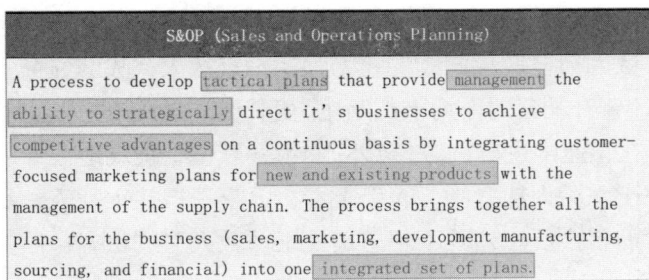

> **S&OP (Sales and Operations Planning)**
>
> A process to develop tactical plans that provide management the ability to strategically direct it's businesses to achieve competitive advantages on a continuous basis by integrating customer-focused marketing plans for new and existing products with the management of the supply chain. The process brings together all the plans for the business (sales, marketing, development manufacturing, sourcing, and financial) into one integrated set of plans.

图 2-5-1　ASCM 对 S&OP 的定义

（二）S&OP 的特征

（1）强制性和刚性。在导入期，宣导的同时，还需要一定的强制性，为成功导入奠定基础；在运行期，要区分刚性和柔性，对于刚性部分，务必执行到位。

（2）跨部门协同。其本质是高效的供需协同，包括企业内外部的供需关系、企业内部上下游的供需关系。

（3）达成共识。达成多方共识，输出一个满足多方诉求、综合有效的计划。

（4）高层管理。其是中长期、高层视角的决策行为，并非短期、日常执行层面的事。

（5）高效决策。系统的决策过程，什么时候？要多少？怎么实现？是否值得做？选择哪个方案？

（三）S&OP 对企业文化的影响

衡量一名员工尤其是高管对企业的贡献，除了其本身的业务绩效指标，还有什么其他要素？那就是其是否给企业文化带来了正面的影响。具体表现于组织氛围、员工的工作状态和员工间的合作情况等。这些表现的变化，常常会出现在业务绩效指标变化之前。好的企业文化，会导向好的业务绩效。即便当下的业务绩效好，但可能是通过"兴奋剂"类的方法促成的。从长远来看，或许是在当下埋下了祸根，终成后患。即便当下的业务绩效不好，但企业文化向好，为将来的业务绩效种下了好的种子。将开花结果，硕果累累。在展示 S&OP 的实质业务及影响前，我们先看看 S&OP 给企业文化带来的正面影响，如图 2-5-2 所示。

图 2-5-2　S&OP 对企业文化的影响

1. 远见

在很多的企业中，有一类管理享受甚至沉迷于去"救火"。在救火式的工作当中，因为救火前的熊熊烈火，和灭火后的场景形成强烈对比。其在这样的反差中，找到了成就感。认为自己解决问题的能力强，一直救火，战绩显赫。并将此作为自己的业绩，在申请晋升加薪时作为重点阐述。更荒诞的是，有些人因此还受到了认可，并将其作为榜样在企业中进行宣传。另外，有很多管理者被动地去参加了很多"救火"的行动，天天处于水深火热之中。表面上看，大家干得热火朝天，其实，最后的收效甚微。这类管理者会反思，并不想总是处于"救火"的状态，但其又没有办法避免火灾的发生。

如何将自己从水深火热救出来？改变认知是前提。在看似平静的水面上，鸭子悠闲地飘着。殊不知，在水面之下，鸭掌在用力地划动。真正厉害的管理者也是这样，表面上看，好像没做什么事情，也没什么事情可做。但要实现这种状态，其在之前做足了工作。而且，需要持续在做。只是这些工作，不像"救火"那么轰轰烈烈。

正如，扁鹊见魏文王，魏文王问扁鹊："你们兄弟三人都行医，谁的医术最好？"扁鹊说："我大哥的医术最好，二哥次之，我最差。"魏文王问："怎么说呢？"扁鹊说："大哥治病，他能预判疾病将要发生。在疾病还没有真正形成之前就避免了疾病的发生。但是，因为人们并没有感知到疾病带来的痛苦，前后可能没什么感受上的差别，大哥也只是开个小药方。所以，人们并不会觉得大哥医术厉害，大哥没什么名气；二哥治病，他能在疾病发病的初期，就能判断出来。此时，病人能感受到疾病但不明显。所以，人们只会觉得二哥能治小病，二哥的名气很有限；我治病是在病情严重之时，此时，一方面，病人的对疾病的感受是很痛苦的；另一方面，我需要做大手术等大动作。所以，人们认为我的医术高，名气大。"魏文王听了感叹不已。

2. 预判

"做一天和尚撞一天钟"，在竞争如此激烈的当下，是没有未来的。不仅要好好低头拉车，还要常常抬头看路。作为个人或者企业都需要立足于在当下预判未来。这样的话，我们一边过好现在，一边做更充分的准备以迎接未来。而不是听天由命，凭运气过日子。在 S&OP 中，有几层预判。比如，产品的预测，通过产品全生命周期管理，了解产品开发中各节点的计划，以及产品导入期、成长期、成熟期、衰退期的预期；销售预测，通过市场分析，以及结合历史数据和趋势，预测未来销售量和变化趋势；供应预测，基于销售预测，结合设备产能、人员配置等供应要素，分析未来供应情况及需要的资源；财务预测，基于预算、销售预测、供应预测，对成本和利润进行预测和优化。并将其优化结果及时反馈给产品、销售、供应预测，实现最佳成本和利润。

正如，夏天的时候，寒号鸟长着一身美丽的羽毛，确实非常漂亮。寒号鸟自以为比凤凰还要漂亮，成天在其他鸟面前炫耀自己，骄傲得不行。秋天到来，其他鸟开始忙碌起来。有的鸟结伴飞去南边，在那里过冬。有的鸟留下来，开始储备食物，并找草等保暖的材料修理鸟窝，以度过寒冬。而寒号鸟并不关注这些，只是觉得自己的羽毛很漂亮，继续成天炫耀自己的羽毛。冬天还是来到了，其他鸟已经飞到南方，或都住进了提前搭好的鸟巢。而寒号鸟的羽毛掉光，躲在石缝里被冻死了。

3．平衡

供应链管理总是面向多对象多目标的，既要又要还要是不同对象的不同诉求。有些诉求间是有冲突甚至是背道而驰的，所以，要完全实现既要又要还要往往是不可能的。那如何做呢？这就是平衡。比如，合理的库存就是平衡了高及时交付率和降低库存成本两个诉求。

正如，为了保护海洋生物资源，同时维护渔业可持续发展，设立了禁渔期。禁渔期就是平衡的方法，保护了鱼类的繁殖期，让鱼类有足够的时间和空间进行产卵。这样，可以维持鱼的数量。保护年幼的鱼，在某些季节，鱼尚未成熟或者体型较小。如果不设立禁渔期，它们就会在这期间被捕捞，或者在捕捞的时候被弄伤，从而导致鱼类种群的衰退。保护渔业的可持续性，能够让渔业资源得以保护和持续，从而使渔业能够长期稳定地发展。这有利于渔民的经济利益，也有利于保护海洋生态系统的健康。

4．全局

S&OP 的设计考虑的是全局而不是为了某一方的利益，更不是为了供应链管理部门的私利。它是站在企业视角，其初衷、过程、结果都是为了实现全局最优。S&OP 促进不同部门之间的协同，通过协调销售、研发、采购、物流等各个部门的工作，从而实现全局的业务目标，并确保各部门的目标和指标一致。

正如，战国时期，齐国将军田忌与齐威王赛马。规则是各自选出三匹马，分成上中下三个等级分别进行赛跑。胜的场次多者，获得最终胜利。齐威王的赛马整体实力强，所以，可轻易取得了三场全胜的成绩。田忌的好友孙膑见状，给田忌出了一招。让田忌用下等马去和齐威王的上等马赛跑，输了。然后，用上等马去和齐威王的中等马赛跑，赢了。最后，用中等马去和齐威王的下等马赛跑，赢了。因此，田忌输了一场赢了两场，取得最终的胜利。孙膑的主意，就是做了必要的放弃，即用下等赛马去与对方的上等马赛跑。通过策略实现了全局最优，即获得了胜利。

5．高效

S&OP 的高效性源于以下几个方面：

（1）设计科学。S&OP 的内容是结构化的，分成了 5 个环节，产品评审、需求评审、供应评审、业财评审、管理评审，各环节中的活动、会议议题也是结构化的。S&OP 是闭环管理，各环节首尾相接，形成上传下达的闭环。数据驱动着一系列的活动，通过收集和分析销售数据、市场趋势、供应链能力等信息，帮助企业了解市场需求、预测产品销售情况、提前应对供应链风险等，从而做出准确的生产计划和资源调配决策。高层的直接参与和决策。在结构化的设计中，一方面，能高效、准确地获取到决策的依据；另一方面，高层的决策能很顺畅地流入到相关的环节和人，使得决策得到落实。如此，企业能够基于事实和数据进行决策。

（2）规律运行。S&OP 是基于运行日历来落实活动开展的。企业制定好未来 1 年的 S&OP 活动日历，将各环节的参与人员、主持人、会议材料模板、会前准备事项等工作，落实到日程安排上。因此，参与人员能提前安排好自己的时间，并准备好各自负责的材料。而且，这种规律性不仅仅体现在某一次会议，或者某一个月的工作上，因为其不是一个静态的计划过程，而是一个动态的循环。S&OP 运行好了，能够让整个企业的会议系统更高效，减少零散的、低效的会议和沟通。提供更有效的决策依据，让管理层的决策更高效。企业不再是常常"救火"，乱中出错，而是有条不紊、忙而不乱。

（3）跨部门协同。S&OP 通过协同规划和资源优化促进供需平衡，以及效益最大化。其综合考虑研发、销售、采购、计划、生产、仓储物流等各个部门之间的相互约束和影响，平衡各部门的诉求。最终，输出对全局最优的方案。能有效地打破各部门形成的信息孤岛，消除各部门间的隔阂，缓解部门间的冲突。将各方的视线拉回到企业这个主体上，关注企业整体利益。

6. 自我批判

以上描述的远见、预判、平衡、全局和高效，都是正面影响。而要实现这些，有一个很重要的基础，就是自我批判。企业以及参与 S&OP 的个人，都需要具备自我批判的精神。要落实好决策，更是需要流程当中的每一位成员都如此。因为，在 S&OP 中，首先，要回顾过去的表现，找到不好表现的根本原因。各方要先审视自身工作业绩的好坏、规划是否科学合理、执行是否到位等，这样，才可能发现可能存在的缺陷、瓶颈或不足之处，才能给自己创造改进的机会。然后，要学会从别人的评价中看到自己的不足，且承认自身的局限性和不完美，乐意接受外部意见和建议，以寻求新的思路和解决方案。这样，有助于避免陷入思维定式，提高创造力和创新能力。于是，才能进行持续改善。

二、S&OP 的核心设计（模型 15：S&OP 罗盘模型）

S&OP，作为一个工具也好，作为一个思想也罢，要真正发挥其价值，需要将其落地。如何落地呢？找到世界上最先进的理论并 100% 应用在本企业，找到世界上最好的应用实践并直接套用的本企业，或是根据自己对 S&OP 理解的皮毛或零散地干，这都不是最佳方法。应用世界上最先进的理论或套用世界上最好的实践，其保障了科学性，但可能忽略了经济性和适用性。根据自己很有限的理解皮毛或零散地干，其看似灵活，但可能忽略了系统性和科学性。S&OP，在不同企业、不同阶段应该是不一样的。因为与 S&OP 相关的组织架构及参与的人员可能不一样，与S&OP 相关的流程活动及衔接点可能不一样。所以，S&OP 的主题设置可能会不一样，侧重点可能不一样。

（一）S&OP 罗盘模型

要想 S&OP 能高效落地，第一步，就是基于企业现状且确保符合企业发展需要，来设计 S&OP。总结了多年在不同行业及不同场景的实战经验，我们将 S&OP 分成5 个环节，如图 2-5-3 所示。分别为产品评审、需求评审、供应评审、业财评审和管理评审，环环相扣以及首尾呼应。

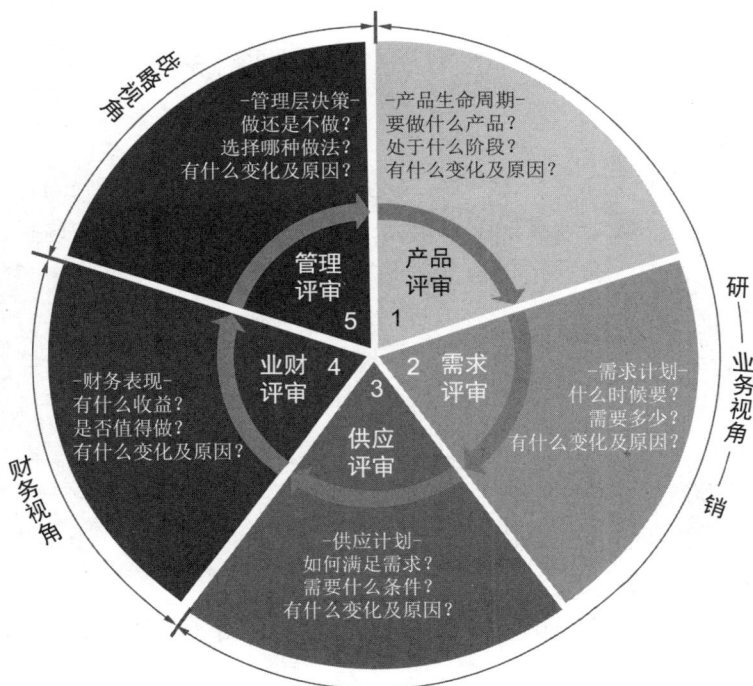

图 2-5-3　S&OP 罗盘模型

1. 产品评审

产品评审的核心工作是产品生命周期管理。从业务视角回答了三个核心问题，要做什么产品？产品处于什么阶段？和上一版本或其他版本相比，有什么变化及原因？在这里，从一个点子的诞生，经过产品开发流程，到一个产品的诞生。再进入到产品生命周期管理，产品将经历导入期、成长期、成熟期和衰退期。自上市到退市的完整过程，在产品评审中需要清晰地展示和对碰。因为，同一个产品在生命周期中的不同阶段，其对应的供应链管理方式是不一样的。比如，在产品开发阶段，需要对物料进行选型、选择供应商。这时，若采购参与其中，因其对物料市场情况更清楚，就能提高物料选型的科学性和可行性。规避在量产时的物料供应问题，或者成本过高等问题。甚至，采购可以请供应商一起参与开发，以加快产品开发过程，或形成原料上的优势。到试产阶段，计划需要获取准确的工艺路线、标准工时等产能测算要素，用于后续的产能规划。再到产品生命周期中的导入期和成长期，此阶段，需求的最大特点是不稳定，可能大起大落。于是，通常选择面向订单制造的模式。接着到产品的成熟期，此阶段，需求的最大特点是持续稳定。于是，通常选择面向库存制造模式，以便于可以更灵活地去安排计划。在其他产品需求波动的情况下，通过调整该产品的生产节奏实现总体产能的均衡。最后到衰退期，此阶段，需求的最大特点是减少。为了防止库存呆滞甚至因有效期而产生报废，于是，又会调整回到面向订单制造的模式。

2. 需求评审

需求评审的核心工作是需求计划。从业务视角回答了三个核心问题，什么时候要？要多少？和上一版本或其他版本相比，有什么变化及原因？在这里，从市场分析出发，到找到客户，建立起联系。到一条条线索的诞生，挖掘客户意向。到根据线索，制定相应的方案。到根据客户满意的方案，制作对应的样品。到报价，最后，获取订单。从上到下，呈现出一个上大下小的漏斗状。不同阶段间，存在着转化率。需求计划，得基于此漏斗模型的特点而测算出来。另外，在本轮需求计划的基础上，还需要分析本轮与上一轮的差异，以及与年度预算版本间的差异。更重要的是分析差异背后的假设条件变化，以及根本原因。进而，改善下一轮需求计划的准确度，为供应评审及后续环节的策略提供有效的输入。

3. 供应评审

供应评审的核心工作是供应计划。从业务视角回答了三个核心问题，如何满足需求？需要什么条件？有什么变化及原因？在这里，从产品生命周期及需求计划出发，到基于产品所处于生命周期中阶段的特点以及需求计划，制订出不同场景的供应计划，如，无约束的供应计划，不考虑产能等限制，全面满足需求计划。有约束的供应计划，考虑产能等限制，平衡供需关系。全约束的供应计划，只考虑产能等限制不考虑需求计划。再到分析不同供应计划下的资源需求识别差距，以及消除差距的措施和计划。另外，在本轮供应计划的基础上，还需要分析本轮与上一轮的差异，以及与年度预算版本间的差异。更重要的是分析差异背后的假设条件变化，以及根本原因。进而，对业财评审及后续环节的策略提供有效的输入。

4. 业财评审

业财评审的核心工作是业务在财务中的表现。从需求计划、供应计划中的业务视角（以数量衡量），切换至财务视角（以金额衡量）。然后，分析评审。从财务视角回答了三个核心问题，有什么收益？是否值得做？有什么变化及原因？在这里，从产品开发及相关项目分析出发，到需求计划和供应计划的数量，到站在财务视角分析这些业务计划，再到根据本轮的业务计划分析出财务表现和计划，实现业财一体。另外，在本轮财务表现的基础上，还需要分析本轮与上一轮的差异，以及与年度预算版本间的差异。更重要的是分析差异背后的假设条件变化，以及根本原因。进而，为管理评审的决策提供有效的输入。

5. 管理评审

管理评审的核心工作是管理层群策群力。从产品、需求、供应评审的业务视角以及业财评审的财务视角，切换至战略和经营视角。从战略和经营视角回答了三个核心问题，做还是不做？选择哪种做法？有什么变化及原因？在这里，从前面四个环节的输入出发，到提炼出可视化强的数据、方案等助力于高效决策。到站在战略和经营视角，评审业务计划是否偏离战略方向和经营实施路径，也包括是否偏离了企业使命、愿景、价值观。对于偏离了刚性要求的予以否决。对于非刚性要求，则考虑综合情况以择优。另外，在本轮决策的基础上，还需要分析本轮与上一轮的差异，以及与战略、经营计划的差异。更重要的是分析差异背后的假设条件变化，以及根本原因。进而，对集团等更高管理层事务提供有效的输入，以及给下一轮 S&OP 的开启提供指引。

（二）S&OP 活动日历

通过以上内容，我们知道了 S&OP 分成五个环环相扣及首尾呼应的环节，也知道了各环节都涉及不同的主持方和参与方。其不只是一两次会议，而是长期要坚持的活动，涉及会前准备、会中开展、会后跟进等。应该说，这是一个复杂的活动。如何才能有序地去开展 S&OP 的活动呢？

S&OP 活动日历，能够将 S&OP 的各种活动安排得井然有序。通常来说，需要制定一个未来 12 个月的 S&OP 活动日历。每一个月，都包含按先后顺序排列的五个环节，1 个月是一个轮回。然后，次月又开始一个新的轮回。活动日历需要清晰地呈现未来 12 个月每次开会的环节、时间及时长，才能让相关方有序地准备和参加。当然，每一个环节，最好都在每一个月的同一个时间段。一方面，让原本较复杂的活动变得有规律。另一方面，在办公软件中去发会议邀请的时候，也会更好去操作，操作性更强。

  S&OP 活动日历，如图 2-5-4 所示（W 代表星期，W1 代表第一个星期）。产品评审会议，在第二个星期五的 13:00~14:00 召开；需求评审会议，在第三个星期五的 11:00~12:00 召开①；供应评审会议，在第四个星期二的 11:00~12:00 召开②；业财评审会议，在第四个星期四上午的 11:00~12:00 召开；管理评审会议，在最后一个星期一下午的 14:00~15:00 召开。这样，每一个月都有相对固定、有规律的活动安排。于主持人或参与人员而言，S&OP 相关的工作是其总体工作的一部分。因为有了 S&OP 活动日历，就能提前安排好这项工作，避免时间冲突，同时，让自己的工作确定性和效率更高。

图 2-5-4　S&OP 活动日历（例子）

注：在此只用 6 个月来做示例，实际中通常会覆盖全年 12 个月的活动。

---

① 产品评审的结果可能对需求预测中的产品或产品生命周期等要素带来变化，从而影响需求预测。所以，在产品评审后，需要空出一周左右的时间，用于需求预测的制作。
② 通过需求评审才能确定好需求预测。在此后，才能够去制作供应评审会议需输入的资料和数据。

🔔 **思考**

1. 质疑：S&OP，不就是几份 PPT 和几个会议吗？

2. 反对：本来会议就很多了，再增加 S&OP 的 5 个会议，真是要么在开会，要么在开会的路上。

面对以上质疑或反对，作为 S&OP 的推行者，如何回应？

_____

_____

_____

_____

_____

_____

🔔 **提示**

S&OP 是由五个环节组成的，这五个环节也是对应着 5 份 PPT 及 5 个会议。但 S&OP 本身绝不只是 5 个会议，且实施好 S&OP 后，不仅不会增加会议，反而会减少会议。原因如下：

1. PPT 只是 S&OP 活动的一种载体

会议只是 S&OP 中 5 个评审的一种表现形式。一方面，PPT 只是常见的载体，会议只是常见的形式，便于多方沟通，但 S&OP 团队的默契很高时，也可以用非 PPT 及非会议的形式开展。另一方面，在会议上，主要是通报和决策的议题，而通报内容对应的活动和决策所需的数据等信息，都是在会前准备会议后跟进落实的。好比"台上一分钟，台下十年功"，没有会议之外的功夫，开再多会也无意义。

2. S&OP 提高效率

粗看 S&OP 增加了会议和工作量，但运行成熟后，S&OP 是能提高效率的。一方面，S&OP 规范了销售与运营相关的工作，作为想做好此方面工作的企业，即便没有 S&OP，也以其他形式在开展相关工作。所以，S&OP 并没有增加企业的工作，只是形式不一样而已。另一方面，S&OP 很好地将销售与运营相关的工作做了结构化处理，在实施 S&OP 前，很多零散、临时、低效的会议和沟通。随着 S&OP 运行成熟度加深，势必会减少其他会议，提高企业会议效率。

三、S&OP 的高效导入

实现协同从来都不是一件容易的事，这需要在不同诉求中寻求共识，找到实现目标的路径，并且坚持走完全程。达成共识和实现目标，如图 2-5-5 所示。

图 2-5-5　达成共识和实现目标

（一）达成共识和实现目标

作为一个跨部门的协同机制，要成功导入 S&OP，需从以下方面着手。

1. 目标共识

面对来自不同部门的人员，他们对 S&OP 的理解各不相同。首先，在概念及意义等方面，需要进行宣导，让大家在基本认知上保持一致。其次，要梳理站在各自角度对 S&OP 的期望，整合成共同的目标。这样，才有可能形成共同体。

2. 建立团队

在导入 S&OP 的前期，会有一些额外的工作要做，需要一支能打胜仗的队伍。根据 S&OP 的设计，选择相关岗位的人员作为组员。首先，成员需要具备一定决策权，这样，才能代表其部门的意见。其次，成员是追求卓越的，这样，才可能顺利克服过程中的困难。

3. 计划共识

在建立好团队后，基于已达成共识的目标，需要进一步制订具体的行动计划。需要结合 S&OP 的设计，综合考虑各环节的主题以及环节间的关系，来设定相关行动项的优先级。在此过程中，可能会很惊讶，实现目标的难度很大，甚至无处下手，这是很考验团队的。可能会经历达成的共识被质疑、冷静后又重新回到共识、积极想办法想对策、就行动计划达成共识等。

4. 实施计划

在达成共识的计划中，有行动项、行动人、行动时限等。在此阶段，按计划执行，保持行动上下游的相互反馈，对异常事项进行专项行动，以及进行复盘。

（二）分阶段有序导入 S&OP

如图 2-5-6 所示，S&OP 的导入需要一定时间和过程，不是一个月就能够全部完成的。通常可按如下节奏开展。比如，第一个月，实施第一个环节，产品评审；第二个月，增加需求评审；第三个月，增加供应评审；第四个月，增加业财评审；第五个月，增加管理评审。在前面五个月里，相对于上一个月，每一个月都增加一个环节，以逐渐地让 S&OP 更完整。自第六个月开始，就可以运行完整的 S&OP 了。导入 S&OP 的过程，也是对 S&OP 设计的验证过程。每月新增的环节，在真正实施时，可能要在设计的基础上做调整。其他环节，也可能因为要和新增的环节做对接，而要做适配性的调整。这样的话，就能循序渐进、平稳地导入。

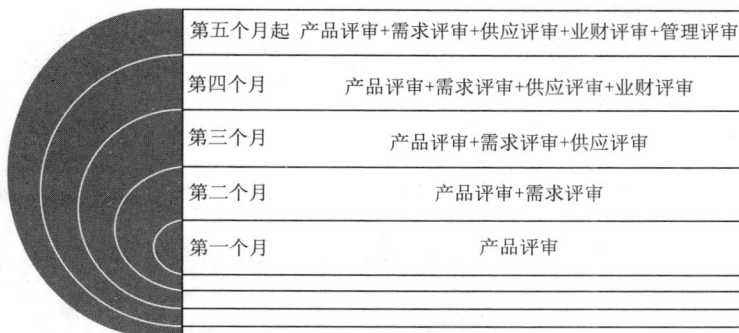

第五个月起	产品评审+需求评审+供应评审+业财评审+管理评审
第四个月	产品评审+需求评审+供应评审+业财评审
第三个月	产品评审+需求评审+供应评审
第二个月	产品评审+需求评审
第一个月	产品评审

图 2-5-6　分阶段有序导入 S&OP

四、S&OP 的稳定运行

S&OP（销售与运营计划）的运行需要保持有规律、稳定的状态。因此，对于 S&OP 的参与时间、议题、人员及其职责应提前进行设置。确保 S&OP 流程的顺畅运行，避免不必要的延误和混乱，从而提高企业的运营效率和决策质量。

（一）产品评审

1. 关键要素

产品评审的关键要素，如图 2-5-7 所示。

（1）产品开发计划。基于战略和市场规划的目标产品清单，制订详细的产品开发计划。

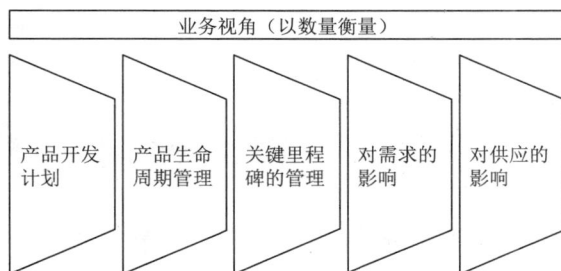

业务视角（以数量衡量）

| 产品开发计划 | 产品生命周期管理 | 关键里程碑的管理 | 对需求的影响 | 对供应的影响 |

图 2-5-7　产品评审的关键要素

（2）产品生命周期管理。对于已完成开发但尚未退市的产品，需要进行产品生命周期管理。包括界定产品所处的生命周期阶段、是否有升级或变更计划等。

（3）关键里程碑的管理。基于产品开发计划和产品生命周期管理，识别对需求和供应有影响的关键里程碑事件及时间。

（4）对需求的影响。识别并描述对需求影响的具体内容。比如，新产品的上市、现有产品的退市、产品升级等。

（5）对供应的影响。识别并描述对供应有影响的具体内容。比如，新产品试产、新产品转量产、产品升级等。

2. 会议议程

产品评审会议议程，如图 2-5-8 所示。

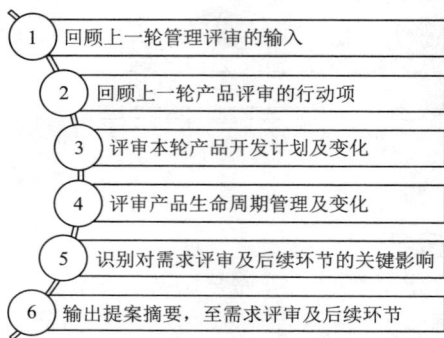

图 2-5-8　产品评审的会议议程

（1）回顾上一轮管理评审的输入。上一轮 S&OP 的管理评审，可能会有相关决策至产品评审，需在本轮 S&OP 的产品评审会议前跟踪和落实，并在会议中进行回顾。

（2）回顾上一轮产品评审的行动项。上一轮 S&OP 的产品评审，可能会有相关行动项评审，需在本轮 S&OP 的产品评审会议前跟踪和落实，并在会议中进行回顾。

（3）评审本轮产品开发计划及变化。对于本轮产品开发计划，以及与上一版本、年度计划版本进行对比和分析。

（4）评审产品生命周期管理及变化。对于本轮产品生命周期管理，以及与上一版本、年度计划版本进行对比和分析。

（5）识别对需求评审及后续环节的关键影响。识别并描述对需求评审、供应评审及后续环节的影响。

（6）输出提案摘要，至需求评审及后续环节。

3. 人员与职责

产品评审的人员与职责，见表 2-5-1。

表 2-5-1　产品评审的人员与职责

角色	部门	岗位	核心职责
负责人	产品管理或相关	负责人	负责指导、监督和激励成员，确保该环节顺利，提供相关资源
会议主持	产品管理或相关	指定人员	组织促进会议前中后事项，主持会议
流程管理	流程管理	指定人员	推动和监督 S&OP 流程的运行
成员 1	研发	指定人员	提供产品开发计划相关信息
成员 2	产品管理	指定人员	提供产品生命周期管理相关信息
成员 3	需求计划	指定人员	探讨和识别对需求的影响
成员 4	供应计划（常为主计划）	指定人员	探讨和识别对供应的影响
临时成员	财务……	指定人员	根据本轮议题需要，增加临时成员

（二）需求评审

1. 关键要素

需求评审的关键要素，如图 2-5-9 所示。

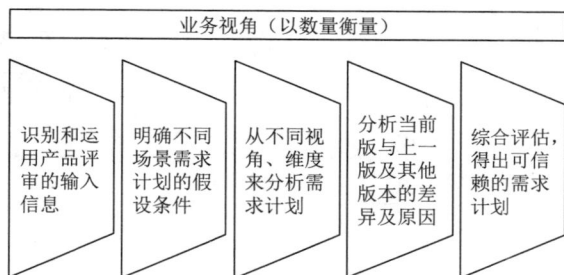

图 2-5-9　需求评审的关键要素

（1）识别和运用产品评审的输入信息。产品评审可能会输入新产品的上市、现有产品的退市和产品升级等信息，在做本轮需求计划时需要考虑。

（2）明确不同场景需求计划的假设条件。对不同场景的需求计划明确背后的原因，以及相应的假设条件，这对后续的决策、行动，以及分析都是非常重要的信息。

（3）从不同视角和维度来分析需求计划。从产品族、SKU、客户、产品类型和客户类型等维度分析需求计划。

（4）分析当前版与上一版及其他版本的差异及原因。需要分析当前版、上一版，以及年度预算版之间的差异及原因，还要有相应的纠正预防措施，以提高预测准确率。

（5）综合评估，得出可信赖的需求计划。

2. 会议议程

需求评审的会议议程，如图 2-5-10 所示。

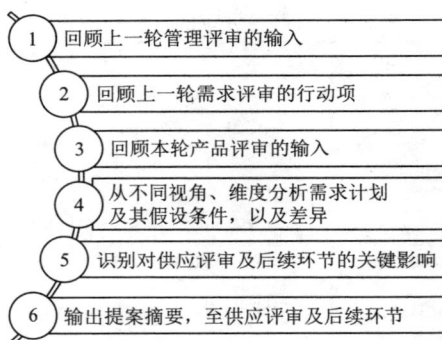

① 回顾上一轮管理评审的输入

② 回顾上一轮需求评审的行动项

③ 回顾本轮产品评审的输入

④ 从不同视角、维度分析需求计划
　 及其假设条件，以及差异

⑤ 识别对供应评审及后续环节的关键影响

⑥ 输出提案摘要，至供应评审及后续环节

图 2-5-10　需求评审的会议议程

3．人员与职责

需求评审的人员与职责，见表 2-5-2。

表 2-5-2　需求评审的人员与职责

角　色	部　门	岗　位	核心职责
负责人	供应链管理	负责人	负责指导、监督和激励成员，确保该环节顺利，提供相关资源
会议主持	需求计划	指定人员	组织促进会议前中后事项，主持会议
流程管理	流程管理	指定人员	推动和监督 S&OP 流程的运行
成员 1	需求计划	指定人员	提供需求计划相关信息
成员 2	供应计划（常为主计划）	指定人员	探讨和识别对供应的影响
临时成员	财务……	指定人员	根据本轮议题需要，增加临时成员

（三）供应评审

1．关键要素

供应评审的关键要素，如图 2-5-11 所示。

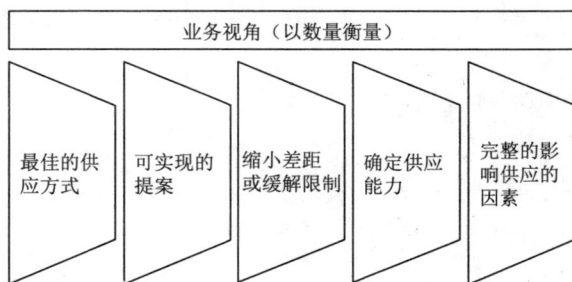

业务视角（以数量衡量）

最佳的供应方式　可实现的提案　缩小差距或缓解限制　确定供应能力　完整的影响供应的因素

图 2-5-11　供应评审的关键要素

（1）最佳的供应方式。需要基于产品评审以及需求评审的输入，输出一个最佳的供应方式，这是供应评审的终极任务。

（2）可实现的提案。产品管理的需求、销售的需求，在供应评审中汇集，需要在此解决如何满足需求的问题，因此，可能产生不同的提案。

（3）缩小差距或缓解限制。需求和供应之间可能存在一定差距或有相关限制条件，如某个期间内的产能不够、库容不够、检验检测能力不够等，或者可能有库存等绩效指标的限制等。此时，需要将这些都识别出来，然后，找到缩小差距或缓解限制的方法。

（4）确定供应能力。通过提案、缩小差距和环节限制等，得出可实现的供应情况。此时，需要回应产品管理及销售的需求，如产品试产的计划、产品的生产及发货计划等。

（5）完整的影响供应的因素。为了让相关计划切实可行，需要清晰罗列出相关的影响因素，这些将由 S&OP 团队成员分头去跟进落实，以及在风险发生时，快速用既定的应对措施处理，以减轻对业务活动的影响。

2．会议议程

供应评审的会议议程，如图 2-5-12 所示。

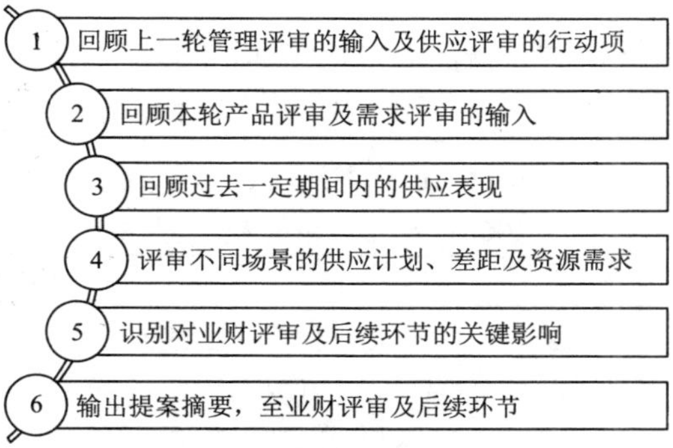

图 2-5-12　供应评审的会议议程

（1）回顾上一轮管理评审的输入及供应评审的行动项。上一轮 S&OP 的管理评审，可能会有相关决策至供应计划；上一轮 S&OP 的供应评审，可能会有相关行动项。这些，需在本轮 S&OP 的供应评审前跟踪和落实，并在本轮 S&OP 的供应评审中进行回顾。

（2）回顾本轮产品评审及需求评审的输入。在本轮 S&OP 中，在供应评审前，已经开展了产品评审及需求评审。本轮供应评审需接收相关信息，并在本轮供应计划中体现出来。

（3）回顾过去一定期间内的供应表现。供应计划也好，供应评审也罢，最终要确保良好的供应结果。在此，需要对过去一定期间内的供应表现进行量化地呈现，如通过及时足量交付率、库存指标等。然后分析表现不佳的根本原因。最后，制定改善措施。

（4）评审不同场景的供应计划、差距及资源需求。面对产品管理需求及销售需求，制订不同场景下的供应计划以及对应的差距和资源需求，分析不同场景下供应计划的优势和劣势，以供后续的评估和决策。

（5）识别对业财评审及后续环节的关键影响。在供应评审后，还有本轮的业财评审及管理评审。在此，需要考虑对财务、管理决策可能的影响，并将此影响具象化、数据化。本轮供应计划，与年度预算版本的供应计划有什么差异？原因是什么？有什么缓解措施？如年度预算版本的供应计划是 1 万个，本轮的供应计划是 1 千个，这就比预算少了。此情形下，相当于计划从多到少，意味着原来预算的资源多了。所以，若按此供应计划执行，需要重新审视资源并要控制；若本轮的供应计划是 10 万个，这就比预算多了。此情形下，相当于计划从少到多，意味着原来预算的资源少了。所以，若按此供应计划执行，需要重新审视资源并要匹配相当的资源。

基于以上五个议程的内容，整理出一份提案摘要，以输入至本轮的业财评审及管理评审环节。

（6）输出提案摘要，至业财评审及后续环节。

3．人员与职责

供应评审的人员与主要职责，见表 2-5-3。

表 2-5-3　供应评审的人员与职责

角　色	部　门	岗　位	核心职责
负责人	供应链管理	负责人	负责指导、监督和激励成员，确保该环节顺利，提供相关资源
会议主持	供应计划（常为主计划）	指定人员	组织促进会议前中后事项，主持会议
流程管理	流程管理	指定人员	推动和监督 S&OP 流程的运行
成员 1	主计划	指定人员	提供产能及相关资源分析
成员 2	物料计划	指定人员	提供物料供应分析
成员 3	生产	指定人员	提供人力等分析，对资源限制的决策
成员 4	仓库	指定人员	提供库存库容等分析
成员 5	质量	指定人员	提供检验及放行能力等分析
成员 6	财务	指定人员	探讨和识别对财务的影响
临时成员	管理层……	指定人员	根据本轮议题需要，增加临时成员

（四）业财评审

1．关键要素

业财评审的关键要素，如图 2-5-13 所示。

图 2-5-13 业财评审的关键要素

2．会议议程

业财评审的会议议程，如图 2-5-14 所示。

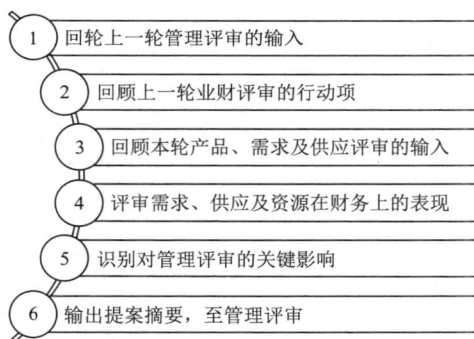

① 回轮上一轮管理评审的输入

② 回顾上一轮业财评审的行动项

③ 回顾本轮产品、需求及供应评审的输入

④ 评审需求、供应及资源在财务上的表现

⑤ 识别对管理评审的关键影响

⑥ 输出提案摘要，至管理评审

图 2-5-14 业财评审的会议议程

3．人员与职责

业财评审的人员与职责，见表 2-5-4。

表 2-5-4 业财评审的人员与职责

角 色	部 门	岗 位	核心职责
负责人	财务	负责人	负责指导、监督和激励成员，确保该环节顺利，提供相关资源
会议主持	财务	指定人员	组织促进会议前中后事项，主持会议
流程管理	流程管理	指定人员	推动和监督 S&OP 流程的运行
成员 1	财务	指定人员	提供财务分析相关信息
成员 2	产品管理	指定人员	对碰产品管理相关信息
成员 3	需求计划	指定人员	对碰需求计划相关信息
成员 4	供应计划（常为主计划）	指定人员	对碰供应计划相关信息
临时成员	……	指定人员	根据本轮议题需要，增加临时成员

（五）管理评审

1．关键要素

管理评审的关键要素，如图 2-5-15 所示。

图 2-5-15　管理评审的关键要素

2. 会议议程

管理评审的主要会议议程，如图 2-5-16 所示。

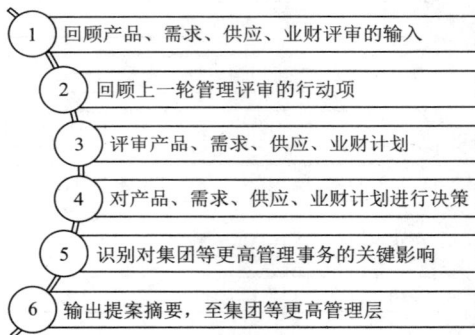

图 2-5-16　管理评审的会议议程

3. 人员与职责

管理评审的人员与主要职责，见表 2-5-5。

表 2-5-5　管理评审的人员与职责

角　　色	部　　门	岗　　位	核心职责
负责人	总经理	负责人	负责指导、监督和激励成员，确保该环节顺利，提供相关资源
会议主持	供应链管理	负责人	组织促进会议前中后事项，主持会议
流程管理	流程管理	负责人	推动和监督 S&OP 流程的运行
成员 1	供应链	负责人	准备管理评审相关材料
成员 2	销售	负责人	对碰销售相关信息
成员 3	研发	负责人	对碰产品管理相关信息
成员 4	财务	负责人	对碰财务相关信息
成员 5	人力资源	负责人	对碰人力资源相关信息
成员 ×	其他	负责人	对碰其他部门相关信息
临时成员	……	指定人员	根据本轮议题需要，增加临时成员

五、S&OP 的快速重塑（模型 16：S&OP 五爪鱼模型）

根据内外部环境的情况，我们需要不断优化 S&OP 的结构和运行方式，以适应市场需求、供应链变化、竞争环境和其他外部因素的变化。这样，我们才可以使 S&OP 更具适应性和灵活性，更好地应对变化和挑战，实现持续改进和业务增长。

（一）S&OP 五爪鱼模型

八爪鱼是世界上最聪明的无脊椎动物，其古老而神秘。研究发现，八爪鱼有 9 个大脑，1 个主脑和 8 个附脑（也称辅脑）。主大脑决定节鱼的意识和行为，附脑可以支配腕足，八个腕足可以各自自主行动和互不干扰，各自感知环境能快速做出反应。其很多行为，不需大脑下达指令。与人类神经元多分布在大脑的情况不同，节鱼的大部分神经元分布在腕足上。

如图 2-5-17 所示，S&OP 五爪鱼模型，借用了八爪鱼的概念。因为 S&OP 分五个环节，所以将"八"改成了"五"。S&OP 是五爪鱼的大脑。产品评审、需求评审、订单履行、业财评审和管理评审是五爪鱼的腕足，也是其附脑所在的地方。S&OP 的抓手是五爪鱼腕足上的吸盘。S&OP 五爪鱼模型，能实现多线程既独立自主又统一协同，快速且从容地应对不确定。

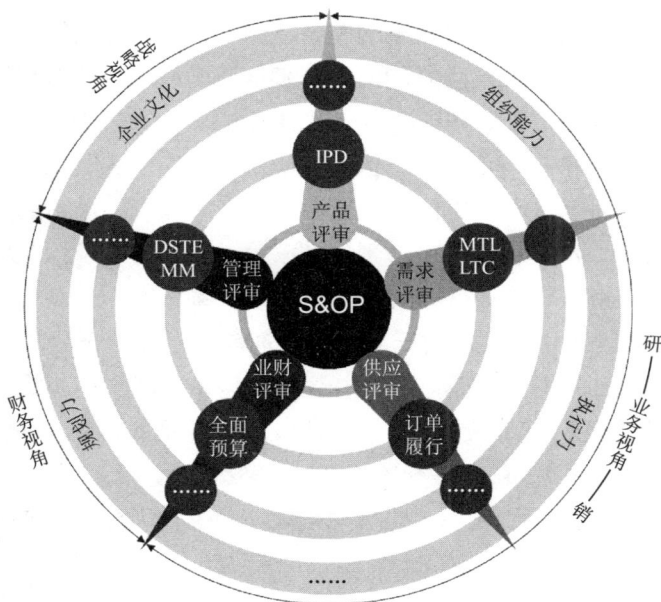

图 2-5-17　S&OP 五爪鱼模型

DSTE（战略规划到执行流程）、MM（市场管理流程）、IPD（集成产品开发）、

MTL（从市场到线索流程）、LTC（从线索到回款流程）、订单履行和全面预算等，这些企业的核心流程是五爪鱼腕足吸盘牢牢吸附的地方，也是 S&OP 的抓手。另外，还有其他相关的流程和制度等，也是五爪鱼吸盘的目标。五爪鱼通过用吸盘吸住企业的核心流程和相关部位，就能快速随时调用这部分信息，才得以快速在 S&OP 中决策和高效行动。详情如下：

（1）在产品评审中，通过 IPD 流程，获取产品开发计划和全生命周期管理等信息。通过 IPD 流程，实现产品从概念到市场推出的全过程管理。通过 IPD 流程，获取产品开发计划（包括项目进度、资源需求、风险评估等方面的信息）。这些信息对于 S&OP 团队制订销售计划、生产计划和库存控制非常重要，有助于提前预判市场需求和制定相应的应对措施。

（2）在需求评审中，可以通过 MTL 或 LTC 流程来获取需求预测等信息。要想获得好的需求预测等输入，如果只是在 S&OP 中做要求，是不够的。还要去检查输出需求预测的流程是否具备，是否运行顺畅。若是，拿到好的需求预测，就是自然而然的事情。若不是，那需求预测质量的好坏是非常不可控的。

（3）在供应评审中，可以通过订单履行流程获取产能分析、订单履行情况等信息。订单履行流程涵盖了从接收订单到交付订单的整个过程，包括产能分析、订单跟踪和履行等环节，以确保供应链的有效运作。通过订单履行流程，可以了解到当前生产资源的利用情况以及生产能力是否满足市场需求，还能够了解到订单履行情况的详细信息，包括订单处理进度、交付时间点、库存情况等。

（4）在业财评审中，可以通过全面预算流程获取年度预算、经营分析等数据信息。全面预算流程包括预算的制定和监控等环节，以确保预算的科学制定和高效达成。通过全面预算流程，可以了解到年度预算，包括营收目标、成本预算和利润预测等，还可以了解到预算执行的情况。

（5）在管理评审中，决策的标准和依据通常都是来自于战略规划到执行和市场管理流程的。通过充分利用这些信息，企业可以做出科学的决策，优化销售与运营计划，提高绩效表现，实现业务目标的达成。管理评审的有效开展，将有助于企业持续改进和提升管理水平，为未来发展奠定坚实基础。

另外，企业文化、组织能力、执行力和规划力等，则是决定 S&OP 能否良好运行的"土壤"。组织能力涵盖了人（工作能力、专业能力等）、财（现金流等）、物（设备设施、自动化等），以及经营管理（精益管理、供应链"五性"等）等方面的能力。执行力是指计划执行达成率，即使制订了优秀的计划，也需要有出色的执行才能真正实现目标。规划力是指具备有效的规划能力，才能准确做好市场需求预测、销售预测等工作。举例来说，即使 S&OP 的决策再出色，如果执行力不足，那么整个 S&OP 过程也将变得毫无意义。因此，企业在实施 S&OP 时需要重视并提升组织能力、执行力和规划力等关键要素，以确保 S&OP 运行得顺利和有效。

在组织能力方面，企业需要关注人、财、物和经营管理等能力的提升，拥有高素质的员工、健康的财务状况、先进的设备设施以及高效的经营管理体系，能够为 S&OP 的成功实施提供有力支持；在规划力方面，企业需要具备较强的规划能力，能够准确预测市场需求、制定合理的销售预测等，以支持 S&OP 的有效实施和持续改进；在执行力方面，企业要注重计划的落实和达成率，确保团队能够按照计划有序地执行，及时调整和解决问题，以实现 S&OP 目标的顺利达成。

（二）重塑 S&OP 的要素

基于 S&OP 五爪鱼模型，在重塑 S&OP 时，需要结合和考虑相关联的流程及工作。另外，还需注意重塑 S&OP 的要素，如图 2-5-18 所示。

图 2-5-18　重塑 S&OP 的要素

1. 渗透率

企业从"等、靠、要"的状态转变为主动、提前和精准地介入相关流程的状态，及早获取所需信息，快速反馈决策指令。

2. 频率

企业不应呆板地执行每月一轮的节奏，而是应该根据需要灵活调整频率。可以执行每月一轮正常运作，但如果中途出现新情况，就需要及时调整决策。另外，也可以适当地将频率提高，以应对市场变化带来的挑战。

3. 效率

一方面，将 S&OP 轻量化，高效地运行。另一方面，通过数字化提高 S&OP 运行的效率。

4．达成率

加强 S&OE 运作，提升组织能力和执行力等，使决策及计划的达成率得以保障，避免因达成率低而增加 S&OP 难度。

🔔 **学后行动**

基于所工作的企业或了解到的企业，画出其 S&OP 的架构图，有什么不足？如何改善？

_____

_____

_____

_____

_____

_____

第六节　供应链模式与策略

供应链模式的选择和策略的制定是企业运营和竞争力提升的核心因素。供应链模式没有绝对的好坏，它往往取决于行业特性、企业的具体需求以及市场环境等多方面因素。然而，如何选择适合的供应链模式，并制定与之匹配的策略，直接影响着供应链的运作效率和企业的市场表现。

另外，市场环境是不断变化的，企业不能一成不变地遵循单一的供应链模式和策略。企业需要根据市场需求、竞争态势、技术进步等因素，定期评估现有模式的有效性，并在必要时调整策略。

本节从供应链战略出发，我们一起去了解和掌握如何选择供应链模式和策略。

🔔 **学前思考**

你所在的企业，是什么供应链模式？并结合实际场景详细描述一下，是什么制造模式？

_____

_____

_____

_____

_____

一、从公司战略到供应链行动

从公司战略到供应链行动，如图 2-6-1 所示。公司战略指引整个企业的发展方向；供应链战略紧密围绕公司战略，确保供应链支持业务目标；供应链架构将供应链战略转化为实际的运营框架，明确如何组织供应链网络、技术和资源；供应链模式、制造模式、生产方式决定了企业如何执行具体的供应链流程；供应链策略通过制定计划、采购、库存、物流等具体的策略，来优化供应链的效率和效益；供应链行动则是供应链策略的执行，确保供应链流程顺利进行，支持企业达成战略目标。

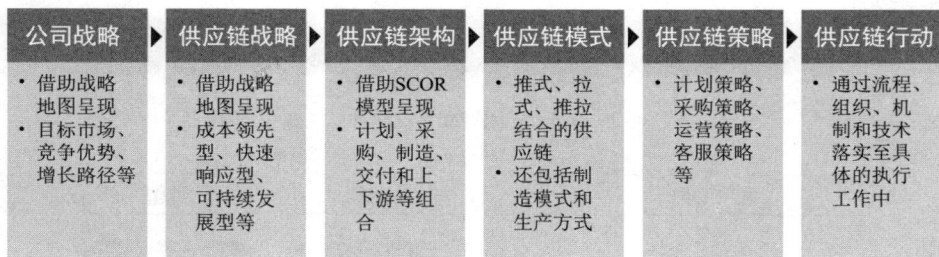

公司战略	供应链战略	供应链架构	供应链模式	供应链策略	供应链行动
• 借助战略地图呈现 • 目标市场、竞争优势、增长路径等	• 借助战略地图呈现 • 成本领先型、快速响应型、可持续发展型等	• 借助SCOR模型呈现 • 计划、采购、制造、交付和上下游等组合	• 推式、拉式、推拉结合的供应链 • 还包括制造模式和生产方式	• 计划策略、采购策略、运营策略、客服策略等	• 通过流程、组织、机制和技术落实至具体的执行工作中

图 2-6-1　从公司战略到供应链行动

二、供应链架构

供应链运作参考模型 (SCOR)，如图 2-6-2 所示，它被广泛应用于全球各行业中。在 SCOR 模型中，计划、采购、制造和交付被看作是构成供应链管理的基本 "DNA"，它们是供应链管理中至关重要的核心流程。根据不同行业和不同场景等对 "DNA" 进行相应的组合，从而搭建出各种各样的供应链架构。在这种供应链架构下，再根据企业所需选择不同的供应链模式和制定不同的供应链策略。

当然，SCOR 模型强调供应链管理的全局视角，认识到供应链的延伸不仅仅局限于本企业，还包括上游供应商，以及供应商的供应商，下游客户，以及客户的客户等。因此，在运用 SCOR 模型时，需要考虑整个供应链的各个环节，并与相关利益相关方进行合作和协调，以达到供应链的整体优化和协同发展。

三、供应链模式、制造模式和生产方式

供应链管理涉及多个重要概念和模式，其中供应链模式、制造模式和生产方式是供应链管理中的关键要素，如图 2-6-3 所示。

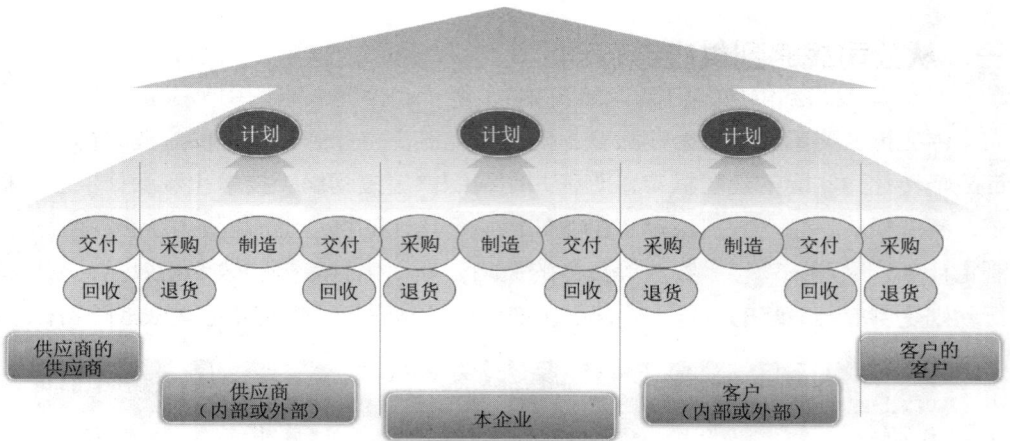

图 2-6-2　供应链运作参考模型（SCOR）

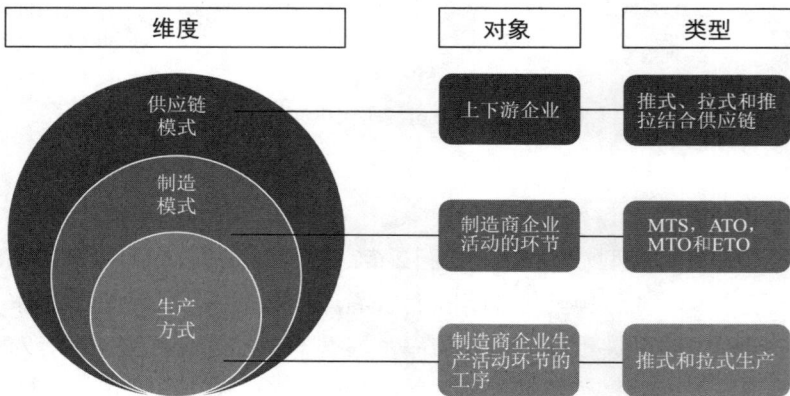

图 2-6-3　供应链管理的关键要素

（一）供应链模式

在供应链管理中，供应链模式描述的对象主要是上下游企业之间的关系和协作方式。常见的供应链模式包括推式供应链、拉式供应链和推拉结合供应链。

图中制造模式描述的对象是制造商企业内部的生产活动环节和策略选择。常见的制造模式包括 MTS（存货生产），MTO（订单生产），ATO（订货组装），ETO（按订单设计）等。生产方式描述的对象是制造商企业内部生产活动的工序和流程。常见的生产方式包括推式生产和拉式生产。

如图 2-6-4 所示，推式供应链是根据市场需求进行预测性生产和库存，然后推送产品至市场。拉式供应链是根据实际订单需求进行生产，以减少库存和浪费。而推拉结合供应链则结合了两者的优点，既考虑到市场需求的预测，又根据实际订单进行生产和供应。推式供应链适合需求相对稳定、市场预测准确的行业和场景。

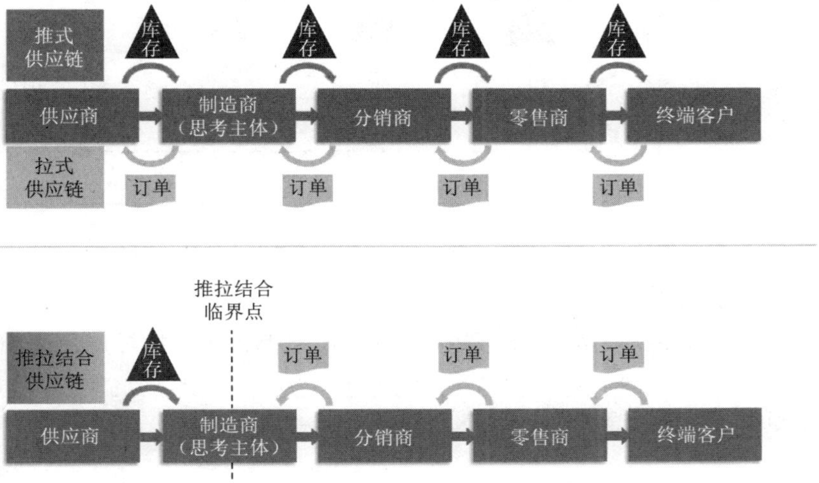

图 2-6-4　供应链的三种模式

比如，日用消费品行业中的一些常见商品（如牙膏、洗发水等）需求相对稳定，可以通过推式供应链进行大规模生产和库存，以满足市场需求。拉式供应链适合需求不确定、市场波动大的行业和场景。比如，高科技产品行业中的一些新型电子产品，由于技术更新快、市场需求难以准确预测，可以通过拉式供应链根据实际订单需求进行生产，避免过剩和库存风险。推拉结合供应链适合需求波动较大但部分预测可行的行业和场景。比如，时尚服装行业中的一些季节性产品，可以通过推拉结合供应链，根据市场趋势和季节性需求进行一定程度的预测生产，同时根据实际订单进行灵活调整。这样既能满足市场需求，又能降低过剩和缺货的风险。

（二）制造模式

制造模式，如图 2-6-5 所示。图中 MTS 适用于需求相对稳定、市场预测准确的行业和场景。比如，日用消费品行业、快速消费品行业和家居用品行业等。ATO 适用于需求相对不确定、存在一定差异化要求的行业和场景。比如，电子产品行业、汽车制造业和工业设备制造业等。MTO 适用于个性化需求较强、订单量相对较小的行业和场景。比如，服装行业、家具行业和珠宝行业等。ETO 适用于根据客户具体需求进行工程设计和定制生产的行业和场景。比如，建筑工程行业和定制机械制造行业等。

图 2-6-5　四种制造模式

（三）生产方式

生产方式，如图 2-6-6 所示。图中推式生产是指各工序按照成品需求运行出来的物料需求计划（MRP）进行生产，并未考虑下游工序对其的真实和实时需求；拉式生产则是按照下游工序的真实和实时需求进行生产，避免过剩和浪费。

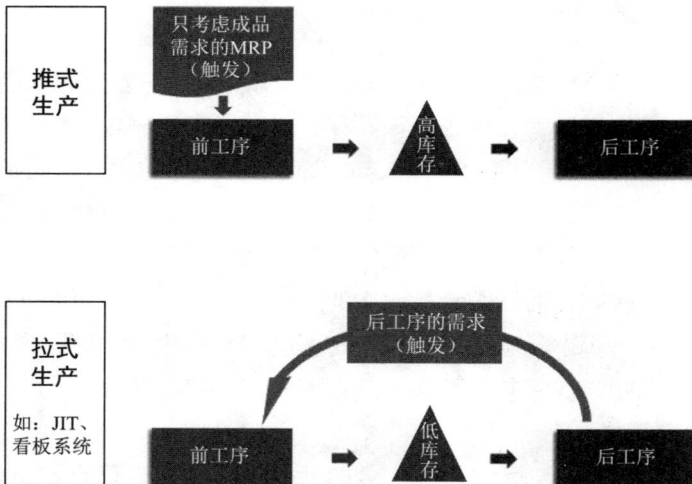

图 2-6-6　两种生产方式

通过供应链模式、制造模式和生产方式，企业可以更好地优化供应链管理、生产运作和生产效率，提高客户满意度，降低成本，增强市场竞争力。供应链模式、制造模式和生产方式无绝对的好坏之分，而是是否合适的问题，有时候企业会结合不同的模式或方式。在不断变化的市场环境中，灵活运用适合企业情况的模式和方式，将有助于企业实现持续发展和成功。

四、供应链策略

供应链管理涉及方方面面，且各方之间的关系十分复杂。企业或相关方需要根据外部环境及自身情况，制定适合的供应链策略。另外，动态调整供应链策略是供应链管理中的关键一环，需要企业不断关注外部环境变化，灵活应对，以确保供应链的高效运转和持续改进。

（一）基于 SCOR 的供应链策略

基于 SCOR 的供应链策略，如图 2-6-7 所示。基于 SCOR 模式，我们梳理出以下对应的供应链策略。

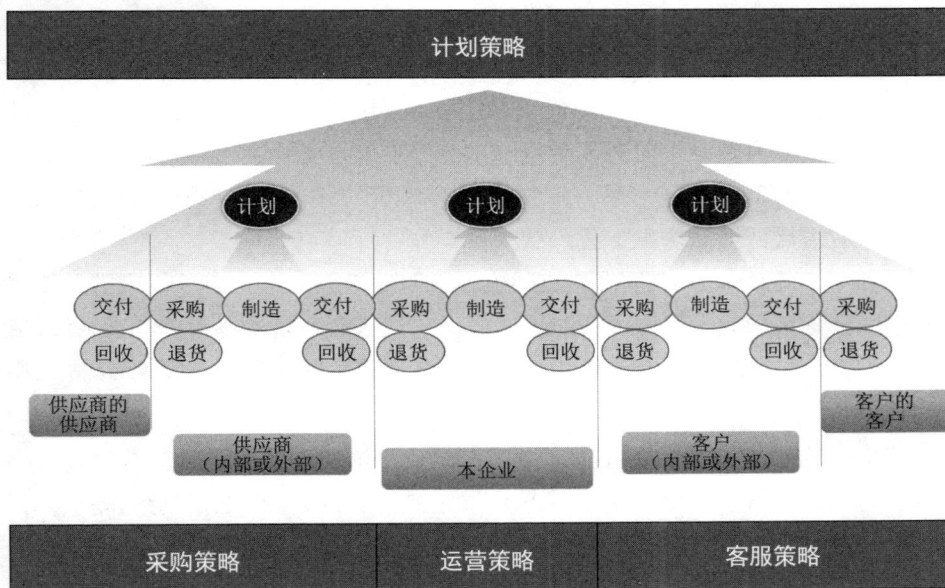

图 2-6-7　基于 SCOR 的供应链策略

1. 运营策略

在本企业内制定高效的运营策略，包括确定生产方式、生产规模、生产流程和资源分配等。通过优化运营策略，企业可以提高生产效率、降低成本，并确保产品供应的稳定性和质量。

2. 采购策略

面对供应商时制定采购策略，包括选择供应商、建立合作关系、制订采购计划、管理供应商风险等。通过制定有效的采购策略，企业可以确保原材料和零部件的及时供应，同时降低采购成本和风险。

3．客服策略

面对客户制定客服策略，包括确定客户服务水平、处理客户投诉、提供售后支持等。通过制定客服策略，企业可以提升客户满意度，增强客户忠诚度，并促进业务增长和口碑传播。

4．计划策略

面向本企业、供应商和客户制订科学的计划与策略，包括需求、生产、物流等方面。通过制订科学的计划与策略，企业可以准确预测满足市场需求，提高资源利用率，降低库存成本和物流成本。

（二）削弱长鞭效应负面影响的策略

长鞭效应是指在供应链中由于需求的波动逐渐被放大，导致上游企业收到的需求信号比实际需求大幅波动，进而引发了一系列扩大的波动。长鞭效应对企业有很多负面影响，增大上游企业对下游需求预测的难度，可能会出现无真实需求的产品，库存极高；有真实需求的产品，缺货严重的局面。有时还会出现逆向长鞭效应，其波动从供应端传导至需求端，逐级放大。

长鞭效应说明了即使原始的波动很小，但随着波动向上游（供应端）传导，波动的幅度会逐渐放大，就像挥舞长鞭一样。这意味着即使最终用户的需求波动很小，但由于供应链上游环节的反应和调整，最终可能导致供应链上的库存波动和生产波动。

逆向长鞭效应通常发生在供应链上游的生产端出现了波动，如原材料价格上涨或供应短缺，导致生产成本增加或产品供应减少。这会影响到下游的需求端，可能导致价格上涨、产品短缺等问题，进而引起消费者需求的波动。逆向长鞭效应的出现提醒我们，在供应链管理中需要关注整个供应链的稳定性和协同性，不仅要关注终端用户的需求，还要关注供应链上游的波动和变化。只有全面了解供应链上下游环节的情况，才能更好地应对潜在的波动传导效应，保持供应链的稳定和高效运作。

制定科学策略以削弱长鞭效应的负面影响，如图 2-6-8 所示。

为了削弱长鞭效应的负面影响，可以考虑以下策略：

1．加快信息流和实物流的速度

通过提高供应链中信息的传递速度和实物的运输速度，可以缩短整个供应链上的响应时间。这可以通过采用先进的物流技术和信息系统来实现，如物联网、人工智能和大数据分析等技术，加快信息和物流的速度可以使供应链处于更短的长鞭上，减少波动的放大效应。

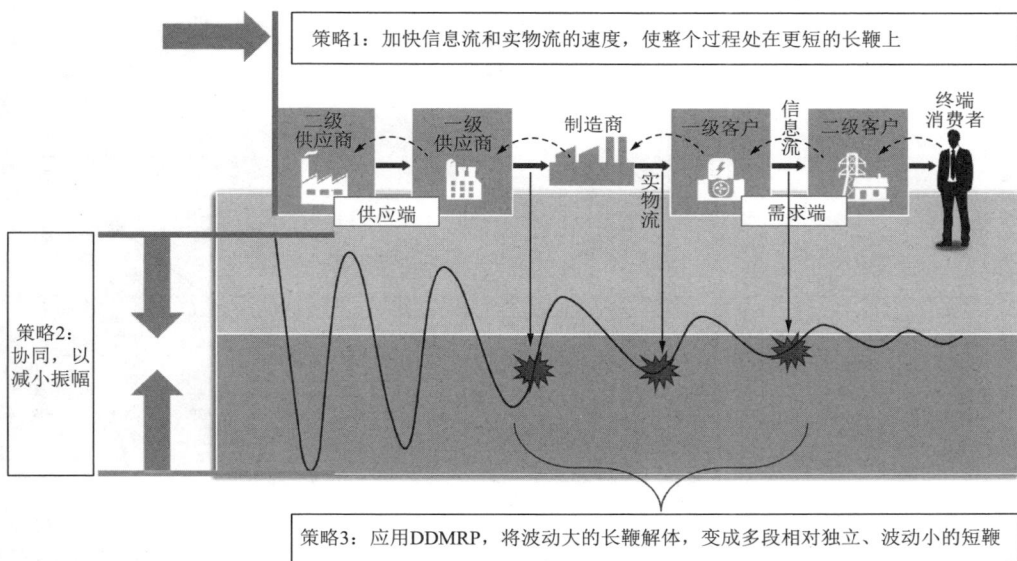

策略1：加快信息流和实物流的速度，使整个过程处在更短的长鞭上

二级供应商　一级供应商　制造商　一级客户　信息流　二级客户　终端消费者

供应端　实物流　需求端

策略2：协同，以减小振幅

策略3：应用DDMRP，将波动大的长鞭解体，变成多段相对独立、波动小的短鞭

图 2-6-8　制定科学策略以削弱长鞭效应的负面影响

2. 协同以减小长鞭效应中的振幅

通过供应链各个环节之间的紧密协作和信息共享，可以减少信息传递延迟和误差，降低长鞭效应造成的波动。从而可以减小波动在供应链中的传导振幅。这可以通过建立良好的合作关系、共同制定供应链规划和策略，以及实施有效的协调机制来实现。比如，供应链伙伴可以共享需求和库存信息，进行合理的生产计划和库存管理，以减小波动的放大效应。

3. 应用 DDMRP

DDMRP 的英文全称是 demand-driven material requirements planning，即需求驱动的物料需求计划。它是一种供应链管理方法，通过将波动大的长鞭解体，变成多段相对独立、波动小的短鞭来应对长鞭效应。具体做法是在供应链中设置多个解耦点，在相应的解耦点部署缓冲库存，实现每两个解耦点之间的需求相对独立，同时能快速响应市场变化。这相当于在解耦点设置库存堤坝，可以有效减小或消除长鞭前一段的波动对后一段的影响，提高供应链的稳定性和灵活性。

（三）计划策略

在供应链的运营策略、采购策略、客服策略和计划策略这四大策略中，计划策略贯穿整个供应链的上下游。

1. 完全按需生产

完全按需生产，如图 2-6-9 所示。

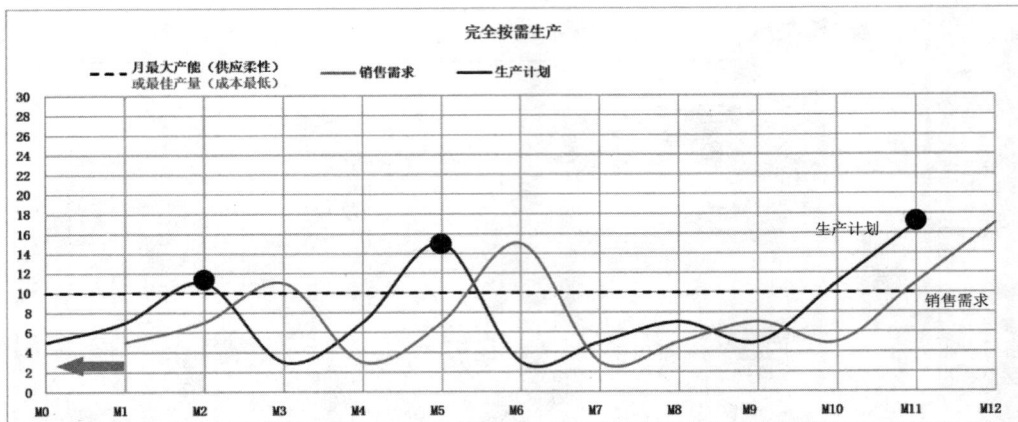

（a）

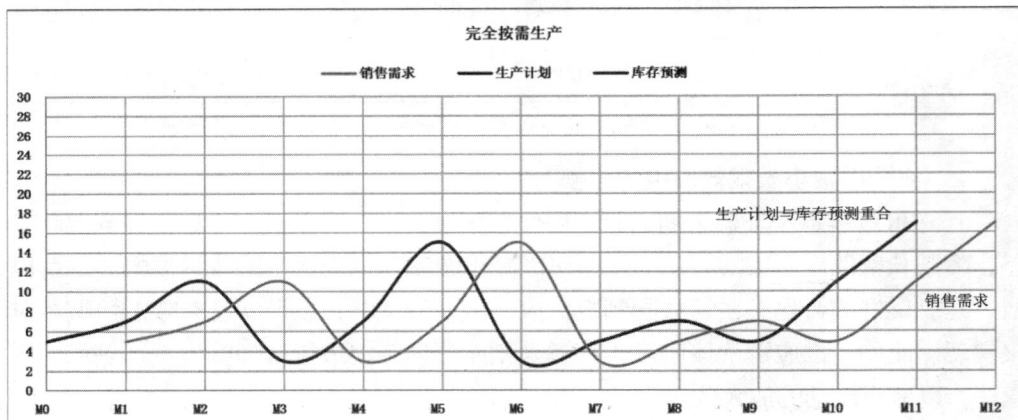

（b）

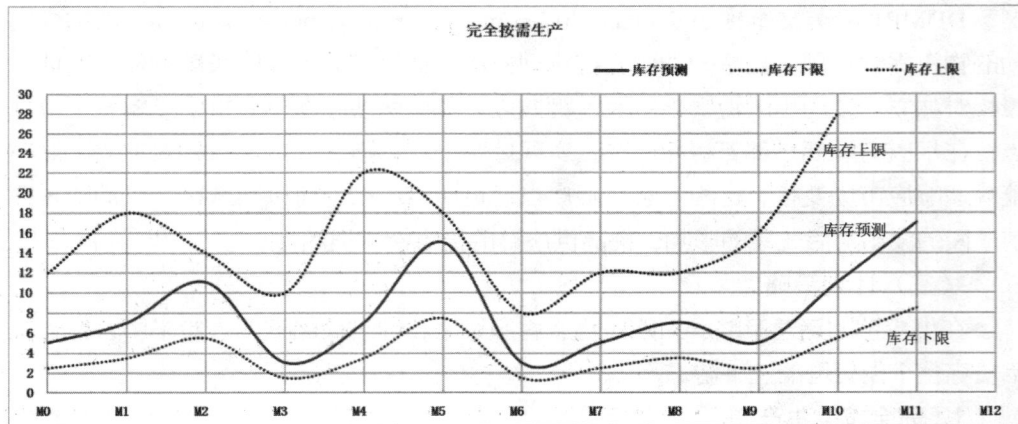

（c）

图 2-6-9　完全按需生产

（1）销售需求。如图2-6-9（a）所示，在月度及季度需求之间，有难以避免的波动。

（2）计划逻辑。如图2-6-9（a）所示，对于每月的销售需求，在前1个月完成生产（假设生产提前期为1个月）。

（3）供应情况。如图2-6-9（a）所示，月度正常产能为8，通过调控可达月度最大产能10。生产波动大，不均衡。在部分月份，出现产能闲置（人员过剩或设备折旧增加）或不足（需额外投资，如增加人或设备）。

（4）成品库存。如图2-6-9（b）和（c）所示，月度库存覆盖未来一个月销售需求量，整体库存随需求波动大，均在库存上下限之内。

备注：库存下限是指生产完成后，需2周的检验放行周期，此后才能发货，故相对于需求，应至少在2周前完成生产，若库存<未来2周的销售需求，会出现断货；库存上限是指基于库存管理要求，结合供应风险、有效期损失和精益生产（0库存方向）等，设置合理的库存上限。在此假设库存上限为"未来2个月"的销售需求量。

2. 完全均衡生产

完全均衡生产，如图2-6-10所示。

（1）销售需求。如图2-6-10（a）所示，在月度及季度需求之间，有难以避免的波动。

（2）计划逻辑。如图2-6-10（a）所示，在首个销售需求的前一个月开始生产，每月的生产量为本周期内销售需求总和的月度平均值。注意：假设销售需求的最小颗粒度为月，至于周或日的需求，在制定销售预测时不能确定。

（3）供应情况。如图2-6-10（a）所示，月正常产能为8，通过调控，可达月最大产能10，生产计划中的每月生产量为8。

（4）成品库存。如图2-6-10（b）和（c）所示，整体库存高，产品有效期损失多，部分月份超出库存上限。

备注：为方便对比，库存上下限设置与"完全按需生产"一致。

3. 产销动态平衡式生产

产销动态平衡式生产，如图2-6-11所示。

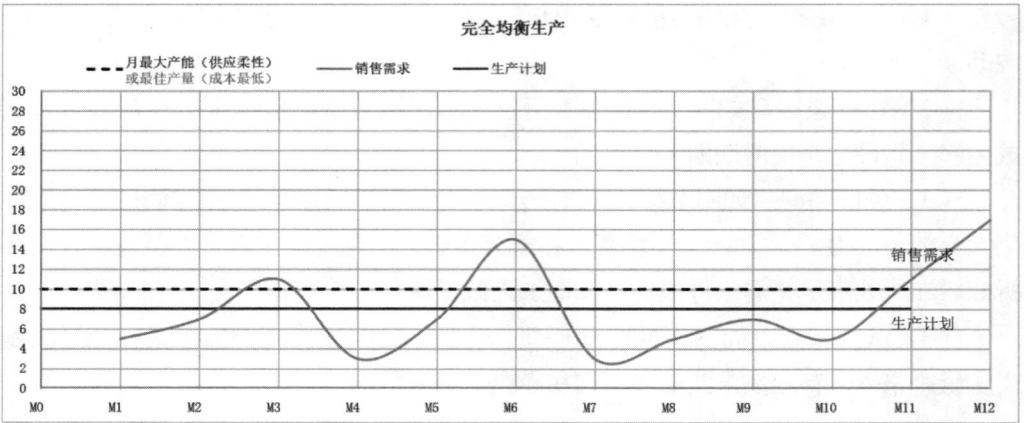

（a）

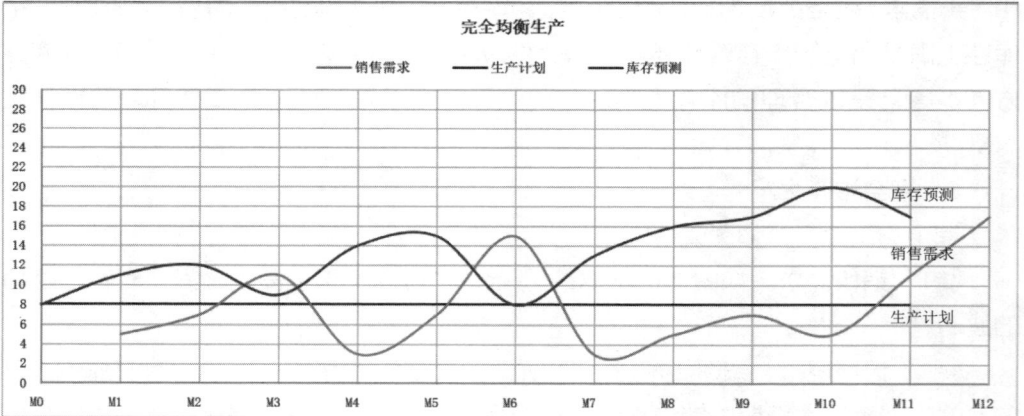

（b）

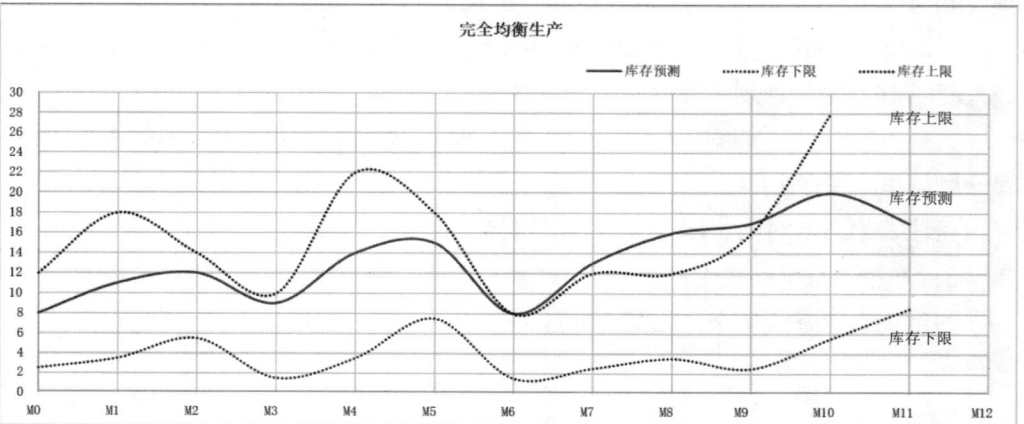

（c）

图 2-6-10　完全均衡生产

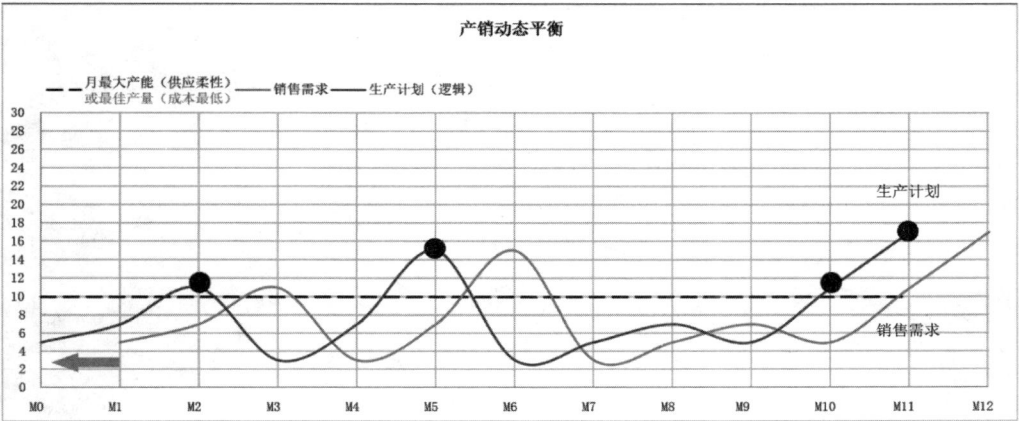

（a）

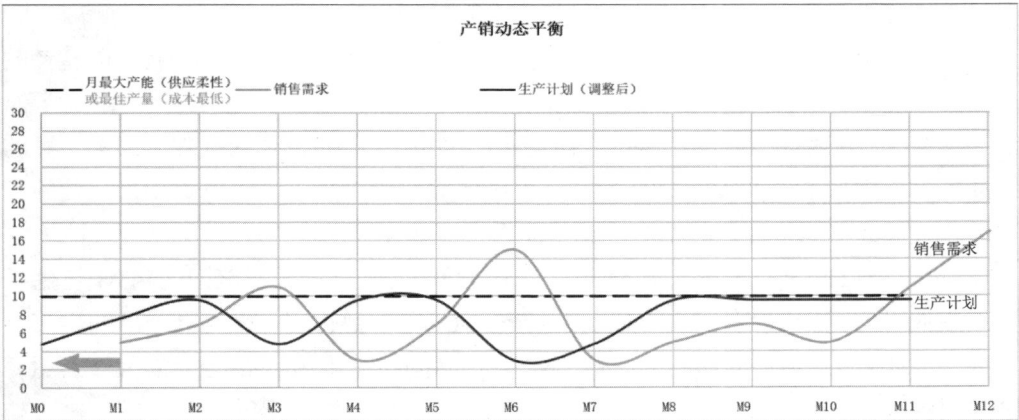

（b）

产销动态平衡

生产计划（调整后）—— 库存预测（调整后）

（c）

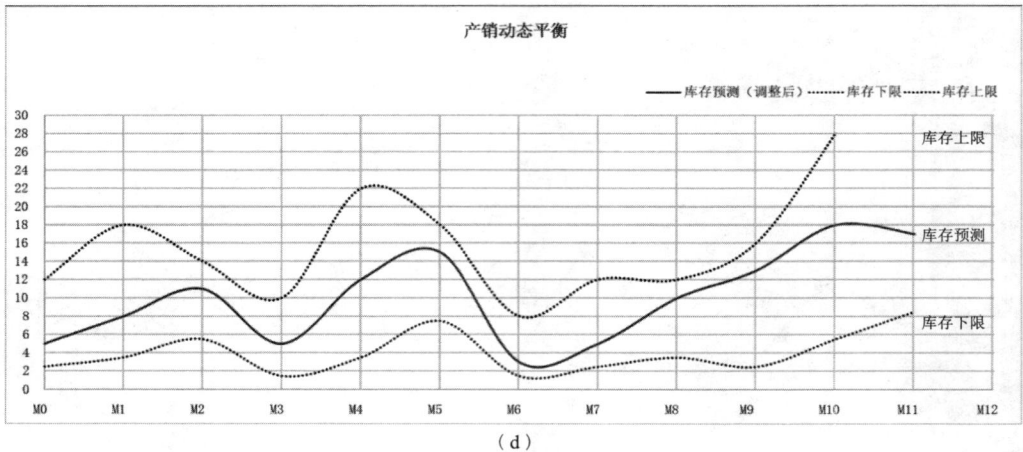

（d）

图 2-6-11　产销动态平衡式生产

（1）销售需求。如图 2-6-11（a）所示，在月度及季度需求之间，有难以避免的波动。

（2）计划逻辑。如图 2-6-11（a）所示，在放行周期 2 周的基础上，加 2 周的缓冲（基于供应信心及库存管理要求，来确定缓冲的大小），以应对生产、检验和放行等过程的不确定性。故相应的销售需求，提前 4 周完成生产。

如图 2-6-11（b）所示，当 M 月生产计划量 > M 月最大产能时，将 M 月生产计划量调减至月最大产能量，余量提前至（M - 1）月；当（M - 1）月的生产计划量 >（M - 1）月最大产能时，将（M - 1）月生产计划量调减至月最大产能量，余量再提前至（M - 2）；依次类推。我们尽可能将产能不足的部分提前生产，如果因为产能不允许或客户不同意提前生产的，那就需要和客户沟通延后生产和供应的事宜。

（3）供应情况。如图 2-6-11（b）所示，月正常产能为 8，通过调控，可达月最大产能 10。月度生产计划量在产能之内。

（4）成品库存。如图 2-6-11（c）和（d）所示，月度库存较低，整体库存合理，均在库存上下限之内。

备注：为方便对比，库存上下限设置与"完全按需生产"一致。

4. 不同计划策略的优劣势对比

我们从以下方面，对不同计划策略的优劣势进行对比：

（1）生产计划波动性。如图 2-6-12 所示，完全均衡生产 < 产销动态平衡 < 完全按需生产。

（2）供应风险。产销动态平衡式生产 < 完全均衡生产（当周期内的需求分布

为前多后少时，那么，平均下来的月产量不能满足前面几个月的销售需求）＜完全

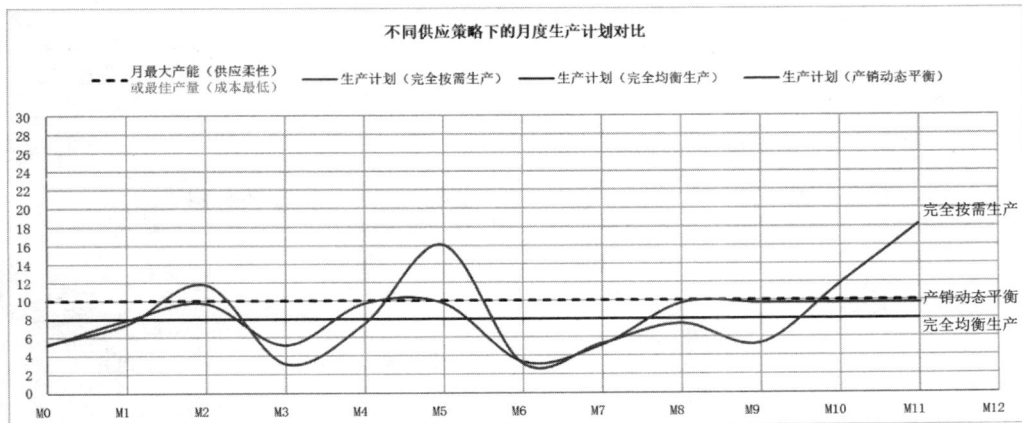

图 2-6-12　不同计划策略下的月度生产计划对比

按需生产（当需求激增时，来不及增加产能）。

（3）库存高低。如图 2-6-13 所示，完全按需生产＜产销动态平衡式生产＜完全均衡生产。

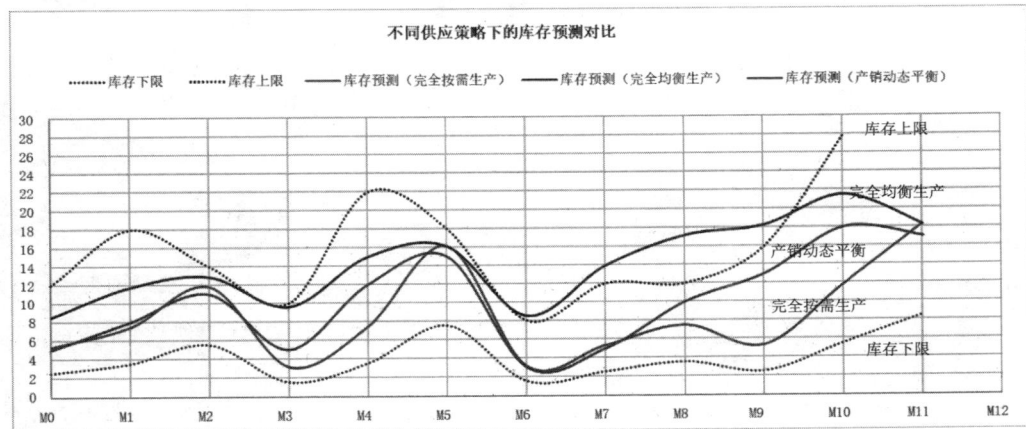

图 2-6-13　不同计划策略下的库存预测对比

　　不同计划策略的综合量化对比，见表 2-6-1。从生产计划波动性、供应风险和库存高低这三个维度来看，产销动态平衡式生产优于完全均衡生产和完全按需生产。当然，如果加入其他维度的考虑，这个结果可能会发生变化。这个推演的过程，主要是给读者提供一种对比的方法。读者可以根据自身的情况，选择适合的维度。

表 2-6-1　不同计划策略的综合量化对比

供应策略	供应风险	生产计划波动性	库存高低	总分
完全按需生产	大：1	大：1	低：3	5
完全均衡生产	中：2	小：3	高：1	6
产销动态平衡	小：3	中：2	中：2	7

5．计划的相关周期及冻结期

产销动态平衡计划策略下的计划相关周期及冻结期，如图 2-6-14 所示。

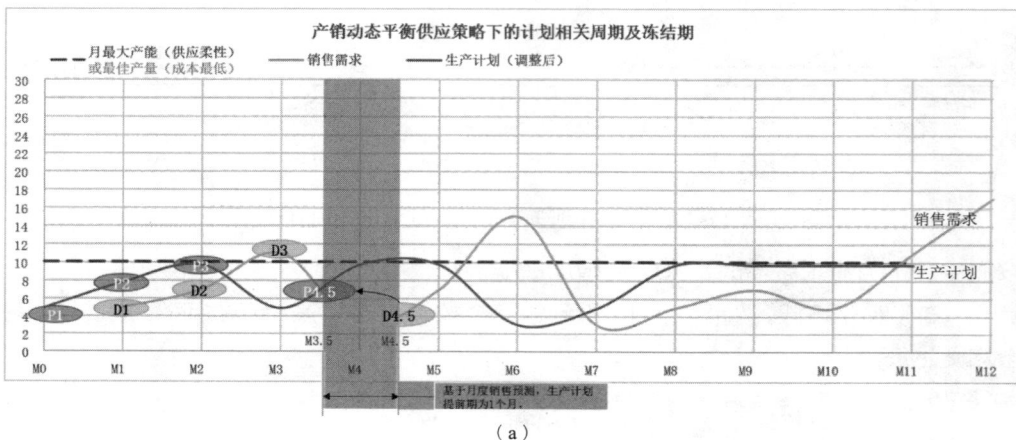

（a）

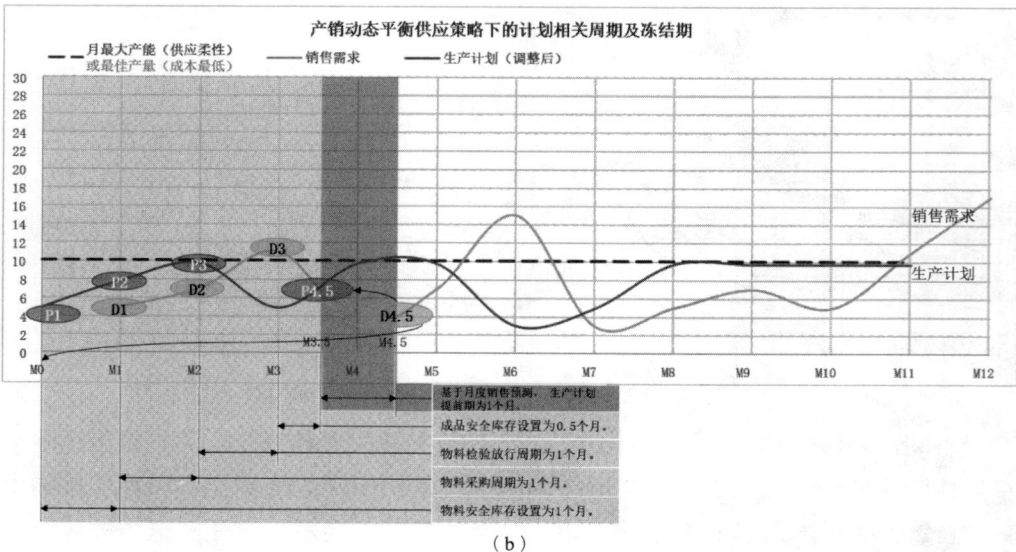

（b）

产销动态平衡供应策略下的计划相关周期及冻结期

—— 销售需求　　—— 生产计划（调整后）　　—— 库存预测（调整后）

库存预测

销售需求

生产计划

D3

P3

P2

P4.5

D2

D4.5

P1

D1

M3.5

M4.5

M0　M1　M2　M3　M4　M5　M6　M7　M8　M9　M10　M11　M12

基于月度销售预测，生产计划提前期为1个月。

成品安全库存设置为0.5个月。

物料检验放行周期为1个月。

物料采购周期为1个月。

物料安全库存设置为1个月。

（c）

产销动态平衡供应策略下的计划相关周期及冻结期

—— 库存预测（调整后）　　—— 库存下限　　—— 库存上限

库存上下限，基于产品自身特点、库存成本、供货风险等而设定。

M3.5　　M4.5

M0　M1　M2　M3　M4　M5　M6　M7　M8　M9　M10　M11　M12

基于月度销售预测，生产计划提前期为1个月。

成品安全库存设置为0.5个月。

物料检验放行周期为1个月。

物料采购周期为1个月。

物料安全库存设置为1个月。

生产计划冻结期：
因车间生产及各辅助部门的具体活动已基于此安排，原则上，冻结"日作业计划"（滚动未来1个月）。

成品需求计划冻结期：
对于4.5个月内的成品销售预测，已释放物料采购需求。原则上，冻结此采购需求。

成品生产计划及物料采购需求不随成品销售预测变化；当成品库存预测超出库存上下限时，调整生产计划以适应销售预测变化。

（d）

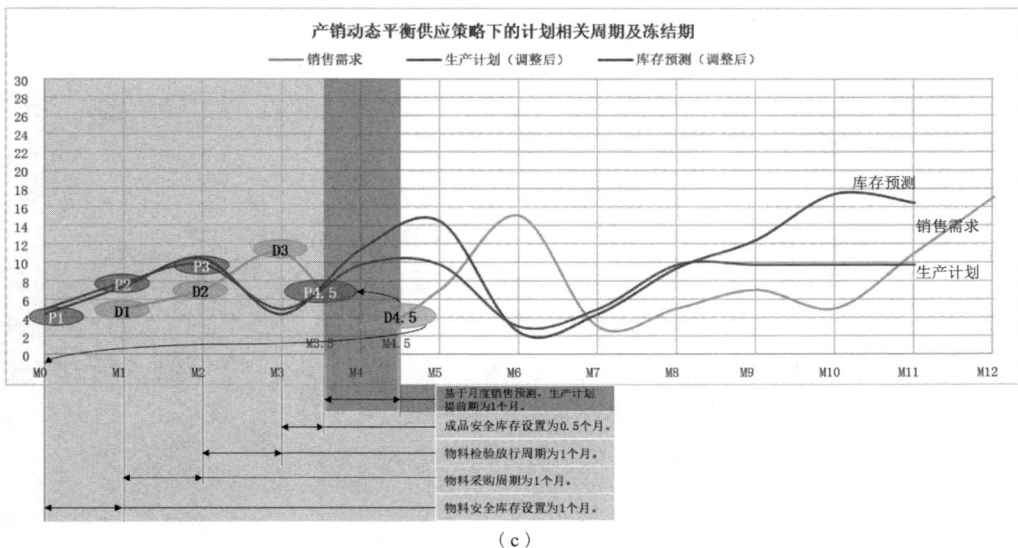

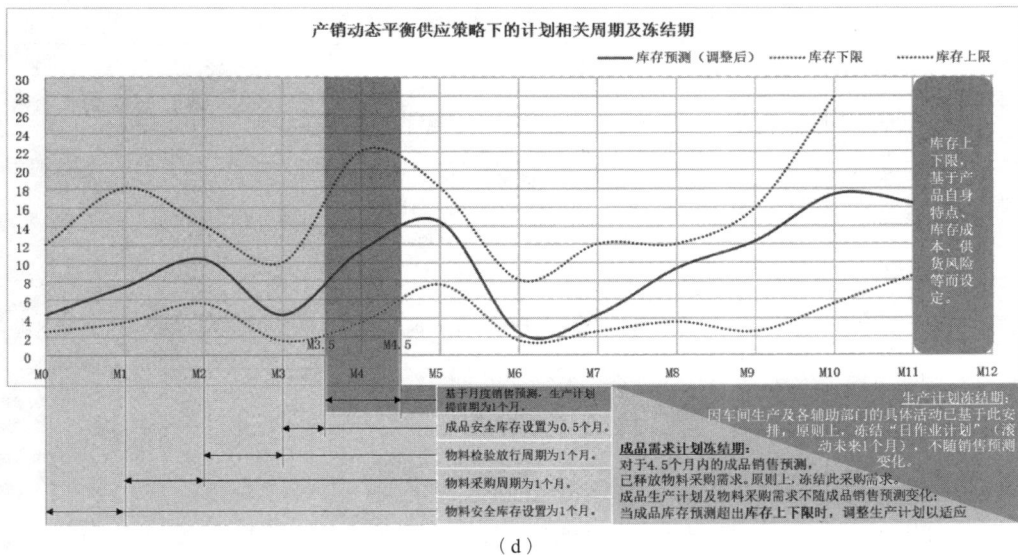

图 2-6-14　计划的相关周期及冻结期

如图 2-6-14（a）所示：M 代表月份，M0 代表当前月，M1 代表 M0 之后的第一个月；D 代表销售需求，D1 代表 M1 的销售需求；P 代表生产计划，P1 代表为满足销售需求 D1 的生产计划，其在 M0 前后。

假设生产计划的提前期为 1 个月，那么，在 M4.5 的销售需求 D4.5，对应着在 M3.5 前后时间里的生产计划 P4.5。特别说明：因为是产销动态平衡的计划策略，要满足客户需求且要尽可能实现均衡生产，所以，M4.5 的需求（D4.5）不一定就在 M3.5 生产，考虑到均衡生产，有可能在 M3.5 之前生产。

如图 2-6-14（b）所示，假设成品安全库存设置为 0.5 个月、物料检验放行周期为 1 个月、物料采购周期为 1 个月、物料安全库存设置为 1 个月，那么对于 M4.5 的销售需求（D4.5），物料采购需求会在 M0 前后释放。

基于销售需求及生产计划，库存预测，如图 2-6-14（c）所示。

如图 2-6-14（d）所示，在前面的假设周期基础上。其生产计划冻结期：因车间生产及各辅助部门的具体活动已基于此安排，原则上，冻结"日作业计划"（滚动未来 1 个月），不随销售预测变化。其成品需求计划冻结期：对于 4.5 个月内的成品销售预测，已释放物料采购需求。原则上，冻结此采购需求。成品生产计划及物料采购需求不随成品销售预测变化；当成品库存预测超出库存上下限时，调整生产计划以适应。

综上所述，总结出产销动态平衡计划策略下的规则和共识，见表 2-6-2。

表 2-6-2　产销动态平衡计划策略下的规则和共识

事　项	规　则	达成其识相关方
生产计划（逻辑）	在放行周期 2 周的基础上，加 2 周的缓冲（基于供应信心及库存管理要求，来确定缓冲的大小），以应对生产、检验和放行等过程的不确定性。故，相应的销售需求，提前 4 周完成生产	生产计划、车间、质量控制、周量保证
生产计划（调整后）	当 M 月生产计划量 >M 月最大产能时，将 M 月生产计划调减至月最大产能量，余量提前至（M－1）月：当（M－1）月的生产计划量 >（M－1）月最大产能时，将（M－1）月生产计划调减至月最大产能量，余量再提前至（M－2），依次类推	生产计划、车间
库存下限	生产完成后，需 2 周的检验放行周期。此后，才能发货。故，相对于需求，应至少在 2 周前完成生产。若库存小于未来 2 周的销售需求，会出现断货	供应链管理、质量控制、威量保证
库存上限	基于库存管理要求，结合供应风险、有效期损失和精益生产（0 库存方向）等，对不同类型的产品（如产品 ABC 分类）设置不同的、合理的库存上限。 如，A 类产品需求稳定、量大且单价高，库存上限的设置要低，防止库存高企；C 类产品需求量小（甚至远小于批量）、单价低，库存上限的设置可以高，做到经济批量生产	供应链管理、财务、商务 /（销售）
生产计划冻结期（1 个月）	因车间生产及各辅助部门的具体活动已基于此安排，原则上，冻结"日作业计划"（滚动未来 1 个月），不随销售预测变化	生产计划、车间、生产辅助部门、商务 /（销售）
成品需求计划冻结期（4.5 个月）	对于 4.5 个月内的成品销售预测，已释放物料采购需求，原则上，冻结此采购需求。成品生产计划及物料采购需求不随成品销售预测变化；当成品库存预测超出库存上下限时，调整生产计划以适应。 注：不一定是 4.5 个月，需基于实际的周期来制定	供应链管理、采购、商务 /（销售）

（四）物料计划及采购策略

物料计划及采购策略，见表 2-6-3，在做物料计划及采购策略时，可参考。

表 2-6-3　物料计划及采购策略

物料计划及采购策略	策略说明	最适用物料	效果
年度合同	基于年度预测的总需求量（可整合集团总需求），集中竞价；与供应商签订年度合同；按需到货(如月度、周到货)注意：要界定好外部（供应商）和内部（系购、工厂、销售）间的权责关系及相定的规则	需求量大和稳定，变化小	（1）大合同量，加强议价能力，降低价格；（2）大幅降低询价频次，降低操作成本；（3）整合供应商，降低供应商管理成本
阶梯价格	要求不同供应商都提供阶梯价格清单，基于最佳订单分配比，下达订单	非单一供应商	找到最佳订单分配比，使采购成本最优
合并到货	基于一定周期内（如年度预测、季度预测等）的总需求量，制订物料需求计划及采购订单，交排一次到货	有效期长、用量很小（如小于MPQ，远小于MOQ）、单价低、单次检验成本高	（1）采购频次降低，低采购操作成本；（2）检验次数减少，低检验成本

🔔 **学后行动**

你所在的企业，当前的供应链模式、制造模式、生产方式和供应链策略，有哪些改善空间？如何改善？

_____

_____

_____

_____

_____

第七节　供应链管理体系

有些供应链从业者专注于特定领域的工作，如计划专家、采购专家等；有些供应链从业者擅长处理供应链管理中的技术挑战，能解决其他从业者难以解决的问题；有些供应链从业者在人际关系和协调能力方面非常突出，能够促成相关业务部门实现交付目标。另外，还有一些供应链从业者擅长团队管理，能够设计并实现良好的团队文化，使团队氛围和谐并不断进步……

突然有一天，你接到了一项任务，需要你从零开始建立一个完整的供应链管理体系。在面对这项任务时，你要考虑如何将自己提升到一个更高的层次，用更系统化的方式和方法完成这项任务。

通常情况下，战略规划和体系建设属于重要但不紧急的工作，但你必须重视并让自己投入到这个建设过程中。因为缺乏系统化的思维和眼光，很难做好供应链管理工作。正所谓人无远虑，必有近忧。缺乏系统性的思考和视野，将会给供应链管理工作带来困难和挑战。

本节将学习如何建立供应链管理体系，我们围绕供应链管理体系花瓣模型和供应链管理体系示意图展开。

🔔 学前思考

英国克兰菲尔德大学管理学院荣誉教授马丁·克里斯托弗曾说过："未来的竞争不是企业和企业之间的竞争，而是供应链之间的竞争"。那么，如何制定供应链管理战略？如何打造、保持和加大供应链竞争优势？

_____

_____

_____

_____

_____

🔔 提示

1. 供应链管理战略制定要领（图 2-7-1）

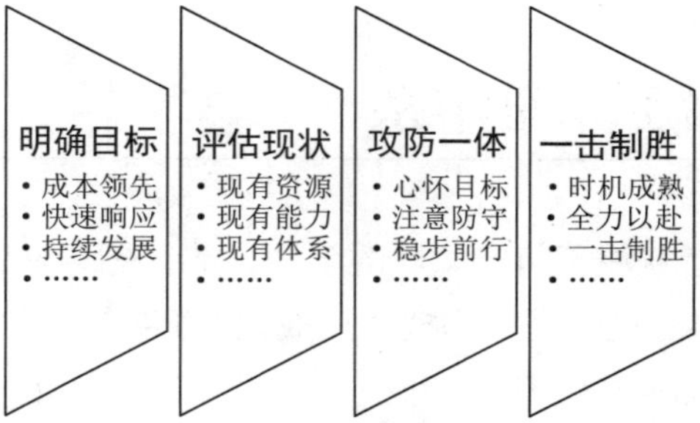

明确目标	评估现状	攻防一体	一击制胜
• 成本领先	• 现有资源	• 心怀目标	• 时机成熟
• 快速响应	• 现有能力	• 注意防守	• 全力以赴
• 持续发展	• 现有体系	• 稳步前行	• 一击制胜
• ……	• ……	• ……	• ……

图 2-7-1　供应链管理战略制定要领

供应链管理战略的制定有以下要领：

（1）明确目标。首先要明确供应链的目标和定位。将公司战略或公司发展的要求转化为公司对供应链的客观需求，确定是成本领先型供应链、快速响应型供应链，还是可持续发展型供应链等，这有助于为后续的决策提供方向。

（2）评估现状。对现有资源、能力和体系进行全面评估。要了解供应链的强项和薄弱点，分析当前的供应链状况，识别潜在的机会和挑战。

（3）攻防一体。不仅要考虑进攻竞争对手，还要注意防守策略。要避免过于专注于进攻，而忽视了竞争对手可能采取的攻击行动。要保持警惕，预测竞争对手的动向，并采取适当的措施进行防守。

（4）一击制胜。在时机成熟时，全力以赴，采取果断措施取得胜利。根据前面的目标和评估，制定并执行一揽子的供应链管理策略，包括供应商选择、合作关系管理、物流优化等，以确保供应链的成功和优势。

2. 打造、保持和加大供应链竞争优势（图 2-7-2）

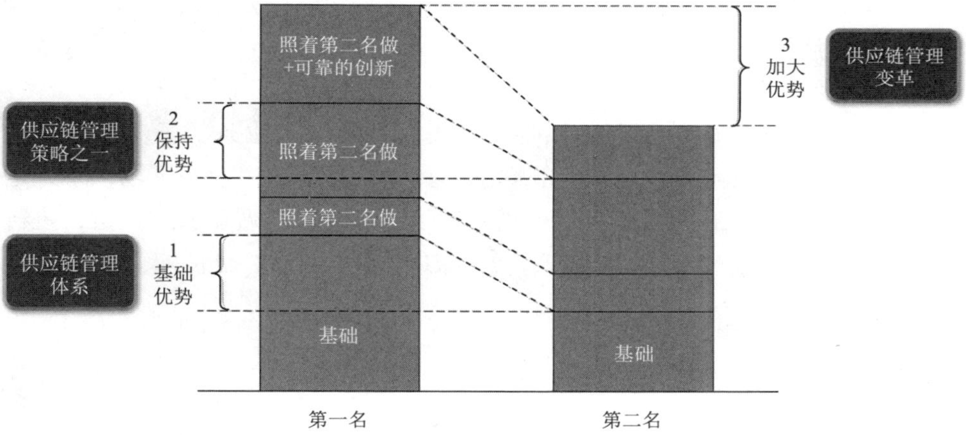

图 2-7-2 打造、保持和加大供应链竞争优势

为打造、保持和加大供应链竞争优势，可参考以下方式：

（1）如何打造基础优势？通过建设和运行高效的供应链管理体系来打造基础优势。这包括建立高效的流程、优化组织、设计有效的机制、采用先进的技术和信息系统等，以确保供应链的高效运转和协调管理。

（2）如何保持优势？保持领先最简单的方式是照着第二名而做，即通过学习和借鉴第二名的成功策略来保持优势。当第一名具有基础优势或先发优势时，如果能够保持和第二名相似的策略，就能始终保持基础优势。这意味着不断关注竞争对手的动向，并及时调整自身策略以保持领先地位。

（3）如何加大优势？在已经领先的基础上，可以通过可靠的创新来拉开与竞争对手的差距，使优势越来越明显。这可能涉及新技术的应用、新产品的开发、供应链流程的优化等方面，以持续增强供应链的竞争力和市场地位。

一、供应链管理体系的三个问题（模型 17：阶梯式发展模型）

如何搭建供应链管理体系，我们将从 why（为何做）、how（如何做）和 what（做什么）三个问题展开。

1．为何做

为什么需要建设供应链管理体系？首先，它能够支撑企业高效获取、使用和转化资源和能力，从而提高资源配置效率。其次，通过系统地解决供应链结构性问题，可以实现收益最大化。最后，成功的供应链管理体系还能够快速复制，实现规模效应。

2．如何做

如何开展供应链管理体系的建设？需要从流程、组织、机制和技术等不同视角去审视，并运用供应链管理体系的思维来行动。

3．做什么

具体如何建设供应链管理体系呢？首先，需要深入业务现场，进行深度调研，了解需求、资源和能力等方面的情况。其次，需要跳出业务现场，系统地改善供应链管理体系，不受当前资源和能力的限制。最后，需要系统推进，进行供应链管理体系的设计、计划、推行、监控和改善，从而实现长期、持续的优化效果。

🔔 **思考**

规模增大，一定会带来规模经济（规模效应）吗？若否，原因是什么？

_____

_____

_____

_____

_____

_____

🔔 **提示**

规模增大 + 阶梯式发展 = 规模经济或效应，如图 2-7-3。要实现阶梯式发展模型，其背后需要良好体系的支撑，如图 2-7-4 所示。

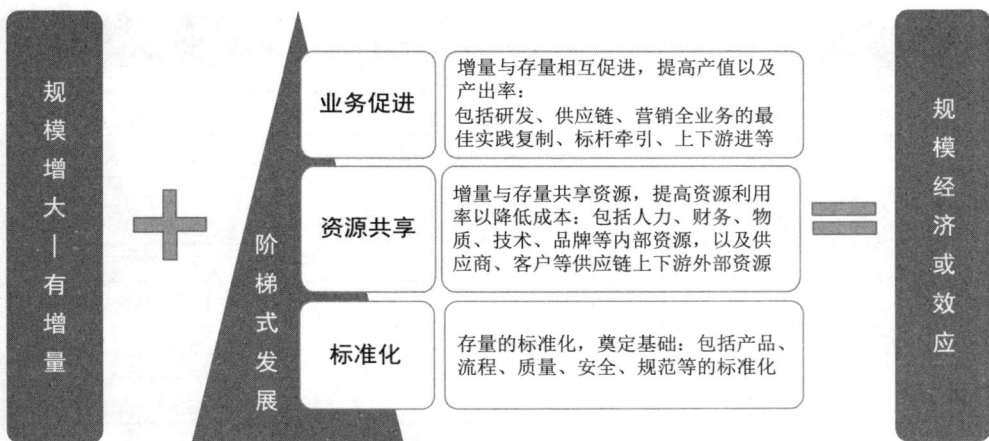

图 2-7-3　规模增大＋阶梯式发展＝规模经济或效应

图 2-7-4　阶梯式发展模型的背后是良好体系的支撑

二、供应链管理体系的构成（模型 18：供应链管理体系花瓣模型）

我们从供应链管理战略地图来看，如图 2-7-5 所示。

为了实现供应链管理的战略目标，及时足量且有成本优势地供应，就需要通过平衡积分卡从财务、客户、内部运营、学习与成长展开。

（一）供应链管理体系花瓣模型的组成

供应链管理体系花瓣模型，如图 2-7-6 所示。

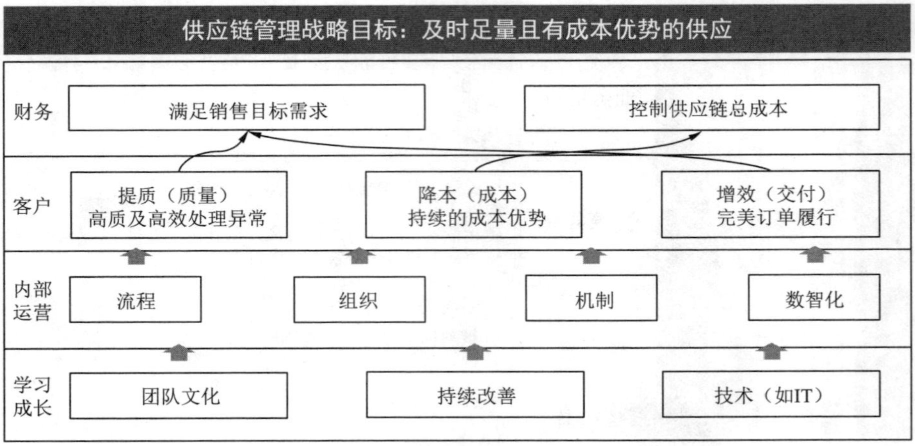

图 2-7-5　供应链管理战略地图（参考图）

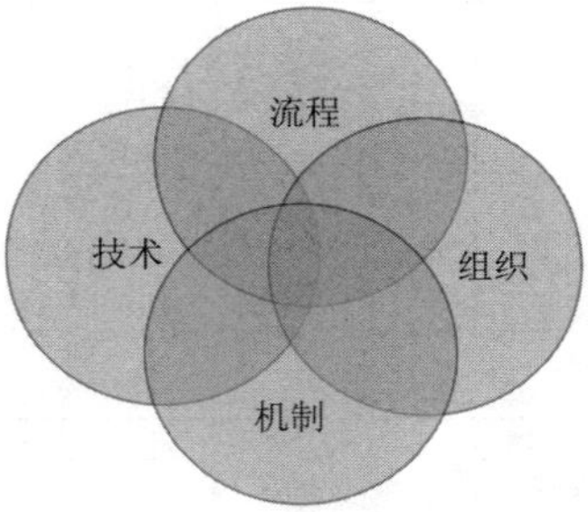

图 2-7-6　供应链管理体系花瓣模型

供应链管理体系花瓣模型由流程、组织、机制和技术这四片相互渗透的花瓣组成。

（1）流程。审视并优化现有的供应链管理流程，以确保其适应变化的需求，并提高效率和质量。这包括需求管理、计划管理、供应商选择、采购管理、物流运输、库存管理等各个环节。

（2）组织。建立具有协同能力和高效决策机制的供应链管理组织结构，这涉及到明确职责和权限、设立跨职能团队、激发员工参与和合作等方面。

（3）机制。建立有效的机制，以推动供应链各方的积极参与和持续改进。比如，建立供应链绩效评估和激励机制。这可以通过关键绩效指标、奖惩制度、供应链合作伙伴关系管理等手段实现。

（4）技术。应用先进技术工具和系统来支持供应链管理。这包括物联网技术、大数据分析、人工智能等，以提高供应链的可见性、预测能力和响应速度。

在供应链管理体系中，流程、组织、机制和技术之间不是独立存在的，而是相互渗透和相互影响的，存在密切的相互关系和互动作用。只有通过这种相互关系和互动作用，才能构建一个有机的整体，形成一个完善的供应链管理体系。

以流程为例，首先，建设有效的供应链管理流程需要组织的支持和保障，组织要为流程的执行提供必要的资源、培训和沟通渠道，确保流程的顺利运行。而组织也需要根据流程的优化结果进行调整和适配，以适应变化的市场需求和供应链环境。

其次，流程的好坏和有效性可以通过机制中的绩效指标来衡量和评估，同时，流程的改进和优化也需要依赖于机制的支持和促进。比如，通过奖惩机制激励参与者的积极参与和改进行为。而机制的建立和运行需要与流程的要求相匹配，确保流程的执行能够得到有效监控和控制。

最后，流程的固化和执行离不开技术的支持和应用，技术在供应链管理中扮演着重要的角色，可以提供数据分析、信息共享、自动化操作等功能，支持流程的高效执行和改进。而技术的建设和运行也需要以流程为基础，确保技术的应用能够与流程相衔接，实现整体的协同效果。

（二）供应链管理体系花瓣模型的应用

第一，供应链管理花瓣模型可以用作供应链诊断的工具。在进行供应链体系诊断时，需要从多个方面进行分析和评估，以全面了解供应链的状况。从绩效和流程的维度来说，除了要从机制中的绩效看结果的表现和从流程看过程表现，还要关注绩效和流程之间的渗透程度。这意味着需要考虑绩效和流程之间的关联紧密度，即绩效与流程之间的相互影响和支持关系。具体来说，对于绩效结果，需要关注绩效核算和管理是否有科学的流程。这包括了绩效指标的设定、绩效数据的收集和分析等方面。如果绩效核算和管理没有科学的流程，就难以准确评估供应链的绩效表现，也无法有效改进和优化供应链管理。

第二，需要考虑流程的执行情况。实际执行的流程是否按照规定的流程进行？如果流程存在偏差或者不合理，就可能导致供应链管理出现问题。因此，需要确保流程的执行符合规定，同时也需要关注流程运行的好坏是否有合理的绩效指标。如果存在合理的绩效指标，就需要确保按照绩效指标进行考核和评估。这将有助于推动供应链管理的改进和优化，提高供应链的绩效表现。

综上所述，使用供应链管理花瓣模型可以帮助企业全面了解供应链的状况，并发现问题和优化机会。在诊断过程中，需要关注绩效与流程之间的渗透程度，同时还需要考虑绩效核算和管理的科学性、流程的执行情况以及绩效指标的合理性。另外，还要综合组织和技术维度的情况。通过综合分析和评估，可以制定有效的改进和优化策略，推动供应链管理的不断发展和进步。

（三）供应链管理体系的示意图

供应链管理体系的示意图，如图 2-7-7 所示。首先我们来看供应链管理的流程和组织的情况，包括流程图和流程角色等。

供应链管理流程角色的核心职责及对应的岗位，见表 2-7-1。

表 2-7-1 供应链管理流程角色的核心职责及对应的岗位

流程角色	活动代码及名称	流程核心职责	对应岗位
管委会	01. 战略规划 02. 经营计划	01. 主导和制订公司战略计划； 02. 统筹和评审业务经营计划	董事长、总经理、副总经理、事业部负责人
研发	03. 研发计划	03. 基于战略及经营计划，拟订产品开发计划	产品开发岗
研发	05. 产品生命周期管理	05. 基于现有产品及产品开发计划，进行产品生命周期管理	产品管理岗
销售	04. 需求计划	04. 基于战略及经营计划，结合市场分析、策略和策划，拟定产品族的中长期销售预测	市场岗 （需求计划人员统筹）
销售	07. 需求计划	07. 基于中长期销售预测，结合销售计划和从客户处获取到的信息，拟订 SKU 的中短期销售预测	销售业务岗 （需求计划人员统筹）
供应链 - 计划	06.S&OP 和 RP 08.MPS 和 RCCP 09.MRP 和 CRP 21. 发货计划	06. 运作 S&OP（销售与运营计划）和分析 RP（资源计划）； 08. 制订 MPS（主生产计划）和分析 RCCP（粗产能计划）； 09. 制订 MRP（物料需求计划）和分析 CRP（产能需求计划）； 21. 负责订单管理，和销售沟通发货计划	计划岗
供应链 - 计划	10. 作业计划	10. 制订并推进执行计划，释放和跟踪生产工单	执行计划岗
供应链 - 采购	11. 寻源 12. 招标	11. 负责寻源，集采和战略采购等； 12. 负责招标等	供应商开发岗 （寻源采购岗）
供应链 - 采购	13. 采购执行 16. 付款申请	13. 基于 MRP，释放和跟踪采购订单； 16. 跟进物料到货和付款	执行采购岗
供应链 - 质量	14.IQC 19.PQC 22.OQC	14. 负责来料检验； 19. 负责过程检验； 22. 负责出厂检验	质量岗
供应链 - 仓储物流	15. 物料出入库 20. 成品入库 23. 成品发货	15/20/23，负责物料、中间品和成品的收发存盘	仓储物流岗
供应链 - 生产	17. 领退料 18. 生产执行	17. 按计划领料和退料； 18. 按计划完成生产	生产岗

在图 2-7-7 流程和组织的基础上，增加了机制和技术的供应链管理体系的示意图，如图 2-7-8 所示。当然，图中只呈现了主要的协同机制和 IT 技术，未呈现激励等其他机制和其他技术等。

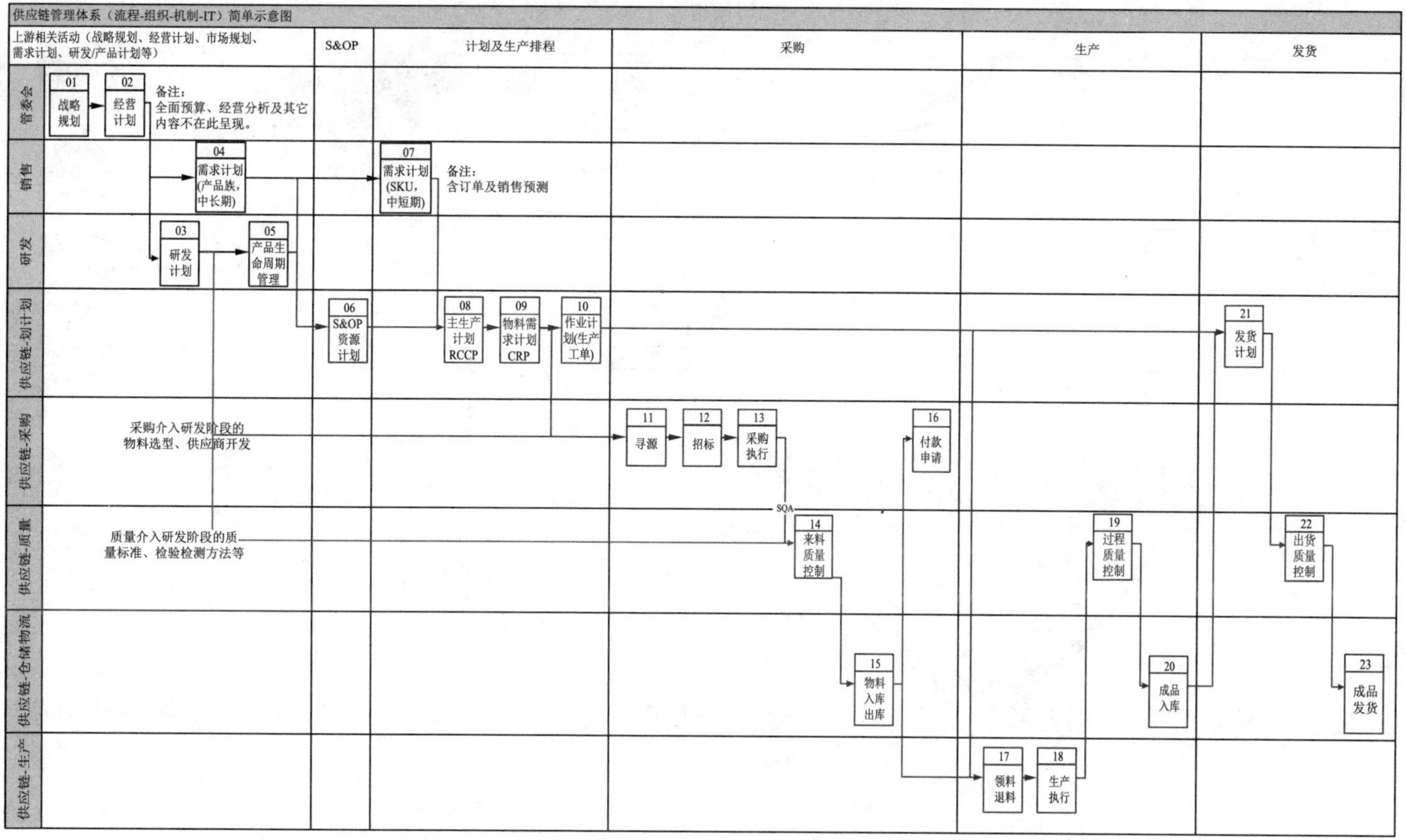

图 2-7-7　只呈现了流程和组织的供应链管理体系的示意图

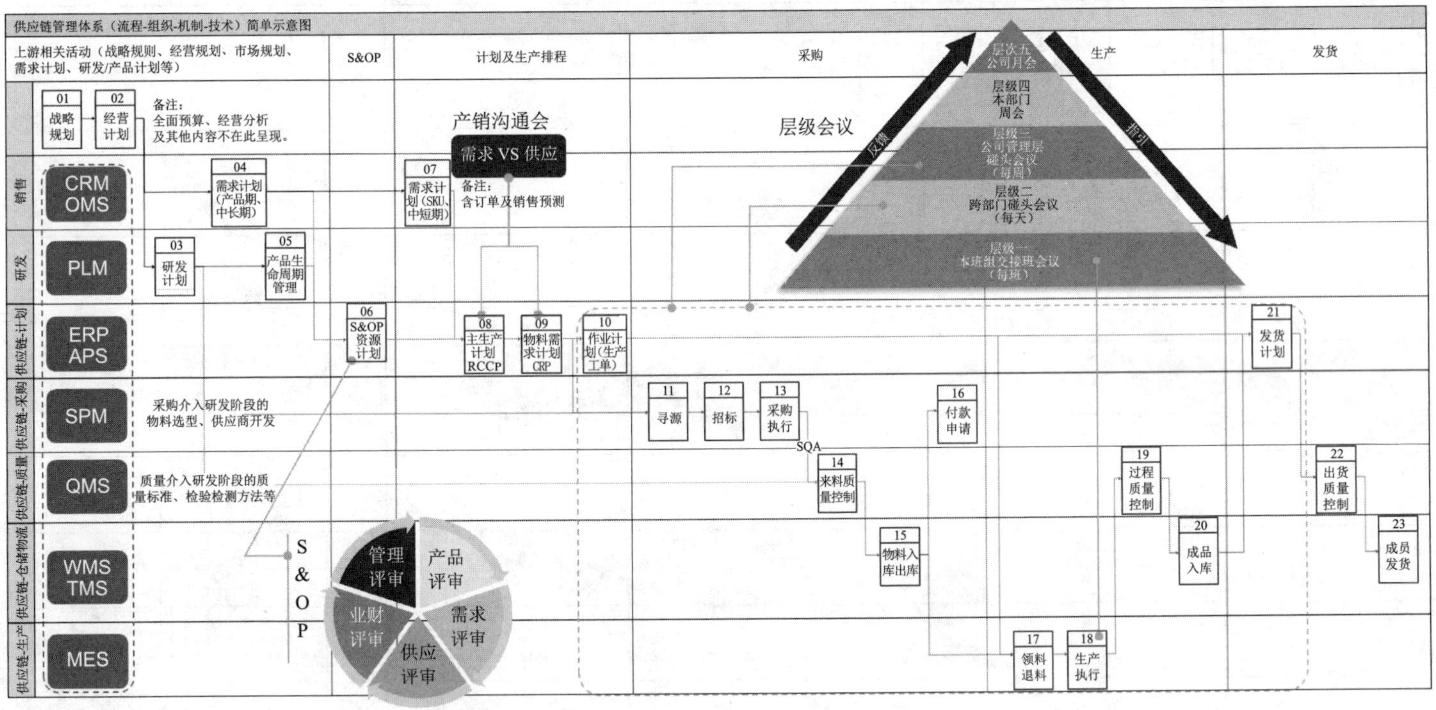

图 2-7-8　增加了机制和技术的供应链管理体系的示意图

🔔 **思考**

在搭建供应链管理体系时，应先建立组织还是应先建立流程？为什么？

_____

_____

_____

_____

_____

🔔 **提示**

　　关于先有流程还是先有组织，这个问题的提出，是用局部和静态的眼光来看待事情的一个结果。有观点说："先得有流程，才知道要做什么事情。然后，才知道需要匹配什么样的人、岗位和组织。"还有观点说："人对了，事就成了。流程是人建设出来的，若没有人，谈何流程？"

　　从理论和逻辑上看，是先有流程再有组织，流程型组织的定义也印证了这点。流程型组织是基于流程来分配权力、资源以及责任的组织形态，其实现以客户为中心和高度自治。

　　从现实场景来看，流程和组织是相辅相成、交替进行的关系。在变革的某一轮活动中，往往是先有组织，才有流程。要不然，谁来建立流程？中国最具影响力商界领袖之一的宁高宁曾说过："当企业找到最合适的人，连空气都是对的。"当然，在一开始的时候，这个组织不一定是供应链管理组织，因为可能还没有供应链管理部门。其可能是某个虚拟的组织，由非供应链管理部门的人员组成，还可能是第三方咨询公司。确定这个组织后，开始建立相关流程。接着，基于建好的流程来调整现有的组织，让组织和流程适配。随着企业的发展或业务形态的改变等，又会进入新一轮的流程建设。然后，又是新一轮的组织调整。所以，将眼光放到更长的时间里，会发现流程和组织是一个无绝对先后顺序的整体。

　　另外，变革的起因可能就是当前的组织存在明显的问题，有组织架构的问题，有组织中某个领导或核心骨干的问题。对于这类变革，第一时间要变的就是组织。组织变革后，才能让业务流更顺畅，或者才能开展流程建设的工作。

　　流程和组织并非简单的先后关系，在某一时刻或周期内，可能是一方在前一方在后。其实，流程和组织是左右脚的关系，是一个不可切分的整体。所以，不需纠结先流程还是先组织，不管是先迈左脚还是右脚，最重要的是先动起来。否则，在纠结中会误事。通过流程和组织的变革，能实现什么呢？左右脚能实现的结果，就是向前走，即实现企业的发展。如何才能让左右脚保持前后交替一直向前的状态？如何才能加快发展速度呢？左一步右一步，才协调。不要乱了阵脚，左多右少或左少右多。

三、设计供应链管理流程

流程很重要也很有用，但它不是灵丹妙药。它不能包治百病和即刻见效，更不能让组织起死回生。流程的建立需要时间和资源的投入，而且往往需要组织成员对工作方式和思维方式的改变。这种改变并不是一蹴而就的，而是需要一个长期的过程。因此，组织需要及早开启建立流程的工作。

如果组织在面临问题时才开始考虑建立流程，那么很可能已经处于紧急状态，此时建立流程将会面临更大的阻力和困难。因此，组织应该在健康状态下就开始关注流程的建立和推行，保持对流程的不断优化和改进，以确保组织在面临挑战时能够更好地应对。

另外，流程并不是一劳永逸的，它需要不断地适应组织内外部环境的变化。因此，组织在建立和推行流程之后，还需要不断地对流程进行监控和调整，以确保它能够持续发挥作用。

（一）供应链管理流程的四种形态

如图 2-7-9 所示，在组织发展的不同阶段，流程呈现出四种不同形态，分别是无形、现形、有形和另一种无形。

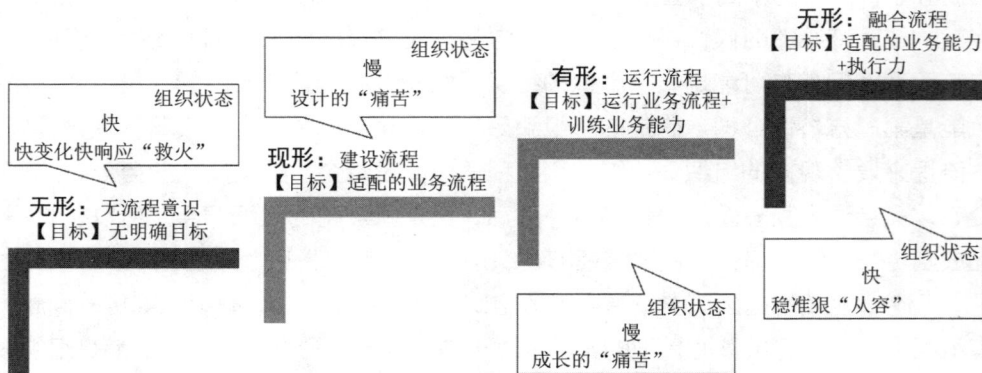

图 2-7-9　供应链管理流程的四种形态

1．无形：无流程意识

在此阶段，组织无流程意识，在流程方面没有明确的目标。通常，这个阶段的组织状态是快变化快响应，很多"救火"工作。组织成员都是凭个体经验和偏好去开展工作。当组织规模小的时候，人们不容易觉察到其潜在的问题。或者在出现问题后较容易修正，人们就不会重视。

于供应链管理而言，可能存在着混乱、低效和缺乏统一标准的情况。因为缺乏明确的流程目标，各个部门可能会采取各自为政的方式来处理供应链相关事务，导致资源浪费和效率低下。同时，由于缺乏明确的流程指导，组织成员可能凭借个人经验和偏好来处理工作，这样做可能会导致问题的积累和难以察觉的风险。

2．现形：建设流程

在此阶段，组织开始建设流程，在流程方面的目标是要建设适配的业务流程。通常，这个阶段的组织状态是慢，因为要设计出优秀的流程需要充分地思考和研讨。组织成员意识到流程重要性，从梳理业务开始，逐步形成完善的流程文件。这包括流程图、流程说明、表单和模板。

于供应链管理而言，组织开始认识到供应链管理流程的重要性，开始建立起初步的流程框架和流程文档。组织成员开始逐渐了解流程的作用和价值，并逐步适应使用流程来指导相关业务活动。在这个过程中，组织可能需要投入大量时间和资源来梳理业务流程和构建流程文件，同时进行充分的思考和研讨，以确保流程的合理性和有效性。这一步是逐步建设供应链管理体系的关键一步，这将有助于组织明确流程目标，统一流程标准，提高供应链管理效率和质量。同时，这也标志着组织开始从无序状态向有序状态转变，并逐渐走上了规范化和标准化的道路。

3．有形：运行流程

在此阶段，组织开始推行和运行流程。在流程方面的目标是运行业务流程，同时，训练业务能力。通常，这个阶段的组织状态是慢，因为成长的过程是痛苦的，需要打破习惯、学习及运用新的东西。组织反复强调业务要遵循流程，要求成员对照着流程开展业务活动。同时，组织也会定期督查流程执行的符合性。

于供应链管理而言，组织意识到供应链管理流程对于提高效率和质量的重要性，并开始将流程纳入日常的业务运营中。组织成员被要求按照流程要求进行工作，以确保业务的顺利进行和流程的有效执行。同时，组织也会通过培训和教育等方式，提升成员对流程的理解和运用能力，使其能够熟练地操作和执行相关流程。在这个阶段，组织可能会遇到一些挑战和困难，因为成员需要打破旧有的习惯，学习并运用新的流程。这需要时间和耐心，同时也需要组织提供支持和指导。组织会不断强调流程的重要性，并定期进行流程执行的督查，以确保流程的符合性和有效性。通过推行和运行供应链管理流程，组织逐步实现了从无序到有序的转变，建立起了规范化和标准化的供应链管理体系。这将有助于组织提高运营效率、降低成本、优化资源配置，并为未来的发展奠定坚实的基础。

4. 无形：融合流程

在此阶段，组织开始将业务和流程真正融合，实现合二为一。在流程方面的目标是适配的业务能力，以及强的执行力。通常，这个阶段的组织状态是稳准狠，大家都很从容地开展工作。组织已无须刻意提起流程二字，因为流程已与业务活动融为一体。在组织成员中，按照流程去做，成了一种自然反应。在此情况下，业务运行高效。

于供应链管理而言，组织已经深入理解并践行供应链管理流程，流程已经成为组织运营的基础和核心。无论是新进人员还是老成员，都对流程的要求非常熟悉，并能够熟练地应用于实际工作中。组织成员的工作方式已经与流程紧密结合，按照流程要求进行工作已成为自然而然的习惯。在这个阶段，组织的流程执行非常高效，成员之间的协作也更加默契。由于流程的确立和执行，组织能够更好地预测和规划供应链活动，从而更好地控制成本、提高效率和服务质量。同时，组织也会不断优化和改进流程，以适应市场变化和业务需求的变化。

通过实现供应链管理业务和供应链管理流程的真正融合，组织达到了一个无形的状态，即流程已经融入组织文化和工作方式中，成为组织运营的一部分。这使得组织能够更加灵活、高效地应对各种挑战和变化，为持续发展提供了有力支撑。

因此，好的业务流程 + 强的业务能力 + 强的执行力 = 好结果。若三者不适配，出现差结果的可能性很大。

（二）设计供应链管理流程的误区和正道

在设计供应链管理流程过程中，一定要避开一些误区，如图 2-7-10 所示。一开始，员工抱怨自己没做好工作的原因是没有流程。领导听后，深感这是一个值得思考的问题。意识到流程对于提高工作效率和质量至关重要，于是领导果断决定着手建立流程。经过一段时间的努力，流程终于建立起来了。然而，令人困惑的是，员工似乎并未因此表现出更好的工作状态。领导开始思考：明明已经有了流程，为何员工还是无法有效地完成工作任务？这个问题让领导陷入了困惑之中，也引发了对流程本身的反思。

仔细一想，员工做不好工作，其根本原因并不是有没有流程，而是员工有没有系统化思考的能力和上下游协同的意识。如果这些基础能力不够，即使有了完整的流程，员工也仍然无法有效地完成任务。况且，没有这些能力的人是建设不出优秀流程的。因此，企业需要在流程建立的同时，注重员工能力的提升和意识的培养。

这包括对员工进行各种培训、知识传授和实践操作，以帮助员工全面理解和掌握供应链管理的最佳实践。同时，企业还需注重沟通和协调，加强上下游协同，以确保流程中每一个步骤都能顺畅地衔接起来，提高整个供应链的效率和质量。

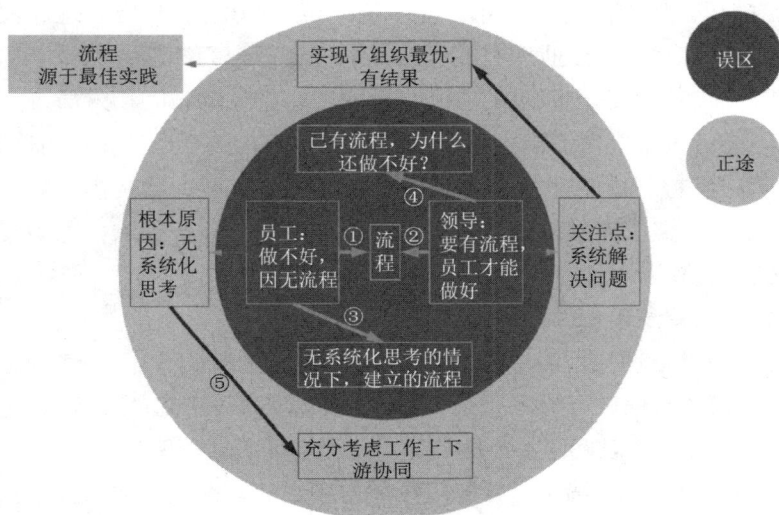

图 2-7-10　设计供应链管理流程的误区和正道

真正优秀的供应链管理流程不仅仅是一套完整的制度文件，更是能够把最佳实践转化为统一的行动，兼顾员工能力提升、上下游协同和流程灵活性等多个方面。对于企业而言，只有建立这样的优秀流程，才能够在竞争激烈的市场环境中获得持续的优势和成功。

（三）实现供应链管理流程现形和有形的路径

供应链管理流程现形和有形的路径，如图 2-7-11 所示。

图 2-7-11　供应链管理流程现形和有形的路径

1. 供应链管理流程现行的路径

供应链管理流程的现行路径，即设计供应链管理流程的关键步骤如下：

（1）搭建流程架构

第一，梳理以及和相关方研讨流程的整体架构是建立供应链管理流程的关键一步。在这个阶段，需要对企业现有的供应链情况进行全面梳理，深入了解各个环节的运作方式、存在的问题和改进的空间。同时，与相关的部门和人员进行充分的沟通和研讨，以获取他们的反馈和建议，并确保整体架构的合理性和可行性。

第二，在经过充分的研讨和论证后，需要将搭建的整体架构提交给企业管理层进行评审，以确保整个流程的设计符合企业战略目标和业务需求，为后续的流程建设奠定坚实的基础。

（2）拟定流程清单

在拟定供应链管理流程清单的过程中，第一，需要基于先前搭建的流程架构，对整个供应链管理流程进行梳理和分类。这意味着将现有的供应链管理流程划分为不同的子流程或环节，以确保每个环节的功能和目标清晰可见。

第二，梳理出的流程清单需要经过相关方和企业管理层的评审。这意味着邀请涉及供应链管理的各个部门、团队和关键关系人参与评审过程，以获取他们的反馈和建议。评审过程可以帮助确定流程建设的范围，并确保流程清单包含了关键的环节和必要的步骤。通过评审流程清单，可以达成共识并获得各方的认可。这样，就能够明确流程建设的重点和优先级，为后续的设计和实施提供指导。同时，评审还能够促进跨部门的协作和沟通，确保流程的综合性和一致性，从而提高供应链管理的效率和质量。

（3）设计流程

首先，需要梳理流程定义，这包括以下要素：

a. 原业务或原流程的主要问题。明确当前供应链管理存在的问题和瓶颈，为优化提供依据。

b. 本次流程优化重点和流程目的。确定本次设计流程的核心优化目标和实现意图。

c. 流程活动起点及输入物。界定流程的开始节点以及所需的输入信息或资源。

d. 流程关键活动及对应的流程角色。列出流程中的关键活动步骤，并指定执行该步骤的相关角色。

e. 流程活动终点及输出物。确定每个活动的结束点以及产出的结果或输出物。

f. 上游流程与下游流程。明确流程与其他相关流程之间的关联和衔接。

g. 流程绩效指标。设定衡量流程效率和质量的关键绩效指标。

h. 相关表单模板和设计要点等要素。提供必要的表单模板和设计要点，以支持流程执行和记录。

其次，绘制流程图是设计供应链管理流程的关键步骤。通过绘制流程图，可以直观展示流程的步骤和关系，帮助人员更好地理解和遵循流程。

最后，编制完整的流程文件，这是确保设计供应链管理流程得以有效传达和执行的重要环节。流程文件通常包括流程图、流程说明文件、表单和模板文件等内容，这些文件将成为实施和执行流程的指导手册和参考依据，有助于确保流程的顺利进行和持续改进。

2. 供应链管理流程有形的路径

供应链管理流程的有形路径，即运行供应链管理流程的关键步骤如下：

（1）推行流程

首先，企业应根据业务优先级建立专门的流程推行小组，吸纳并明确流程相关人员的职责，以及制订详尽的推行流程计划。这一步骤至关重要，因为它有助于确保推行工作的有序展开，并使每个人都清楚自己在整个推行过程中的责任和角色。

其次，针对流程相关人员，基于流程图、流程说明文件、表单和模板等资料，进行全面的培训，以确保他们对新流程有深入的理解，并能够正确地执行相关操作。这样的培训工作至关重要，因为它直接关系到新流程的有效实施。在培训完成和考试合格后，流程就可以正式发布，为执行阶段做好准备。

最后，在推行计划的指引下，推行小组启动流程的正式推行阶段。领导层需要高度重视和支持这一过程，并且对推行过程进行监督，及时解决可能出现的问题。领导层的重视和支持是推行工作成功的关键所在，也是流程推行顺利进行的保障。

（2）优化流程

第一，在推行流程过程中遇到的疑问和问题应该被及时记录、澄清和收集起来。对于小问题，可以集中处理，但是对于核心问题则需要进行及时的流程调整或解决方案的制定。这样能够确保流程执行的顺畅性和高效性，同时也能够防止问题的扩大化。

第二，通过借助推行过程中收集到的问题和反馈意见，可以对流程进行持续的优化和改进，以确保流程的高效运行和持续改进。这需要以数据为基础，通过对流程各个环节的详细分析，找出其中存在的问题和瓶颈，并针对性地进行优化和改进。同时，还需要通过不断地反馈和学习，向着更加完善和高效的供应链管理流程不断迈进。

（四）实现供应链管理流程无形的要点

实现流程无形的状态，即业务和流程合二为一。确实需要经过设计、推行、优化和固化的过程。这个过程有点像健身，需要耐心和恒心，也需要适当的策略和方法。

比如，在健身中，首先，要根据当前的身体情况以及想实现的目标，来设计一系列的动作。然后，坚持将动作做到位。接着，待时间和强度到位后，健身的效果自然就出来了。最后，通过持续的训练，维持健身效果。

在流程中，首先，建设流程就像设计健身动作一样，需要根据当前的业务状况和目标要求，来设计一系列的流程步骤、流转路径以及相关的表单和文档等。这个过程需要充分考虑各种情况和可能的变化，以确保流程的完整性和高效性。然后，推行流程就像将健身动作做到位一样，需要在流程的各个环节中，严格按照流程规定的步骤和要求进行执行。这个过程需要有明确的职责分工和流程执行人员的培训和管理，以确保流程的顺畅和高效。接着，经验积累和业务能力的提升，就像健身时间和强度的调整一样，需要随着流程的推行不断地进行优化和改进。这个过程需要全面收集反馈意见和数据，对流程的各个环节进行深入地分析和评估，以发现其中存在的问题和改进的空间。最后，通过持续的训练，维持健身效果，相当于流程的固化。这个过程需要不断地监督和维护流程的执行情况，以确保流程能够持续地达到高效和顺畅的状态。

（五）训练流程型思维

在供应链管理流程的设计、推行、优化和固化过程中，流程型思维对决定流程价值的大小起着至关重要的作用。

1．流程型思维的样子

如果我们把供应链管理流程比作一条通往成功的道路，那么流程中的业务活动相当于公路中行驶的车辆，流程所有者相当于公路管理者，流程角色相当于车辆的司机，流程的内控相当于公路上的监控，流程中的制度相当于公路上的隔离护栏，见表 2-7-2。

表 2-7-2　流程与公路

流程	业务	流程所有者	流程角色（对应业务活动）	内控	制度	……
公路	车辆	公路所有者	司机	监控	护栏	……

作为供应链管理流程中的所有者，我们可以把自己比作公路管理者，需要清楚流入的车辆及状态，负责疏通拥堵、解决故障，并保证公路的顺畅和高效。我们要负责流程全生命周期管理，从设计到推行，从优化到固化。应该做到心中时时有流程图，以流程思维来审视和管理业务，这样就能让自己的管理工作具有前瞻性和确

定性。

首先，作为流程的所有者，需要把控流入该流程的业务，即把控流程的触发环节。只有掌握业务的来源，才能准确把握整个供应链管理流程。

其次，通过规划、计划和督促执行的方式，以确保业务活动在流程中有序进行。需要清楚各业务在流程中所处环节，以及各业务的当前状态和预判后续运行的情况。从而可以调配相关资源以及疏通瓶颈环节，使得业务流畅通高效。

同时，流程所有者还需要掌握业务全盘的活动，了解整个供应链管理流程中各个业务的关系，以便及时发现问题并进行调整。我们需要清楚各业务在流程中所处环节，以及各业务的状态和预判后续运行的情况。这样，就可以通过协调各参与方、优化流程，使得供应链管理流程更加高效顺畅。

最后，流程所有者还需要把控流程的输出以及和下游流程的衔接，使得交付高质量结果。我们需要对业务的输出进行质量检查，确保交付的产品或服务符合客户需求和标准要求。同时，我们需要与下游流程的管理者进行沟通和协调，确保上下游流程之间的衔接无缝，实现供应链的整体顺畅运行。

作为供应链管理流程中的执行者，我们可以将自己比作公路上的司机，需要遵守交通规则，并及时到达终点。

首先，我们需要明确自己在供应链管理流程中的具体职责和任务。这包括了解自己在整个流程中的角色定位，明确自己需要承担的责任和义务。只有清楚了解自己的职责，才能准确地履行自己的工作职责。

其次，与上下游的合作伙伴进行密切沟通和协作是非常重要的。供应链管理流程往往涉及多个环节和多个参与方，而每个环节都需要各方的紧密合作才能顺利进行。作为供应链管理流程中的执行者，我们需要与上游的供应商和下游的客户进行沟通，确保信息的流畅传递和协作的无缝衔接。只有建立良好的合作关系，才能有效地推动供应链管理流程的运行。

同时，作为供应链管理流程中的执行者，我们需要确保业务按照流程要求进行。这意味着我们需要遵循预定的工作流程和规定的操作步骤，严格执行各项操作要求，并及时反馈和报告工作进展。只有在执行过程中严格按照流程要求进行，才能保证业务的高效运作。

最后，及时到达终点，即完成工作任务，是作为供应链管理流程中执行者的重要职责。我们需要按时履行自己的工作职责，确保业务活动按计划进行，以达到预期的工作目标。同时，我们还需要具备解决问题和应对突发情况的能力，确保在面临挑战时能够灵活应对，顺利完成工作任务。

2．流程型思维的训练

我们用主生产计划流程的所有者在管理业务时使用的表格来解释什么是流程型思维的训练，见表 2-7-3。

表 2-7-3　用流程实现轻松管理日常业务（主生产计划流程）

序号	流程阶段	流程本身的问题	改进方案	进行中的业务活动（概括）	业务问题	解决方案
1	分析销售预测					
2	制订无约束主生产计划					
3	分析粗略产能计划					
4	调整主生产计划					
5	评审和发布主生产计划					
总结						

（1）流程阶段

a. 分析销售预测。根据市场需求和销售预测数据，分析产品的需求量和时间分布。

b. 制订无约束主生产计划。根据销售预测结果，制订初步的主生产计划，考虑到产品的生产周期和交付时间。

c. 分析粗略产能计划。评估当前的产能情况，包括设备、人力资源等，以确定是否满足主生产计划的要求。

d. 调整主生产计划。根据粗略产能计划的分析结果，对主生产计划进行必要的调整和优化，确保生产计划的合理性和可行性。

e. 评审和发布主生产计划。经过内部评审和相关部门的确认后，正式发布主生产计划，并将其传达给相关方。

（2）流程本身的问题及改进方案

如果在流程的执行过程中发现问题，记录下来并提出相应的改进方案。

（3）进行中的业务活动

在表格中记录当前正在进行的业务活动的情况。这包括已经完成的阶段和正在进行的阶段，以及每个阶段的进展情况。这有助于及时了解当前业务的状态，并进行必要的跟踪和协调。

（4）业务问题及解决方案

如果在业务活动中出现异常情况或发现问题，要及时记录下来，并找到相应的解决方案。比如，如果在制订主生产计划阶段发现销售预测数据与实际销售情况存在较大差异，可以通过与销售部门的沟通和调整来解决该问题。

通过以上的流程管理表格，主生产计划的所有者能够更加轻松地管理日常业务。

他们可以清楚地了解到每个阶段的工作进展和问题情况，并及时采取措施进行调整和改进。这样可以提高生产计划的准确性和执行效率确保产品按时交付，为企业的运营和发展提供有力支持。

🔔 **思考**

你所在企业的流程体系是什么样的？日常工作中，是如何强调和督查流程执行的？业务运行的状态如何？

_____

_____

_____

_____

_____

四、搭建供应链管理组织

流程型组织在企业整体组织架构中有着重要的地位。它倡导以流程为核心，将企业的各个环节和活动进行有序地整合和协调，以实现高效的运作和优化的结果。供应链管理组织，是企业整体组织的一部分。接下来，我们将从企业整体组织架构的视角来了解流程型组织。

🔔 **思考**

关于流程型组织的定义，众说纷纭。你了解过哪些说法？应该相信哪一个，为什么？

_____

_____

_____

_____

_____

（一）流程型组织的定义

区块链于 2008 年诞生，其特点是数据难以篡改和去中心化。之后，去中心化潜移默化地对全球很多方面带来了不同程度的影响。比如，传统媒体是电视、广播和报纸等公共媒体，而现在自媒体盛行，一个个独立的个体成为了一个个媒体和一条条销售渠道等。在数智化时代中，"去中心化"是一种跟得上时代的组织治理方式。比如，华为的铁三角，就是一种"去中心化"组织和管理的体现形式。其由客户责任人（AR，account responsible）、解决方案责任人（SR，solution responsible）和履约责任人（FR，fullfil responsible）组成。一个个铁三角，被赋予了对应的权力、资源和责任。

　　流程型组织是一种以流程为核心的组织形态，基于流程来分配权力、资源及责任，组织的所有活动都围绕着满足客户需求展开，且能实现高度自治，如图 2-7-12 所示。

　　（1）权力。不同的流程环节和活动会被赋予相应的决策权和权限，以确保流程能够顺畅地进行。这种分配权力的方式有助于减少层级和冗余，提高决策的迅速性和准确性。

　　（2）资源。流程型组织会根据每个流

图 2-7-12　流程型组织的组织形态

程环节和活动的资源需求，合理分配资源，以保证流程的高效运行。同时，流程型组织也鼓励跨部门的资源共享和协同，以提高整体资源利用效率。

　　（3）责任。每个流程环节和活动都有明确的责任人和责任范围，他们负责确保流程的顺利执行和结果的实现。这种责任的分配方式促进了高度自治，每个成员都明确自己的角色和职责，能够自主决策和行动，以满足客户需求。

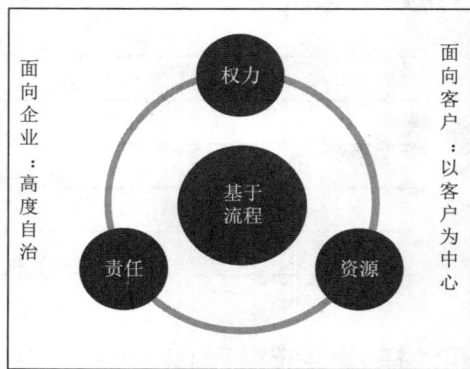

🔔 **思考**

流程型组织的概念，太抽象。流程型组织架构是什么样的？

_____

_____

_____

_____

_____

（二）组织向流程型组织演变的过程

组织从"0"组织形态向流程型组织的演变过程，呈现了组织在不同阶段的特点和发展方向。这种演变是组织管理中非常重要的一个方面，因为随着市场和业务的发展，组织需要不断地调整和优化自身的结构和流程来适应变化。不同的组织形态没有绝对的好与坏。在企业中，其组织也不一定是完全按固定的顺序来发展的。不同企业在不同阶段，需要探索出适合自身的组织。接下来，呈现了组织形态一般的演变过程。

1．0组织

如图2-7-13所示，在0组织形态阶段，组织处于最简单的状态。这个阶段的组织由一个人独自负责所有的活动，没有任何分工和部门。下面以烧烤摊主为例进行说明。

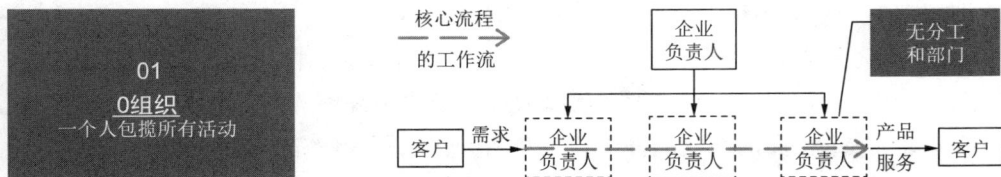

图2-7-13　0组织形态（示例）

想象一下，在一个热闹的街角，有一位独自经营的烧烤摊主。这位摊主是整个组织的核心和唯一执行者。他既要负责采购新鲜食材，又要熟练地操作着烤肉，还要亲自招待每一位顾客，处理各种问题；他既是老板，又是员工，还得兼顾财务、市场推广等各方面工作。

在这种组织形态下，组织的优势是高度的灵活性和快速决策能力。由于整个组织只有一个人，决策过程简单直接，没有复杂的层级结构和沟通成本。同时，这种组织形式也适用于个体创业者或初创企业，在规模较小的情况下可以降低成本和管理难度。

在这种0组织形态下，摊主无法专注于某一项工作，他需要全方位地应对各种挑战。虽然可以灵活应对问题，但难以承担更大规模的业务与发展。这种单一组织形态下的摊主，虽然能够快速做出决策，但难以实现持续增长和扩张。因此，随着组织的发展，通常会逐渐演变为更复杂的形态，引入分工、部门和流程，以提高效率和适应市场需求的变化。

2．直线型组织

如图2-7-14所示，在直线型组织阶段，组织中的权力高度集中，决策过程快速。虽然已经出现了多个人和分工，但可能尚未形成明确定义的部门。下面以夫妻档的苍蝇馆为例进行说明。

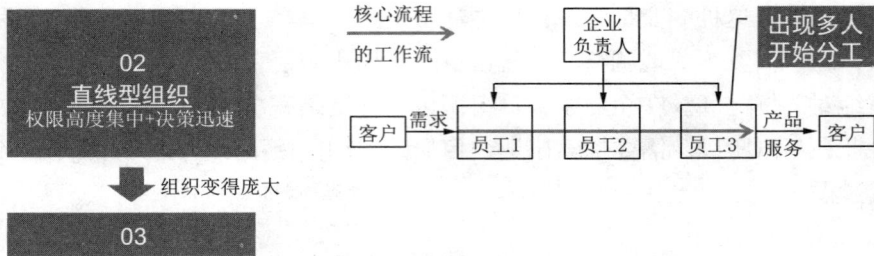

图 2-7-14　直线型组织（示例）

在这个组织中，夫妻两人经营一家小型餐厅，夫妻双方虽然分工负责，但没有明确的职责划分。妻子既是最高决策者又负责服务和收银，丈夫负责烹饪和食材采购。他们通过直接沟通和协调来管理餐厅的运营。

直线型组织的特点是权力高度集中，决策过程快速。由于组织规模相对较小，信息传递和沟通相对简单，决策者可以快速做出决策并指导员工行动。这种形势下，组织具有高效率和灵活性，能够快速应对市场变化和客户需求。

直线型组织也存在一些问题。首先，权力高度集中可能导致决策者过度负责，难以承担过多的工作压力和责任。其次，由于缺乏明确的部门划分，可能存在沟通和协调的困难。此外，组织的发展可能受到个人能力和资源限制的制约。因此，随着组织的进一步发展，通常会逐渐引入更为专业化的部门和流程，以实现更有效的分工和协作，并提高组织的绩效和可持续发展。

3．初阶的职能型组织

如图 2-7-15 所示，职能型组织 - 初阶阶段，组织开始建立和运行流程，但整体还不够成熟。在这个阶段，职能型组织架构已经初具雏形，但由于流程断点较多，所以运行效率相对较低。下面以大排档餐馆为例进行说明。

大排档餐馆通常由多个厨师、服务员和收银员组成，各自负责不同的工作职能。在这种组织结构下，虽然已经形成了相对明确的部门和分工，但由于管理和流程还不够成熟，可能存在一些问题。比如，菜品的制作流程不够规范，导致服务效率低下。

职能型组织 - 初阶具有一定的分工和协作基础，但仍面临着流程断点多、运行效率低的挑战。这意味着组织需要进一步优化和完善管理流程、加强部门间协作与沟通，以提高整体的运营效率和服务质量。

为了克服这些问题，职能型组织 - 初阶阶段，可以考虑引入更严谨的管理流程及标准操作规程，加强员工培训与团队协作，建立有效的内部沟通机制。通过这些措施，组织可以逐步提升运行效率，实现更好的管理与服务水平，为未来的发展打下坚实基础。

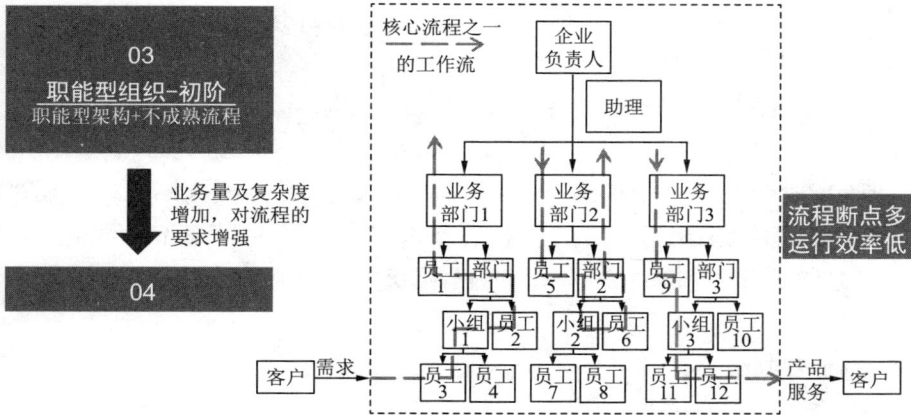

图 2-7-15　职能型组织 - 初阶（示例）

4. 高阶的职能型组织

如图 2-7-16 所示，职能型组织 - 高阶阶段，组织已经建立好流程并且运行成熟。在这个阶段，组织具有专业化的分工，各部门间的职能划分清晰，但可能存在部门墙，跨部门合作不畅的问题。下面以管理更成熟的大排档餐馆为例进行说明。

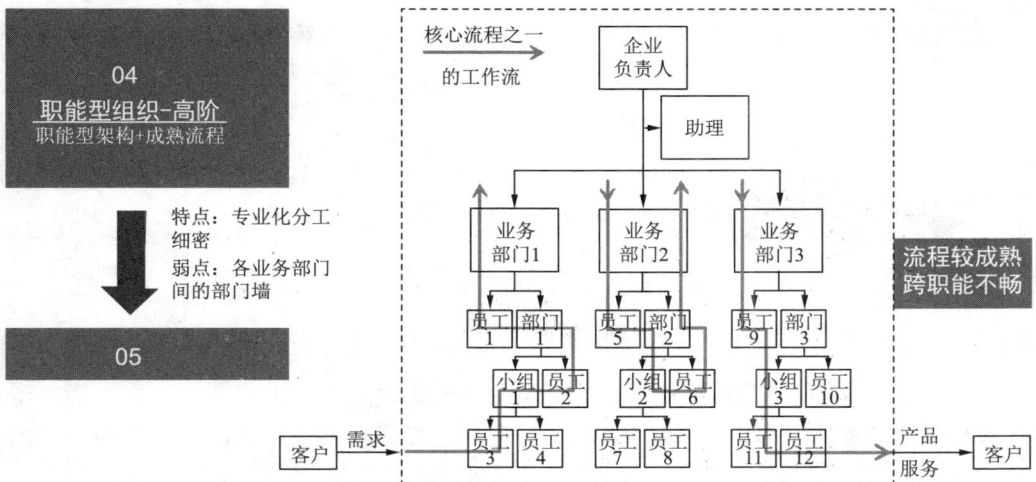

图 2-7-16　职能型组织 - 高阶（示例）

在管理更成熟的大排档餐馆中，通常会有厨房部门、服务部门和财务部门等不同的职能部门。每个部门拥有自己的专业团队，并按照既定的流程和标准操作规程进行工作。这种专业化分工使得各个部门能够高效地完成各自的任务和责任。

然而，高阶的职能型组织也面临着跨部门合作不畅的挑战。由于各部门之间可能存在部门墙，沟通和协作可能受到一些阻碍。比如，在繁忙时段，服务员可能需要与厨房协调菜品的制作时间和顾客需求，但由于沟通不充分或者协调机制不完善，可能导致服务延误或者顾客不满。

为了解决这些问题，职能型组织 - 高阶可以考虑加强跨部门的合作与沟通。比如，可以建立跨部门协作团队，定期开展沟通会议和培训，以促进信息共享和知识流动。此外，制定清晰的工作流程和协作机制，确保各部门间的合作顺畅进行。通过这些措施，高阶的职能型组织可以进一步提升整体运营效率和服务质量。同时，打破部门墙，促进跨部门的合作与协作，有助于组织更好地适应市场变化和顾客需求，实现可持续发展。

5. 事业部制组织

如图 2-7-17 所示，在这个阶段，其特点是各事业部拥有明确的经营责任和权限，同时，总部职能跨事业部开展活动。但组织机构重叠，各事业部相对独立，容易出现顾及各自事业部而忽略整体的情况。接下来，可以用连锁餐饮店为例子进行说明。

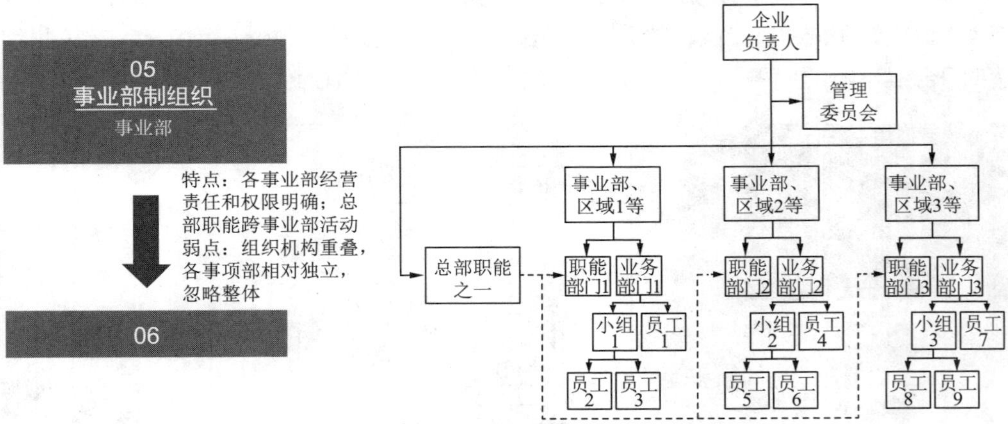

图 2-7-17　事业部制组织（示例）

在连锁餐饮店这样的事业部制组织中，通常会存在多个事业部或分支机构，每个事业部负责管理一家或多家门店。与此同时，总部可能设立了各种职能部门，如市场营销、供应链管理、人力资源等，这些部门负责为各事业部提供支持和服务。在这种结构下，各事业部拥有一定程度的自主权和经营责任，可以根据当地市场需求和特点进行灵活的运营管理。而总部的职能部门则跨事业部展开活动，协助各事业部实现更高效的运营和管理。

为了解决"顾及各自事业部而忽略整体"的问题，各事业部之间和事业部与总部之间的沟通和协作非常关键。建立定期的沟通机制，促进信息共享和经验交流，有助于协调各部门之间的工作，避免信息孤岛和重复劳动。同时，尽量统一各事业部的管理标准和流程，建立标准化的工作流程和操作规范，有助于提高整体效率和降低变异性。另外，总部职能部门也应提供统一的支持和服务，确保各事业部在运营中得到必要的支持。

6. 矩阵型组织

如图 2-7-18 所示，在矩阵型组织中，其特点是部分组织由跨职能项目组和核心流程决定。在此阶段，流程化还不够彻底，而且也面临着多线汇报和管理的挑战。

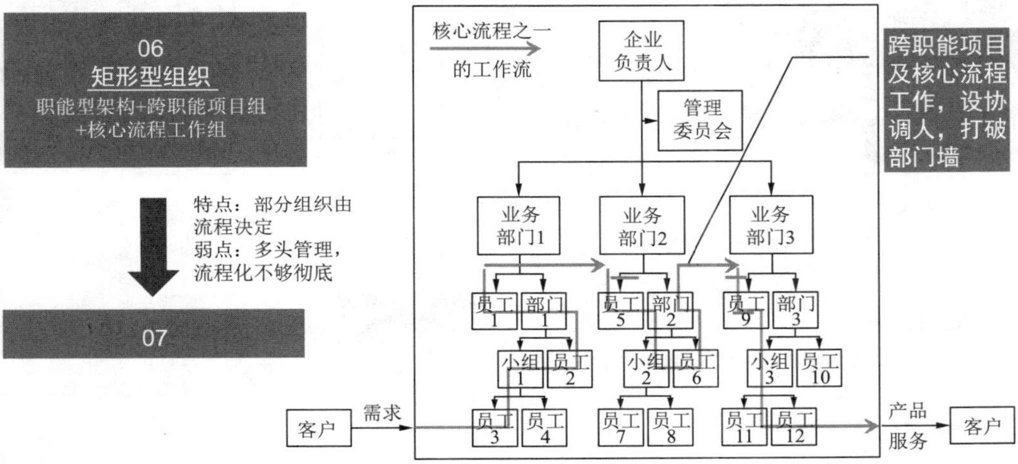

图 2-7-18　矩阵型组织（示例）

在实际的应用中，连锁餐饮店也可能会采用矩阵型组织。比如，在连锁餐饮店中，每个分支机构可以负责特定项目或流程，而总部则提供整体的支持和指导。这种组织形式可以帮助餐饮企业更好地应对市场变化和业务需求。但是由于各级部门之间存在复杂的关系和交叉合作，可能导致员工需要向多位上级汇报工作，造成沟通效率降低和管理不清晰的问题。

为了应对这些挑战，矩阵型组织可以考虑优化沟通机制和管理流程，明确各级部门的角色和责任，建立清晰的汇报渠道和协作机制。同时，强调团队合作和跨部门协作，促进信息共享和知识交流，以提升整体组织的绩效和效率。通过这些措施，矩阵型组织可以更好地实现各业务之间的协同发展，实现整体运营的协调和一体化。这样的组织结构有助于适应复杂多变的市场环境，提升竞争力，推动组织持续创新和发展。

7. 流程型组织

如图 2-7-19 所示，在流程型组织中，组织的结构完全由流程所决定。流程被充分细化和完备化，每个流程都有专门的流程所有者负责对应流程的全生命周期管理。

即使在组织变大和业务变得更为复杂的情况下，组织和流程的关系变得无形且紧密。整个组织就像一个有机体，具有高度的灵活性和适应性。下面以跨国餐饮集团为例进行说明。

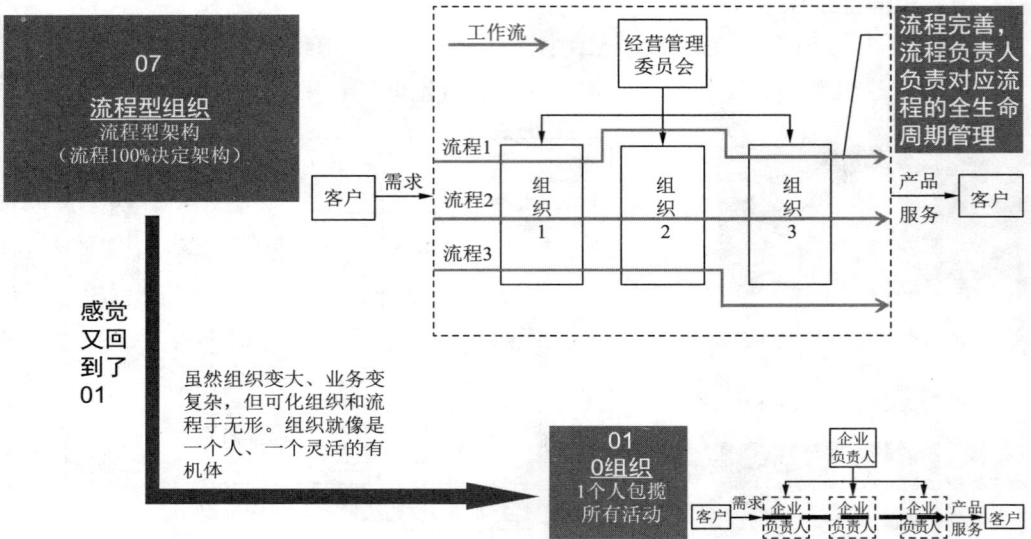

图 2-7-19　流程型组织（示例）

在跨国餐饮集团这样的流程型组织中，所有的工作都按照明确的流程进行，每个流程都被细致地划分成各个环节，并由专门的流程所有者负责管理和优化。这些流程可以涵盖从新店开发、采购、生产制造、物流配送到市场推广等各个方面。

流程型组织强调流程的完备性和标准化，通过规范化的流程设计和执行，实现高效的组织运转和资源管理。流程所有者负责监督和管理流程的执行情况，确保流程的顺利进行和持续改进。同时，组织成员也需要遵守各项流程和规定，以保证工作的高效性和一致性。

在这种结构下，组织的运营和管理更加有序和可控。流程的细化和完备化使得组织能够更好地适应不同地区、不同文化背景的市场需求和特点。同时，流程的标准化也为组织的扩张和复制提供了便利，使得跨国餐饮集团能够快速复制并推广成功的业务模式。

然而，流程型组织也需要面对一些挑战。随着组织的扩大和业务的增多，流程的管理和协调可能变得更加复杂。因此，组织需要建立高效的沟通机制和协作平台，确保流程所有者之间的信息共享和合作，以应对变化和挑战。

流程型组织通过强调流程的完备性和标准化，实现了组织的高效运转和资源管理。它使得组织能够快速适应市场的变化和发展需求，促进组织的持续创新和发展。在跨国餐饮集团这样的组织中，流程的有效管理和优化对于保持竞争力和推动全球业务的成功至关重要。

（三）供应链管理组织的建设思路

供应链管理组织的建设思路（结合企业流程型组织的内容）如下：

（1）基于需求明确任务。根据企业发展的需求，运用前面章节中的供应链管理职能导航模型，梳理和明确出供应链管理部门需要负责的事务。

（2）梳理流程。对供应链管理中的各项活动进行全面的流程设计和优化是关键，这需要明确每个环节的职责和工作流程，通过分析和改进消除冗余和低效的操作，以提高整体效率。

（3）配置和校正。基于流程中的流程角色配置供应链管理部门组织架构中的岗位，并建立好两者之间的关系，需要进行反复模拟演练并校正至理想状态。在这一过程中，可能涉及对流程进行优化，或者对组织架构进行调整。首先，要明确定义每个流程角色在供应链管理中的职责和权限范围，确保清晰的工作分工和协作关系。其次，根据流程角色的需求，设计供应链管理部门的组织架构，明确各岗位之间的协作关系和报告线路。在组织架构中，应该考虑到流程中不同环节的联系和协作，合理划分岗位职责，以实现高效的信息传递和决策执行。在模拟演练阶段，可以通过制定具体的案例或场景，让各个岗位模拟执行流程中的任务，并检验各个环节的衔接和协作效果，发现问题并及时调整。这个过程中可能会发现流程存在的不必要环节或瓶颈，需要进行流程优化，也可能会发现组织架构中某些岗位职责重叠或者交叉不清，需要对组织架构进行调整。经过多次模拟演练和校正，最终可以建立一个理想的供应链管理部门组织架构和流程设计，使得流程和组织之间紧密配合，达到最佳的运作状态。同时，随着业务的发展和变化，还需要不断对流程和组织架构进行审视和调整，以保持其有效性和适应性。

五、设置供应链管理机制

基于供应链管理的特点，需要建立供应链管理的三个核心机制，如图2-7-20所示。

（一）供应链管理运作机制

建立运作机制，是为了促使流程活动有规律地高效开展。同时，运作机制还可以帮助及时发现供应链管理中的问题，并通过评审、回顾等形式找到相应的解决方案，从而提高供应链的运行效果，使得组织能够自行运转而减少对外部或管理干预的依赖。下面是一些常见的运作机制：

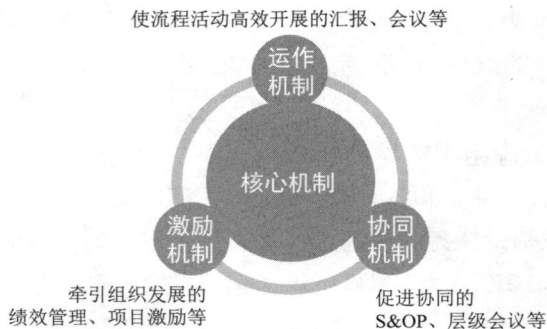

使流程活动高效开展的汇报、会议等

运作
机制

核心机制

激励
机制

协同
机制

牵引组织发展的
绩效管理、项目激励等

促进协同的
S&OP、层级会议等

图 2-7-20　供应链管理的三个核心机制

（1）对碰会议。在供应链各个环节之间召开对碰会议，促进相互沟通和解决问题。比如，销售团队与生产团队之间的对碰会议，可以确保生产计划与市场需求的协同。

（2）关键指标回顾。定期回顾供应链管理的关键指标，如库存周转率、订单交付准时率等，对比目标和实际情况，识别问题所在并采取相应措施。

（二）供应链管理协同机制

建立协同机制，是为了促进跨部门的协同。比如，供应链管理与研发、市场、销售、生产等部门的协同。同时，也是为了促进供应链上下游的协同。比如，上游的供应商、下游的客户间的协同。协同机制的形式可多元化，下面列举部分协同机制：

（1）销售与运营计划 (S&OP)。S&OP 是一种协同决策机制，将销售、市场、生产等部门的计划进行集成和协调。通过定期的会议和沟通，可以确保供应链各部门在需求预测、生产计划、库存管理等方面达成共识，实现供需平衡和资源优化。

（2）供应商大会。定期召开供应商大会，邀请关键供应商参与。在会议上，可以分享战略目标、市场趋势等信息，促进供应商与组织的深入合作和发展。同时，供应商也可以反馈其需求和意见，实现供应链上下游的互动和协同。

（3）共享平台和工具。建立共享平台和使用协同工具，促进信息共享和实时协作。通过共享平台，不同部门和供应链上下游可以共享数据、信息和资源，提高反应速度和决策效率。

（三）供应链管理激励机制

建立激励机制，是为了激发员工的积极性和创造力，牵引组织发展。同时，也有对供应链上下游的激励政策。下面列举部分激励机制：

（1）绩效激励。建立明确的绩效评估体系，并将其与激励机制相结合。通过设定个人和团队的关键绩效指标，并根据实际绩效结果进行奖励或提升，激励员工不断提高工作表现和贡献。

（2）项目激励。对于参与供应链管理中重要项目的员工，可以设计项目激励机制。比如，设立项目奖金或提供晋升机会，以鼓励员工积极参与和推动项目的顺利完成。

（3）优秀团队和个人。设立优秀团队和个人的表彰机制，以奖励在供应链管理中取得杰出成绩的团队和个人。这可以激励员工之间的竞争意识和合作精神，推动整体业绩的提升。

（4）供应链上下游激励政策。对于供应链上下游的合作伙伴，可以制定激励政策，以激发其积极性和支持。比如，对于供应商，可以提供订单量的增加以及长期合作的奖励；对于客户，可以提供返点、优惠或增值服务，以增强合作关系和促进销售增长。

（四）供应链管理的绩效激励机制

对于供应链管理运作机制和协同机制，因为在前面章节中有相关内容介绍，所以不在这里赘述。下面主要讲述激励机制相关的内容。

绩效激励是通过激励员工在工作中实现优异表现推动组织的持续发展的一种机制。绩效激励机制包括绩效管理和激励管理两个方面。绩效管理是在建立明确的绩效评估体系，通过设定关键绩效指标、制定评估标准、收集数据和分析结果等方式，对员工的工作表现进行量化评估和反馈。激励管理则是在绩效管理的基础上，通过奖励和惩罚等手段，激励员工在工作中不断进步和创新。

1．绩效管理

绩效管理是一个系统性的过程，包括绩效指标的设计、目标值的确定、绩效评价和改善等关键步骤。说明如下：

（1）绩效指标的设计。首先，需要确定与供应链管理相关的关键绩效指标，这些指标应该能够客观地反映员工和组织的工作表现。比如，供应链的交货准时率、库存周转率、成本控制、客户满意度等都可以作为绩效指标。绩效指标的设计与组织的战略目标相一致，并能够量化和可衡量。

（2）目标值的确定。设计好绩效指标后，需要为每个指标设定目标值或期望值，以便衡量员工的工作绩效。目标值具有挑战性但可实现，并且应该与组织的战略目标相匹配。设定明确的目标值可以激励员工为其实现而努力奋斗。

（3）绩效评价。绩效评价是对员工在工作中表现的全面评估和反馈。通过收集和分析数据，将员工的实际绩效与设定的目标值进行对比，评估其绩效水平。评估的方法可以包括定期的绩效考核、全方位反馈、工作日志等。同时，及时向员工提供准确、公正和有建设性的反馈，帮助他们了解自己的优点和改进的方向。

（4）绩效改善。绩效评价之后，针对评估结果制订改进计划，帮助员工发挥潜力，提高工作表现。这可以包括培训和发展计划、个人目标的调整和资源支持等。同时，也要提供必要的支持和资源，以便员工能够积极改进并取得更好的绩效。

2.通过平衡积分卡进行绩效指标设计

如图 2-7-21 所示，通过平衡计分卡的结构来设计绩效指标，进行科学分解以支撑战略目标的实现。从公司目标，到部门目标，最后到个人目标，通过层层分解，实现上下同心以实现企业目标。并且，全员的个人目标能支撑全部的部门目标，而全部的部门目标又能支撑公司目标。这种全员参与的绩效管理方式旨在激发员工的积极性和创造力，让每个员工都能为企业的发展贡献力量。

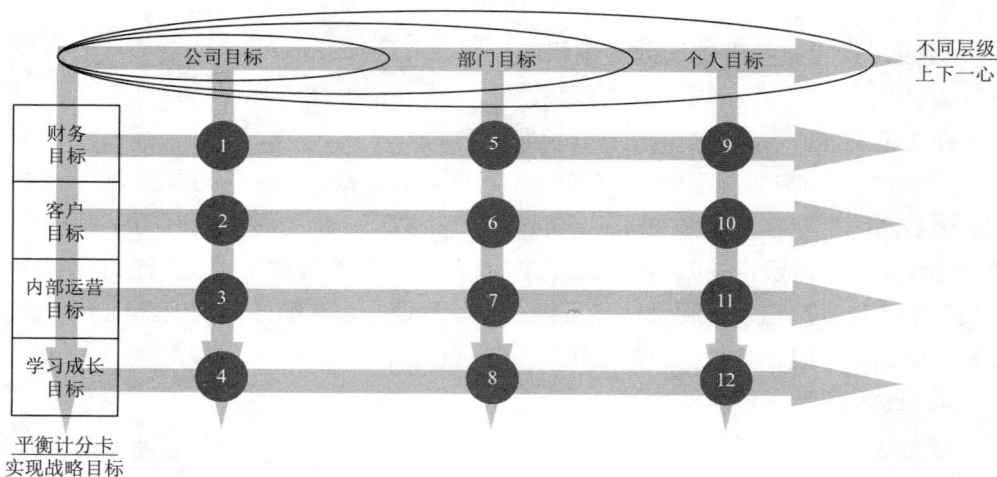

图 2-7-21　通过平衡积分卡进行绩效指标的设计

通常会制定个人绩效考核责任书，该考核责任书包含了企业绩效、部门绩效、岗位绩效、项目绩效，以及其他加减分项，各项指标会根据其重要性来确定相应的权重。在管理人员的绩效指标中，公司及部门绩效的权重较大，这是因为他们的职责更加涉及整体公司的发展和目标实现。而在执行人员的绩效指标中，岗位绩效的权重较大，这是因为他们更加关注具体工作任务的完成情况。

公司级财务目标（❶）→公司级客户目标（❷）→公司级内部运营目标（❸）→公司级学习与成长目标（❹）是基于公司战略地图制定公司平衡计分卡（BSC）目标的过程。首先，公司需要确定财务目标（❶），这些目标通常与公司的盈利能力、资金管理以及财务稳定性等方面相关。比如，公司可能设定了增加收入、提高利润率或降低成本等财务目标。其次，公司需要制定客户目标（❷），这些目标关注公司与客户之间的关系和价值交付。公司需要了解客户需求并提供满足这些需求的产品或服务。因此，公司可能设定增加客户满意度、提高客户忠诚度或扩大市场份额等客户目标。接下来，公司需要设定内部运营目标（❸），这些目标与公司内部的运营效率、流程优化和质量控制等方面密切相关。公司可能设定提高生产效率、降低售后服务时间或改善供应链管理等内部运营目标。最后，公司需要关注学习与成长目标（❹），这些目标涉及员工的培训发展、创新能力以及组织学习能力的提升。公司设定持续提升员工技能水平、推动创新和知识共享等学习与成长目标。

　　部门级财务目标（❺），是为支撑公司 BSC 目标确定部门财务目标的动作。部门级财务目标是根据公司的财务目标和战略地图来设定的，旨在将公司整体的财务目标分解到各个部门层面。通过明确部门的财务目标，可以使各个部门更加清晰地了解自己的职责和对公司财务目标的贡献，从而在实现公司整体目标的过程中发挥关键作用。比如，如果公司的财务目标是增加收入和提高利润率，各个部门需要根据自身的职能和责任制定相应的财务目标。销售部门可能会设定增加销售额或开发新客户的目标，生产部门可能会设定降低生产成本或提高生产效率的目标，而财务部门可能会设定提高资金利用率或降低财务风险的目标。通过制定部门级财务目标，可以将公司整体的财务目标与各个部门的具体工作目标相结合，实现公司战略目标的协同推进。此外，部门级财务目标的设定还可以帮助部门之间进行合作和协调，确保各个部门在实现自身目标的同时对整体财务目标产生积极影响。

　　部门级财务目标（❺）→部门级客户目标（❻）→部门级内部运营目标（❼）→部门级学习与成长目标（❽），是基于部门战略地图（业务战略地图）制定部门平衡计分卡（BSC）目标的过程。首先，部门需要确定财务目标（❺），与公司整体的财务目标相一致。这些目标可能包括增加部门收入、控制成本或提高利润率等方面。通过明确财务目标，部门可以更好地了解自身在财务绩效方面的期望和挑战。其次，部门需要制定客户目标（❻），关注部门与客户之间的关系和价值交付。部门设定提高客户满意度、增加客户数量或扩大市场份额等客户目标，以确保部门工作与客户需求紧密契合。接下来，部门需要设定内部运营目标（❼），以提升部门内部的运营效率、流程优化和质量控制。部门可能设定提高生产效率、减少错误率或改善工作流程等内部运营目标，以确保部门运作顺畅高效。最后，部门需要关注学习与成长目标（❽），促进员工的培训发展、创新能力和组织学习能力的提升。部门可能设定持续提升员工技能水平、推动知识分享或促进团队合作等学习与成长目标，以确保部门具有持续发展的动力和竞争力。

个人级财务目标（**❾**），是为支撑部门 BSC 目标确定个人财务目标的动作。个人级财务目标是指根据部门 BSC 目标和个人职责来设定的财务目标。通过明确个人的财务目标可以使每个员工更加清晰地了解自己在财务绩效方面的期望和责任，从而在实现部门 BSC 目标的过程中发挥重要作用。比如，如果部门的财务目标是增加收入和降低成本，每个员工可以根据自身的职能和责任制定相应的个人财务目标。销售人员可能会设定增加销售额或提高客户回款率的目标，财务人员可能会设定控制费用开支或优化资金管理的目标，而生产人员可能会设定降低废品率或提高生产效率的目标。通过制定个人级财务目标，可以将部门 BSC 目标进一步分解到个人层面，促使每个员工在实现个人目标的同时对部门整体财务目标产生积极影响。此外，个人级财务目标的设定还可以激励员工的积极性和责任感，推动他们更好地发挥个人潜力，实现个人和部门的共同成功。

个人级财务目标（**❾**）→个人级客户目标（**❿**）→个人级内部运营目标（**⓫**）→个人级学习与成长目标（**⓬**），是基于个人战略地图（业务战略地图）制定个人平衡计分卡（BSC）目标的过程。首先，个人需要确定财务目标（**❾**），与部门的财务目标相一致。个人的财务目标可能包括增加销售额、节约成本等方面。通过设定个人财务目标可以使个人更加关注自己在财务绩效方面的表现，并为实现部门整体财务目标作出贡献。其次，个人需要制定客户目标（**❿**），关注个人与客户之间的关系和价值交付。个人的客户目标可能包括提高个人服务质量、增加客户满意度或拓展客户关系等方面。通过设定客户目标，可以使个人更加关注与客户的互动和关系建立，提升个人在客户服务方面的表现。接下来，个人需要设定内部运营目标（**⓫**），可能包括改善个人工作流程、提高工作效率或加强团队协作等方面。通过设定内部运营目标可以使个人更加关注个人工作方式的优化和团队合作的提升。最后，个人需要关注学习与成长目标（**⓬**），促进个人的职业发展、技能提升和学习能力的提高。个人的学习与成长目标可能包括持续学习新知识、提升专业技能或参与培训计划等方面。通过设定学习与成长目标，可以使个人更加注重个人发展和提升能力，为个人职业生涯的发展奠定基础。

3. 目标管理：如何促使"高承诺及高实现"的绩效指标目标值

在和被考核人确认绩效指标的目标值时，容易出现目标博弈的局面，即被考核人通常会选择设定较为保守的目标，以确保能够轻松实现或超过目标，从而获得高分。这会导致组织能力没被发挥出来，绩效管理就会失去其激励和牵引作用，影响到组织整体的绩效表现。另外，被考核人也可能设置过高的目标，造成最终的达成率低。过高的目标可能会对企业的预算和整体资源规划产生负面影响。因为如果员工一味地设定过高的目标，这往往会导致组织需要投入更多的资源和资金来支持员工的工作，并且可能需要调整原有的预算和资源分配计划。如果目标无法实现，这些投入就会变得没有收益，从而影响到整个组织的经济效益和资源利用效率。

在绩效实现中，有时候被考核人可能会出现缺乏动力的情况。这是因为他们认为，为了实现更高的业绩，需要付出更多的努力和时间。而在他们的认知中，这些额外的努力和时间并不能得到与之相当的奖励和回报，因此就会出现动力不足的局面。

作为管理者，我们在目标管理中要避免出现上述问题，并创造以下状态：被考核人在确认绩效指标的目标值时，能够结合客观评估，并愿意设定尽可能高的目标。而在绩效的实现过程中，无论目标的大小，被考核人都会努力达成更多的业绩。下面提供了一种定目标（高承诺）的方法，如图 2-7-22 所示。

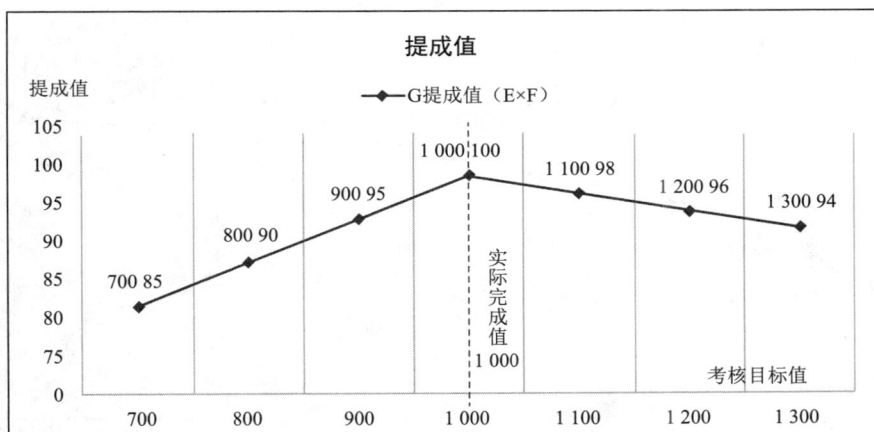

提成值

	700	800	900	1 000	1 100	1 200	1 300
A 考核目标值	700	800	900	1 000	1 100	1 200	1 300
B 实际完成值	1 000	1 000	1 000	1 000	1 000	1 000	1 000
C 低报目标惩罚（A−B）×0.5	−150	−100	−50	—	—	—	—
D 高报目标惩罚（B−A）×0.2	—	—	—	—	−20	−40	−60
E 提成基数（B+C+D）	850	900	950	1 000	980	960	940
F 提成比例（可自定义）	10%	10%	10%	10%	10%	10%	10%
G 提成值（E×F）	85	90	95	100	98	96	94

图 2-7-22　第一步：定目标（高承诺）

在特定实际完成值（定量）的情况下：

当考核目标值（变量）=实际完成值（定量），提成最高；

当考核目标值（变量）≠实际完成值（定量），选高报策略而非低报策略，并尽可能接近实际完成值。

其原因如下，当目标值和完成值的差值绝对值一样时，高报的惩罚（假设系数为 0.2）比低报的惩罚（假设系数为 0.5）少，从而，高报的提成更高。

备注：高报，目标值＞实际完成值；低报，目标值＜实际完成值；系数的具体值，需根据实际场景测算得出。

如图 2-7-23 所示，在特定目标值（定量）的情况下，实际完成值（变量）越大，提成越高。

提成值

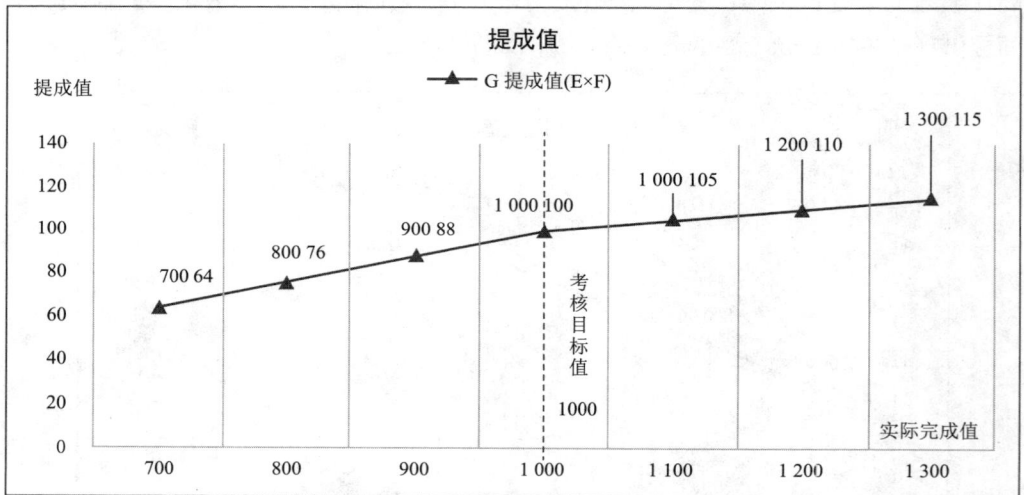

A 考核目标值	1 000	1 000	1 000	1 000	1 000	1 000	1 000
B 实际完成值	700	800	900	1 000	1 100	1 200	1 300
C 低报目标惩罚(A−B)×0.5	−	−	−	−	−50	−100	−150
D 高报目标惩罚(B−A)×0.2	−60	−40	−20	−	−	−	−
E 提成基数(B+C+D)	640	760	880	1 000	1 050	1 100	1 150
F 提成比例(可自定义)	10%	10%	10%	10%	10%	10%	10%
G 提成值(E×F)	64	76	88	100	105	110	115

图 2-7-23   第二步：拿结果（高实现）

在特定实际完成值（定量）的情况下：

当实际完成值≤考核目标值时，被考核者会努力加大实际完成值，以接近目标值。从而实现提成效率的最高化以及提成值的最大化；

当实际完成值＞考核目标值时，继续加大实际完成值，虽然其提成的效率会降低，但提成值还是会继续加大。故被考核者还是会努力加大实际完成值。

4．如何进行绩效评价和改善

作为管理者，需要盯住并客观评价绩效目标，见表 2-7-4。

表 2-7-4　绩效评价

情　　形	负面行为		正面行为	
	考核者	被考核者	考核者	被考核者
实际优于目标	目标设得太低	自己过度展现，要收敛点，否则，后续难以达标	表扬被考核者，下一轮目标需结合本轮实际情况设定	总结经验，保持精进
实际等于目标	被考核者总是满足于现状	刚刚好，不浪费	表扬被考核者，并激励其做得更好	再加把劲，以超越期望
实际差于目标	被考核者表现太差	目标设得太高；目标对象变了，假设条件不成立等自身不可控的外部客观原因	指出被考核者的不足之处，并辅导以改善	反思总结，并结合考核者意见，奋起改善；即便是受自身不可控的外部客观原因影响，仍然能够排除干扰，盯住目标，并想办法达成

当绩效结果异常时，见表 2-7-5，可以通过表格的结构进行分析和改善。其中，CAPA 的意思是纠正措施和预防措施，英文全称是 corrective action and preventive action。

表 2-7-5　分析和改善绩效异常项

目标值	达成值	总体差异值（正差异及负差异）	子项差异值（正差异及负差异）	差异点	差异的根本原因分析	改善措施	预期改善结果及对指标的影响	责任人	完成期限
100（例）	95	-5	5						
			-5		数据天然差异等自身不可控的外部客观原因	想其他办法弥补此差异（不管什么原因，使命必达）			
			-10		因某原因未做好等内部主观原因	对应根因的CAPA（知错就改，举一反三，规避类似问题）			
			5						

5．激励的方式不只是物质和精神

除了物质激励和精神激励，分配更多的机会确实是一种非常有效的激励方式。提供更多的挑战性任务、更大的权责和晋升机会，可以激发员工的积极性和动力，促进他们的个人成长和职业发展。

机会分配放大价值分配，如图 2-7-24 所示。

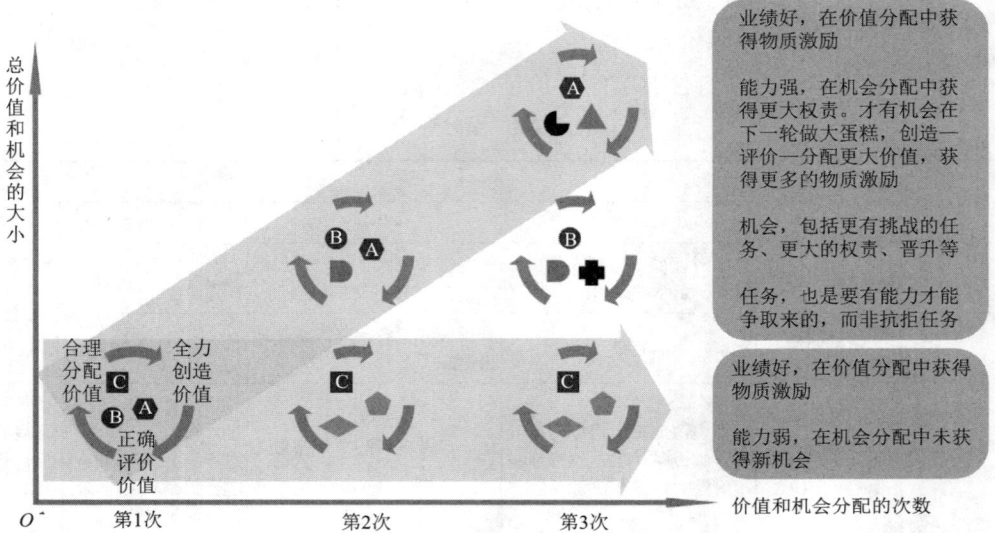

图 2-7-24　机会分配放大价值分配

业绩好，在价值分配中能获得物质激励；能力弱，在机会分配中不能获得新机会；能力强，在机会分配中能够获得更有挑战的任务、更大的权责和晋升等。正是通过这样的机会分配，员工才能有机会在下一轮工作中做出更大的成就，从而实现更丰厚的物质激励。

表 2-7-6 对图 2-7-24 进行了详细的说明。

表 2-7-6　对图 11-24 的说明

总价值和机会的大小	价值和机会分配的次数		
	第 1 次	第 2 次	第 3 次
大	—	—	通过观察 A、B 及另 1 位成员在第 2 次行动中的关键行为，A 的能力突出。故，在第 2 次机会分配中，A 得到机会。因此，在第 3 次行动中，C 能创造出比第 2 次更大的价值
中	—	通过观察 A、B、C 在第 1 次行动中的关键行为，A 和 B 的能力突出。故，在第 1 次机会分配中，得到了机会。因此，在第 2 次行动中，A 和 B 能创造出更大的价值	通过观察 A、B 及另 1 位成员在第 2 次行动中的关键行为，B 的能力相对较弱。故，在第 2 次机会分配中，B 没有得到机会。因此，在第 3 次行动中，B 很难创造比第 2 次更大的价值

总价值和机会的大小	价值和机会分配的次数		
	第1次	第2次	第3次
小	A、B、C合作完成价值创造，按各自对业绩的贡越程度进行价值评价和分配。 A、B、C各自对业绩的贡献度差不多，故，在价值分配中所得相当	通过观察A、B、C在第1次行动中的关键行为，相对于A和B，C的能力相对较弱。故，在第1次机会分配中，C没有得到机会（如，更有挑战的任务、更大的权力、晋升等）。因此，在第2次行动中，C很难创造出比第1次更大的价值	通过观察C及另2位成员在第2次行动中的关键行为，三个的能力都较弱。故，在第2次机会分配中，C及另2位成员因此没有得到机会。因此，在第3次行动中，C及另2位成员很难创造比第2次更大的价值

综上所述，激励的方式不只是物质和精神，机会分配放大价值分配，在高绩效的基础上驱动组织主动承担和提升能力。

六、集成供应链管理技术

关于技术维度，在后面的章节中还会进一步讲述供应链管理的信息化、数字化和智能化技术内容。在此，如图2-7-25所示，只是简要介绍一下集成供应链管理技术的基本内容。

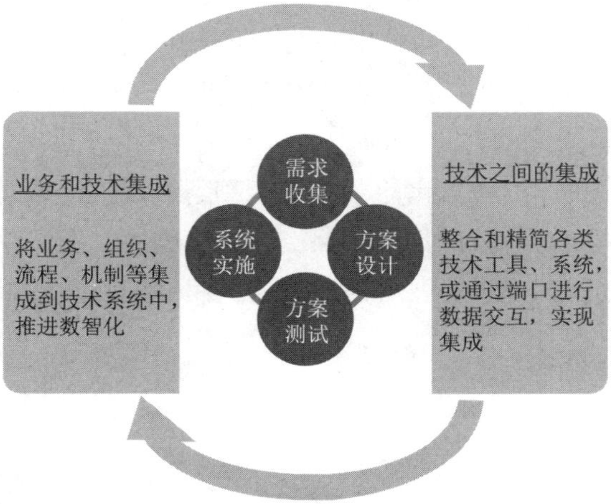

图2-7-25　集成供应链管理技术

（一）业务和技术集成

将业务、组织、流程和机制等集成到技术系统中，推进数智化。这就需要在供应链管理过程中，充分发挥信息化的优势，通过各种信息技术手段进行数据采集和处理、业务流程的优化、决策支持、组织和人员管理，从而提高供应链运营效率和质量。

（1）数据采集和处理。在数据采集和处理方面，需要通过各种信息技术手段，如射频识别、传感器、全球定位系统等，对供应链中的物流、库存、订单、质量等各项数据进行实时监控和追踪。通过数据分析和挖掘，可以发现潜在的问题和机会，并做出相应的决策和优化。

（2）业务流程的优化。在业务流程的优化方面，可以通过技术手段来简化和自动化各种流程，从而提高工作效率和降低成本。比如，可以通过自动化仓库管理系统来实现货物的自动化分拣和装载，从而降低人力成本和减少错误率。

（3）决策支持。在决策支持方面，可以借助各种数据分析和挖掘的工具，对供应链中的数据进行分析，并提供准确的决策支持。比如，可以通过供应链预测模型来预测未来的需求，从而帮助企业做出更加科学的采购和生产计划。

（4）组织和人员管理。在组织和人员管理方面，可以通过技术手段来实现信息的共享和协同，促进团队间的沟通和协作。比如，可以通过企业内部的社交网络平台来建立信息分享和交流的渠道，从而提高团队的协同效率和工作质量。

（二）技术之间的集成

在技术之间的集成方面，需要整合和精减各类技术工具和系统，或者通过端口进行数据交互，实现各项技术的集成。这包括 ERP 系统、CRM 系统、WMS（仓库管理）系统、TMS（运输管理）系统，以及各种移动设备和传感器等。通过技术集成，可以实现信息共享和协同，提高供应链运营的透明度和可控性，并进一步提高供应链的灵活性和反应速度。

在实施技术集成时，还需要考虑数据安全和隐私保护等方面的问题。在设计和选择技术方案时，需要充分考虑数据的保密性和完整性，确保数据不会泄漏或被篡改。同时，在实际操作时，也需要严格控制各项权限和访问方式，避免数据被不当使用或滥用。

🔔 学后行动

你所在的企业，或你了解到的企业，供应链管理体系是否健全？如何完善？

_____

_____

_____

_____

_____

第八节　供应链管理变革

这是很多供应链管理人员的内心独白："专业，我牛。权力，我有。技术，我不缺。经验，我很丰富。做多了日常运作工作，我想做供应链管理改善的工作，但我总是无用武之地，没有一个地方能让我发挥出来。要么企业领导支持力度不够，要么企业上下对供应链管理的认识不足，要么供应链团队人员专业度太差，要么其他部门不支持，要么企业不给经费……"

此情此景下，我们需要一场供应链管理变革。

本节围绕供应链管理变革飞轮模型，让我们引领一场供应链管理变革。

🔔 **学前思考**

例举自己主导、参与或看到什么样的供应链管理改善工作？分析其成功或失败的因素？

_____

_____

_____

_____

_____

一、供应链管理变革飞轮模型的介绍（模型 19：管理变革模型；模型 20：供应链管理变革飞轮模型）

供应链的改善，其实没那么简单。尤其是在供应链管理基础差，甚至是从"0"开始的企业千万不要小看供应链的改善，这将是一次管理变革。既然是一场变革，就会涉及人和事，变革中的人和事，如图 2-8-1 所示。

1. 人

（1）理念认知。这涉及固有的理念和认知。我们可能会听到这样的声音，"你那是什么，一看就有问题""不改，就是不改"等。

（2）组织架构。这可能需要打破现有的组织架构。我们可能会听到这样的声音，"某某被调走的话，我的部门就没法开展工作了""我和现在的上级关系很好，不能被调到其他部门""凭什么把我好的员工调走？"等。

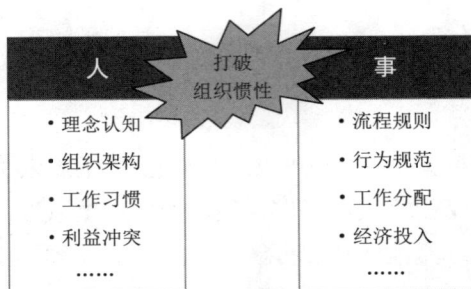

图 2-8-1　变革中的人和事

（3）工作习惯。在惯性中，容易不去思考当下做得是否正确、当下的做法是否最优等等。我们可能会听到这样的声音，"一直就是这么做的，为什么要改？""不要想了，我没办法改""一改就有很大的问题，不能改"等。

（4）利益冲突。组织架构、职责等变化，可能改变人与人之间的关系，从而带来利益冲突。而这些又相对隐晦，所以，对方可能会编造很多理由来反对。

2. 事

（1）流程规则。这可能是优化现有的流程和规则，也可能是集成现有的，还可能是全部推到重新建立的。我们可能会听到这样的声音，"没有流程规则，我做得好好的，干吗要建流程规则""不好意思，我不会梳理流程规则，做不了""事都做不完，哪还有时间搞流程规则"等。

（2）行为规范。将随意的、随性的行为规范起来，呈现专业、高效的形象。有具体的时间节点要求、明确的对接窗口、标准的行为规范，短期内，会让人感觉到被约束。我们可能会收到这样的声音，"搞这么多要求，还让不让人干活了""这些要求，会降低我的工作效率""别整这么多没用的"等。

（3）工作分配。为了让职责更清晰和高效，以及考虑角色或权责的冲突和风险，需要将工作职责重新分配。这可能因为利益关系，有不想被剥离某项职责的，也可能因为不愿承担，有不想接收新增职责的。我们可能会听到这样的声音，"这块业务很重要，转出去的话肯定会有大影响""我现在已经是满负荷了，没法新增职责"等。

（4）经济投入。要开展一个变革，这可能会涉及一些固定资产的投入，或者需要请外部管理咨询顾问的费用等等，至少会占用变革团队成员的时间。若这些不能被保证，成功的变革则无从谈起。

（一）人的"心态—立场"四象限

人的"心态—立场"四象限，如图 2-8-2 所示。在变革中，人的心态—立场呈现出四象限情况。对于消极支持者，让其看到付出与回报的正相关关系，促使其躬身入局而不是做个旁观者；对于消极反对者，让其看到变革的好处，引导其正向看待和接受变革；对于积极反对者，赋予其在变革组织中的促成者角色，加深参与度及达成变革共识；对于积极支持者，认可和激励，赋予其更大的权责。

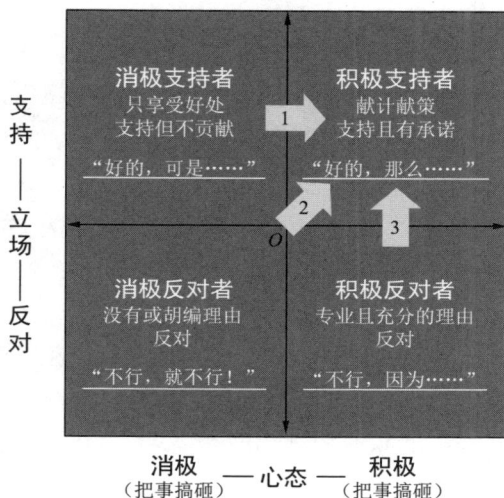

图 2-8-2 人的"心态—立场"四象限

（二）开展管理变革（管理变革模型）

管理变革模型，如图 2-8-3 所示。

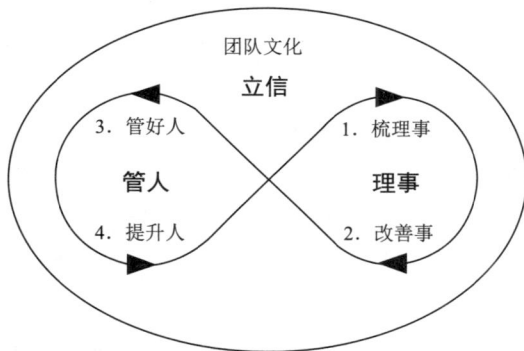

图 2-8-3 管理变革模型

前面提到我们需要一场管理变革，接下来，我们通过管理变革模型，来了解管理变革的核心内容。在管理变革模型中，要打破管人理事的静态，或加速且持续良性循环。其循环的速度和持续性，取决于组织内外的要求。对内，要满足组织发展的要求；对外，要能确保本组织能领先于竞争对手。

1. 变革前

管人和理事，相对静态。组织没有活力，甚至如一潭死水。在这种情况下，组织可能缺乏灵活性和创新性，无法适应快速变化的市场环境。员工们可能感到缺乏动力和归属感，对组织的未来发展缺乏信心。

2. 第一轮变革

首先，梳理事。需要对当前情况进行全面梳理，包括审视现有的流程、组织结构、机制以及技术应用等方面。这可以帮助组织全面了解现状，找出存在的问题和瓶颈。

其次，管理人和改善事。在梳理的基础上，根据组织的战略和经营需求，需要激发员工的积极性和创造力，让他们投身于改善工作的过程中。通过设定明确的改善目标和要求，可以激发员工的工作热情，使他们更加关注工作质量和效率，从而推动整体改善。

最后，提升人。在改善工作的过程中，还需要重视员工的能力提升和个人发展。这意味着组织需要为员工提供相关的培训和学习机会，提升他们的专业素养和技能水平。同时，也要关注员工的职业规划和成长需求，为他们搭建发展平台，促进其个人和职业的全面发展。

3. 第二轮变革

我们可以继续基于梳理事、改善事、管好人、提升人的路径完成这一个循环。首先，我们需要再次梳理当前的事情，包括流程、组织结构、机制和技术等方面。这次梳理的目的是进一步深入了解现有问题的本质，并发现新的改善机会。通过广泛收集反馈和意见，我们可以获得更全面的信息，为下一步的改善工作提供有力支持。

其次，我们要持续推动改善事情的进行。基于前一轮的反思和总结，我们可以制订更具体、可操作的改善计划，并设定明确的目标和时间表。这些改善措施可以涉及流程优化、组织调整、技术升级等方面，旨在提高工作效率和质量。同时，我们也要注重管好人。这包括建立良好的沟通渠道，与员工保持密切的互动和意见反馈，关注他们的需求和问题，并及时解决。此外，我们还可以通过激励机制和团队合作项目等方式，激发员工的积极性、主动性和创造力，增强他们的归属感和参与感。

最后，我们要持续提升人的能力。这可以通过培训、学习和知识分享等方式实现。我们可以为员工提供各种培训机会，包括技术培训、领导力发展等，以提升他们的专业素养和综合能力。同时，我们也要鼓励员工自主学习和不断创新，为他们提供成长和发展的机会。

综上所述，通过持续的良性循环，不断改进工作、提升员工能力，组织可以确保保持竞争优势，逐步实现持续发展和创新。这种循环式的改进和发展模式将帮助组织适应变化、保持活力，并不断提高整体绩效水平。

（三）开展供应链管理变革（供应链管理变革飞轮模型）

通过供应链管理变革飞轮模型，如图 2-8-4 所示，让我们聚焦供应链管理变革。

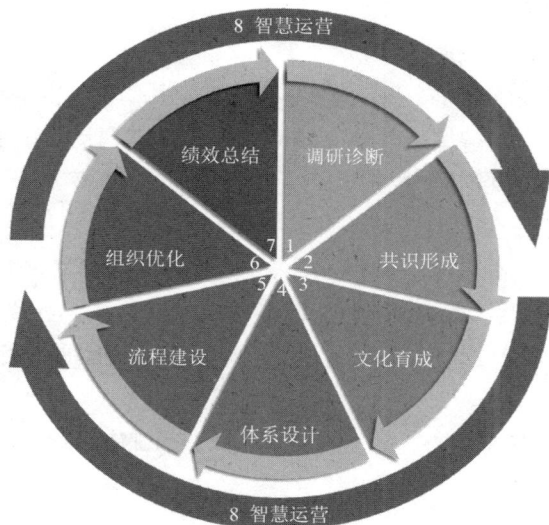

图 2-8-4　供应链管理变革飞轮模型

图中供应链管理变革飞轮模型由两层闭环构成，变革内环由 7 个步骤组成，分别是：第一步，调研诊断；第二步，共识形成；第三步，文化育成；第四步，体系设计；第五步，流程建设；第六步，组织优化；第七步，绩效总结。变革外环，是智慧运营。

1. 变革内环

变革内环是从调研诊断开始，充分了解组织；到理念认知统一，达成共识；再到文化育成，需要建立组织文化，而且一定要在开始就建立文化，不是某一次行动，而是始终贯穿于整个过程所有活动中；再到体系设计，之前的步骤为变革奠定了扎实的基础，在此步骤，需要从体系的角度来梳理，可能是在原体系基础上进行迭代设计，也可能是全新的设计，确保变革得以系统地推进；再到流程建设，通过梳理流程来让"事"变得更清晰、高效，也就是实现"对的事"；再到组织优化，基于流程，设计出理想的组织架构，从而识别现有组织的差距，并制订和实施实现计划，也就是实现"对的人"；最后到绩效总结。变革一定是分阶段推进的。一方面，需要将大目标分解成小目标，由不同人不同小组分头行动和实现目标，最终汇集成大目标。另一方面，于变革团队成员而言需要得到阶段性的认可，避免变革的热情消退。于变革热情不高的人们来说，他们的热情会渐渐地被阶段性的成果给带动起来，加入到变革中来。当然，现阶段的结束，就是下一个阶段的开始。现阶段的成果，就是下一阶段的基础。

综上所述，企业能否快速、稳定地进行一轮又一轮的变革内环活动，决定了该企业适应环境以及求变的能力。

2. 变革外环

变革外环是智慧运营。某一阶段的变革成功之后，其成果需要被固化下来，以转变成常态化的运作。而智慧运营能够使常态化运作的自动化、智能化等程度提升，实现轻松高效运营。具体来说，智慧运营是指在信息化、数字化、智能化的大背景下，运用前沿的技术来提升企业供应链管理的各个环节的运营水平。从而帮助企业更从容地应对市场变化，提高效率、确保品质、降低成本和风险，实现供应链的可持续发展。通常包括物联网、大数据、人工智能等技术的应用，实现数据自动采集、处理、分析、预测等，再形成建议方案或决策。从而指导或指示现实计划、采购、生产、仓储物流等活动。

综上所述，在变革内环的基础上，通过变革外环的加持，提升企业运营的效率。以此形成了该企业的核心竞争力。

二、供应链管理变革飞轮模型的应用

为了能将供应链变革飞轮模型用于实操，接下来，我们对其变革内环和变革外环内容进行详细地剖析。

（一）调研诊断：去现场，了解事，了解人

调研，最好在调研对象的工作现场开展。比如，车间、仓库、实验室和办公室等。一方面，在现场调研期间能看到其真实的工作场景。另一方面，有利于让调研对象心态放松，更容易展露最真实的一面。如果到调研对象不太熟悉的场地，其警惕性会加强，降低调研的效率。通过调研，了解相关的工作的基本情况。在调研阶段，还有一个很重要的目的，就是熟悉人。在变革的起点，有与变革相关人员面对面沟通的机会，能很好地相互了解、熟悉，以及建立信任，这是变革能否得到相关人员支持的关键环节。在讨论具体方案之前，应先实现双方信任。

调研诊断，如图 2-8-5 所示。

调研诊断阶段，可分成如下三步：

第一步，企业及其上下游合作伙伴。

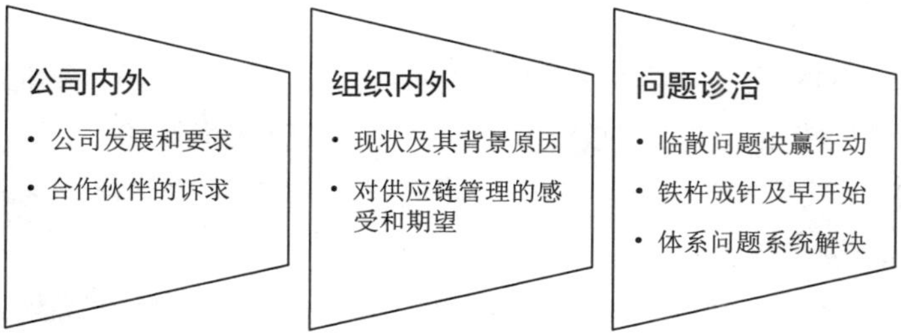

图 2-8-5　调研诊断

在进行供应链管理调研时，主要的对象包括本企业的老板、上下级和相关部门成员，同时也应该涵盖本企业的上游和下游合作伙伴，如客户和供应商等。

对于本企业的内部，可以通过翻阅企业历程、战略文件以及其他相关资料，了解企业的发展历程、文化背景和对供应链管理的要求。此外，还可以采访老员工，倾听他们的经验和见解，以深入了解企业的供应链管理现状以及存在的问题和挑战。

对于上级，可以通过访谈和了解其规划来获取关于供应链管理的要求和期望。这可以帮助了解上级对于供应链策略、目标和执行的重视程度，有助于对供应链管理的方向和重点进行准确把握。此外，还可以考虑与企业的上游和下游合作伙伴进行交流和调研。

对于客户，可以通过客户满意度调研来了解他们对供应链管理的评价和期望。可以通过定期的问卷调查、客户反馈会议等方式收集客户的意见和建议。这有助于了解客户对供应链服务的满意度、交付准确性和响应速度等方面的要求，并根据需求进行相应的改进。

对于供应商，可以通过定期的合作评估和合作伙伴会议等方式了解他们对我方供应链管理的诉求。这可以帮助了解供应商的期望和挑战，以及他们对供应链的质量、可靠性和协作方式的要求。根据调研结果，可以与供应商共同制订改进计划，以实现更加良好的供应链合作关系。

综合上述调研对象的信息，可以全面了解本企业和相关利益相关方对供应链管理的要求和期望，为制定有效的供应链策略和优化方案提供基础。

第二步，本组织及其上下游合作成员。

在进行供应链管理调研时，除了对本企业内部的成员进行访谈和观察外，也需要对团队外的成员进行调研以获取更全面的信息。

对于团队内成员，可以通过访谈和观察来了解他们工作的现状、挑战和需求。这包括了解他们在供应链管理中的角色和职责，以及他们所使用的工具和流程。此外，还可以探讨他们的背景和原因，了解他们对供应链管理的态度和期望，以及他们认为需要改善的方面。

对于团队外的成员，如合作伙伴和供应商，可以通过调研了解他们对当前的供应链管理的感受和意见。这可以通过定期的沟通和反馈机制来实现，了解他们的看法可以帮助识别潜在的合作机会和改进点，并推动供应链的优化。

第三步，问题诊治。

在此阶段，会涉及问题诊治。需要对调研出来的问题进行分门别类，以制定不同的应对方式。可以将问题分成三类，临散问题、铁杵成针类问题、体系问题。

对于临散问题，这类问题的典型特征是临时和零散的，改善方向是很确定的，也是容易改善的。应对方式是采取快赢行动，快速实现改善，立竿见影。这将有助于在变革初期建立信心，争取更多的变革支持者。

对于铁杵成针类问题，这类问题的典型特征是改善方向是很确定的，但需要长期坚持和努力才能实现收益，见效的等待期长。比如，库存管理改善，此前可能已经积压了 6 个月甚至更长覆盖期的库存。首先，要将已积压的库存安排消耗或处理。然后，按新的库存控制方式进行下单和安排到货。之后，才能彰显出改善的成果。且在一定时期内，新方式和旧方式下的库存会同时存在，难以精准计算改善的收益。应对方式是及早开始，否则，其会拖长整个变革的周期。

对于体系问题，这类问题的典型特征是复杂的，改善方向尚不确定的，需要大量时间去研究才能确定的，也是难改善的。应对方式是制订改善计划以从长计议，不要零散地处理这类问题，否则，事倍功半。打击变革中相关方的热情，影响变革的整体进展。

对于不同类型的问题，应对方式是不同的。但基本原则是统一的，时时事事不偏离构想中的体系。短期行动和长期行动结合，快赢行动不等于"救火"。快赢行动，要解决的问题是临时的零散的，但行动本身的思路和方法是系统的。"救火"要解决的问题及行动本身都是临时的、零散的。在变革初期，尚未建立体系。即便是短期行动，但其解决问题的思路和方法不会偏离构想中的体系。否则，就会出现忙于救火，甚至沉迷于救火。而体系的建立这件事情，就会被耽搁。

（二）形成共识：少说教，多研讨；少命令，多引导

要想形成共识，作为主动发起这一方，我们将要面对形形色色的人，有很强的自我意识和尊严的人。要注意一些基本原则，否则，只会引发矛盾。概括如下：少说教，多研讨；少命令，多引导。

说教，是不平等的、单向的、单方面输入的，容易引起对方反感。一旦对方反感，就会开始挑刺。即便你的讲法是科学的、合理的，但事情总归没有完美无缺的。

这就会陷入挑刺和被挑刺的局面，不能形成共识。而研讨则是平等的、双向的、双方共同参与的，在此前提下，相关干系人更可能积极互动、探讨，形成共识。

命令，是不平等的，容易让对方产生被限制自由的感受，从而引起抵抗情绪。即便对方当下屈服，但这是不长久的。在变革的某个阶段，很可能产生反抗而抵制变革。而引导则是以助人的心态让对方感受到被尊重，对方就会有自主和自由的感受。更容易和引导者产生共鸣，加入变革的队伍。

共识形成，如图 2-8-6 所示。

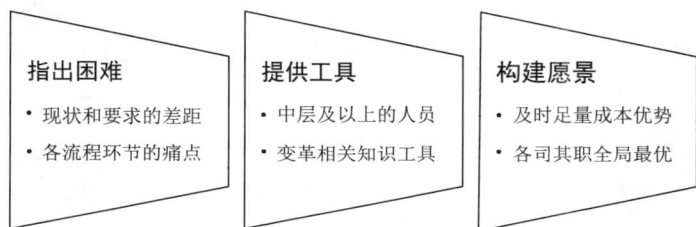

图 2-8-6　共识形成

共识形成，可分成如下三步：

第一步，指出困难。

通过调研诊断环节，摸清了现状和差距，识别出了问题清单。需要在此环节指出来，让变革的相关方都充分认识到。另外，还要识别和暴露各个流程环节的痛点。比如，组织的协同程度不高，会议很多但决策效率和执行的符合性不高……变革，不是某个人单方面要发起的，而是因为我们正在面临的问题及相应危险。这些问题和危险，就是我们共同的敌人。我们要将矛头指向敌人，一致对外。而变革者、上级、同僚等是我们的战友，要一起背靠背作战而非内斗；变革，也不是来给大家增加任务的，更不是来找大家麻烦的，而是召集大家一起来将自己从现存的问题和危险中解救出来。

在此环节，建立信任、透明沟通和有效引导非常重要。指出困难有以下几种形式：

（1）建立信任。在变革团队中，倡导客观和真诚的氛围，通过主题团建、团队文化来奠定往后变革工作开展的基础。

（2）透明沟通。设置相关的沟通机制，以确保变革团队的每位成员能及时和充分地沟通。包括变革的目标、计划等，让团队每位成员很清楚自己所处的阶段、当下该做的事情以及未来可能发生的变化等，减少成员对变革的顾虑。

（3）有效引导。引导团队成员要聚焦于问题本身，而非指责个人或组织。变革是为了解决现有的问题和消除危险，然后，提升供应链管理的竞争力，也是让变革团队中的成员在未来能身处更优秀的供应链中。其中，有些问题可能是某组织或个人行为造成的。若这些行为尚未触碰企业的底线，企业还是希望这些组织和个人能在本轮变革中纠正、成长起来的。所以，为了避免这些组织和个人的反对情绪，在指出问题时，不说"你们做得很有问题，做得不好……"而是说"我们当前有这个困难，面临这个挑战……"

第二步，提供工具。

基于调研诊断环节的结果，明确了本轮变革的目标和范围。接下来，识别当前组织在认知、方法、工具等层面的差距。进而，对于企业中层及以上、相关的人员，去普及本轮变革相关的知识和工具。于此，在指出困难确定敌人之后，给大家提供了武器。

提供工具有以下几种形式：

（1）知识培训。这涉及供应链管理理论、标杆企业的最佳实践、变革管理等方面的知识。从而，帮助团队成员了解供应链管理变革的背景、目标和方法，提升他们的专业认知和理解。

（2）技术和工具辅导。提供和辅导供应链管理相关的数据统计分析、精益管理、系统软件等，帮助团队成员更科学、更有专业依据、更高效地解决问题。

（3）标杆学习。围绕本轮变革主题，找到行业内的标杆企业，并安排变革团队成员通过案例或者去现场参观学习。这样，能让变革团队成员有更深切的感受。

第三步，构建愿景。

在指出困难并提供工具后，还需要构建一个美好的愿景，以能持续激发变革团队成员的积极性和热情。

构建愿景有以下几种形式：

（1）描绘目标。于目标本身而言，需要尽可能地量化，但数据是冷冰冰的。在构建愿景时，需要将目标再描绘得更形象、更具体、更温暖。比如，描绘变革成功后大家的工作状态、描绘变革成功后具体的庆祝场景……

（2）赋予变革团队成员的价值和意义。通过变革团队的努力，带动整个组织的变革积极性。变革成功后，给组织带来的收益。以及各团队成员对于变革的重要意义，使成员感受到被需要，激发责任感和使命感。

（3）供应链管理。实现及时足量的交付，而且一定是有成本优势的交付，这是供应链管理的价值。通过供应链管理的协同，让企业各个职能各司其职。每个人有每个人的本职工作，每个人有每个人的侧重点，各自负责的工作清晰明了。同时，通过协同工作，把各个职能各个活动各个流程拉通，实现全局最优。

综上所述，第一步，告诉大家困难在哪里、差距在哪里、挑战在哪里、敌人在哪里；第二步，给大家提供供应链管理这个武器；第三步，构建一个美好的愿景，让大家有期待，克服过程中的困难，坚定地走向美好。

（三）文化育成：及早开启，在深化变革中迭代

文化，是人类社会发展到一定阶段的产物。它是在人类社会长期的历史演变和交流互动中逐渐形成的，通过人们的创造、传承和共享而存在的一系列观念、价值、习俗、艺术和行为方式等。于企业而言，其文化是企业发展到一定阶段的产物。那么，问题来了。既然，文化是一个结果，而且是在一定阶段才会产生的结果。为什么还要及早开启文化育成呢？

企业文化的产生，无非有两条不同路径：一种是自然形成；另一种是主动创造。

第一，自然形成。它是指企业发展到哪就是哪，不作任何干涉。到一定阶段时，企业呈现出一种相对稳定的特征。这个特征，就反映出了对应阶段的企业文化。这种情形下，企业文化的产生具备很大的不确定性和随机性。其反映了企业和企业发展到一定阶段时的状态，但没有为企业的发展目标服务。

第二，主动创造。它是指企业按照既定的规划发展，其中包括了对企业文化的设计、企业文化的践行、企业文化的迭代。企业文化按照企业发展需要来塑造，进而，影响企业中的价值观、信念、行为准则和工作方式，并使得个人与整体的统一。企业文化从设计、到促进企业及个人践行、再到根据践行的情况来迭代，需要较长时间。要想企业文化符合企业发展所需甚至引领企业发展，就需要及早开始企业文化的设计。

综上所述，如果落实到供应链管理变革中的文化上就是：首先，在变革开始的阶段，根据企业发展要求以及外部发展和竞争等情况，及早设计供应链管理的文化；其次，在供应链管理变革过程中，按照文化去引导变革相关人员去思考、决策和行动，逐渐地让大家自发自觉地去践行文化；然后，到一定阶段后，发现原设计的文化需要基于实际的情况来调整。于是，更新并践行文化，让文化更好地促成供应链管理变革。

文化育成，如图 2-8-7 所示。

文化设计
· SCM愿景使命价值观
· SCM团队文化（人一事）

氛围营造
· SCM主题文化活动月
· SCM精选专题工作坊

齐心共创
· 树立主人翁的意识
· 集各级各岗各视角

图 2-8-7 文化育成

文化育成，可分为如下三步：

第一步，文化设计。

无论组织的大小或当前所处的阶段，都需要及早设计自身的文化，以实现文化的主动创造而不是依赖自然形成。

作为一个企业，应该有明确的使命、愿景和价值观等。同样，作为企业中的一个部门，为了践行企业文化，也为了在企业文化基础上设计细化至本部门的文化，也应该有本部门的使命、愿景和价值观等。甚至作为部门中的一个项目组，为践行部门文化，也为了在部门文化基础上设计细化至本项目组的文化，也要有本项目组的文化。项目为某一期间内的一次行动，相较于部门文化或企业文化，其文化的形式会简单一些。为了引导项目的顺利实施和取得成功，可能是一句口号、一个目标。

作为供应链管理部门，我们需要从企业文化和战略出发，思考企业对本部门的要求，并积极发挥本部门价值。从而，设计供应链管理的使命、愿景和价值观，以及围绕着供应链管理中人和事的行为规范等。这就是设计供应链管理团队文化的整体思路，其目的是立信，通过团队文化凝聚团队成员，树立共同的信念。通常，在进行文化设计过程中，供应链管理的负责人需要起到承上启下的作用。首先，供应链管理负责人需要深刻理解企业文化以及企业战略。其次，要将企业对供应链管理的要求提炼出来。然后，为满足企业要求，梳理出供应链管理文化的方向和大纲。最后，在团队中共享这些思考，并吸引团队成员一起参与创造出供应链管理文化。通过这样的方式，我们可以建立一个凝聚力强大的团队，共同努力实现供应链管理的目标。

值得注意的是，除了设计供应链管理文化的使命、愿景和价值观，还需要为团队制定行为规范，这样可以确保所有成员在日常工作中都能遵循相同的标准。比如，我们可以制定关于沟通、合作、决策等方面的规范，以确保团队成员之间的互动是透明、高效、协调的。同时，这些规范也可以应对供应链管理中可能出现的一些问题，如订单延迟、质量问题等，从而减少这些问题对业务产生的影响。另外，在设计供应链管理团队文化时，还需要将团队成员的个人发展考虑在内。我们可以通过提供培训、指导和反馈等机会来帮助团队成员不断提升自己的专业技能和领导力，并且鼓励他们在工作中尝试新的方法和思路。这样，团队成员可以在成长的同时也为企业带来更大的价值。最后，要注意文化的实施和维护。设计好文化后，需要将其贯彻到每个人的行为中，形成文化的实际运作。同时，也需要不断评估和调整文化，确保其与企业的战略和市场需求保持一致。只有这样，我们才能建立一个适应性强、凝聚力强的供应链管理团队，为企业的成功提供更多的支持和保障。

第二步，氛围营造。

氛围，是指环境和气氛。它会影响人们的心理状态、情绪和行为。在组织中，氛围可以对个人和集体的表现产生深远的影响，尤其是在实现一项目标或完成一项任务的过程中。一个积极的氛围可以增加工作成就感和幸福感，可以促进团队合作和协作，还可以鼓励创新和探索。当人们感觉到自由表达自己的想法和试验新方法时，他们乐意接受变革，也能在变革中更好地应对挑战。

如何营造氛围呢？可以从两个方面着手，一方面，供应链管理文化。另一方面，本轮变革的主要内容。

第一，供应链管理文化。我们可以通过供应链管理的主题文化活动月，让大家积极和欢快地参与进来，加深大家对供应链管理的了解，激发大家对供应链管理的兴趣。在文化活动月中，可以安排系列知识竞答、文化宣传作品比赛、技能比拼等活动，吸引人们参与，并高高兴兴地拿奖。

第二，本轮变革的主要内容。我们可以通过供应链管理主题工作坊，让大家从各自角度表达观点，在组织中得以澄清；让大家说出各自对其他方的期望，在组织中培养默契。在工作坊中，根据当前的痛点、变革的目标等，设定工作坊的主题。比如，很多人觉得沟通效率太低，那就可以将沟通效率太低和流程断点多设为工作坊的主题。把相关部门的主要人员邀请到一起来研讨，为什么会发生这种情况？需要建立什么样的流程和机制去规避？以提升沟通效率。

第三，齐心共创。

变革往往涉及多个部门、多个层级和多个利益相关者，如果缺乏协作，将在过程中遭遇许多挑战和障碍，甚至可能导致变革失败。齐心共创，有助于提高动员力度。如果人们感觉自己没有被视为变革的重要组成部分，他们更容易对变革持怀疑态度甚至抵制。另外，还有助于资源的共享利用。变革需要消耗一定的人力、物力和财力资源等，如果各部门都各做各的，可能会浪费很多资源。齐心共创可以更好地统一协调和利用资源，提高资源的使用效率。

供应链管理变革不仅仅是供应链管理人员，也不仅仅是供应链管理部门的事情。要让涉及的各个环节各个活动的相关人员，树立起主人翁的意识，共同参与。要集各级人员、各岗位人员和各视角的意见，这样，我们才可能完成一个有共识、有效率和有结果的变革。要实现以上目的，工作坊是一种比较好的形式。首先，设定一个主题。需要注意的是，若想研讨的内容更细致，那主题就要设得越聚焦。其次，邀请涉及主题的上下游人员参加。再次，在研讨中，让各自写出对上下游的期望，以及基于上下游的期望写出自己的反思。最后，基于以上，研讨出在变革中各自需要落实的行动。于此，让大家深刻意识到自己从来都不是一个人在战斗，而是任何时候都离不开团队。同时，自己对上下游是有需要的、上下游对自己也是有需要的，而不是与我无关。再进一步，若我希望别人符合我的期望，那我也要符合别人的期望。

（四）体系设计：确保变革能系统地推进

随着外部竞争的加剧和环境复杂度不断加深，以及技术发展的日新月异，供应链管理要面对的变化越来越快。这就需要供应链管理进行变革，但变革并非易事。如果变革推进得不好，不仅无法帮助组织，反而会伤害组织。有没有一种方法能够让供应链以自身的不变，应对外部的万变？虽然没有一成不变的方法，但是我们可以建立一套相对稳定且柔性的供应链体系，以从容应对市场的变化。

供应链管理体系需要系统地规划和建设，如果建设的过程是"救火式"的，那建设出的供应链管理体系也是不系统的。在供应链管理变革中，我们应该从体系的视角去规划变革的路径，重点放在体系的建设和持续优化上。供应链管理体系包括供应链管理相关的流程、组织、机制、技术等，并按先后顺序依次建设。

体系设计，如图 2-8-8 所示。

基于专业
- ASCM等提供的方法论
- 用SCOR等模型或工具

对比标杆
- 对于SCM的最佳标杆
- 对比同行业里的标杆

有机融合
- 适合本企业发展要求
- 短中长期分阶段规划

图 2-8-8　体系设计

体系设计，可分成如下三步：

第一步，基于专业。

供应链管理教育在国内发展较晚，直到 2017 年，国内普通高等学校的本科专业中才新增供应链管理专业。大部分有供应链相关工作经验的人可能主要从事供应链的执行和日常运作工作，但很多从事供应链相关工作的人可能没有接受过专业的培训或认证。然而，要真正做好供应链管理，需要具备丰富的实战经验和扎实的专业理论基础。尽管经验是宝贵的，但它是有限的。个人的经验受限于所处的环境、行业、岗位和工作年限等因素。为了弥补经验的局限性，提升专业能力非常重要。通过专业的培训和认证可以系统地学习供应链管理的理论知识和最佳实践，从而更客观地看待供应链管理的挑战和机遇。因此，供应链管理的变革需要打破经验主义和组织惯性。设计一个高效的供应链管理体系需要建立在专业知识和理论基础之上，而不仅仅依赖个人经验。通过专业的培训和认证，从业者能够更全面地了解供应链管理的核心概念、最佳实践和创新趋势，以便更好地应对供应链管理的挑战并推动变革。

在设计供应链管理体系时，可以依靠一些专业的方法论和使用专业工具。比如，ASCM[1] 提供了一系列相关的认证，包括 CSCP[2]、CPIM[3] 和 CLTD[4]。

CSCP 认证，旨在评估候选人对全球供应链管理核心概念、战略规划和实践的理解程度。该认证考试涵盖了供应链规划、采购与供应管理、生产与库存管理、物流与运输等方面的知识和技能。获得 CSCP 认证可以证明候选人具备跨职能和综合性的供应链管理能力。

CPIM 认证旨在评估候选人在生产计划、库存管理、供应链流程和运作控制等方面的专业知识和技能。该认证由 CPIM Part1 和 CPIM Part2 两个部分组成。获得 CPIM 认证可以证明候选人具备有效管理生产和库存的能力，并能够优化供应链的运作。

CLTD 认证主要关注物流、运输和分销等方面的知识和技能。该认证考试涵盖了供应链网络设计、运输管理、质量控制、仓储和配送等内容。获得 CLTD 认证可以证明候选人具备高效管理物流和分销操作的能力，以及优化供应链运输和配送的技能。

此外，ASCM 还提供了 SCOR[5]，它可以帮助企业识别和分析供应链中的瓶颈和问题，并提供改善建议。SCOR 提供了一种统一的语言和框架，使不同的组织和行业能够更好地理解和沟通供应链管理的关键概念和实践。SCOR 模型还支持供应链的标准化和最佳实践的推广，促进了供应链管理领域的卓越和创新。

第二步，对比标杆。

创新在企业的发展中扮演着至关重要的角色，然而，由于资金和能力等方面的限制，大多数企业往往难以支撑颠覆性的创新。因此，在企业能够实施颠覆性创新之前，对标同样具有重要意义。

首先，企业需要清楚自身的定位，并描绘出自己想要成为的样子。这可以通过明确企业、组织的愿景和战略目标来实现，只有明确了企业的目标，才能更好地进行对标分析。

---

[1]　ASCM：association for supply chain management，供应链管理协会
[2]　CSCP：certified supply chain professional，供应链专业认证
[3]　CPIM：certified in production and inventory management，生产和库存管理认证
[4]　CLTD：certified in logistics, transportation, and distribution，物流规划认证
[5]　SCOR：supply chain operations reference，供应链运作参考模型

其次，在供应链管理领域或者同行业内，企业可以寻找在短期、中期和长期不同阶段具有典型表现的标杆企业。比如，在 SCOR 模型中，可以找到一些企业的最佳实践案例。通过研究这些标杆企业的成功经验，可以获得宝贵的启示和借鉴。

再次，企业需要对自身与标杆企业之间的差距进行分析，并深入探究背后的原因。这可以通过对比企业的供应链流程、组织结构、技术应用等方面进行评估来实现。只有了解差距的本质，才能找到追赶标杆的路径。

最后，企业需要制订行动计划，找到追赶标杆的方法和策略。然而，值得注意的是，并不是要简单地复制标杆企业的做法。而是要深入研究标杆企业为何采取某种做法以及如何取得良好的结果。同时，也要研究自身与标杆企业之间的天然差异，比如所处的时期不同、企业性质不同、产品差异等。只有结合实际情况，制定适合自身的具体做法，才能取得更好的效果。

通过对标分析，企业可以借鉴他人的经验和成功实践，提升自身的竞争力和创新能力。这不仅可以帮助企业在创新的道路上更加明确方向，还可以减少冒进风险，为企业的可持续发展奠定坚实基础。

第三步，有机融合。

体系设计，必须要符合本企业的实际情况和未来发展的需求。只有这样，体系才能真正跟上企业的步伐，并在未来为企业的发展提供有力支持。也只有这样，体系才能有机融入企业的经营活动中。

然而，体系的建设并非一蹴而就，需要综合考虑企业的资源和能力评估，制定短期、中期和长期不同的规划。在体系建设过程中，企业需要特别关注以下几个方面。首先，要确保体系的可持续性和灵活性，以适应市场的变化和企业的发展。其次，要重视数据的管理和分析，以提高供应链的效率和运营水平。同时，还要注重人才培养和组织架构的优化，以增强企业的协同能力和执行力。总之，体系的设计和建设是一项长期的工作，需要企业不断优化和调整。只有通过不断地实践和反思，企业才能不断提高供应链管理水平，为企业的持续发展提供有力支撑。

（五）流程建设：实现"对的事"

一条条流程，好比一条条公路。就像人们在出行前提前规划好路线一样，在工作中，我们也需要进行流程设计来确保顺利到达正确的终点，即实现对的事。流程中的相关规则就像是一套交通规则，让流程中的人们知道应该如何行动和配合，以便顺利地完成任务。通过良好的流程设计，我们可以明确每个人在流程中所属的角色和职责。这样，流程活动的上下游人员就能清楚地知道自己的任务，并且知道与其相关的其他人员的任务。这种明确的分工和配合可以避免任务的疏漏和混乱，确保工作的高效进行。一个良好设计的流程可以规范和标准化业务活动。就像交通规则一样，流程规定了每个步骤和要求，使得任务按照既定的步骤进行。这样，不仅可以减少错误和重复工作，还能提高工作效率和质量。类似于交通规则为车辆提供了有序行驶的基础，良好的流程设计为工作提供了有组织、高效的基础。

因此，流程建设对于企业的工作效率和质量至关重要。它确保了工作的规范性和一致性，减少了错误和重复劳动。就像人们遵守交通规则一样，流程让人们在工作中更加井然有序，以达到更好的工作效果。

流程建设，如图 2-8-9 所示。

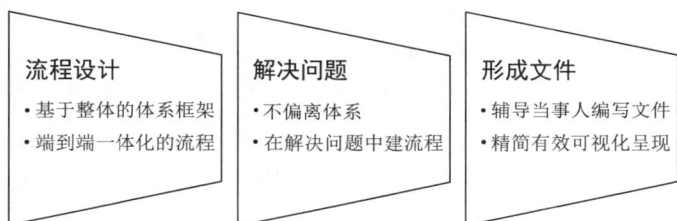

流程设计	解决问题	形成文件
·基于整体的体系框架 ·端到端一体化的流程	·不偏离体系 ·在解决问题中建流程	·辅导当事人编写文件 ·精简有效可视化呈现

图 2-8-9　流程建设

流程建设，可分成如下三步：

第一步，流程设计。

流程设计是供应链管理体系建设的关键一环，通常作为整体体系建设的第一步。在进行流程设计时，必须以供应链管理整体的体系框架为基础进行开展。科学的体系设计综合考虑了战略、资源、能力以及供应链管理专业等要素，在体系基础上生长出的流程会有更聚焦、重点突出并与整体体系保持一致。若流程设计脱离了整体体系，就可能变得零散、优先级不明确或偏离整体的体系。流程设计的目标是建立端到端一体化的流程，当然，这一过程也需要分阶段进行。

首先，要着重建设供应链的主干流程。

其次，再逐步建设其分支流程。通常，主干流程涉及需求管理、订单管理、销售与运营计划、主生产计划、物料需求计划和生产排程等环节。需求管理涉及对市场需求的收集、分析和预测，以便有效地满足客户需求。订单管理负责处理客户订单的接收、确认和执行，确保订单的准确和及时交付。销售与运营计划是协调销售计划、生产计划和资源调配的关键环节，以实现供需平衡。主生产计划负责根据销售计划和库存情况进行生产安排，确保生产能够按时交付。物料需求计划则是根据主生产计划和库存情况，对所需物料进行合理的采购规划。

最后，将根据物料需求计划和生产资源的可用性，安排具体的生产工序和时间。

通过建设这些主干流程，供应链管理可以更加高效、协调地运作。同时，分支流程的建设将进一步细化和完善整个供应链的运作，涉及更具体的环节和业务流程。

第二步，解决问题。

流程的建设并非一蹴而就的。在实际业务中，往往需要根据实际情况和业务需求进行逐步建设和完善。因为现实的场景不允许这种操作，即一股脑地去写流程文件而不顾当前业务的开展。如果只是简单地套用标准流程，很可能会导致流程与实际业务不符，甚至会带来新的问题和风险。

在解决问题中建设流程是一种可行性好的方式。流程是为了解决业务中的问题，而不是只顾把流程文件写出来。流程不是凭空造出来的，而是基于实际业务或标杆业务的经验提炼而成的，还要解决当前面临或规避未来潜在的问题。只有通过实践和探索，才能真正了解业务的本质和流程的实际应用情况。业务问题是检验流程有效性的试金石。

假设，当前碰到了一个问题。在解决问题和建设流程之间，要优先去解决这个问题。当然，解决问题的思路和方法，要符合自己设想中的流程。这样既解决了当下的问题，又为建设流程积累了实践经验。在解决问题的过程中，要不停地思考和尝试更高效的方法，这样可以逐步积累经验和提升流程的质量和效率。在解决问题之后，思考和总结以形成流程。这样建设出的流程，才对组织有真正实际的意义。通过实践和总结，不断完善和优化流程，才能够不断提升企业的竞争力和运营效率。因此，在建设流程时，需要紧密结合实际情况、注重实践探索、不断改进和优化，才能取得良好的效果。

第三步，形成文件。

通过科学的流程设计以及在解决问题中梳理流程，最终，需要将流程形成文件。于大多数人而言，如果说流程设计是挑战性的，但充满乐趣；如果说解决问题是困难的，但能够带来实际问题的解决方案；如果说编写流程文件是枯燥的，而且是永无止境的。如何促进流程文件的顺利编写完成，激励和辅导团队成员显得尤为重要。一方面，流程文件是业务及个人技能的精华。在组织中，需要打破教会徒弟、饿死师傅的观念，并激励成员提高其分享经验和知识的意愿。掌握技能是基础，总结经验是提升，形成正式文件则是进一步提高。在编写流程文件的过程中，流程编写人在不断成长，不断提升自我。

流程文件是一种重要的管理工具，它不能只是简单地堆砌文字和文山会海，而应该做到精简、有效和可视化地呈现。一份好的流程文件应该具备以下几个特点：

（1）精简。流程文件应该剔除冗余的信息，只保留核心步骤和关键要素。过多的废话和重复的条款只会增加阅读者的阅读负担，降低文件的可读性。

（2）有效。流程文件应该清晰地传达出流程的目的、步骤和要求，以及各个环节之间的关系。每个步骤和要求都应该明确并具体，避免模糊和歧义，以确保读者能够正确理解并按照文件执行相应的操作。

（3）可视化。通过合理运用图表、流程图、示意图等图形化工具，使流程文件更加直观和易于理解。图表可以帮助读者更快地抓住核心要点，并在实际操作中更好地指导他们进行。

总之，流程文件要实现易读易懂，最好让读者一看就会操作。只有这样，才能真正发挥流程文件在组织中的作用，提高工作效率，并帮助团队成员更好地理解和执行相关流程。

（六）组织优化：实现"对的人"

人对了，事就顺了。这句话，道出了对的人的重要性。所谓对的人是指适合并能够胜任特定岗位的人才。一个组织的成功与否，往往取决于是否拥有合适的人才来完成工作。即使是最完善的流程设计，如果没有适应和掌握流程的人，最终也难以取得良好结果。因此，找到适合的人才，并将其安置在合适的岗位上，以确保良好的组织能力，是至关重要的。换个说法，即便没有成熟的流程，若有对的人，也能把事情给做好。再进一步，哪怕流程错了，优秀的人也在过程中纠偏。最终，把事情给做好。因为，优秀的人不仅能够按照既定的流程进行工作，还能够主动思考、提出改进意见并实施优化措施。他们对工作流程有着深入的理解，能够发现其中的不足和瓶颈，并提出相应的改进建议。通过他们的努力，流程不断得以完善和优化，从而提高工作效率和质量。

组织优化，通常包括以下几个方面：

（1）组织架构优化。通过流程建设可以确定最佳的组织架构，以支撑流程运行。这可能涉及合并、拆分或重组部门，以适应业务需求和目标。

（2）人员配置优化。根据流程对各岗位的能力要求，进行相应的人员配置。这可能涉及招聘新人才、内部调动员工、培训提升现有员工的能力等，以实现人岗匹配。

（3）绩效管理优化。建立有效的绩效管理体系，可以作为战略目标和员工工作要求的纽带，实现企业目标和个人目标的统一，使得集体利益和个人利益的有机融合。

（4）领导力的提升。它涉及企业中的管理者以及非管理者。通过领导力的提升，才能增加组织中的动力组，以驱动组织更快速地发展。

组织优化，如图 2-8-10 所示。

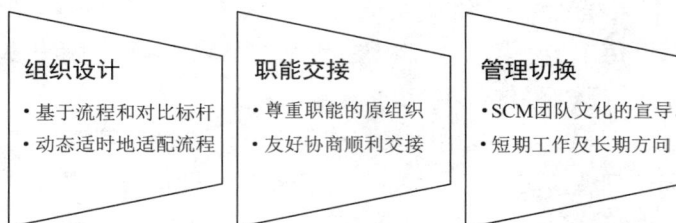

图 2-8-10　组织优化

组织优化，可分成如下三步：

第一步，组织设计。

组织的设计需要基于流程来开展，以实现权力、资源以及责任的分配和明确。流程把事给梳理清楚，组织把人给安排到位。这样的话，才能形成合力。在组织设计过程中，参考标杆企业的做法也很重要。然而，需要辨识清楚标杆企业与我方在资源及能力上的区别，以设计出有竞争力的组织。比如，我们需要关注标杆企业在供应链管理方面的相关流程。了解标杆企业中供应链管理组织的定位，以及包括哪些职能，以及其运作方式。这样可以借鉴其经验，但也要将其与我们自身情况进行对比和调整，确保设计出适合我们组织的高效供应链管理组织。

组织设计并非一次性工作，需要根据实际情况进行动态适配。通过科学的组织设计，要动态适时地使得组织适配流程，这点非常重要。为什么要动态适配呢？当企业的业务发生变化、对组织提出新要求或者面临新的发展机遇时，流程可能会发生调整，因此组织也需要相应更新。为什么要适时适配呢？在流程变化后，组织设计可以较快完成，甚至与流程设计同步。然而，考虑到实际情况，组织切换有时需要过渡期。比如，提升人员能力，通过外部招聘或内部培养都需要一定时间。同时，可能涉及组织变更前后相关人员的利益问题，也需要一定时间进行妥善处理。

第二步，职能交接。

组织设计完成后，可能进行人员的异动和调动。新组织中的成员可能来自其他组织，也可能进行外部招聘，还有可能与其他部门共享人员。实现顺利的职能交接对于新组织的成功实施至关重要，也是变革能否持续推进的一个关键因素。

一是我们必须尊重调入职能或人员的原组织。不应对原组织进行贬低或指责，而是要以友好和尊重的态度对待。我们应该理解和体谅原组织的立场，并避免说三道四，批评或抱怨原组织。

二是友好协商和顺利交接是至关重要的。我们需要积极与调入职能或人员的原负责人进行沟通和协商，争取对方的理解和支持。我们不能让对方感觉我们是在抢夺他们的工作或人员。对于调入的人员，我们应该进行访谈，与他们交流他们的梦想和接下来的计划，了解他们的需求和期望，以及可能实现这些目标的方法和行动计划。在此过程中，多方沟通是必不可少的，只有通过充分的沟通，我们才能确保顺利的职能交接。

第三步，管理切换。

职能交接之后，为了实现良好的管理转换以实现常态化高效的组织运行状态，以下两方面至关重要：

（1）培养彼此间的信任和默契。需要统一组织成员在理念、方式、方法等方面的思维和做法，以培养彼此之间的信任和默契。在新组织成立后，管理者和成员之间，以及成员之间可能是陌生的，对于新组织的定位和目标大家也不太清楚。作为管理者，需要提前设计好团队文化，并进行宣导。通过宣导团队文化，可以帮助组织成员建立共同的价值观和行为准则，增进彼此之间的理解和信任。同时，管理者还应激发组织成员共创，不断完善团队文化，使其适应新组织的需求和发展。

（2）明确短期工作和中长期的工作方向。这点，对于组织的顺利运行非常重要。在短期工作方面，管理者需要与团队成员明确具体的任务和目标，并确保高效完成。这可以通过制订清晰的工作计划、设定明确的时间节点和监控进度来实现。对于中长期的工作，管理者需要将整体思路和方向传递给团队成员，并指导他们制订个人的工作计划。这样做可以避免团队成员感到迷失和无组织，而是能够有目标地向前推进。管理者还可以定期与团队成员进行沟通和反馈，帮助他们理解和适应新的工作方向。

（七）绩效总结：为了更上一层楼

变革是一项重要的任务，通常需要投入大量时间、精力和资源。在这个过程中，人们的毅力和耐力往往会受到考验。因此，作为变革的推动者，我们不需要故意设置某些问题去考验人们的毅力。而是要认识到人的毅力是有限的，并采取相应的操作措施来规避因人们毅力问题而导致变革失败的情况。

在变革中，分析可能出现的困难和挑战，并设计适当的计划和步骤来实现变革目标。这包括设定明确的目标和时间表，制订详细的工作计划和流程，以及为参与变革的人员提供必要的培训、支持和资源等。需要设置阶段性的总结和奖励机制，以便在变革过程中及时评估进展和效果，并给予适当的奖励和认可。这样可以激励参与者保持动力和毅力，推动变革的顺利进行。阶段性的总结并不是降低变革的要求，而每次总结都是为了更上一层楼。

绩效总结，如图 2-8-11 所示。

图 2-8-11　绩效总结

绩效总结，可分成如下三步：

第一步，绩效提升。

阶段性的绩效总结非常重要，不仅需要看到表现不佳的方面并制订改善计划，也需要关注表现优秀和有提升的方面。在变革中，人们需要被认可，并喜欢通过当前阶段的成功去看到未来的希望。因此，在进行绩效总结时，不能仅仅关注那些问题和挑战，还需要寻找成功和成就，并在其基础上推动未来的发展。这样，才能激发员工的积极性和创造力，推动供应链管理的持续改进和成功发展。对于供应链管理的绩效提升，可以将其分为两个方面。一方面是容易量化看得见的绩效指标类，另一方面是难以量化看不见的非绩效指标类。

看得见的变化是指那些可以通过数据统计和报告来直观地展示的绩效指标。在供应链管理中，常见的绩效指标有及时足量交付率、库存周转率等。这些指标的提升可以带来明显的好处，因此它们通常是供应链管理中绩效提升的重要衡量标准。通过对这些指标的监测和分析，可以帮助企业及时发现问题，并采取相应的措施来改进业务流程和提高效率。

看不见的变化是指不容易被统计和量化的方面，这在供应链管理中同样是至关重要的。比如，计划的意识得到了增强，团队成员更注重提前规划和预防性措施，避免了很多潜在的问题和延误。使得供应链管理体系运行更加顺畅，各项工作有条不紊地进行，降低了各种风险发生的可能性。这类动作很难被发现，人们可能感知到结果变好了，但不知道为什么。又如，各环节间的协同程度提高了，团队之间更加紧密地合作，信息流畅地传递，决策更加高效准确。这种协同程度的提升可以加速解决问题，提高整体的工作效率。再如，供应链管理文化已经深入到各个环节的工作中，员工们已经更加注重团队合作、客户导向和持续改进，形成了积极向上的工作氛围。这种文化的建立可以增强团队凝聚力，提升员工工作满意度，从而推动整体绩效的提升。尽管这些变化不容易被看到，但它们确实改善了整体的氛围和工作效率。在这些变化中的人们，能够感受到团队的进步和成长，也更加愿意投入到工作中去，为供应链管理的持续发展贡献自己的力量。

第二步，个人成长。

只有当组织绩效和个人成长相互结合时，组织中的个人才能更深刻地感受到彼此之间的联系。在绩效总结阶段，除了关注组织绩效外，观察、挖掘和展现个人在组织中的成长也至关重要。个人成长可以从两个方面来考虑，一方面是解决实际问题的能力，即个人在工作中所展现出的专业技能和解决挑战的能力。另一方面是处理事务的节法，即个人在工作中处理各种事务和问题时所展现的方法、规范和技巧。

解决实际问题的能力，是员工在工作中展现出的关键素质之一，它直接影响到项目的进展和成果。通过对员工在项目中展现出的能力和成果进行全面评估，可以发现其优势和不足之处，为其提供进一步的培训和发展机会，从而不断提升其解决问题的能力。作为变革推动者，我们应该珍惜并及时认可员工在解决实际问题方面的能力表现。在评估中，若发现他们的优势和出色的解决问题能力时，我们不要吝啬自己对他们的夸奖，应当及时给予赞扬和鼓励。这样不仅能够增强员工的自信心，也能激发他们更进一步地发挥潜力和创造力。

关注员工在团队中的角色和表现，以及他们在日常工作中所展现出的是否有更清晰的思路、更科学的方法及更周全的逻辑，能否保持很好的节奏，并实现既定的目标。作为变革推动者，我们不仅要了解其解决问题的结果，还要善于发现他们在思考、计划及执行时的变化并予以认可，以实现正向强化。这种正向强化不仅可以增强员工的信心和动力，也会带来更积极的工作态度和更出色的工作表现。

第三步，团队形象。

随着供应链管理变革的步伐向前迈进，组织绩效得以不断提升，个人也得以在这个过程中实现自身的成长和发展。然而，在一个充满活力和创新的团队中，除了关注绩效和个人发展，树立团队形象也显得至关重要。这涉及两个方面：供应链管理团队和供应链管理变革团队。

供应链管理团队的形象，包括供应链管理组织在企业中的定位、主要的职能，以及与其他组织之间的关系等方面。供应链管理团队作为企业中一个关键的部门，承担着协调和优化整个供应链流程的责任，其形象直接关系到企业的运作效率和竞争力。良好的团队形象意味着团队成员之间的默契配合、高效沟通和共同努力，且具备扎实的专业素养。对外展现出团队的实力和凝聚力，让外界对团队有信心和认可，从而为团队的发展提供更多支持和资源。

供应链管理变革团队由供应链管理组织的成员，以及相关的其他组织的成员组成。这些成员可能来自销售部门、研发部门、生产部门等其他关键职能部门，他们的参与和贡献能够带来不同角度的思考和意见，以及更全面的数据和信息支持。这样的多元团队结构有助于在变革过程中充分考虑各个环节和利益相关方的需求，从而制定出更具可行性和可持续性的变革方案。但也因为这样，要凝聚这样多元化的团队是非常具有挑战性的。这虽然是一个虚拟的组织，但对这个团队工作的认可，对于推动供应链管理的持续变革至关重要。同时，也为进一步深化变革提供了动力。

（八）智慧运营：放大供应链管理变革的收益

供应链管理变革的目标是为了提高企业的运营效率，降低成本并增强企业竞争力。通过前期的文化培育、体系设计与运行等步骤，已经成功提升了供应链管理水平，这需要一个比较漫长的过程。在摸清楚供应链管理变革的这条路之后，我们需要在下一轮的深化变革中提速。如何将原来的泥泞的小径变成一条高速公路？智慧运营，是一个很好的解决方案。

一般来说，要实现智慧运营需要经历以下步骤：精益化、标准化、信息化、数字化、智能化。在供应链管理变革过程中，精益化和标准化已经初具规模。

智慧运营，如图 2-8-12 所示。

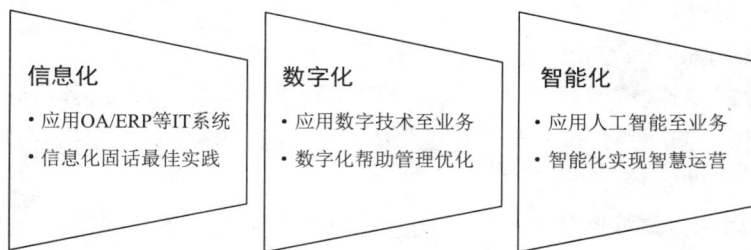

图 2-8-12　智慧运营

智慧运营，可分成如下三步：

第一步，信息化。

信息化是智慧运营的核心环节，通过建立完备的信息系统，能够有效地收集、存储和管理供应链各环节的数据，包括采购、生产、库存和物流等。确保数据及时、准确、完整。借助 ERP 系统和其他供应链管理软件，企业可以更好地掌握供应链的运作状况，为后续决策提供依据。信息化能将最佳实践固化下来，使得好的做法能够被推广，让组织中更多的人受益。

第二步，数字化。

　　数字化是将数字技术应用到业务活动中，能够实现数据的电子化、网络化和可视化。通过数字化，企业可以全面监控和管理供应链，及时发现问题并采取相应措施。此外，数字化还提供更多数据分析手段，帮助企业优化供应链运作并制定决策。进而，帮助企业实现管理优化。

　　第三步，智能化。

　　智能化是利用人工智能、大数据分析、物联网等先进技术，将这些技术运用至业务活动中，实现对供应链运作的智能监控和优化调整。通过智能系统，企业能够进行预测性分析，识别潜在问题并提出智能解决方案，从而使供应链管理更加高效和智能。进而，实现供应链管理的智慧运营。

三、供应链管理变革飞轮模型的回顾

　　前面我们对供应链管理飞轮模型进行了拆解，了解其构成，以及各环节的内容。在此基础上，我们对飞轮模型要有一个全貌的认知。

　　如图 2-8-13 所示，供应链管理变革飞轮模型由两层闭环构成：变革内环和变革外环。变革内环包括七个步骤，分别为：调研诊断、共识形成、文化育成、体系设计、流程建设、组织优化和绩效总结，而变革外环则是智慧运营。每个环节都有其特定的任务，关键在于将这些步骤有机地结合成一个整体。前面的七个步骤需要循环不断、持续深化变革，以保持不断提升。每一轮变革的成果必须通过智慧运营来固化和强化，促使下一轮变革更加高效。这样，才能实现供应链管理的持续改进和发展。

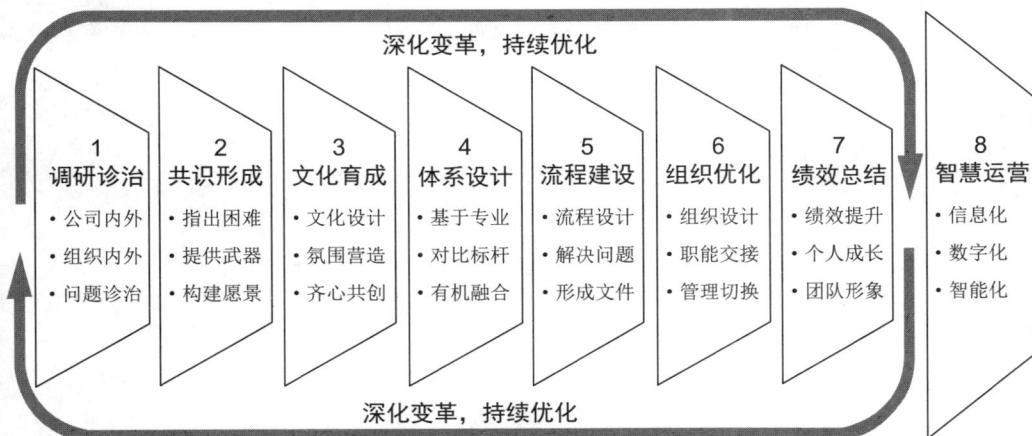

图 2-8-13　供应链管理变革飞轮模型的回顾

🔔 学后行动

你所在的企业或者你了解到的企业，其供应链管理有什么问题？如何变革？

_____

_____

_____

_____

_____

_____

03

第三章 创新层面 提升供应链管理

第一节　精益供应链管理

　　每个人都有各自的优点和缺点，每个行业也都有自身的强项和弱项。同样，不同的管理方式也有各自的优势和劣势。正如古语所说："他山之石，可以攻玉。"如果能扬长避短实现精益生产和供应链管理两种不同管理方式的融合，实现精益供应链管理，将会产生怎样的火花呢？

　　本节我们讲述如何将精益生产方式和供应链管理理念相融合，一起去感受精益供应链管理的魅力。通过精益供应链管理，我们可以看到更高效、更灵活、更优化的供应链运作和生产流程管理，以及更高水平的资源利用效率。这种精益供应链管理方式将使企业能够更好地适应市场变化，提高竞争力，实现持续改进和创新，从而获得更为可观的商业成果。

🔔 **学前思考**

写出自己对精益供应链管理的理解。

_____

_____

_____

_____

_____

_____

一、精益供应链管理的基本概念

　　很多时候，精益生产和供应链管理被分别视为两种独立的管理方式。那么，精益供应链管理又是什么样的管理方式呢？它与精益生产、供应链管理又有何不同之处呢？本节我们将讲述这方面的内容。

（一）传统供应链管理模式的弊端

　　如图 3-1-1 所示，为一个简化的供应链模型，其包括采购、制造和销售。

　　在原材料的采购环节，若单次的采购量越大，那么客户在与供应商的谈判中就拥有更大的筹码，就可能拿到更低的单价。

　　对于采购环节，供应商提供的单价随着客户采购量的增加而呈阶梯式降低。另外，随着销售量的增大，供应商的成本可能因为规模效应而下降。因此，供应商可以在利润不变甚至更高的情况下实现更低的销售价格。于是，客户加大采购量，以获得更低的采购单价。然而，这种做法会导致原材料的库存增加，甚至可能出现呆滞的情况。由于物料变更等原因，还可能导致库存物料不能再被使用而浪费。

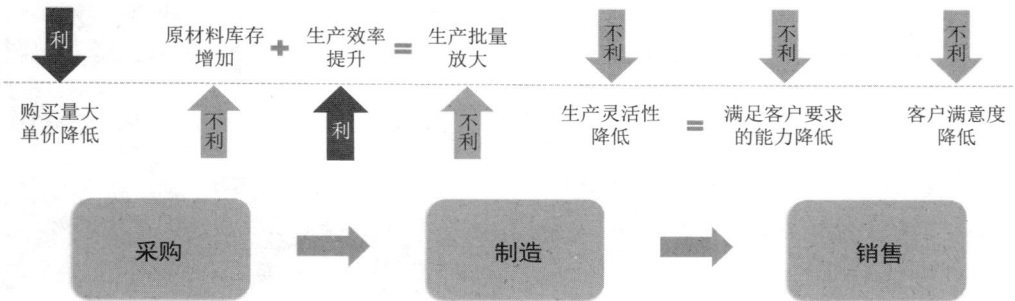

图 3-1-1　传统供应链管理模式

对于制造环节，单品种大批量的生产方式，其生产效率是更高的。因为，这样就能够减少生产线的切换，避免因设备调试等操作而降低生产效率。于是，制造商考虑到生产效率的提升，将生产批量放大。但一旦放大生产批量，生产的灵活性就降低了。因为，一个批量的生产，可能要几天的周期。在这个周期内，就不能快速切换至生产其他的产品。尤其是在一些流程型生产的企业，如化工行业、钢铁行业，一个批次的生产是不能在中途停止的。如果收到了一个客户的紧急订单或者客户修改了订单等需求，此时，我们就不能及时满足客户的需求。因此，在制造环节，制造商在追求生产效率时，也需要考虑保持一定程度的生产灵活性，以应对突发情况和客户需求变化，从而在提高效率的同时保持市场竞争力。这可能需要在生产计划和资源配置上做出合理的调整，平衡生产效率与灵活性之间的关系。

对于销售环节，若在采购环节增大单次采购量，虽然原材料的采购单价看似降低，但考虑库存持有成本等因素后，最终的成本可能会更高。因此，并不能实现更低的销售价格。同样地，在制造环节增大生产批量，虽然制造成本可能会下降，但考虑到库存管理以及无法及时满足客户需求的问题，最终效果可能并不理想。这种做法可能导致客户满意度下降，因为无法灵活应对客户的特殊需求或紧急订单。

对于原材料采购环节，制造商需在控制采购量的同时，还需要密切关注市场需求和生产计划，以避免过度采购导致的库存问题，确保采购量与生产需求相匹配，实现供需平衡，提高生产效率和降低成本。

综上所述，我们可以看到每一个环节的做法都看似合理，但这些只是单方面的考虑，是局部最优的考虑。一旦站在供应链管理全局的角度，发现其违背了供应链管理的一个基本原则，就是导致最终客户满意度降低。在供应链管理中，需要综合考虑成本、库存管理、客户需求等多方面因素，以实现最佳的供应链效率和客户满意度。在追求成本效益的同时，也要注重灵活性和客户服务，以确保整体供应链的顺畅运作和客户关系的良好维护。供应链管理的目标是要实现及时足量且有成本优势的交付，客户满意度的高低，能反映出供应链管理是否能创造商业价值的标志。以客户为中心和客户至上，在确保这一点的基础上，尽可能地去实现供应链的总成本最优。

（二）精益供应链管理和精益生产方式的区别

如图 3-1-2 所示，精益生产方式和供应链管理就如同两块积木，组合在一起后形成了精益供应链。精益生产方式的核心目标是消除企业一切浪费，提高生产效率，目标体现在 QCDSM 五个方面，其中 Q 代表质量、C 代表成本、D 代表交付、S 代表安全，M 代表士气。其使命在于以最低的成本生产出优质产品，并在客户要求的时间内交付。而供应链管理的使命则是在不确定的环境中，在准确的时间，向客户提供正确数量、合格质量、合理价格的产品和服务。

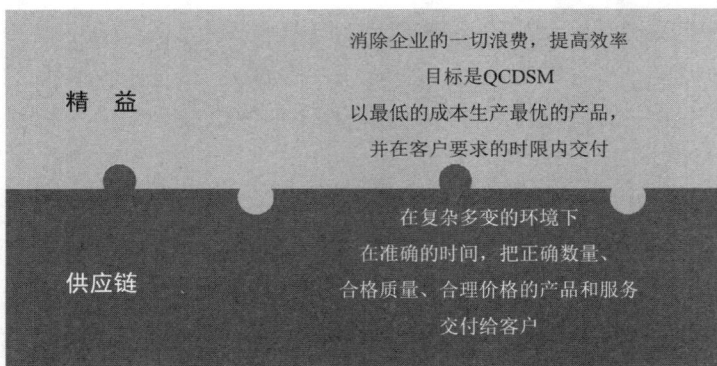

图 3-1-2　精益和供应链的有机融合

当精益生产方式和供应链管理有机融合时，形成了精益供应链管理。这种整合能够更好地满足客户需求，同时提高效率，降低成本，实现持续改进，从而增强企业的竞争力。

如图 3-1-3 所示，以制造商为主体，其上游有一级供应商和二级供应商。其下游则包括一级客户和二级客户，最终到达终端消费者。一级供应商指的是与制造商直接进行交易的供应商，可能是贸易商或制造商。二级供应商是与一级供应商直接进行交易的一方，可能是一级供应商的制造商或原材料供应商。一级客户是与制造商直接进行交易的客户，可能是经销商或批发商等。二级客户是与一级客户直接进行交易的客户，可能是分销商或零售商等。在供应链的这些参与方之间，涉及信息流、实物流和资金流。

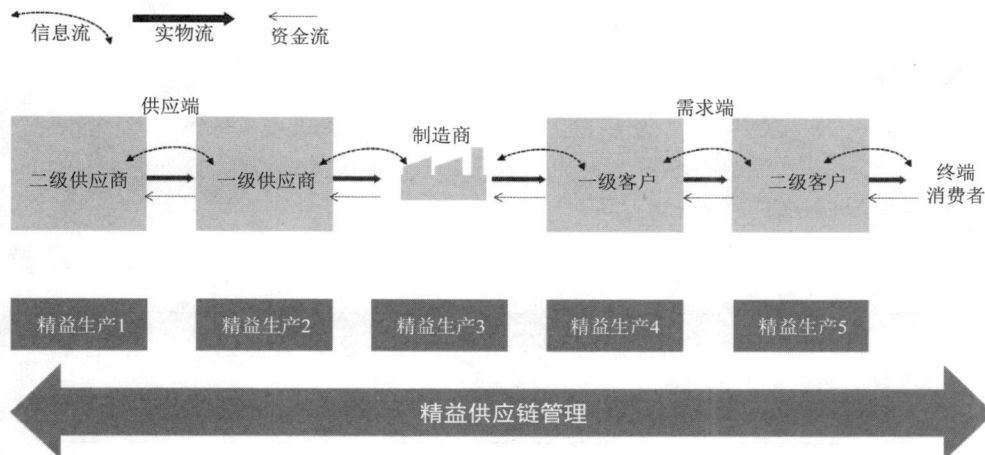

图 3-1-3　精益供应链管理和精益生产方式的区别

精益供应链管理和精益生产方式的区别表现在以下方面：

1. 范围不同

精益生产主要关注和优化企业内部的生产流程和价值链，旨在消除内部的各种浪费，提高生产效率和质量。相比之下，精益供应链管理更广泛地涉及整个供应链范围，包括与供应商、生产商和分销商等合作伙伴的协同合作，以优化整个价值链的运作。

在实施精益生产时，企业内部的需求是主要考虑因素，重点是如何在企业内部实现精益化；而在实施精益供应链管理时，则更多地从客户需求出发，重点是如何通过与外部合作伙伴共同优化整个供应链，以提供更优质的产品和服务。

2. 焦点不同

精益生产更侧重于在生产过程中改善和优化，通过使用精益工具和方法来提高生产效率、降低成本和提高质量。而精益供应链管理则更注重整个价值链流程的优化和协同管理，包括原材料采购、生产计划、物流运输、库存管理等方面，以实现全局最优。比如，在实施精益生产时，JIT（准时生产）确实能够尽可能地降低企业库存，但是这可能会导致客户满意度降低，以及供应商无法承受的后果。因此，在实施精益供应链管理时，需要更加全局的视角来决定是否使用 JIT，以及何时使用。

单个企业甚至部门内部可以实施精益生产，但精益供应链管理需要更多的协同合作。企业在供应链中扮演着一个环节的角色，即使自身企业所处的环节表现出色，但如果上下游企业无法协同工作，很难带来持续的价值。因此，需要通过机制和流程来鼓励上下游企业共同努力，以消除整个流程中的成本和浪费情况。比如，不能简单地将存货和成本的压力转嫁给供应商就认为问题解决了。

🔔 **思考**

没有一种万能的和打遍天下的管理方式，不同的管理方式有各自的优缺点。在管理实践中，若能融合多种管理方式的优点，就能获得更好的管理效果。如何让供应链管理和精益生产相融合？

_____

_____

_____

_____

_____

_____

（三）精益供应链管理的六大能力

精益供应链管理的六大能力，如图 3-1-4 所示。

图 3-1-4　精益供应链管理的六大能力

1. 需求管理能力

供应链相关活动由需求驱动，并始终保持对需求的高度敏感性。企业的触角延伸到市场甚至是终端消费者，能够及早准确感知市场需求，及时获取和预测需求信息，并根据需求进行供应链策略及生产的调整。能够更好地控制库存水平，避免过高或过低的库存积压，以便满足市场需求的同时最大限度地减少库存成本。进而，能加强企业的市场反应能力和客户满意度。

2．减浪费降成本

精益生产方式的根本是消除浪费，从而降低成本。而消除 DOWNTIME 八大浪费则是精益生产方式中一个经典的概念，它有助于企业识别和消除不必要的成本。具体来说，D 代表缺陷，O 代表过度生产，W 代表等待，N 代表未人尽其用，T 代表运输，I 代表库存，M 代表移动，E 代表过度加工。通过认识和理解这些浪费，企业可以有针对性地采取措施，从而逐步消除浪费，提高供应链管理效率。

3．流程及产品标准化

流程及产品标准化是提高生产效率和质量稳定性的重要手段，能够降低变动和调整的时间及成本。比如，在产品包装方面，实现统一的包装尺寸可以显著减少自动化包装线的调机和更换模具的时间，从而提高生产效率。此外，统一包装尺寸还能降低因尺寸变动导致的人为误操作和包装错误的风险，进而提升产品质量和稳定性。另外，统一包装尺寸有助于优化库存管理，减少因不同包装尺寸而导致的库存过剩或不足的情况，从而降低了库存成本。

4．采用行业标准

遵循行业标准和规范，有助于确保与上下游企业之间一致的标准和术语，促进高效的沟通和协作，从而有效地降低沟通成本和信息不对称的问题。这种协调一致性不仅有助于提高工作效率，还能够节省成本，包括生产成本、沟通成本和信息成本等，使整个供应链更加顺畅高效。另外，遵守行业标准让上下游企业默契地按照行业要求进行生产和物流服务，避免了因标准不统一而可能引发的纠纷和误解。这种心照不宣的合作方式有助于建立相互之间的互信关系，提升合作效率，进一步降低潜在的冲突和风险。遵循行业标准是构建强大供应链体系的关键一环，对企业的可持续增长和成功至关重要。

5．文化变革能力

精益并非只是一个方法或工具，更是一种全面的管理思想和哲学。推行精益供应链管理不仅仅是引入一套新的操作方式，而是一次管理变革。其需要进行组织文化的全面转变，这种转变需要组织内部的每个成员都能理解和接受精益理念，以及愿意积极参与持续改进和创新。领导者需要积极引导和激励员工，帮助他们理解精益管理的价值和好处，以及在实践中体会到其带来的改变和成就感。然后，要鼓励员工主动参与持续改进和创新。精益供应链管理注重持续改进和追求卓越，而这需要每个员工都积极参与，发挥自己的创造力和智慧。只有通过组织文化的转变，才能真正实现精益供应链管理所带来的持续改进和优化效果，从而使企业在竞争激烈的市场中立于不败之地。

6．跨企业协同

在供应链中，任何一家企业都无法独善其身。即使自身再优秀，如果上下游不协调，也无法在供应链上实现持久的收益。只有当整个供应链上下游都变得强大起来，才能形成真正的竞争力。与供应链中的各个环节紧密合作，共享信息、资源和技术，才能实现供应链上下游的协同优化，提升整体供应链的效率和灵活性。比如，通过鼓励供应链伙伴及时、准确地共享信息，可以削弱"长鞭效应"，降低库存和资金积压，从而盘活整个供应链。建立有效的供应链协同合作体系，有利于降低交付周期、库存周转时间和物流成本，提高服务水平和客户满意度。这种协同合作的模式也有助于减少订单交付的不确定性，提高市场敏捷性，从而更好地应对市场需求的变化。因此，跨企业的协同是精益供应链管理中不可或缺的组成部分，它不仅可以提高整体供应链的效率和灵活性，还能够增强供应链的竞争力，实现共赢的局面。

二、将精益和供应链管理有机融合

作为两种不同的管理模式，精益生产方式和供应链管理在思想、方法和工具上有着天然的区别。但是，将两者有机融合是提高企业综合竞争力的关键。

（一）在企业内部流程中融合精益与供应链管理

如图 3-1-5 所示，企业内部工作流程主要包括研发、采购、制造、仓储物流和销售等环节。作为企业内部的供应链管理部门，如何将精益生产方式融入供应链管理工作中呢？

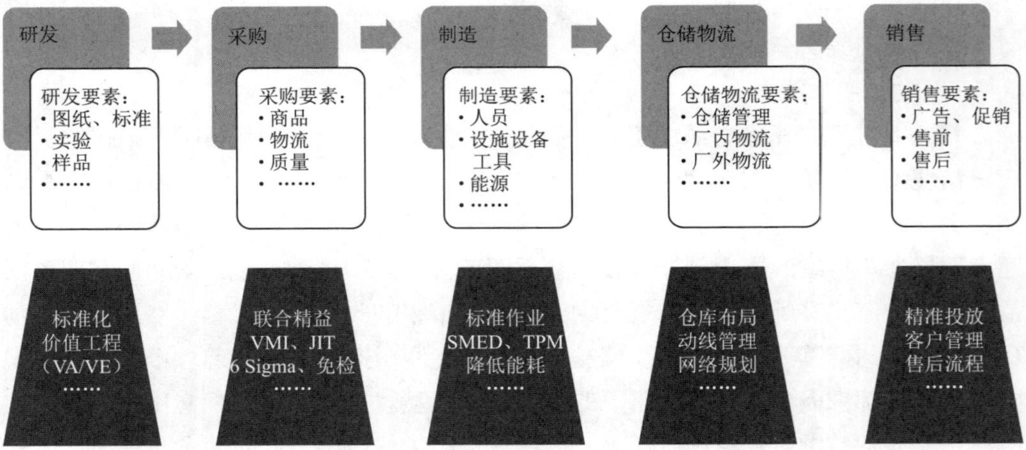

图 3-1-5　融合精益生产方式的供应链管理（基于企业内部工作流程）

可按如下三个步骤：

第一步，识别各环节工作的核心要素。为了实现精益生产，需要深入了解每个环节的价值流，识别出其中的浪费和瓶颈，并找到改进的机会。

第二步，找到对应的精益生产方法或工具。在识别了问题和机会之后，需要选择适合的精益生产方法或工具。比如，可以采用价值流映射、5S、看板等工具来优化。

第三步，将精益生产融入供应链管理工作中。这需要与其他部门协作，建立起跨部门的联动机制，并不断地进行反馈和持续改进。

在研发环节中，核心要素包括图纸、标准、实验和样品等。图纸管理的合理性，直接影响到物料清单等工作的顺利进行。而标准建设的科学性，则关系着制造过程中的质量成本和效率等方面。在这些工作中，可以融入精益的标准化、价值工程（VA/VE）等方法和工具。通过标准化，可以减少重复劳动和混乱，提升工作效率，还可以提高产品设计的准确性和一致性，减少图纸误解或不一致带来的问题；通过 VA/VE 可以最大限度地提供所需功能、质量和性能，并同时最小化成本。

在采购环节中，核心要素涉及商品、物流、质量等方面。商品的价格等因素，与供应链总成本密切相关。科学的物流路线规划和安排能够优化供应链周期和效率，原材料的质量直接影响质量管理成本和产品质量。在采购环节中，可以融入 VMI（供应商管理库存）、JIT（准时生产）、6 sigma（六西格玛）、免检等方法和工具，以实现精益化管理。VMI 和 JIT 对库存控制有积极作用，6 sigma 有助于提高质量控制水平，而免检则可降低检验成本。

在制造环节中，其核心要素包括人员、设施、设备、工具和能源等。操作人员的技术水平和熟练程度，直接影响生产效率。设施、设备和工具的科学配置影响自动化程度和换线效率。良好的能源管理，则有助于控制制造成本。在这些方面，可以引入精益管理方法，如标准作业、SMED（六十秒即时换模）、TPM（全员生产维修）和跑冒滴漏管理等。标准作业有助于培养操作人员的多技能能力，SMED 和 TPM 等方法可以提升生产效率。跑冒滴漏管理可以有效控制能源浪费，实现资源的最大化利用。

在仓储物流环节中，其核心要素包括仓储管理、场内物流和场外物流等。仓储管理的井然有序与账实符合性，直接影响计划准确性和流通速度。场内物流路线的规划和安排，决定了内部物流的周期和效率。而场外物流的路线规划和运输工具的统筹，则决定了外部物流的效率和成本。在这些工作中，可以应用精益的仓库布局、动线管理和网络规划等方法。仓库布局和动线管理能够帮助操作人员以最小的力气和最短的时间完成物料或产品的收发。物流网络规划则有助于缩短物流周期和降低物流成本。

在销售环节中，其核心要素包括广告、促销、售前和售后等。广告的精准投放是提高广告投放效率的关键因素。通过准确地确定目标受众并选择合适的广告渠道，可以提高广告的转化率和投资回报率。售前和售后流程的优化对线索转化率和客户满意度具有重要影响。通过精益的应用可以实现客户管理的精细化，提高销售团队的工作效率和客户关系的质量。此外，精益方法还能帮助优化售前和售后流程，减少不必要的环节和时间浪费，提升客户体验和满意度。

（二）在跨企业上下游中融合精益与供应链管理

如图 3-1-6 所示，以制造商为主体，涵盖其上游供应商和下游客户。作为制造商，在进行供应链管理时，如何将精益生产融入其中呢？

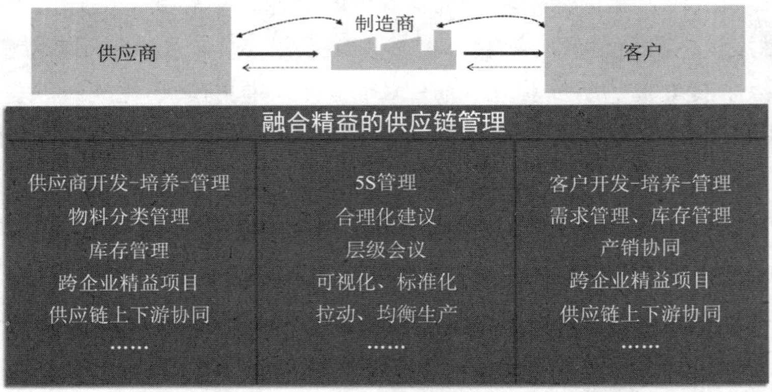

图 3-1-6　融合精益生产方式的供应链管理（基于跨企业上下游各方）

1．面向供应商

面向供应商时，可以从如下方面着手：

（1）供应商的开发、培养及管理。在供应商开发环节中，增加精益方面的维度和标准，对新引入的供应商进行评估。对现有供应商，通过培训和合作中的辅导来提升其精益能力。在供应商绩效评价中，增加精益方面的维度和标准，作为后续采购策略的重要依据。

（2）联合供应商的跨企业精益项目。与供应商一起开展跨企业的精益项目，通过供应链管理将精益拓展到自身企业的上游。而不是一味地要求甚至是压榨供应商，通过跨企业精益项目提升上游供应商的实力，使得供应链上下游适配。

（3）引入精益思想、工具和方法。在物料分类管理、库存管理以及供应链上下游的协同等供应链管理工作中，引入精益的思想、工具和方法。比如，利用价值流分析等精益工具来优化物流流程，消除浪费，提高效率和质量。

2．面向客户

面对客户时，可以从如下方面入手：

（1）客户的开发、培养和管理。在客户开发过程中，面临着漫长且充满不确定性的挑战，特别是在公司早期发展阶段，而且往往受限于有限的客户开发费用。因此，将客户开发工作精益化将能够提高效率。类似于供应商的培养和管理，制造商与客户之间的关系也是相互依存的，需要相互影响和共同成长。

（2）联合客户开展跨企业的精益项目。邀请客户参与跨企业的精益项目，通过供应链管理将精益理念扩展到企业的下游。而不仅仅是被动地接受客户的要求，通过跨企业的精益项目来提升自身和下游客户的协同作用，实现供应链上下游的有效适配。

（3）引入精益思想、工具和方法。可以在需求管理、库存管理以及供应链上下游的协同等供应链管理工作中发挥重要作用。比如，在需求管理中，可以采用基于客户需求的拉动式生产模式，通过及时反馈和持续改进来满足客户需求。在供应链上下游的协同工作中，可以采用看板系统、供应链协同计划和持续改进活动，实现信息的共享、问题的追踪和解决，以提高整体供应链的效率和灵活性。

面向自身企业时，这原本是精益生产最关注的领域。首先，要制订出详细的精益生产推行计划，明确每个阶段的目标和时间表。然后，将5S管理、合理化建议、层级会议、可视化、标准化、拉动和均衡生产等精益方法和工具逐步引入和推进。

如图3-1-7所示，精益供应链管理不仅注重企业自身能力的提升，也着眼于上下游企业共同能力的建设。

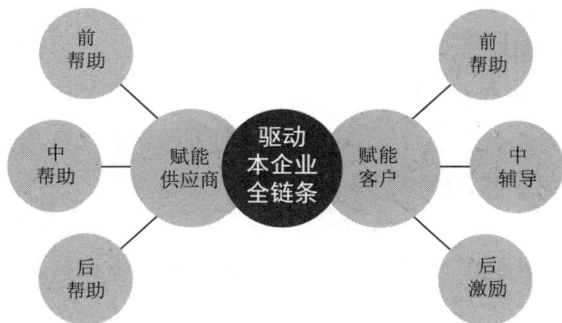

图 3-1-7　融合精益生产方式的供应链管理

面对上游供应商，精益供应链管理可以采取多种方式进行合作。在前期，可以提供帮助甚至资助供应商。在中期，参与供应商的精益改善项目，共同推动改进。这样不仅可以突破只是议价所带来的采购成本节约，还可以激励供应商提升质量、降低成本和稳定交期。在后期，通过增加订单量来奖励表现优秀的供应商，激励他们继续改善。这种积极互动将促使其他供应商也积极寻求合作，形成良性循环。从企业自身出发，通过帮助上下游企业，实现全方位的提升。

面对下游客户，精益供应链管理可以采取面对供应商的类似方式，在前期，鼓励客户了解和尝试精益供应链管理。在中期，我们可以去参与或与客户合作搞精益项目，实现合作共赢。在后期，随着我方与客户合作的改善项目深化，收益也逐渐浮现出来。此时，我方可以将共同改善的部分收益让利给客户，体现在销售价格的降低上。于是，能够激励客户继续更深度的合作，增强了客户黏性。

总体而言，企业应不断优化内部经营，那是修炼内功，提升供应链的柔性和能力。影响并吸引供应商加入共同改善，将有助于自身企业对上游供应商不确定性的掌控。这样，有机会培育出更低价格、更好质量和更有服务的供应商资源。同样，影响并吸引客户加入共同改善，将有助于自身企业能够从容应对需求端的不确定性。如果客户通过改善而能够更有规律给我们提供更稳定和更准确的预测，那么我们就能够获得更好的效益。因此，精益供应链管理需要不断改进自身能力，同时具备影响上下游企业的能力，激励他们共同参与改进。在获得收益后，应与上下游企业分享成果，共同实现持续发展。

三、精益供应链管理的应用案例

在本节内容中，让我们通过实际应用案例来深入了解精益供应链管理。企业可能面临着一些重要问题，如库存过多导致仓库容量不足、需要降低成本来提高盈利能力等。那么，我们该如何运用精益供应链管理来改善这类问题呢？

（一）基于 DMAIC 的供应链管理改善方法

我们先了解一下 DMAIC 模式，它是六西格玛管理中用于流程改善的重要工具，在精益项目中经常被使用。其中，D 代表问题界定，M 代表测量，A 代表分析，I 代表改善，C 代表控制。在 20 世纪 90 年代，全球许多大企业开始实践六西格玛管理，并根据各自的改进模式不断积累总结经验。通用电器公司系统地提出了 DMAIC 模式，被广泛认可为六西格玛最具操作性的改进模式。DMAIC 模式主要关注现有流程的质量改善。

基于 DMAIC 的供应链管理改善方法，如图 3-1-8 所示。为了更有效地将 DMAIC 应用于供应链改善项目中，我们需要对其进行一些调整，以使其成为更加通用和适用于供应链管理的方法。

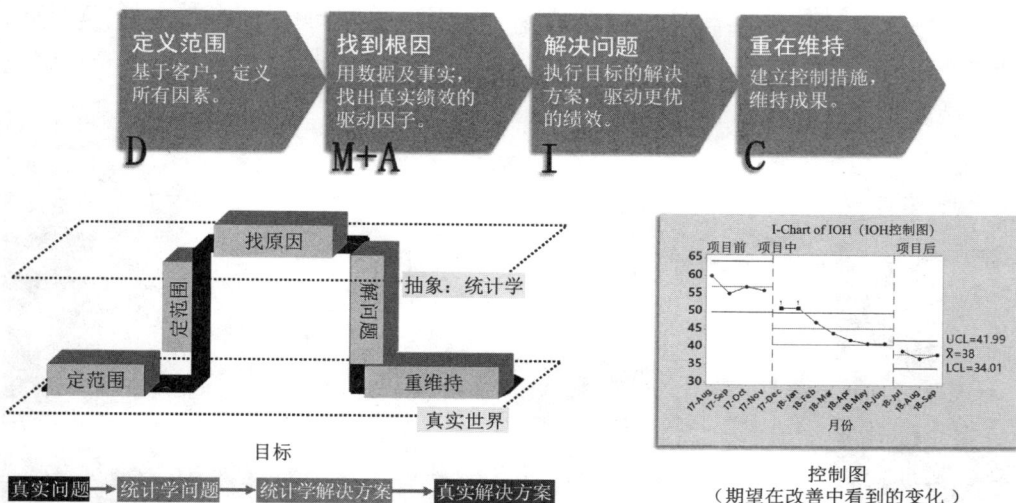

图 3-1-8 基于 DMAIC 的供应链管理改善方法

图中将 DMAIC 调整为定义范围、找到根因、解决问题、重在维持，具体如下：

（1）定义范围。基于需求来定义相关因素，明确要解决的问题的具体范围，包括涉及的人员和流程等。

（2）找到根因。利用数据和实际情况找出问题背后的真正原因，确定驱动绩效的因素。

（3）解决问题。制定和执行目标的解决方案，推动更优绩效的实现，通过一系列改进行动解决问题。

（4）重在维持。建立控制措施以保持改进成果，确保绩效持续稳定。

在优化库存管理的案例中，通过 I-Chart（控制图），我们可以看到，在项目前，IOH（在手库存）值高且波动大。在项目中，IOH 值变小且波动减小。在项目后，IOH 值进一步变小且波动进一步减小。库存的降低，表示效果好。反之，效果差。波动大，意味着管理方式不精准，有很大不确定性，结果的好坏是靠运气的；波动小，意味着管理方式精准。

（二）缩短产出周期的项目

缩短产出周期项目是一个精益供应链管理的案例，其使用了基于 DMAIC 的供应链管理改善方法，获得了良好的收益。如图 3-1-9 所示。

1. 获得全局优化及市场竞争优势

首先，过高的库存水平可能给企业带来多方面问题，包括仓储空间不足、资金流问题和质量风险。此外，高库存可能掩盖了许多运营问题。而一旦库存水平下降，这些问题就会显露出来。要解决高库存问题，不能简单地将库存目标降低并强制执行。否则，虽然库存水平下降，但可能会暴露更多其他问题，导致更大的负面影响甚至是对企业的致命打击。

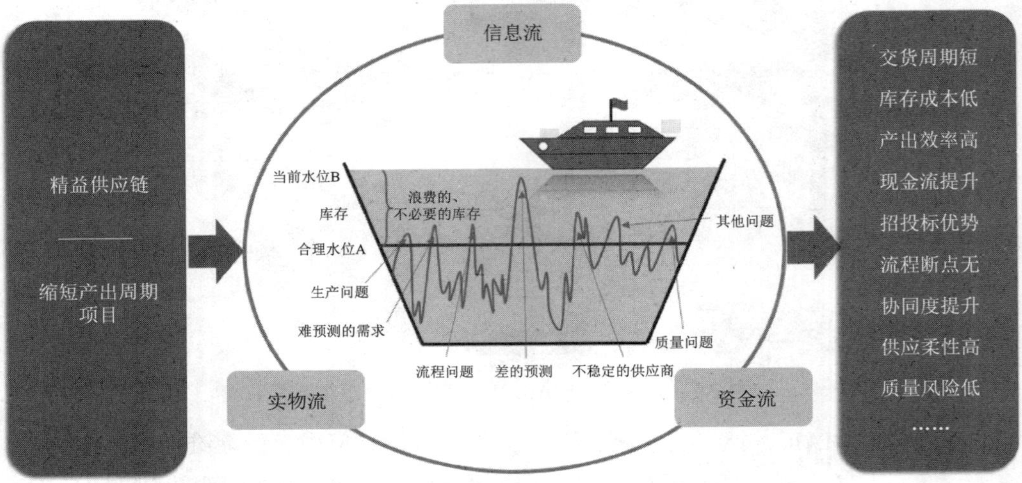

图 3-1-9　缩短产出周期的项目概况

其次，根据降低库存金字塔内容，一般先通过策略层的方法，制定最佳库存目标并确保执行到位，可以在策略层上降低库存目标。再通过能力层的方法，提升产出周期缩短的能力，可以在策略层的基础上进一步降低库存。因此，我们可以启动缩短产出周期的供应链改善项目，并运用精益供应链管理的方法论，包括定义范围、找到根因、解决问题、重在维持来开展项目。

此外，通过实施缩短产出周期的供应链改善项目，可能会实现多方面收益和良好的供应链状态。比如，缩短交货周期、降低库存成本、提高产出效率、增加现金流、提升招投标竞争优势、消除流程断点、提高协同度、增强供应柔性，降低质量风险等。

2．人才链反哺供应链

如图 3-1-10 所示，在精益供应链管理项目当中，参与项目的人员可能来自多个部门。比如，在缩短产出周期项目中，项目组员有来自生产计划、物料计划、生产车间、质量控制和质量保证部门的。在项目总结中，可以看到他们的能力也会得以提升。这包括精益工具的运用、自信心、沟通能力、团队协作精神、组织能力、逻辑思维等方面。

在完成缩短产出周期项目后，可以看到项目团队成员分别以项目经理或核心团队成员的角色参与其他项目，并且取得了令人满意的成绩。因此形成了这样的良性循环：通过精益供应链项目，培养了一批项目管理人才，这些人将主导更多的改善项目。而这些项目的成功又将反哺供应链，支持供应链的进一步发展。在企业实施精益供应链管理的过程中，倡导使用这种方法。通过一个供应链改善项目，培养了一批精益供应链管理的种子。然后，将这些种子播撒到更多相关项目中。最终，精益供应链管理将在公司的各个相关领域开花结果，形成企业全员参与改善的氛围。

评价方向	改善前评分	改善后评分
精益工具运用	3	8
自信心	3	8
沟通能力	5	8
团队协作精神	5	9
组织能力	5	8
逻辑思维	5	8
总　计	26	49

图 3-1-10　缩短产出周期的项目团队成长

（三）降低成本的注意事项

精益供应链管理是一种注重持续改进和优化的方法，旨在降低供应链的总成本，而非局部成本。如图 3-1-11 所示，供应链的总成本 = 生产、分销和存储的成本 + 因过期或缺货而导致的损失和成本。

总成本=实物处理成本+在市场中适销性成本

供应链总成本	生产、分销和存储的成本	因过期或缺货而导致的损失和成本

图 3-1-11　供应链总成本公式

首先，生产、分销和存储的成本是供应链中不可忽视的重要部分。生产成本是指在供应链中进行产品制造所需的物料、劳动力、设备和能源等方面的费用，它们对于产品的制造和交付至关重要。分销成本包括物流运输、包装、销售和市场推广等费用，这些环节直接关系到产品从供应商到最终消费者的流通。另外，存储成本涵盖了仓储、库存管理和物料处理等方面的费用，这些费用与库存水平和物料转化效率密切相关。

其次，过期或缺货所带来的损失和成本是精益供应链管理中需要重点解决的问题。过期意味着产品未能及时销售出去，导致经济损失和资源浪费。为了减少过期产品的风险，企业需要进行合理的库存管理和销售预测，确保产品的及时销售和周转。另外，缺货会导致销售机会的丧失和客户满意度的下降，同时还可能需要承担补偿成本或追加交付成本，对企业形象和财务状况都带来不利影响。

此外，精益供应链管理强调，通过不断改进和优化供应链的各个环节，降低总成本；通过优化生产、分销和存储流程，减少资源浪费和时间浪费，提高供应链的效率和灵活性；通过有效的库存管理和销售预测，减少过期和缺货带来的损失和成本，提高供应链的稳定性和可靠性。综合来看，精益供应链管理是企业在竞争中实现持续增长和成功的关键因素之一。

🔔 **思考**

很多时候，采购降本是采购人员的硬指标。降本失败，绩效及薪资大打折扣。降本成功名利双收。如何在采购中避免只顾降本不管质量和交付呢？

_____

_____

_____

_____

_____

🔔 **提示**

在企业中，采购降本是一个常见的话题。如何避免片面的采购降本呢？见如下采购降本计算公式，如图 3-1-12 所示。

在采购过程中，仅考虑价格这个单一的维度是远远不够的。除了价格，质量和交付也是采购的重要考虑因素。为了避免片面追求降低成本而忽视质量和交付，我们可以将质量和交付维度的损失纳入到采购降本的计算公式中，以全面评估采购降本的效果。换句话说，降低成本的同时，也要考虑质量和交付的影响。作为供应链管理者，我们还需要加强采购人员的供应链意识。让采购人员意识到采购不仅仅是简单地购买产品或服务，而是涉及整个供应链的协调和管理。这包括与供应商的有效沟通、建立良好的合作关系，以及监督和评估供应商的绩效等方面。通过加强供应链意识，采购人员能够更好地理解采购对整个供应链的影响，从而更全面地考虑价格、质量和交付等因素，确保采购决策的可持续性。

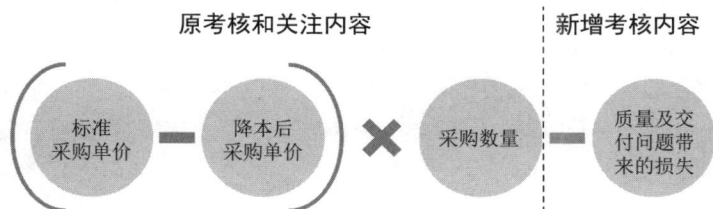

图 3-1-12 采购降本计算公式

🔔 **学后行动**

你所在的企业或了解到的企业，其供应链管理是否融合了精益？融合的程度如何？如何更好地融合？

_____

_____

_____

_____

_____

第二节 数字化供应链管理

随着技术的不断发展，数字化浪潮已奔涌而至。特别是在 2022 年 11 月 30 日，OpenAI 公司正式推出对话式人工智能模型 ChatGPT，发布后 5 天内即实现用户量突破 100 万。2025 年 1 月 20 日，深度求索公司发布 DeepSeek-R1 模型，作为业内首个完全开源且性能接近主流闭源模型水平的大语言模型，其开放共享策略极大推动了 AI 技术普惠化发展。根据公开数据显示，该模型在发布后第 12 天（2025 年 2 月 1 日）单日活跃用户量突破 3000 万，创下该领域用户增长速度新纪录。

在这样的背景下，企业的数字化转型不再是一个选择题，而是生存的必经之路。

然而，许多企业还处于数字化转型的初级阶段。人们很多抱怨，如，系统不好用，真浪费时间。系统太不好用，简直就是累赘。对使用系统的要求不合理，在系统中要做一次，在系统外还要做一次……我们是否认真思考过，是不是我们没有正确地使用这些系统？我们能否对系统进行改进，使其更加易用？此外，许多供应链管理和 IT 从业者可能会有这样的困惑：他们希望推进信息化，但缺乏预算。因此，他们无法开展相关工作。我们是否认真思考过，数字化必须依赖高端技术和大量投入吗？我们能否实现低成本的数字化转型？

因此，无论数字化转型是选择题还是生存题，企业都需要根据自身情况，分阶段且低成本地推进数字化转型。

本节将提供一些技巧，帮助企业实现低成本的数字化转型，并提供真实案例作为参考。

🔔 **学前思考**

什么是数字化？其和信息化、智能化有什么区别？

_____

_____

_____

_____

_____

一、信息化、数字化和智能化（模型 21：数字化转型跷跷板模型）

马斯洛需求层次理论金字塔将人类需求分为五个层次，按照优先级从低到高排列，形成了一个金字塔状的结构。从金字塔底部到顶部依次是生理需求、安全需求、社交需求、尊重需求和自我实现。对此，信息化、数字化和智能化带来了什么变化？以及它们之间有什么区别和顺序呢？

（一）数字化时代下人们需求的变化

随着技术的不断发展，以及社会环境的变化，出现了移动支付、数字货币、二维码、千人千面个性化的网站和黑灯工厂等。在电子设备如此发达的时代，数字化已经快速渗透到人们的工作和生活中。因此，在马斯洛需求层次理论金字塔的底部，我们需要再增加两个层次的需求，一个是电池电量，另一个是网络信号，如图 3-2-1 所示。

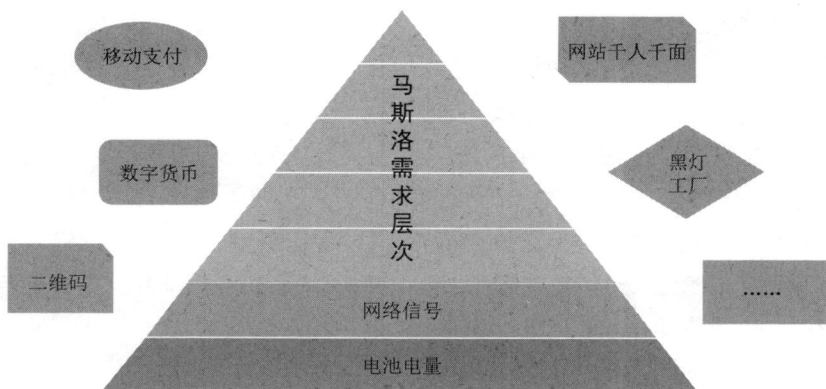

图 3-2-1　数字化时代下人们的需求模型

在当今社会中，缺乏电力和网络确实会影响到很多基本活动的进行。举例来说，在生活中，由于手机支付的普及，人们在大多数时候都不需要携带现金。于是，很多人都不知道最新版的纸币是什么样的，这也导致了现金被盗抢的情况越来越少。此外，许多场所的进入和信息录入都是通过扫描二维码实现的。如果没有手机，会非常不方便。还有，许多工厂正在转向自动化，变成所谓的黑灯工厂，可以关闭作业区域的照明灯光，将工厂交给机器来运行无须人员驻守。这些变化都是技术和社会发展的结果，对人们的生活方式产生了深远的影响。

（二）信息化、数字化和智能化的区别

信息化、数字化和智能化是随着科技发展而逐渐兴起的概念，它们代表了不同层次和阶段的技术发展和应用。

信息化、数字化和智能化，如图 3-2-2 所示。

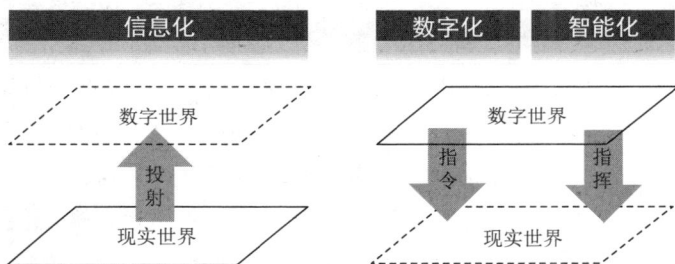

图 3-2-2　信息化、数字化和智能化

（1）信息化。它是以信息技术为基础，通过信息系统和网络来收集、存储、处理和传递信息的过程。信息化在各行各业的应用非常广泛，如企业管理、金融服务、医疗卫生等领域都运用了信息化技术来提高效率和质量。

（2）数字化。它是将物理实体或过程转化为数字形式，即将模拟信号转化为数字信号的过程。数字化的典型代表是数字化生产线，通过数字化技术对机器人和设备进行编程和控制，从而提高自动化程度。

（3）智能化。它是在数字化的基础上引入人工智能和机器学习等技术，使得系统和产品具备感知、认知、决策和学习的能力，实现更高级的自主化和智能化。智能化在各个行业都有广泛应用，如智能家居、智能交通、智能制造等。

形象地讲，信息化是将现实世界抽象化并投射到数字世界中，主要任务是记录信息。它以现实世界为主体，通过各种信息系统和网络来收集、存储、处理和传递信息。典型的例子包括 ERP 和 CRM 等信息化管理系统。数字化是将现实世界的信息转化为数字形式，并在数字世界中进行分析和管理。它以数字世界为主体，能够为现实世界提供建议或下达指令。一个典型的例子是网约车，通过数字化技术进行派单、拼车和调度工作，从而提高效率和服务质量。智能化是融入 AI 的技术，它以数字世界为主体，通过深度学习，使得数字世界能够为现实世界提供决策支持。比如，AI 通过深度学习和理解图纸，可以提炼规则并实现快速审查的工作，从而实现高效的决策过程。

（三）信息化、数字化和智能化的基本顺序

在数字化时代，信息技术的快速发展和普及使得各行各业都面临着深刻的变革。传统的商业模式和运营方式已经难以适应新的市场环境和消费者需求，所有的行业都面临着巨大的机遇和挑战。因此，企业必须积极主动地进行转型和创新，以适应数字化时代的要求。有人曾经这样说："数字化时代，所有的行业都值得重做一遍。"然而，这并不是简单地重做，而是需要采用全新的模式和方法进行创新。

信息化、数字化和智能化的基本顺序，如图 3-2-3 所示。在实现智能化的过程中，遵循一定的基本顺序和路线是至关重要的。这包括精益化、标准化、信息化、数字化和智能化构成了一个逐步深化的发展路径，必须一步一个脚印地前行，才能取得长期的成功。比如，要实现数字化，应该首先实现精益化和标准化。否则，数字化的效果会大打折扣，甚至可能反噬原来的业务，带来负面影响。

（1）精益化。它是指通过消除浪费，提高效率和质量，实现更有效的资源利用和生产方式。旨在优化流程和降低成本，提高价值创造能力。

（2）标准化。它是指通过制定一套统一的规范和标准，确保产品或服务的质量、安全性和可靠性。其有助于提高生产效率、降低成本，并促进贸易和合作。

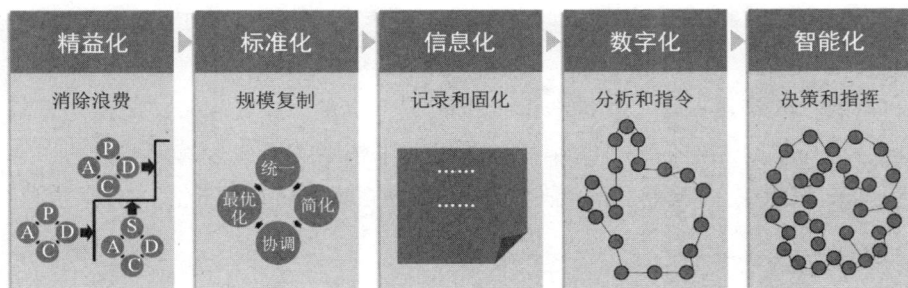

图 3-2-3　信息化、数字化和智能化的基本顺序

　　信息化、数字化和智能化如上所述不再赘述。以上所述的"五化"，需要循序渐进地去实现。如果前面的步骤没有完成到位，后面的步骤就很难成功，甚至会导致资源浪费、效果不佳或带来负面影响。目前，许多企业正积极进行数字化转型。然而，在开始数字化转型之前，有必要对当前情况进行梳理和评估。很可能需要先进行精益化和标准化的优化，确保基础工作和管理流程的完善。在目前阶段，国内许多中小企业的重点应该放在建设和强化精益化、标准化和信息化上。

二、低成本推进数字化转型

　　对数字化转型来说，先动起来的比原地不动的要好太多。比如，美的集团股份有限公司（以下简称美的公司）是国内数字化转型企业的代表，其真正意义上的数字化转型始于 2012 年初，截至 2023 年底。在数字化转型中，美的公司经历了三大阶段。第一阶段 2012 至 2015 年，为流程驱动阶段，典型的案例是"632 变革"，是指 6 大运营系统、3 大管理系统和 2 大技术平台。旨在实现一个美的、一个体系、一个标准、一个流程、一个数据、一个系统的目标。第二阶段 2015 年至 2019 年，为数据驱动阶段，典型的案例是"T+3 模式"。其 T0 为下单周期、T1 为备料周期、T2 为生产周期、T3 为发运周期。第三阶段 2017 年至 2023 年，进入智能驱动阶段，重点是打造工业互联网平台。比如，美云智数、库卡中国、美的暖通与楼宇、美的金融等。美的公司董事长兼总裁方洪波回顾了十年的数字化转型历程，他表示美的公司在初期并不知道自己正在进行数字化转型，只是在做一些信息化、一致性等方面的工作。

　　万丈高楼起于平地，一砖一瓦皆为基。在数字化转型的道路上，我们要明晰目标，坚持务实，不要贪图速成，更不可好高骛远。首先，我们需要尽可能做好顶层设计，提前规划将数字化转型融入企业整体战略，确立清晰的路径和愿景。其次，我们需要面向市场需求，根据资源和能力分阶段实施，结合业务需求和技术发展逐步推进数字化转型确保稳健可行。在实施过程中，我们需要不断感知和调整学会灵活变通，因地制宜地调整数字化转型策略，寻找最适合自身的发展之路。最后，我们需要做能做的事情，即使是一点一滴地改进，也能积少成多，先动起来总比留在原地不动要好太多。同时，也要认识到数字化转型是一场长期的持久战，需要持之以恒，始终保持对未来的敏锐洞察力和前瞻性思维，方能在激烈的市场竞争中立于不败之地。

🔔 **思考**

你所在的企业，是系统不好用，还是用不好系统？具体是什么情况？

_____

_____

_____

_____

_____

（一）充分发挥现有系统的价值

国内许多中小型企业目前仍处于信息化建设阶段。在这个阶段，我们经常会看到以下情景：上系统、上系统、再上系统，企业陆续上线了许多系统，大大小小几十个。然而，随后发现这些系统形成了许多信息孤岛，需要考虑如何进行集成。为了避免这种情况的发生，在决定上线新系统之前，我们应该思考如下问题：我们现有的系统是否已经得到充分应用？如果将来充分应用，是否能够满足我们的需求？如果能满足需求就不需要上线新的系统。

用不好系统的常见原因及改进的方法，如图 3-2-4 所示。

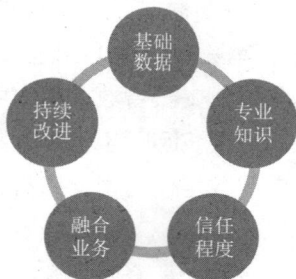

图 3-2-4　用不好系统的常见原因及改进的方法

已上线的系统未被充分利用，通常有基础数据、专业知识、信任程度、融合业务、持续改进这五个方面原因，对应的改进方法如下：

1．基础数据

系统中的基础数据可能存在准确性问题或者未及时更新，可能会对整个业务流程产生严重影响。比如，在 ERP 系统中，物料清单是制造业中重要的基础数据之一。如果物料清单存在错误或者未及时更新，将导致以此为基础计算出来的物料需求计划不准确。这就会对后续的采购订单产生影响，因为基于不准确的物料需求计划生成的采购订单可能无法满足实际需求。最终在准备开始生产时可能会发现缺少正确的物料，从而导致生产计划延误或无法正常进行。为解决这个问题，需要定期检查和核对物料清单数据的准确性，及时新增、变更或淘汰的物料信息。同时，还要建立良好的数据维护机制，确保系统中的基础数据得到有效管理和维护。

2．专业知识

在信息系统建设和应用过程中，专业知识的重要性不可忽视。当缺乏专业知识时，往往会导致业务流程梳理的不科学性。在使用系统固化业务流程时，由于缺乏深入了解业务的专业知识，可能会造成系统配置不合理、不完善，无法真正满足业务需求。这样一来，即使系统上线运行，也无法很好地支持业务活动的顺利开展。

当缺乏信息系统专业知识时，系统问题如果不能得到及时有效的解决，将严重影响业务活动的正常开展。比如，对系统故障、性能问题等无法快速有效应对，将直接影响企业的日常运营。长期下来，人们对系统的信心会逐渐降低，导致系统的使用率和效益降低。为解决专业知识不足的问题，建议企业在系统实施过程中注重培训与沟通，确保相关人员具备必要的业务和系统专业知识。定期组织培训课程，提升员工对系统的理解和操作能力，从而更好地发挥系统的作用，推动业务流程的优化和提升。同时，要建立专业团队或寻求外部专业支持，及时解决系统问题，确保系统稳定运行并持续为业务发展提供支持。

3．信任程度

在信息系统应用中，信任程度是至关重要的。然而，很多时候存在着如下这么一个恶性循环，导致人们对系统的信任度不断下降。

第一，一些个人出于私利考虑，可能不愿将掌握的信息录入系统，如销售人员掌握的客户信息。此外，一些人可能觉得系统操作复杂或难以适应，还会有其他的阻力。如果在系统上线初期没有有效引导，人们就会不愿使用系统。

第二，由于人们对系统的使用少，系统无法被充分验证和调整，导致数据的准确性受到质疑。随着人们对系统的不信任程度不断加深，他们可能选择继续手工操作，导致系统使用频率进一步下降。

此外，这样的结果反过来也会强化人们对系统的失望和不信任，形成了恶性循环。随着越来越少的人使用系统，系统的数据准确性和可信度也会降低，使系统变得无用甚至成为负担。

为打破这一恶性循环，关键在于建立信任和推动系统的有效使用。可以通过以下方式来改善：

（1）提供有效的培训和指导，帮助用户熟悉系统操作和功能，增强其使用系统的信心。

（2）强调系统的重要性和优势，让用户意识到系统能够提高工作效率和准确性。

（3）针对用户的需求和反馈，及时调整系统功能和界面，提升用户体验。

（4）建立监督机制和奖惩机制，鼓励用户按规定使用系统并保持数据的准确性。

（5）定期评估系统的表现，进行必要的更新和优化，确保系统始终具备可靠性和准确性。

4．融合业务

融合业务是信息系统建设中至关重要的一环。系统应该服务于业务，因此脱离业务的系统是毫无意义的。然而，在为数不少的企业中，系统建设往往由 IT 部门独自负责，而业务部门却很少参与其中。这种情况导致了系统上线后，业务部门经常抱怨系统不好用，却难以具体指出问题所在。一个优秀的系统需要 IT 部门和业务部门共同合作来共同建设。作为业务部门，参与到系统建设工作中至关重要。

打个比方吧，IT 部门就像是汽车的 4S 店，而业务部门则像是车主。车主（业务部门）拥有一辆车（业务运营所需的系统或平台），4S 店（IT 部门）则负责为这辆车提供全方位的服务和支持。4S 店不仅能为车主提供车辆保养的指南和建议（如系统操作手册），还会主动对车辆进行定期检查和升级（系统升级），以确保车辆的安全和性能。如果车辆存在潜在问题（系统漏洞或缺陷），4S 店还会主动进行召回（系统修复或更新）工作。车主（业务部门）则需要根据自己的实际需求，也就是业务上的需求，及时向 4S 店（IT 部门）反馈车辆（系统）的使用情况，并寻求帮助。

首先，业务部门应该与 IT 部门密切合作，充分表达自己对系统需求和期望。相对于 IT 部门，业务部门更了解业务流程和实际需求，能够提供宝贵的业务角度反馈，有助于确保系统的设计与实际业务相结合。

其次，业务部门需要积极参与系统的测试和验证阶段。他们可以从业务角度出发，检视系统的功能和性能，及时指出可能存在的问题，并提出改进建议。这样可以确保系统在上线前充分考虑了业务需求，减少日后因为系统问题带来的业务影响。

最后，业务部门还应该承担系统的使用培训工作，确保部门内的所有员工能够熟练掌握系统操作技能，提高系统的使用率和效率。

5．持续改进

系统上线只是一个起点，持续改进是确保系统在上线后保持高效和可靠的关键。

首先，及时修复系统漏洞是至关重要的。系统可能会出现安全漏洞，这会影响系统的正常运行和数据的安全性。一旦发现任何问题，IT 部门应该立即采取行动，修复漏洞并确保系统的稳定性和安全性。

其次，随着企业的发展，系统需要不断调整和优化，业务需求可能会发生变化，新的功能和流程可能会被引入。因此，IT 部门应该与业务部门保持密切的沟通和协作，了解业务的变化，并相应地对系统进行调整和改进。这可能包括添加新的功能、修改界面设计、提升系统的性能等。

最后，建立用户反馈机制也是持续改进的重要一环。用户是系统的最终使用者，他们能够提供宝贵的反馈和建议。建立反馈渠道，鼓励用户提供意见和改进建议，并将其纳入系统的改进计划中。通过这种方式，可以不断优化系统，提升用户体验和满意度。

（二）企业实施数字化转型的关键要素

企业实施数字化转型时需要考虑多个因素，其中，最关键的是流程、人才和资金这三个要素。

（1）流程。流程即事，事为先。管理者最重要的职责是确保团队成员能够做正确的事情，因为组织中的人员问题通常源于流程不清晰。在数字化转型中，流程的梳理、运行和优化是非常重要的，因为数字化技术的应用往往需要有清晰的业务流程。如果企业原有的流程不清晰或者不符合数字化的要求，那么可能给数字化转型造成很多的混乱和问题。

（2）人才。人才即人，人为重。在知识时代，企业成功的关键在于提高企业人才的生产力，准确来说是人才的培养与发展。相对于过去，数字化时代对人才的要求有所变化。原本优秀的人才若按照数字化时代的标准来衡量，可能就属于普通水平。因此，培养员工的数字化意识和技能至关重要，并且需要随着时代的发展不断动态调整，包括对新技术的学习和应用能力、数据分析和处理能力、信息安全意识等方面。

（3）资金。资金即财，财为基。作为新兴技术，企业应用数字化转型势必需要大量资金投入。数字化转型的投资主要涉及硬件设备、软件系统、咨询服务、人才培养等方面。特别是在缺乏经验参考的情况下，企业需要自行摸索，这增加了投资的风险。

（三）低成本分阶段推进数字化转型（数字化转型跷跷板模型）

企业需要低成本分阶段地推进数字化转型，数字化转型跷跷板模型，如图 3-2-5 所示。

投入和产出分别位于跷跷板的两端，数字化是跷跷板的支点，而支点移动的速度取决于资源和能力的大小。数字化转型有助于企业用更小的投入撬动更大的产出，资源和能力越大可以让数字化转型的进程越快。资源包括资金、技术、人才等方面的支持，而能力则体现在组织架构、决策机制、运营流程等方面的优化。企业如果拥有丰富的资源和强大的能力，就能够更快地推进数字化转型，实现更大规模的产出。当然，在支点移动过程中，也存在着跷跷板不稳定甚至倾倒的风险。

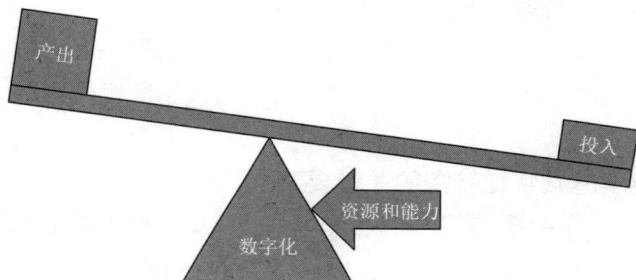

图 3-2-5　数字化转型跷跷板模型

即使企业财力雄厚，在数字化转型过程中也需要谨慎行事。数字化转型并非一蹴而就的过程，往往需要长时间的探索和实践。为了避免过快推进导致资源浪费和负面效果，企业应摸准合适的转型节奏。同时，高效率也是企业数字化转型的重要目标。通过优化流程、利用先进技术和工具，企业可以在保证质量的前提下，尽可能地降低投入并实现高产出。企业可以考虑以下几点策略：首先，制定详细的转型规划和时间表，明确每个阶段的目标和所需资源。其次，注重人才培养和组织优化，提升企业的数字化能力和执行力。此外，与合作伙伴进行紧密合作，共享资源和风险，加速数字化转型的进程。

（四）推进数字化转型成就高效的供应链管理

前面已经讲述了业务部门与 IT 部门合作进行信息系统建设、上线和优化的重要性。作为供应链管理部门应该更加主动地支持和认可 IT 部门，让他们帮助我们实现更高效的供应链管理。

首先，对于现有的供应链管理系统，我们要从业务流程的角度检视是否好用，是否满足需求。我们还要思考哪些方面可以进行优化，并将明确的需求提交给 IT 部门。通过与 IT 部门的密切合作，可以共同解决现有系统存在的问题，提升供应链管理的效率和质量。

其次，对于未来的供应链管理系统，我们要结合供应链管理的战略和经营计划，明确未来系统的需求和实施期限。同时，我们还要思考未来系统与现有系统的关系，以及可集成的程度。这样可以确保未来系统能够顺利地与现有系统进行衔接，提高整体的供应链管理水平。

最后，在制定供应链管理规划时，我们也应提前了解 IT 的大致规划，以实现供应链管理规划和 IT 规划的统一。这样可以使供应链管理规划更加高效，并在未来与 IT 规划更加契合。

作为业务部门，供应链管理部门非常重要的一点就是能够将自己对 IT 的需求清晰地表达出来。这样，IT 部门在接收需求后，就能更准确地转化成 IT 的语言，以开启后续的 IT 工作。我们可以按如下方式来整理和发出对 IT 的需求，如图 3-2-6 所示。

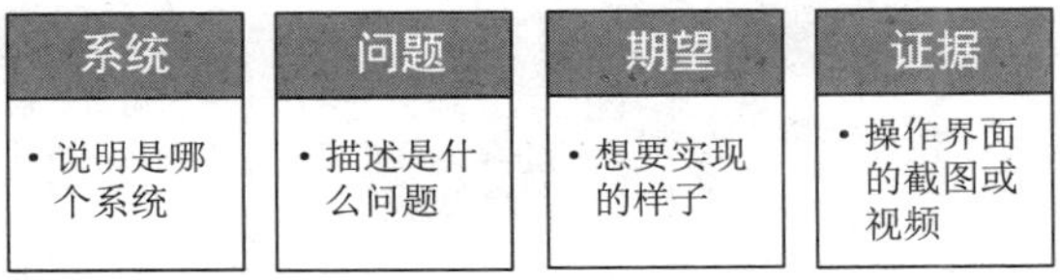

系统	问题	期望	证据
·说明是哪个系统	·描述是什么问题	·想要实现的样子	·操作界面的截图或视频

图 3-2-6　提 IT 需求的要素

（1）系统。我们需要明确是系统缺失还是不完善。若不完善，说明是 IT 系统中的哪个模块。这有助于 IT 部门快速定位问题，并进行相应的处理。

（2）问题。我们需要用简明扼要的语言描述问题，尽可能使用 IT 术语。如果不了解 IT 术语，我们可以用业务的语言描述清楚问题，以便 IT 能够理解和转化成 IT 语言。

（3）期望。基于问题，我们需要澄清自己的期望，如新增功能、升级现有功能或取消某些功能。同时，我们还需要指出是否有系统外的模板作为参考。这样，可以帮助 IT 部门更好地理解业务需求。

（4）证据。我们需要准备证据，如当前操作界面或者视频或是其他可参考的系统截图等。这些证据可以帮助 IT 部门更快地了解问题，并更高效地推进优化的工作。

三、供应链管理可视化的应用

我们将给出两个供应链管理可视化的案例，分别是供需分析可视化和生产直接物料跟踪可视化，以供参考。

（一）供需分析可视化案例

1. 供需分析可视化的历程

供需分析可视化的历程，如图 3-2-7 所示。

图中呈现了实现供需分析可视化的详细历程。整个历程从供应链管理部门的一个想法开始，逐步展开，并经过多个关键步骤来实现。

（1）想法。在这个阶段，供应链管理部门意识到了供需分析可视化的重要性，并提出了这个想法。他们意识到通过可视化工具可以更清晰地展示供需情况，并帮助做出更准确的决策。

（2）思路。在这个阶段，供应链管理团队开始梳理实现该想法的具体思路和需求。他们考虑到了需要哪些数据和指标来支持供需分析，并开始制订相应的计划。

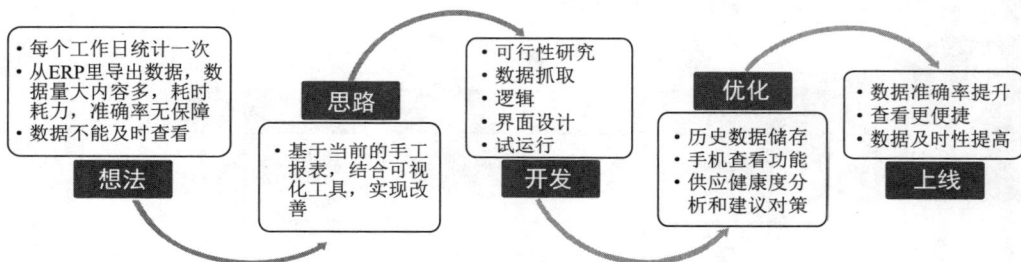

图 3-2-7　供需分析可视化的历程

（3）开发。在这个阶段，供应链管理团队与 IT 部门进行合作，共同开展开发和调试工作。IT 部门根据需求进行系统开发，提供相应的技术支持，并与供应链管理团队进行密切沟通，确保开发过程顺利进行。

（4）优化。在这个阶段，一旦供应链管理团队获得了初步的可视化结果，他们会对其进行优化。他们可能会进行界面设计的改进、数据展示方式的调整以及交互功能的增强，以提高可视化效果和用户体验。

（5）上线。在这个阶段，经过一系列的开发和优化工作之后，供需分析可视化工具正式上线。供应链管理团队将其推广给相关人员，并提供培训和支持，确保他们能够充分利用这个工具进行供需分析和决策。

2. 供需分析可视化的界面

供需分析可视化的界面，如图 3-2-8 所示。

图中左上角的按钮可供用户选择对应的厂区进行查询。按钮下方的表格展示了对应产品的发货需求和安全库存设置量（在计算供需情况时，将安全库存设置量视为需求量），同时也呈现了实际的库存情况。通过对这些数据进行分析，系统可以自动判断出供应健康程度，并提供相应的对策建议。

图中右上方的图形，以直观的方式展现了选中产品的需求和库存具体情况，使用户更容易理解和比较。

图中下方的表格，提供了更为详细的信息，不仅包括了年度累计发货情况，还与年度预算版本进行了对比，帮助用户更好地了解业务运营情况。

通过供需分析的可视化工具，我们能够清晰地呈现供应链中的需求和供应情况，帮助供应链管理人员更高效地决策和调整计划，以实现满足客户需求同时控制好库存水平。

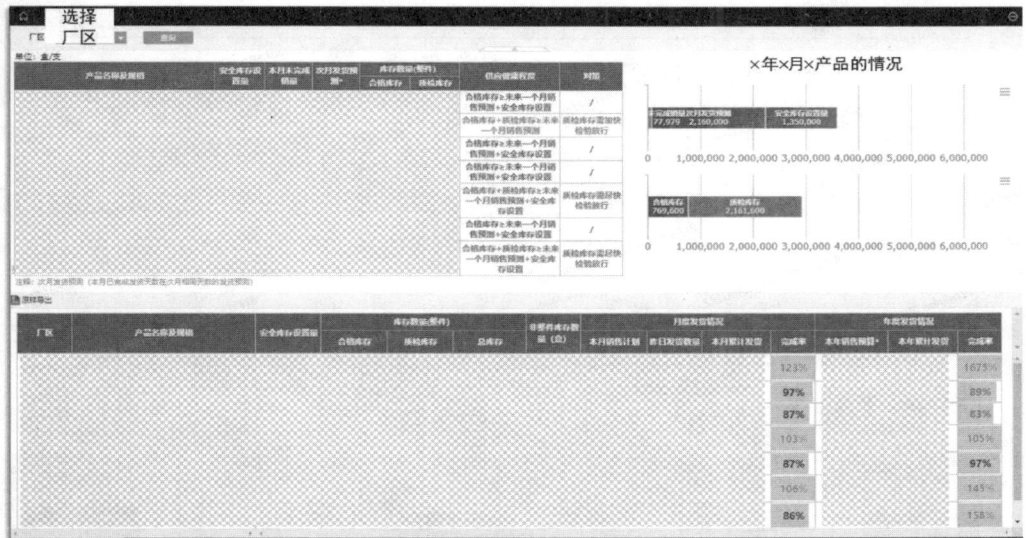

图 3-2-8　供需分析可视化的界面

3．供需分析可视化的收益

如图 3-2-9 所示，通过供需分析的可视化工具，可以实现一定程度的人工节省。以报表制作为例，在改善之前，每月需要耗费 18.8 个人工时来制作报表。在该可视化项目立项时预计可以将这个数字降低至 11.3 人工时 / 月。最终，实现了全自动化报表，即 0 人工时 / 月的人工成本。尽管从节省人工成本的角度来看，

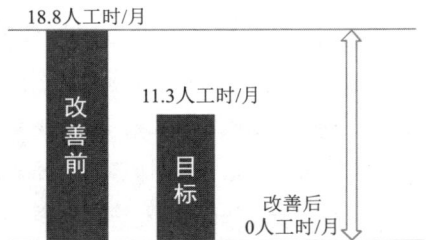

图 3-2-9　人工节省示意图

这只是一个小规模的优化，没有带来巨大的收益。然而，这个方案具备可复制性和

推广性，这意味着未来我们可以进行更多的类似优化项目，可以达到 10 个或更多。持续的优化，将给组织带来翻天覆地的变化。

🔔 思考

供需分析可视化，除了带来人工时的节省，还有其他什么收益？

_____

_____

_____

_____

_____

（二）生产直接物料跟踪可视化案例

1．生产直接物料跟踪可视化的历程

生产直接物料跟踪—实现可视化的历程，如图 3-2-10 所示。图中呈现了实现生产直接物料跟踪可视化的详细历程，也经历了想法、思路、开发、优化和上线五个步骤。具体内容与供需可视化案例类似，就不再赘述。

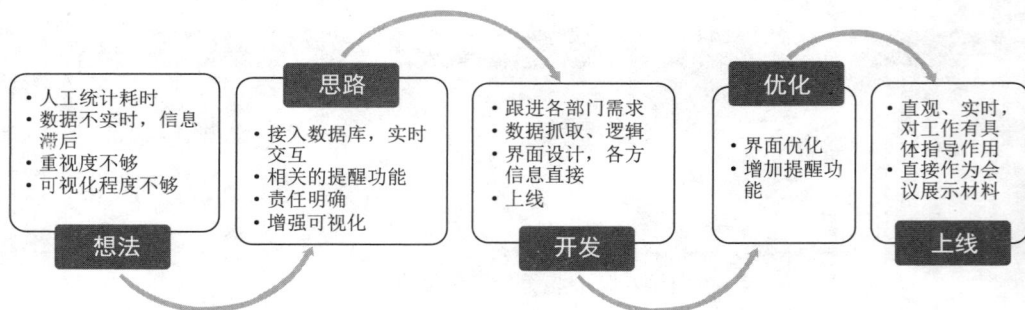

图 3-2-10　生产直接物料跟踪可视化的历程

2．生产直接物料跟踪可视化的界面

生产直接物料跟踪可视化的界面，如图 3-2-11 所示。

图中左上角的饼图呈现了所有延迟异常的总体情况。其中，延迟交货指的是物料未按计划到货，延迟放行指的是已到货物料未按计划完成检验和放行。

图中上方中间的数字，包含两个数据：已释放采购订单但还未到货的采购订单笔数，因为物料跟踪是以采购订单为对象的；已到货但还未完成检验及放行的批号数量，因为检验和放行是基于批号进行的，所以跟踪的对象是批号。

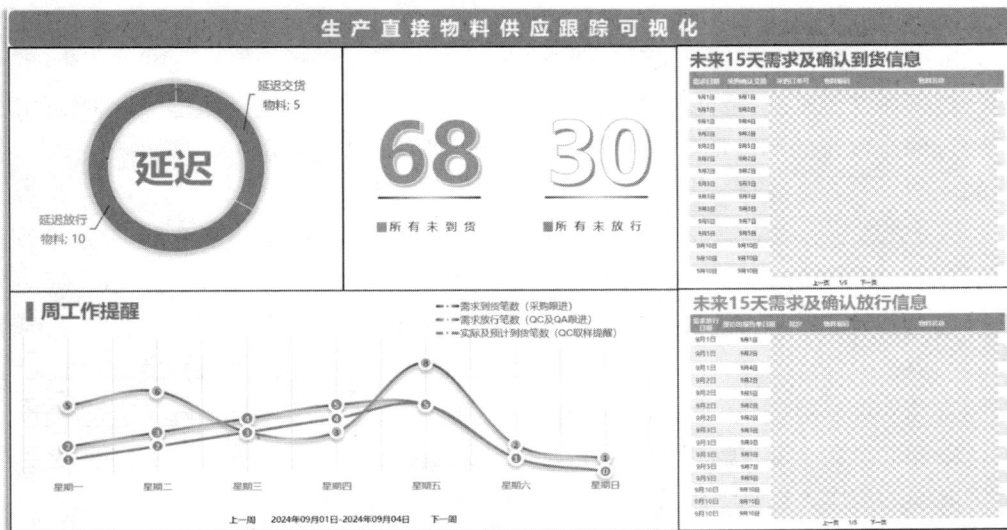

图 3-2-11 生产直接物料跟踪可视化的界面

图中左下方的曲线图，为周工作提醒，包含三个数据：未来一周需求到货笔数（订单笔数），该数据是基于达成共识的物料到货计划来统计的，目的是提醒采购人员跟进；未来一周需求放行笔数（批号数量），该数据是基于达成共识的物料检验放行计划来统计的，目的是提醒质量控制人员（QC）和质量保证人员（QA）跟进；未来一周实际以及预计到货笔数（批号数量），该数据是基于 ERP 中的待检批数以及到货计划来统计出来的，目的是提醒检验取样人员跟进。

图中右上方的清单，为未来 15 天内需求及确认到货的信息，其包含两部分信息：一方面，根据需求，需要在未来 15 天内到货的物料采购订单信息；另一方面，根据采购人员的确认，将会在未来 15 天内到货的物料采购订单信息。

图中右下方的清单，为未来 15 天内需求及确认放行的信息，其包含两部分信息：一方面，根据需求，需要在未来 15 天内完成检验和放行的物料批次信息；另一方面，根据质量控制和质量保证人员的确认，将会在未来 15 天内完成检验和放行的物料批次信息。

（三）供应链管理可视化的推进

为达成高绩效供应链管理，供应链管理可视化建设是不可或缺的。可视化提供了一种直观、清晰的方式来展示供应链运作的细节和信息，帮助企业快速识别瓶颈、风险和机会，并及时采取相应措施。

在建设供应链管理可视化方面，基于供应链管理流程，先主干后枝叶，建议按以下步骤进行：

（1）对供应链管理流程进行全面梳理是建设供应链管理可视化的首要步骤。这一过程旨在识别出关键的控制点，并为每个环节定义适当的绩效指标。主要的供应链管理流程包括销售预测、需求管理、计划制订、采购管理、计划执行和仓储发货的环节。

（2）基于供应链管理流程，逐步实现各主要环节的可视化展示是供应链管理可视化建设的核心任务之一。重点在于呈现关键控制点和绩效指标，并清晰展示各环节之间的关联关系。通过可视化展示关键控制点，企业能够直观地了解供应链的重要节点和决策点。通过将关键绩效指标以图表、仪表盘等形式进行展示，企业可以更直观地评估供应链的表现，并及时进行调整和优化。将各环节的关系可视化，它可以帮助企业全面了解供应链中各个环节的相互依赖和影响，从而更好地协调各环节之间的工作，提高供应链的协同效应。

（3）基于主要流程的可视化，进一步深入挖掘并细化各环节内部的可视化呈现。这一步骤旨在通过对各环节内部运作情况的详细展示，进一步提高供应链管理的透明度和可操作性。比如，在销售预测环节，可以将不同产品线的销售趋势以图表形式展示，帮助企业更好地理解各产品的市场表现，并做出相应的调整。

（四）供应链管理可视化的价值

在前面的内容中，除了在供需分析可视化中讲到的人工时的节省，还零散地提到了其他的收益。供应链管理可视化的意义，如图 3-2-12 所示。

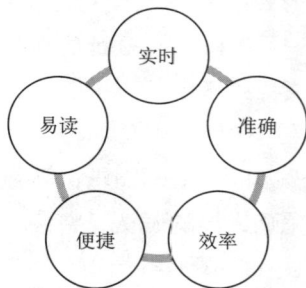

图 3-2-12　供应链管理可视化的意义

（1）实时性。可视化工具的一个重要优势是能够与其他系统实现自动交互，甚至能够实时抓取其他系统的数据并生成可视化报表。这种能力使用户能够实时地掌握业务的进展情况，及时了解供应链的动态变化。无论是订单状态、库存水平、交付时间还是供应商绩效等关键指标，用户都可以通过可视化工具直观地看到最新的数据，并及时发现异常情况和潜在问题。这使得用户能够迅速做出反应，采取相应的措施来解决问题，保证供应链的稳定运行。

（2）准确性。可视化工具通过内置的逻辑和算法，能够自动识别和计算供应链数据中的关键指标，并将其转化为易于理解和分析的可视化形式。这样，用户无须手动处理和整理数据，避免了因人为失误而导致的数据不准确性。同时，可视化工具还能够根据用户设定的规则和条件，自动推荐对策和解决方案。比如，当发现供应商绩效出现问题时，系统会自动推荐可能的原因和改进措施，帮助用户快速找到问题的根源，采取相应的应对措施。

（3）高效性。可视化工具可以协助人们进行工作，甚至完全解放信息处理者，实现全自动的数据处理和报表制作。这样一来，重复的机械动作减少了，工作人员可以从中解脱出来，去做更有挑战性的任务。比如，当用户需要生成供应链绩效报表时，只需要简单设置报表格式和参数，可视化工具就能够自动整理和分析数据，并生成符合要求的报表。

（4）便捷性。可视化工具通常提供基于云端的服务，用户只需通过浏览器或手机应用程序登录账户，即可访问其供应链上的数据和报表。这意味着用户可以随时随地查看和分析数据，无须依赖特定的设备和地点。比如，当用户需要在会议上展示供应链绩效数据时，只需使用手机或笔记本电脑即可完成，提供了极大的便利性。此外，可视化工具还提供了交互式的功能，使得用户能够自定义和筛选所需的数据和指标，以满足个性化的需求。

（5）易读性。可视化工具通过将数据转化为直观的图表、图形和图像，使得信息更加易读和易懂。相比于纯文本或数字报表，图表和图形更具表现力，能够通过色彩、形状、大小等视觉元素传达信息。比如，通过柱状图、折线图或饼图，用户可以直观地比较不同供应链指标的数值，发现异常和趋势，并对其进行深入分析。用户可以直观地看到供应链中的异常和变化，识别潜在的风险和问题。比如，通过热力图或地图展示供应商的质量问题分布情况，用户可以迅速发现存在较高质量风险的地区或供应商，及时采取相应的措施。同时，可视化工具还能够帮助用户发现潜在的改进机会，比如，通过对订单交付时间的分析，识别出存在延误的环节，并采取改进措施来提高交付准时率。

🔔 **学后行动**

在自己的工作中，可以在哪些方面推进低成本的数字化？如何与 IT 部门合作？

_____

_____

_____

_____

_____

04

第四章　艺术层面

协奏供应链管理

第一节　供应链管理的语言艺术

　　鸡同鸭讲、对牛弹琴、话不投机半句多……这些词语都是用来形容当双方没有共同语言时的情境。心有灵犀、志同道合、情投意合、相见恨晚、一见如故、无所不谈……这些词语则是用来形容当双方有共同语言时的情形。那么，我们会选择哪一个呢？

　　沟通顺畅到位是合作的根基，协同则是合作的果实。面对彼此有合作关系的对象，如亲朋好友、工作伙伴、上下级等，若沟通不顺畅或不到位，就容易产生猜忌和误解，进而带来伤害。根基不稳固的合作关系很脆弱，时间越久，脆弱性越高。在工作中，沟通占据了大部分时间。在供应链管理工作中，若没有共同语言，效率会非常低下，甚至会出现南辕北辙的情况。

　　本节我们将通过一个供应链管理的小故事，探讨语言不统一所带来的危害，并学习如何在组织中规范供应链管理语言。

> 🔔 **学前思考**
>
> 　结合自己经历，列举语言不统一的例子，以及带来的危害？
>
> _____
>
> _____
>
> _____
>
> _____
>
> _____

一、供应链管理小故事

　　如图 4-1-1 所示，公司质疑："成品销售预测很准，但物料需求计划变化多。造成效率低下和浪费，是计划部的失职。"若此成立，那便是计划部工作得不到位，就要加大采购部的工作量和难度，会带来额外成本。但计划部和采购部同属于供应链管理中心，中心对计划部的工作是非常认可的，也在加强采购竞争力。为什么公司会有这样的质疑？这样的质疑是否成立？

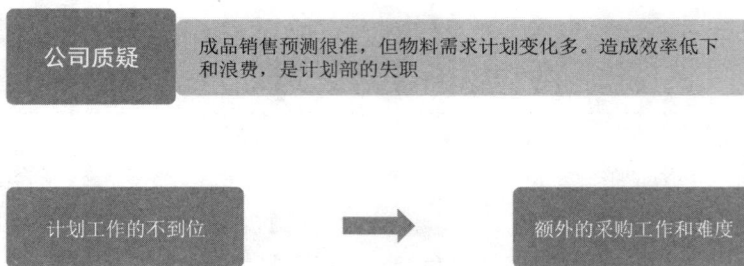

图 4-1-1　公司的质疑

（一）为什么公司会有这样的质疑

质疑的来源，如图 4-1-2 所示。公司高管听取了销售部的汇报：成品销售预测很准，是 98%，又听说最近物料计划变化多。加上高管自己的判断，于是，高管提出了这样的质疑。

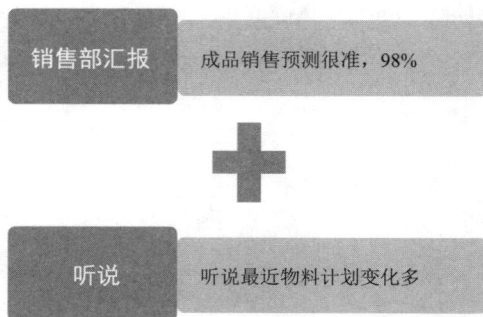

图 4-1-2　质疑的来源

质疑的逻辑，如图 4-1-3 所示。我们来分析一下公司质疑的逻辑。成品销售预测很准是前提，物料需求计划变化多是结果。这违背了公司高管及常识的推断，即成品销售预测很准，物料需求计划也会很准。

图 4-1-3　质疑的逻辑

质疑的推演，如图 4-1-4 所示。我们试着从理想视角加入供应链管理的一些元素，来推演一下质疑的过程。成品销售预测准确度为 98%，通过安全库存等方式的计划调控，加上完美的生产计划执行符合性 100%，可以使得物料需求计划准确度为 100%。

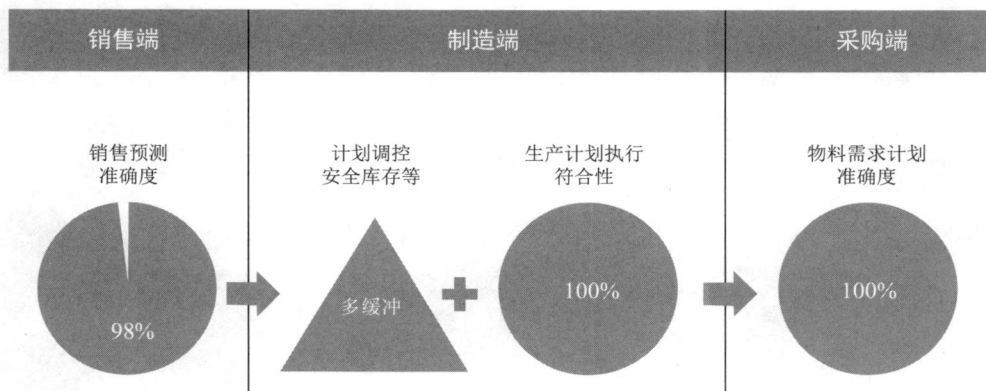

图 4-1-4　质疑的推演

（二）公司的质疑是否成立

如图 4-1-5 所示，我们从多个视角来还原一下工作现场。销售部：成品销售预测达成率很高，98% 以上；计划部：市场变化快，还要综合考虑利润、效率、产能、人员、库容等多个目标和限制因素，计划好难做；公司质疑：成品销售预测很准，物料需求计划变化多，造成效率低下和浪费，是计划部的失职。这是公说公有理，婆说婆有理的局面。要将此问题弄明白，不能站在各自的山头喊话。一方面，信息在声音的远距离传递过程中会失真；另一方面，看不清对方的真实处境。

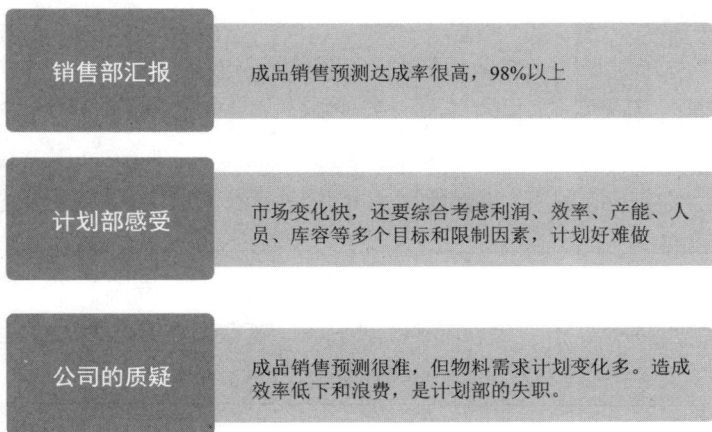

图 4-1-5　还原工作现场

如图 4-1-6 所示，要想找到根本原因，需深度还原工作现场。

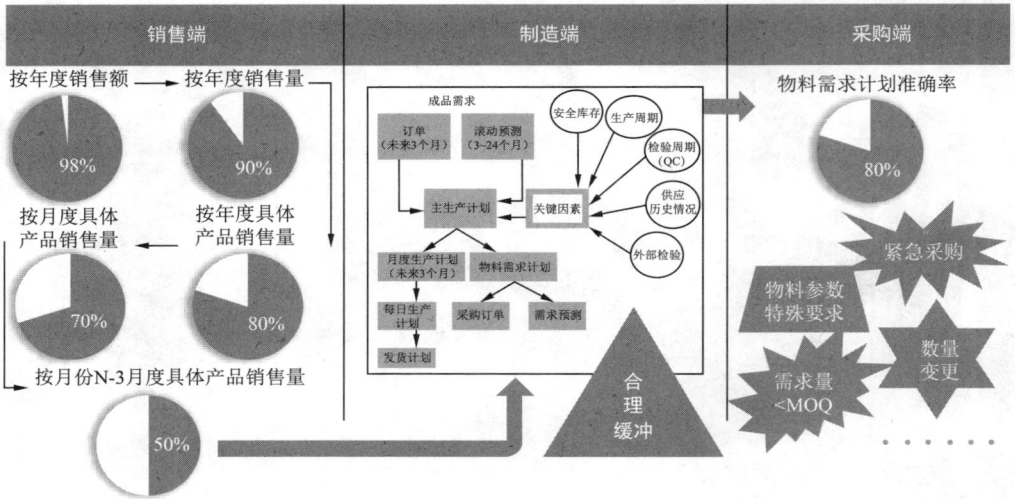

图 4-1-6　深度还原工作现场

首先，成品销售预测达成率很高，98% 以上，说得有些模糊，是怎么计算出来的？计算公式是什么？原来，销售部汇报的销售预测达成率指的是年度总销售金额目标的达成率，而这并不是计划部制订生产计划和物料计划的基础。计划部需要的是月度具体产品的销售预测数量，两者相差甚远。以某类产品做了一个简化的数据模拟（不同产品不一样），年度总销售金额目标的达成率是 98%，月度具体产品的销售预测准确率是 50%，50% 远低于 98%。

其次，计划的制定是一个多目标多限制因素的过程。基于订单及销售预测，综合考虑安全库存、生产周期、内外部检验周期、历史情况等制订主生产计划。基于主生产计划，制定并释放物料采购需求。基于采购需求，释放订单。逻辑上，在成品销售预测是 50% 的情况下，通过计划的调控，可以使得物料需求计划的准确度高于成品销售预测的准确度。

最后，假设销售预测真的很准，物料需求计划一定会准吗？不一定。这得搞清楚物料需求计划的来源，不仅是成品的销售预测，还有供应商开发、参数的特殊要求、物料变更、到料不合格等触发的紧急采购等。

🔔 思考

在这个供应链管理小故事中，公司有这样的质疑，其深层次的原因是什么？

_____

_____

_____

_____

_____

_____

二、统一供应链管理语言

如图 4-1-7 所示，从供应链管理的视角，通过对一个案例的剖析，来以小见大，了解到企业中存在的相关问题。

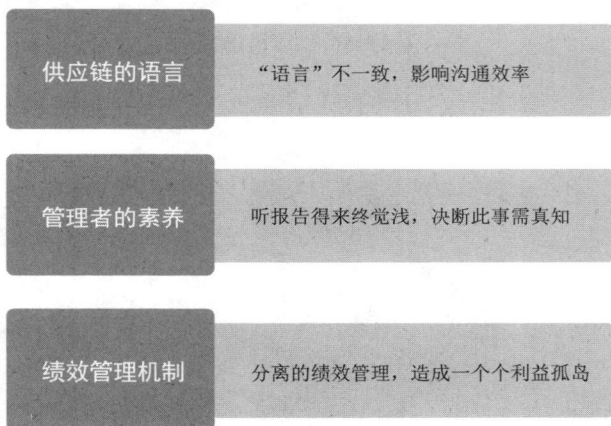

供应链的语言	"语言"不一致，影响沟通效率
管理者的素养	听报告得来终觉浅，决断此事需真知
绩效管理机制	分离的绩效管理，造成一个个利益孤岛

图 4-1-7　企业存在的问题

（一）规范语言

销售部的汇报、计划部的感受、高管的质疑，用的都是各自的语言，导致各说各的。在企业中，需要统一语言，提高沟通效率。

供应链语言，如图 4-1-8 所示。首先，以企业主人翁的心态去沟通。沟通是为了解决企业的问题，而不是推脱个人的责任。若不解决企业问题，企业没有好的结果，那企业中的个人不可能有好的结果。其次，传递的信息要精准，不能模棱两可，这是高效沟通的前提。若谈 KPI，那其定义及公式应该在企业内达成共识。行话也好，术语也罢，最重要的是统一。

（二）提高素养

如图 4-1-9 所示，因工作职责和定位，公司高管不能也不需要事必躬亲，他们对现场并没那么了解，听了粉饰的报告后，很难有正确的判断和决策。若要自己决策，那就必须先获得真知。若授权给有真知的下属去决策，那就要权责分明，不做过多干涉。

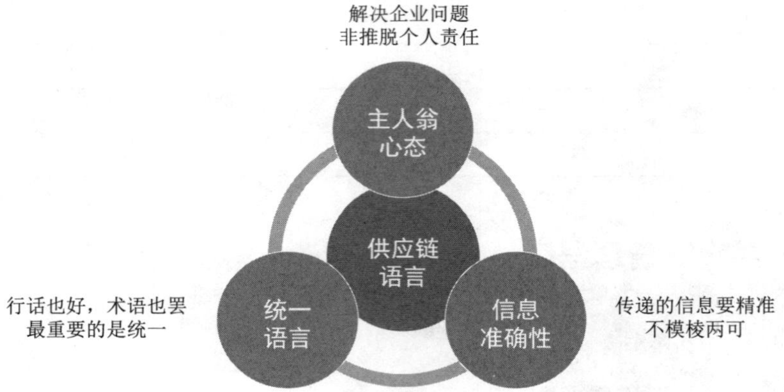

解决企业问题
非推脱个人责任

主人翁
心态

供应链
语言

行话也好，术语也罢
最重要的是统一

统一
语言

信息
准确性

传递的信息要精准
不模棱两可

图 4-1-8　供应链语言

透明的沟通机制
信息传递

信息源

权责分明，
不过多干涉

好授权

管理者
的素养

去现场

精益
"三现主义"

分辨力

对报告等信息的分辨

图 4-1-9　管理者的素养

（三）优化机制

如图 4-1-10 所示，销售部最核心的绩效目标是销售业绩的达成，为达成销售业绩，其关注的是整体销售额，没那么关心某个产品的销售额和数量；计划部最核心的绩效目标是及时足量地交付，为达成交付，其关注的是各产品未来的销售量，没那么关心整体的销售额。而要实现公司的整体目标，两者必须融合，实现产销协同。个人绩效目标中，可以包含三个维度：公司级、部门级、个人级。管理层，前两个维度的占比要高。执行层，第三个维度的占比要高。这样，就能实现个人绩效和公司绩效的有机统一。

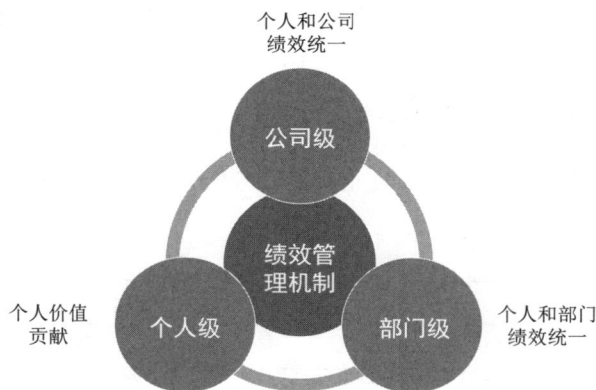

图 4-1-10　绩效管理机制

🔔 **学后行动**

你所在的企业，或你了解到的企业，存在哪些"语言"不统一的问题？如何改善？

_____

_____

_____

_____

_____

第二节　供应链管理的平衡艺术

供应链管理人员在工作上需要在多个部门之间寻求平衡，并追求多个目标。这使得他们自带"招人厌"的体质，也容易成为别人攻击的对象。一不小心，就成了众矢之的，成了背锅侠。可以说供应链管理人员就是操心的命，他们的工作有时会吃力不讨好。

虽然供应链管理工作充满挑战，也常常被人误解，但这份工作意义重大。作为供应链管理人员，我们不是真的要牺牲自己，也不是被动地去承受，而是要通过自己的工作，促使组织实现其目标。无功劳有苦劳，不是供应链管理人员所追求的，我们应该要改变这种"吃力不讨好"的尴尬局面，赢得更多的尊重和认可。

本节将讲述供应链管理人员平衡艺术的系列模型，旨在探索实现平衡的方法，共同改善供应链管理人员"招人厌"的体质。

🔔 **学前思考**

你所在的企业或你了解到的企业，其供应链管理人员有哪些招人厌的现象？分析出是什么原因？

_____

_____

_____

_____

_____

一、供应链人"招人厌"体质的由来（模型 22：供应链管理的人体模型）

为什么供应链人"招人厌"呢？这与供应链人在组织中的定位及其职责密切相关。在许多情况下，供应链人需要处理各种复杂的任务，且涉及与多个利益相关部门之间的协同。

（一）供应链管理的人体模型

如图 4-2-1 所示，如果我们把企业的供应链管理比作一个人体：头代表计划；左手代表需求；右手代表供应；身体代表协同（身体由客户满意、生产效率、存货投资组成的三角形构成，且三角形的中心是供应链协同）；左脚代表质量；右脚代表物流。

（1）计划。企业的供应链管理需要有明确的计划和目标，才能够有效地组织和协调各项工作。头脑的聪明、理智和规划能力，对企业的供应链管理至关重要。

（2）需求。供应链管理需要根据市场和客户的需求，才能制订合理的生产计划和库存管理策略，其反映的是需求的掌握和管理能力。

（3）供应。供应链管理需要与供应商建立紧密的合作关系，确保原材料供应和制造及时，其反映的是供应的掌握和管理能力。

（4）协同。协同由客户满意、生产效率、存货投资组成的三角形构成：协同代表企业的核心运营能力，客户满意、生产效率、存货投资是供应链管理中最主要的核心要素。三角形的形状，反映了这些要素之间的相互关系和依存关系。三角形的中心为供应链协同，代表着企业供应链管理中各个环节之间的协同和合作。只有通过有效的沟通和协作，才能够实现供应链管理的顺畅和高效。

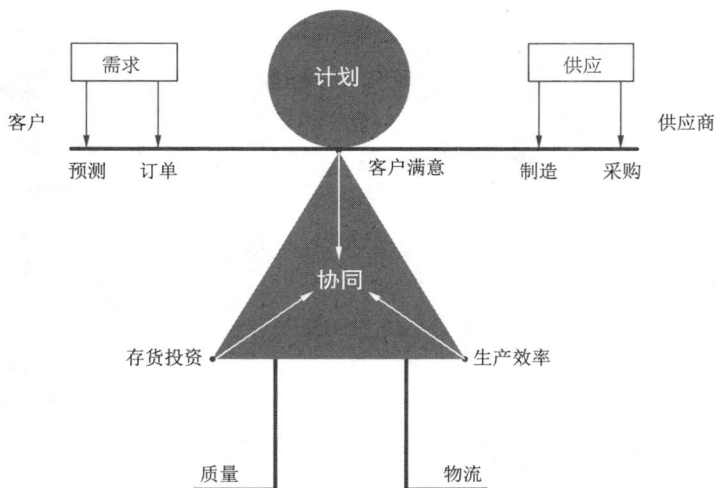

图 4-2-1　供应链管理的人体模型

（5）质量。企业的产品质量是其生存和发展的关键因素之一，其反映的是企业对质量的重视和追求。

（6）物流。物流是企业供应链管理中非常重要的一个环节，直接影响到产品的交付和客户满意度，其反映的是企业对物流的掌握和管理能力。

（二）供应链管理的大脑是计划

在供应链人体模型中，计划是供应链管理的大脑。以制造业为例，如图 4-2-2 所示，它分成左右脑两部分，左脑负责优先级机规划，以制订计划。右脑负责能力规划，以做资源配置。左右脑相互配合和校验的机制，能够适应供应链的变化和市场的需求。其中，实线箭头表示直接相关，虚线箭头表示间接相关。如粗略产能计划与主生产计划是直接相关，但与资源计划是间接相关。

首先，企业的战略和经营计划作为大脑的输入信号，关联着企业长期的年度销售目标和市场占有率等要素，它们是供应链管理的起点和基础。这些战略计划包括了企业未来的发展方向、产品定位、市场策略、销售目标等，而经营计划涉及具体的运营安排、生产安排、资源配置等。但这些计划只有经过计划这颗大脑的加工处理，才能够逐级分解，并最终转化成为可执行的具体计划。因此，计划在供应链管理中扮演着至关重要的角色，它需要将抽象的企业战略和经营计划转化为实际可操作的计划，使得战略落地。从而，推动企业的发展和供应链的有效运作。

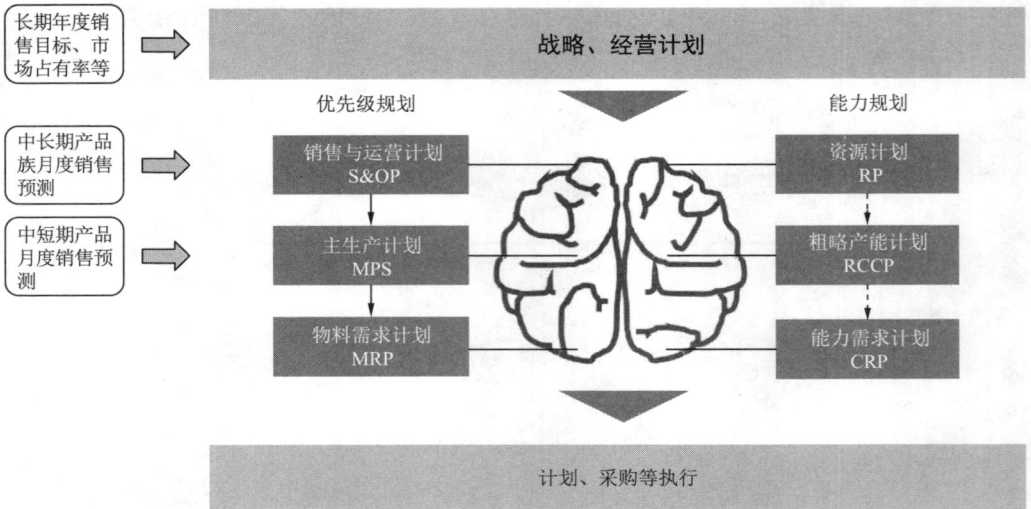

图 4-2-2　计划是供应链管理人体模型的大脑

其次，基于企业中长期产品族的月度销售预测，左脑开展销售与运营计划工作。销售与运营计划需要综合考虑销售预测、市场需求和运营能力等因素，制订出可行的生产计划和库存策略，实现销售目标和顾客满意度的平衡。与此同时，右脑则开展资源计划工作。资源计划主要是生产能力、人力资源、物料供应等方面的规划。右脑通过评估供应链的能力和资源状况，分析供应链的瓶颈和风险，进行资源配置和调整，以确保供应链的高效运转和资源的充分利用。左右脑通过信息共享、沟通协作，确保计划的一致性和有效性。左脑提供销售和运营的需求信号，右脑则根据实际资源情况进行合理地配置和调整，确保资源和计划相匹配。

再次，基于企业中短期产品的月度销售预测，左脑开展主生产计划工作。主生产计划需要考虑销售预测、库存策略和生产能力等因素，制订出详细的生产计划，满足市场需求和保持库存水平的平衡。左脑负责分析销售预测和库存情况，确定每个产品的生产数量、产出时间和交付日期等具体安排。与此同时，右脑开展粗略产能计划工作。粗略产能计划主要涉及生产资源的评估和规划，包括机器设备、人力资源和工序能力等方面。右脑通过评估生产能力和资源状况，分析生产过程中的瓶颈和风险，进行初步的产能安排和调整，确保生产计划的可行性和资源的充分利用。左脑提供具体的生产需求信号，右脑则根据实际产能情况进行初步的资源规划和调整，确保产能和计划相匹配。

从次，基于企业的主生产计划，左脑开展物料需求计划工作。物料需求计划需要通过分析主生产计划中所需产品的数量和交付时间，结合物料的生产或采购周期和库存情况，确定所需的原材料和零部件自制或外购的需求计划，确保生产活动的顺利进行。与此同时，右脑开展能力需求计划工作。能力需求计划主要涉及供应商、生产设备、人力资源和工序能力等方面的评估和规划，确保企业有足够的能力来支持主生产计划的执行。右脑通过分析主生产计划中的生产需求和物料采购计划，评估生产过程中的能力瓶颈和风险，并制订相关的能力调整和优化计划，保证生产活动的高效运转。左脑提供具体的物料需求信号，右脑则根据实际能力情况进行能力规划和调整，确保能力和资源相匹配。

最后，大脑输出指令给身体的其他部位，执行生产计划、采购等各项活动。在这个过程中，计划作为大脑，扮演着统领和协调各项活动的重要角色，确保企业供应链的高效运转和实现长期目标。大脑将主生产计划、物料需求计划和能力需求计划等信息进行整合和解读，制定出详细的执行指令。这些指令包括生产排程、采购订单、库存控制等内容，根据时间和优先级等要素进行合理安排，确保生产过程的顺利进行和交付时间的准确性。同时，计划还承担着协调各项活动的重要职责。它与生产部门、采购部门、物流部门等进行密切的沟通和协作，确保各个环节之间的顺畅衔接。计划会根据实际情况进行调整和优化，及时处理生产中的问题和风险，以确保供应链的高效运转和生产目标的达成。

（三）供应链管理需承上启下

企业的三个核心职能，即研发、供应链和营销。其中，供应链是夹在研发和营销中间的职能，需要起到承上启下的作用。

（1）研发。企业研发部门的主要目标是将产品尽快研发出来并获得上市许可，这使得研发部门有时在物料选型、供应商选择，以及后续量产考虑方面忽视一些细节。然而，这些细节的忽略可能会导致潜在的漏洞和问题，并将在供应链环节中逐渐浮现。首先，物料的选型是确保产品质量和性能的重要因素，不合适的物料选择可能导致产品在量产阶段出现问题，影响供应链的稳定性和产品的可靠性。其次，研发部门可能会选择价格较低或者技术满足需求的供应商，但未考虑到供应商的可靠性、交货能力和售后支持等因素。这可能导致供应链中出现供应商延迟交货、质量问题等情况，进而影响产品的生产计划和客户满意度。最后，研发部门可能没有充分考虑到生产过程中的效率、成本和可扩展性等因素，导致供应链在量产阶段面临挑战。这可能包括生产线布局不合理、工艺流程优化不足等问题，从而影响产品的交付能力和生产效率。

（2）营销。企业营销部门的首要目标是将产品卖出去并获得利润，这使得有时会冒进地承诺客户紧急需求或变化，导致营销需求的不稳定局面。这种情况可能会给供应链带来压力和紧张，需要在供应链环节进行弥补和消化。首先，客户的紧急需求或变化可能会对供应链产生不可预见的影响。比如，可能会导致供应链中的物料库存不足或产能不足，从而影响交付能力和客户满意度。其次，需求的不稳定可能会导致供应链规划和资源分配方面的困难。因为，供应链管理需要根据营销部门的需求进行生产计划和物料采购，但如果需求频繁变动或不确定，供应链的规划和调度就会变得复杂。

（3）供应链。为了避免研发问题，供应链管理团队应与研发部门紧密合作，提前介入产品开发过程，参与物料选型和供应商选择，以确保产品的可供性和质量。同时，在研发过程中应考虑到后续量产的要求，尽量减少供应链环节中的漏洞和问题，确保产品的顺利交付和供应链的稳定性。为了解决营销问题，供应链管理团队应与营销部门密切合作，并建立有效的沟通渠道。供应链团队需要及时了解营销部门的需求变化，并灵活调整生产计划、管理库存以满足需求。同时，供应链可以采取一些策略，如建立紧急备货计划、与关键供应商建立合作关系以提高响应速度等，以应对营销需求的不稳定性，确保供应链的稳定性和客户满意度的提高。

（四）供应链管理需平衡多部门

如图 4-2-3 所示，在供应链人体模型中，其身体由客户满意、生产效率和存货投资这三个目标构成，这三个目标其实是分别来自销售、运营和财务这三个不同职能的诉求。

职能	销售	运营	财务
追求目标	销售增长 客户需求	提高效率 降低成本	增加利润 现金流好
客户满意	1 好	4 差	7 差
生产效率	2 差	5 好	8 差
存货投资	3 差	6 差	9 好

备注：以上为可能的状况，不同情形下，略有不同。

图 4-2-3　平衡多部门且追求多目标下全局最优

通常情况下，销售部门追求的是销售增长和满足客户需求，运营部门追求的是提高效率和降低成本，而财务部门追求的是增加利润和健康的现金流。于部门而言，这是企业对各自部门的绩效考核要求，也是各自部门擅长的工作。于企业而言，这些诉求也是有必要的。但我们会发现，若某个部门简单地追求某一个指标的极值，就会和其他部门的诉求有冲突。有时，甚至是背道而驰。在这种情况下，需要供应链管理部门找到一种平衡并予以落实，以实现全局最优。如果没有供应链管理部门，而是以单一的销售、运营或财务视角来决策，我们来看看会发生什么情况。

从销售部门角度看，他们关注的是如何提升客户满意度，以确保销售增长和满足客户需求。为达成这一目标，他们可能会过度承诺交货期限或提供特殊服务。一方面，其可能会使得生产效率降低。假如现在客户有紧急需求需要插单。作为销售部门肯定是想尽可能拿到此订单。这就会导致生产线频繁换线，从而使得生产效率下降。另一方面，其可能导致库存增加。为了不断货，销售可能将销售预测做得更大或者更早，确保有足够多的库存。然而，这样做可能会造成库存虚高，占用过多的资金，不仅影响企业的现金流，还可能导致存货滞销。

从运营部门角度看，他们关注的是如何提升生产效率及降低成本。为达成这一目标，他们可能会过度追求生产线的稳定和小品种大批量的生产方式。一方面，当客户的需求发生变化时，如将其他订单的交期提前或将正在生产产品的订单推后，为了确保生产不被中断而影响生产效率，运营部门可能会选择先完成正在生产中的产品，而不立即调整生产线来满足客户需求的变化。这可能导致对客户的响应不够迅速，降低了客户满意度。另一方面，其可能导致库存增加。为了确保高的生产效率，运营部门可能采取单品种大批量的生产方式，以稳定生产线的运行并降低单位成本。然而，这种策略可能会导致库存积压的问题。特别是对于需求波动较大的产品，过多的生产可能导致库存积压，占用过多的资金，并且可能导致存货滞销的风险。

从财务部门角度看，他们关注的是如何减少存货，并确保增加利润和良好的现金流。为了达到这些目标，其可能会过度强调客户的及时回款以及低库存。一方面，其可能会导致客户满意度降低。为减少存货投资，并且对客户的付款条件进行严格把控。但这可能会导致生产线停滞，无法及时响应客户需求，影响客户满意度和市场份额。另一方面，其可能导致生产效率的下降。为了优化利润，财务部门可能会根据产品利润的大小来判断生产的优先级。当产能有冲突时，他们可能会选择优先生产利润最高的产品。由于利润最高的产品可能需要更复杂的生产过程或更长的生产周期，会打乱整体的生产计划以及使得资源分配不均，从而降低整体生产效率。

（五）供应链管理需平衡多目标

如图 4-2-4 所示，企业运营管理的三大目标为质量、成本和交付，供应链管理需要站在企业的视角去找到其中的最优解，并通过各个部门去落实最优解的达成。

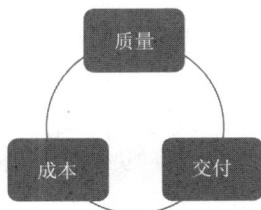

图 4-2-4　企业运营管理的三大目标

（1）质量。它是企业运营管理的核心目标之一。供应链管理需要确保从原材料采购到产品制造的每个环节都符合质量标准和客户要求。这包括与供应商建立良好的合作关系，进行质量审核和监控，确保所采购的物料和组件的质量可靠。同时，供应链管理团队需要主导或参与制定质量控制措施和流程，确保生产过程中的质量稳定性和产品的合格率。

（2）成本。它是企业运营管理的重要目标之一。供应链管理需要通过优化供应链流程和资源配置来降低成本。这包括寻找更具竞争力的供应商、优化物流和仓储成本、降低库存水平、提高生产效率等。供应链管理团队需要与研发、生产和销售等部门紧密合作，共同寻找降低成本的机会，并制定有效的成本控制策略。

（3）交付。它是企业运营管理的关键目标之一。供应链管理需要确保产品按时交付给客户，并满足客户的需求。这涉及供应链的物流规划和执行，包括准确预测需求、合理安排生产计划、优化物流运输和配送等。供应链管理团队需要与销售和工程等部门紧密协作，确保产品能够按时到达客户手中，提高交付准时率和客户满意度。

二、供应链管理的平衡模型（模型 23：企业内外平衡行星模型；模型 24：企业内外平衡天平模型；模型 25：多目标平衡行星模型）

有什么样的方法能帮助供应链人去改善"招人厌"的状态呢？考虑到供应链管理人员需要去平衡组织内外的利益以及多目标，下面我们介绍几种相对应的科学方法。

（一）企业内外平衡行星模型

平衡行星模型，如图 4-2-5 所示，行星模型显示了供应链管理在面对客户需求、本企业经营和供应商销售时需要良好的平衡状态。

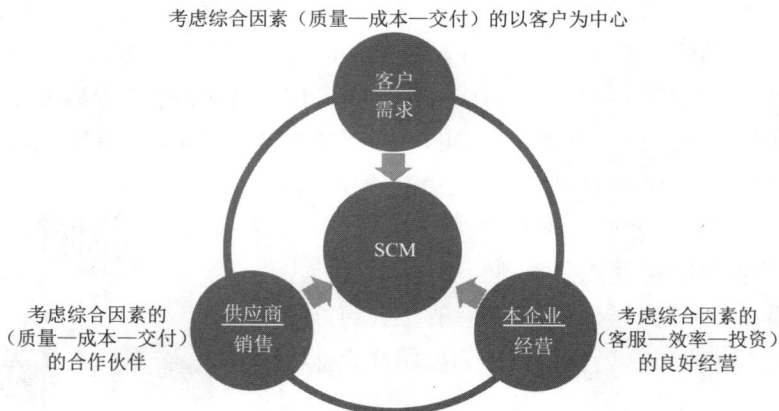

图 4-2-5　平衡行星模型

（1）客户需求。以客户为中心是供应链管理面对客户的核心理念之一。供应链管理需要关注客户需求，并提供质量好、成本低和交付好的产品或服务。通过满足客户需求并提供优质体验，企业可以在市场中形成竞争力。因此，供应链管理不仅仅注重单一的维度，而是综合考虑多个因素来达到平衡状态。

（2）本企业经营。追求良好的经营状态是供应链管理面对本企业的一个关键目标。为了实现良好的经营状态，供应链管理需要综合考虑客户满意度、生产效率和存货投资等。通过科学的计划和高效的协同，可以使企业处于良好的经营状态，提高运营效率和利润水平。

（3）供应商销售。将供应商视为合作伙伴也是供应链管理面对供应商的重要方面。供应链管理与供应商建立良好的合作关系，并共同发展和壮大，才能够强链、补链，获得供应链的竞争优势。供应链管理需要与供应商密切合作，共同追求双赢的目标。比如，共同进行研发、开拓新市场、降低成本等。

（二）企业内外平衡天平模型

平衡天平模型，如图 4-2-6 所示。在满足客户需求、良好经营状态、供应商合作时，可实现供应链管理内外平衡，并在市场中取得竞争优势。供应链管理需要跨部门协作，运用科学的方法和技术工具来支持决策和优化。同时，持续改进和适应市场变化也是供应链管理的关键要素之一。

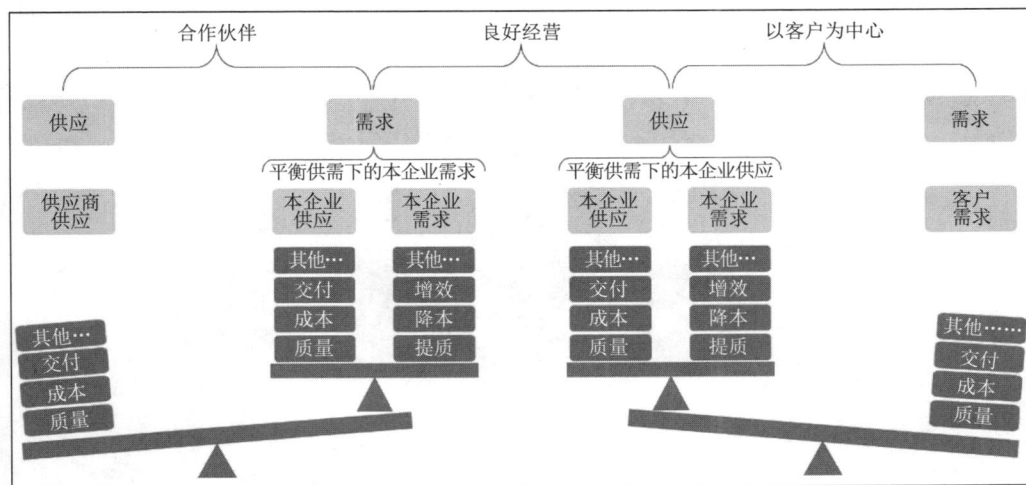

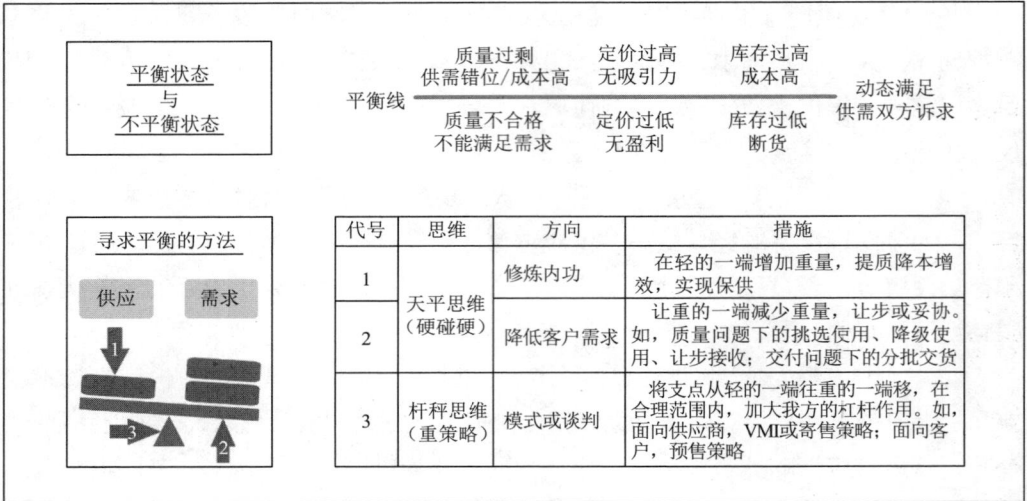

图 4-2-6　平衡天平模型

（三）多目标平衡行星模型

如图 4-2-7 所示，多目标平衡行星模型是供应链管理中的重要工具，在面对销售追求的客户满意、运营追求的生产效率和财务追求的库存投资时，可实现良好的平衡状态。

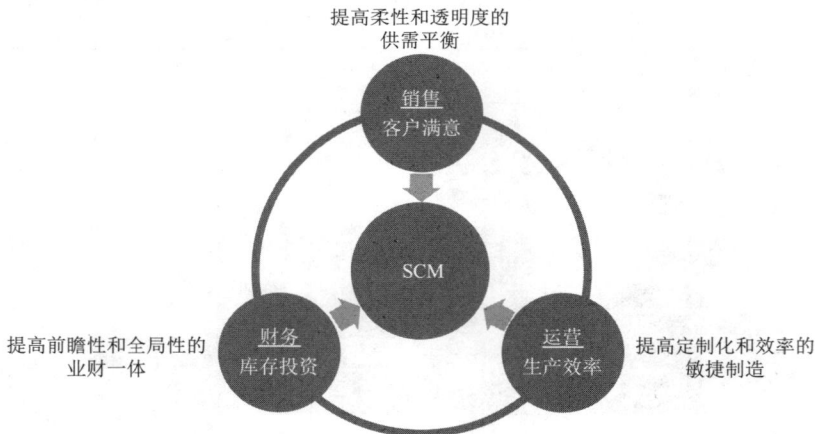

图 4-2-7　多目标平衡行星模型

（1）销售：客户满意。为了保证客户满意度并实现供需平衡，供应链管理需要提高供应链柔性。这意味着供应链应该具备灵活性和快速响应能力，以适应市场需求的变化。通过采用先进的生产技术和灵活的生产流程，供应链可以更好地满足客户的特殊要求，并在短时间内调整生产计划。同时，提高透明度也是确保供需平衡的重要因素。通过建立有效的信息共享机制和跨部门协作，供应链可以更好地了解市场需求和销售趋势。这使得供应链能够准确预测需求量，并及时调整生产计划和库存水平，以避免库存积压或缺货的情况发生。透明度的提升，还可以帮助供应链管理者更好地掌握供应商和分销商的情况，以便及时解决问题并优化供应链流程。

（2）运营：生产效率。为促进敏捷制造并达到高效率的生产目标，供应链管理需要提高定制化能力。随着市场需求和消费者越来越多地要求产品的个性化和差异化，供应链需要具备定制化能力，以满足客户不同的需求。通过定制化生产并实现快速交付，快速响应客户需求。这有助于提高客户满意度，增强品牌忠诚度，并带来更大的市场份额和业绩增长。同时，提高生产切换等效率也是实现高效率生产目标的重要因素。在面对市场需求变化时，供应链需要快速调整生产计划和生产线，满足客户需求并避免库存积压或缺货的情况发生。通过采用智能化生产设备和自动化生产流程，供应链可以最大化减少生产切换时间和成本，从而提高生产效率和降低生产成本。

（3）财务：库存投资。为保证良好的财务收益并实现业财一体化，供应链管理需要提高前瞻性。这意味着供应链应该具备预测市场趋势和客户需求的能力，通过数据分析和市场调研等手段，提前洞察市场变化，以便合理规划生产和采购计划。通过提前预测，供应链可以避免库存积压或缺货的情况发生，使企业能够更好地掌握市场机会和挑战，从而达到良好的财务收益。同时，提高全局性也是确保高效率生产的重要因素。供应链管理需要跨部门协作和全局视野，与供应商、分销商和其他利益相关方紧密合作，在整个供应链中实现信息共享和协同工作。通过建立紧密的合作关系和有效的沟通机制，供应链可以降低信息传递和协调成本，提高生产效率和资源利用率。

🔔 **思考**

老板说什么，我就做什么。相关方想要什么，我就提供什么。这样做，是否能让自己更受欢迎？为什么？

_____

_____

_____

_____

_____

_____

> 🔔 **提示**
>
> 　　这种做法可能会让自己在某种程度上不招人厌，因为它展示了一种积极的合作态度和对他人需求的关注。但作为供应链管理人员，这种做法是远远不够的。
>
> 　　第一，积极响应老板的要求是一种显示忠诚与服从的态度，对于维护良好的上下级关系有一定的积极影响。这种配合和执行力可能会被老板所重视，有助于在组织中建立起一定的信任和支持。但在实际操作过程中，也要注意自身的专业判断和辩证思考，如果老板的要求明显不合理或不符合伦理和法律规定，应当适时提出反馈和建议。要始终站在公司的角度和高度，秉持专业的态度和判断，才能做好供应链管理和拿到好的结果。
>
> 　　第二，关注并满足相关方的需求也是建立良好业务关系的重要方面。通过理解并积极响应客户、供应商或其他利益相关方的需求，可以增强合作伙伴关系，满足客户期望，并赢得他们的信任和支持。这种关注他人需求的行为有助于建立良好的口碑和声誉，从而在长期发展中获得更多机会和利益。然而，值得注意的是，只盲目迎合他人的要求并不能完全保证不招人厌。在实际工作中，还需要综合考虑自己的能力、资源和组织利益等因素。适当地提出反馈、建议和合理的限制也是必要的，以确保自身能够承担和交付，同时保护个人权益和组织利益。

三、供应链管理的平衡实践（模型 26：变色龙处事模型）

　　掌握了供应链管理的平衡模型，但还是不能甩掉"招人厌"这顶帽子，怎么办？供应链管理的平衡模型是在"事"层面的解决办法，但还没解决"人"层面的问题。所以，供应链管理人员还需要掌握供应链管理的平衡实践。下面我们将从平衡艺术的自我修养、抓手和步骤，以及变色龙处世处事模型这几个方面来探讨。

（一）平衡艺术的自我修养

　　平衡艺术的自我修养，如图 4-2-8 所示。

　　（1）客观。只有保持客观的态度，才能够经得起别人的挑战并做出明智的决策。作为供应链管理人员，我们始终站在企业的高度来思考和决策，不以个人私利为重。在处理复杂的业务情况时，客观的思维能够帮助我们看清问题的本质，作出符合整体利益的抉择。因此，保持客观、理性的态度是我们在供应链管理工作中不可或缺的素质之一。

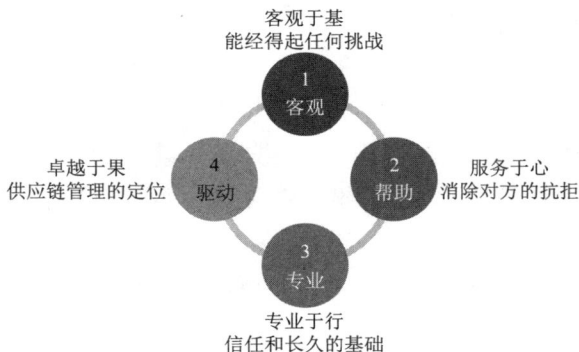

图 4-2-8　平衡艺术的自我修养

（2）帮助。在供应链管理中，我们需要以服务的心态来消除他人的抗拒，并促进团队间的合作与协调。怀着帮助其他部门的初衷去协调工作，不仅能够增进内部合作，也能够提升整体工作效率。通过与其他部门密切合作，共同解决问题，我们能够建立起相互信任与理解，从而更容易获得他们对我们建议和支持的认可。这种以帮助为出发点的工作态度，不仅有助于构建良好的工作关系，也能够提升整个供应链管理团队的执行力和协作能力。

（3）专业。在供应链管理中，专业性是我们赖以建立信任和取得良好结果的根本。我们不能盲从他人的观点，而是需要依靠自己的专业知识和经验做出明智的决策。尽管可能会与其他人的意见不同，但最重要的是能够通过专业的行动来取得良好的结果。同时，我们也应该保持开放的心态，乐于接受新的想法和创新。

（4）驱动。在供应链管理中，我们要追求卓越的成果，这也是企业对供应链管理部门的期望所在。作为供应链专业人员，我们需要主动出击，推动供应链及相关活动的发展和改进，以实现更高效、更可靠的供应链运作。我们要积极参与并主导各项项目和倡议，提出创新的想法和解决方案，以不断提高供应链的质量、效率和可持续性。因此，我们要树立驱动力的意识，充满激情和动力，不断追求卓越的成果，超越企业对供应链管理部门的期望。

在客观的基础上。首先，用服务的心态面对需要去平衡的对象，以确保对方的满意度。然后，用专业的行动面对事情，以确保路径的正确。最后，用卓越的结果面对组织，实现供应链管理的价值。这是理想的情形，但在现实的情形中很难兼顾。此时，应优先确保卓越的结果，再尽可能兼顾路径和满意度。因为结果为王，结果好大家才是真的好。对于路径，不用过于纠结，条条大路通罗马。对于满意度，其是一主观因素，可能有不合理的地方。况且，结果好了，满意度大概率也高了。

（二）平衡艺术的抓手

如图 4-2-9 所示，平衡艺术的抓手主要是通过例行事件协同和例外事件协同实现。例行事件协同包括制度、流程、机制和规则。例行事件是指预先设定的、经常发生的、按照既定程序进行处理的事件。这些事件具有可预见性和规律性，可以通过标准流程或常规操作的事件。例外事件协同包括启动前提、灵活的条件、带"病"前行、治好"病"并达目标和转成例行事件协同。例外事件是指无常规程序，突发、不可预见或不符合常规操作的事件，通常是意外或突发等特殊情形。无既定的程序可依，或需临时绕开既定的程序，灵活处理。

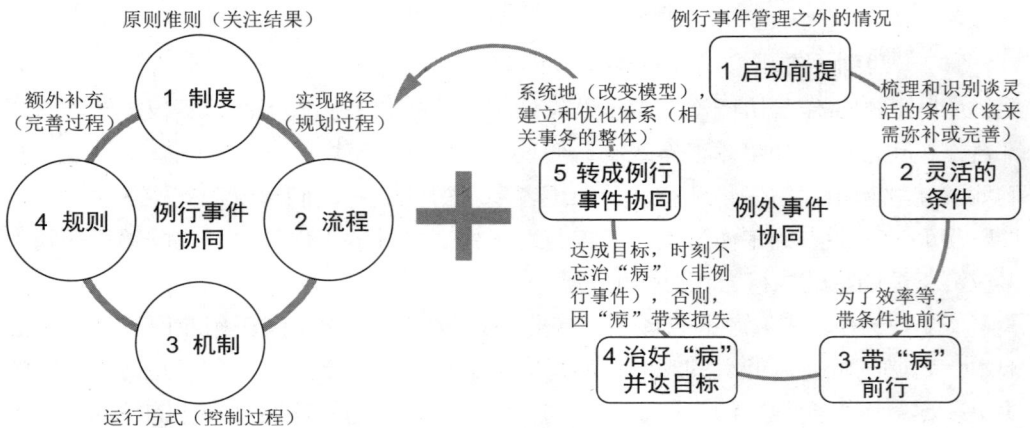

图 4-2-9　平衡艺术的抓手

1. 例行事件协同

对于例行事件，可遵循以下协同方法：

（1）制度。它是统一的基本原则和准则，规定了哪些可以做哪些不可以做，也是刚性要求，不能触碰其中的红线，所作所为不能偏离制度。

（2）流程。它是完成某一件事情、实现某一个目标的最优路径。在制度的基础上，需要有端到端的一体化流程。比如，在供应链管理中，从拿到需求开始，到如何安排计划、如何采购、如何安排生产、如何检验放行，到如何发货，要有从获取需求到完美交付的端到端一体化流程。

（3）机制。它是运行流程的方式方法。在流程的基础上需要一些对碰信息的机制、回顾复盘的机制，甚至奖惩的机制。这样，才能让流程常态化、高效地运行起来。

（4）规则。它是对制度、流程、机制的额外补充。对于一些临时的、零散的、新发生的事情，可能是当前制度、流程、机制之外的情形，需要建立对应的规则让业务流通畅。当这些规则运行成熟之后，可以将相关内容写入制度、流程或者机制，转化成程序化高的操作。

2．例外事件协同

对于例外事件，可遵循以下协同方法：

（1）启动前提。若是例行事件协同的范围，务必在例行事件协同中处理。只有超出例行事件协同范围的情形才能启动例外事件协同。要严格把控例外事件协同的入口，因为，一旦启动，其对管控强度的要求提高，随之而来的是管理成本上升、风险增加。

（2）灵活的条件．灵活是建立在系统梳理及风险管控的基础上的。没有这些基础，灵活就如空中楼阁。所以，需要梳理和识别灵活的条件，而这些将来是需要弥补或完善的。

（3）带"病"前行。它是例外事件协同的典型特征。这类事件是以既定标准来评价尚有瑕疵。或者当前还没有标准来评价，也没有既定的程序以指导开展。但从效率、成本、满足客户需求等方面考虑，在风险可控的情况下，可带着条件前行。

（4）治好"病"并达目标。在往前推进过程中，时刻不要忘记这是在做例外事件的协同，需要一边治"病"一边前行，最终实现目标。这是启动例外事件协同的初衷，把"病"治好，避免留下隐患、带来损失。

（5）转成例行事件协同。它与启动前提中的严格把控入口相呼应，要及时疏通例外事件协同的出口。这样，例外事件才会减少。如何实现例外事件的例行化呢？总结该例外事件协同的经验，萃取方式方法，并将这些纳入到制度、流程、机制或规则中。下次，再碰到相同或类似事件时，可以直接通过例行事件协同来处理。

（三）平衡艺术的步骤

平衡艺术的步骤，如图 4-2-10 所示。

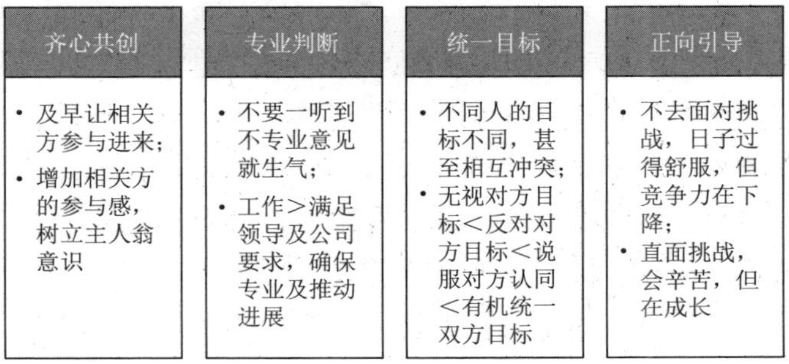

齐心共创	专业判断	统一目标	正向引导
• 及早让相关方参与进来； • 增加相关方的参与感，树立主人翁意识	• 不要一听到不专业意见就生气； • 工作＞满足领导及公司要求，确保专业及推动进展	• 不同人的目标不同，甚至相互冲突； • 无视对方目标＜反对对方目标＜说服对方认同＜有机统一双方目标	• 不去面对挑战，日子过得舒服，但竞争力在下降； • 直面挑战，会辛苦，但在成长

图 4-2-10　平衡艺术的步骤

（1）齐心共创。及早让相关方参与进来，这点非常重要。如何实现齐心共创呢？一方面，建立协同机制。我们可以建立一个跨部门的协作小组，由不同部门的代表组成，共同探讨和解决供应链中的问题。通过定期召开会议、分享信息和经验，确保各方的声音都被听到并得到重视。另一方面，通过协同平台。我们可以利用现代技术，建立一个供应链管理协同平台将各个环节的数据集中管理和共享，实现信息的透明化和流通化。通过这样的平台，不同岗位的人员可以实时了解供应链的情况，及时协调和合作，提高工作效率和质量。在协同过程中，需要及早地与上级和相关方进行充分的沟通。比如，当我们发现供应链中存在问题或瓶颈时，应该及时向上级报告，并积极提出改善方案。在与上级和相关方进行沟通时，我们要清晰地阐述问题的本质和影响，并提出可行的解决方案。通过这样的沟通，可以增强他们的参与感，让他们意识到自己的意见和建议对于改进供应链的重要性，从而激发他们的主人翁意识。

（2）专业判断。在企业或领导要求的基础上，供应链管理人员需要思考更多一点和更早一点，这样，才可能超越公司和领导的期望。同时，供应链管理人员还需要具备专业精神和批判性思维，能够对各种问题进行深入分析，并提出有效的解决方案。比如，在供应商选择时，除了考虑价格和交货期外，还需要对供应商的生产能力、质量管理、服务水平等多个方面进行评估。只有在全面综合评估的基础上，才能选出最适合企业的供应商。此外，推动能力也是供应链管理人员必备的素质之一。在面对各种问题和瓶颈时，供应链管理人员需要能够积极主动地寻找解决方案，并推动相关部门和人员共同实现。这就需要供应链管理人员具备良好的沟通和协调能力，能够有效地与各部门和人员进行合作，并及时解决问题。

（3）统一目标。供应链管理人员需要协同和平衡不同人、不同岗位、不同部门，以及企业的上下游，但由于各方的目标可能有着天然的不同。为了实现一个目标，以下是三个层次的方法。第一，无视对方的目标，是最糟糕的做法。比如，当供应商提出一个需求时，如果我们只是一味地压价而不在乎他们的需求，短期内可能看似供应商也配合降价了，但这种做法并不利于供应链的长期健康发展。第二，听取对方的意见却无充分理由地反对对方的目标，是一般的做法。比如，当生产部门提出需要调整生产计划时，如果我们没有充分的理由就坚决反对，可能会导致更大的资源浪费。第三，找到双赢的方式并说服对方接受，是最好的做法，这有利于维持长期良好的合作关系。比如，对于生产部门提出的计划变更，经过评估后发现只要生产部门在本周内将产量缺口补齐即可。这样既满足了生产部门的想法，也不影响最终的交付，达到了双赢的局面。

（4）正向引导。面对利益冲突时，供应链管理人员需要运用正向引导的技巧，帮助当事人跳出狭隘的立场，以全局利益为重。比如，面对客户的一个紧急订单，生产部门说："做不了，太影响我的生产效率"。质量部门说："怎么老是这样子的？又要加急检验，刚更新好的检验计划又要被打乱"。作为合格的计划人员，其在评估紧急订单时，已经充分考虑了生产线的平衡和检验任务的安排。当然，有时候考虑到和客户的合作，也不得不接收客户的需求。而此时，生产部门和质量部门并不一定认真评估过，只是在厌烦的情绪中。所以，关键是如何让他们接受。在此情形下，可以和他们作如下沟通："这确实是一张紧急订单，但经过评估，对我们的生产和检验没有影响或者影响很小。我们可以有两个选项：选项一，不接受这个紧急订单（这样，我们可以很平稳和舒服地工作，但要知道，这种做法会导致竞争力的下降，我们也会眼睁睁地看到竞争对手从我们手里拿走这张订单）；选项二，接受这个紧急订单（这意味着，我们直面这个挑战，会辛苦一些，但成长是值得付出汗水的）。"

（四）灵活应对外部挑战（变色龙处事模型）

平衡艺术的自我修养、抓手和步骤能够很好地指导供应链管理人员如何去平衡而不招人厌。为了灵活应对外部挑战，供应链管理人员需要在善良之中保持一定的锋芒，变色龙处事模型就能帮到我们。

变色龙处事模型，如图 4-2-11 所示，这个模型之所以用变色龙开头，是因为它既像变色龙一样看起来不好惹，又如变色龙会随着外部环境的变化而改变身体颜色，能够灵活地适应外部环境，

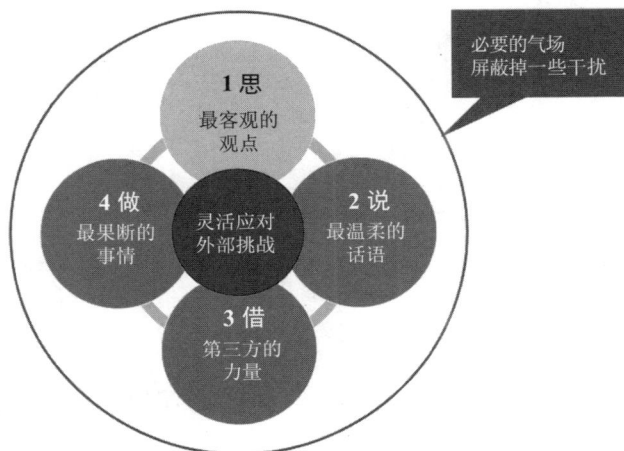

图 4-2-11　变色龙处事模型

（1）思最客观的观点。在供应链管理中，我们始终站在组织的角度考虑问题，而不是站在个人角度，这样我们才能够有效地应对组织内的各种挑战。

（2）说最温柔的话语。即使对方在破坏原则，我们也要保持冷静、表现出心平气和的态度，只关注事实，而不去猜测对方的意图。不要卷入毫无意义的口舌之争，因为那样只会浪费时间。如果参与口舌之争，无论谁取得胜利，都只意味着我们和对方一样，都是在为毫无意义的事情大动干戈的人。

（3）借第三方的力量。如果不能达成共识，也不要被对方牵着鼻子走，更不要纠缠不清。果断终止对话，并寻求利益相关方、监督方和上级等第三方来评判。

（4）做最果断的事情。坚持原则，听得进且能妥善融合不同意见。然后，专注于自己的工作，全力以赴，取得胜利。

（五）破解帮助者困境

在协同其他各方时，供应链管理人员通常扮演着帮助方的角色，并因此可能遭遇"帮助者困境"。帮助者困境，是指当责任方寻求帮助时，他们不仅不明确表达需求，也不积极参与和协助解决过程，反而评判甚至指责帮助方，且当事情有了好结果时，又将功劳揽于自身。这样就形成一种怪象——凡是坏结果，都不是自己的问题；凡是好结果，都是自己的功劳。那如何破解帮助者困境呢？这就需要让责任方提出明确的需求，以及深度参与其中，如图 4-2-12 所示。

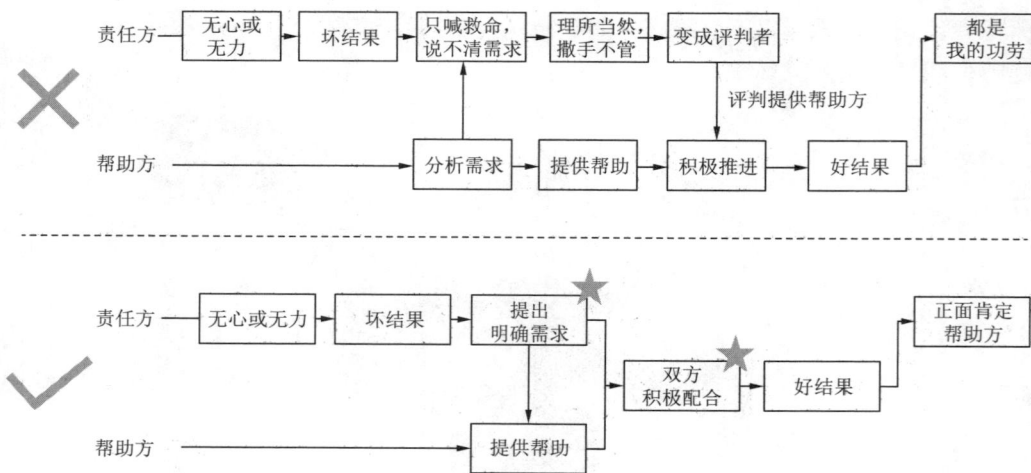

图 4-2-12　破解帮助者困境

🔔 **学后行动**

在工作中，自己在哪些方面存在不足？如何改善？

_____

_____

_____

_____

_____

第三节　供应链管理的领导艺术

"一群平凡的人在一起做不平凡的事""小成功靠个人，大成功靠团队""一个人走得快，一群人才走得远"，这呈现了团队的样子。团队的力量，会超乎你的想象。在管理团队这件事情上，好的管理是 1 + 1 > 2，可以远大于 2；差的管理是 1 + 1 < 1，破坏性极强。对领导者价值的高度评价："你的到来改善了组织的氛围和文化。"这样的价值超越了其对某个具体业务的改善。

作为专业型人才，如何转型成领导者？遇到管理瓶颈的领导，如何突破更上一层楼？有志成为领导者的，如何准备？

本节我们从组织熵减模型出发，一起去探索"人—人""事—事""人—事"的熵减之道，打造高绩效的供应链管理团队。

🔔 **学前思考**

自己带团队的秘籍是什么样的？自己身边或最佩服的领导者，带团队有什么绝招？

_____

_____

_____

_____

_____

一、什么是组织熵减（模型 27：组织熵减模型）

　　熵增，物理学给出的定义是一个自发的由有序向无序发展的过程。这一概念在物理学中得到了广泛应用，并可以适用于描述生命和非生命的演化规律。在孤立系统中，如果没有外力作用，系统的熵（总混乱度）会不断增大，直至走向衰亡。阻止系统的总混乱度，需要熵减。

（一）从乱成一锅粥到井然有序

　　如图 4-3-1 所示，左侧的一锅粥代表组织混乱的状态。在这种情况下，"救火"工作似乎成了常态，看似大家都干得热火朝天、忙得不可开交，然而实际上却经常忙中出错，没有实际效益。相比之下，右侧的井然有序代表着组织良好运行的状态。在这种情况下，所有人都拥有良好的工作节奏，能够从容应对各项任务。

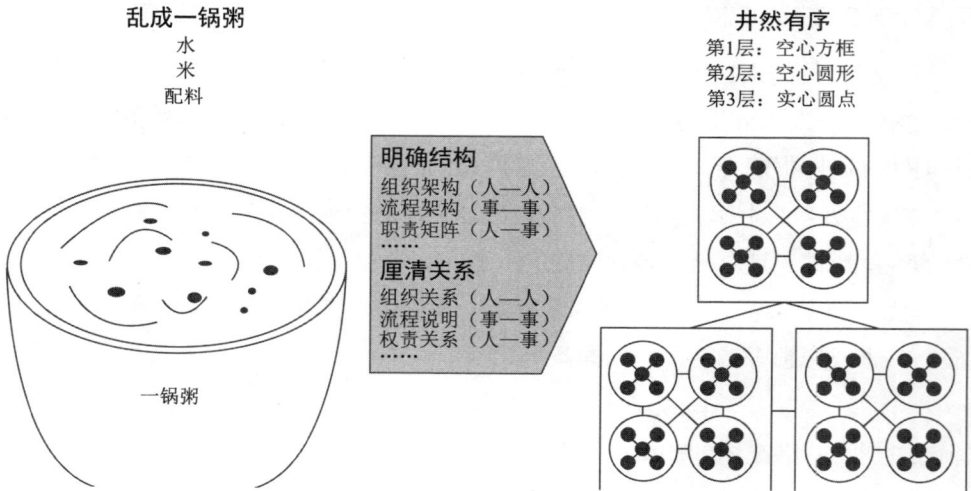

图 4-3-1　熵减：从乱成一锅粥到井然有序

　　要实现从乱成一锅粥到井然有序的状态转变，需要明确结构并厘清关系。明确结构包括组织架构、流程架构和职责矩阵等；厘清关系包括组织关系、流程说明和权责关系等。

　　我们以供应链管理中的计划工作为例。供应链管理中的计划工作可以分成战略层、战术层、运作层和执行层四个层级。在每个层级中有各自的使命，需要按时、按量、保质地完成自己的使命。一旦层级混乱，或是工作没有达到要求，会扰乱整体计划工作的运行。如果某一层级的工作未做到位并流入下一层级，就会成为一个紧急的"救火"事件，甚至可能是无法解决的问题，最终导致供应链管理的损失。比如，在战略层计划中，没有做好长期资源匹配，到了运作级计划时才发现产能不足而要新增一条生产线。而此时，已没有足够的时间去新增生产线了，就会造成无法满足客户需求的情况。

（二）权责利供应链管理的铁三角

如图 4-3-2 所示，等边三角形是具有稳定性的三角形形状。在供应链管理中，我们可以将权责利任比作为三角形的三条边，它们之间的平衡关系对于供应链管理的稳定和可持续发展至关重要。然而，一旦权责利失衡，供应链管理就可能被破坏或失控。

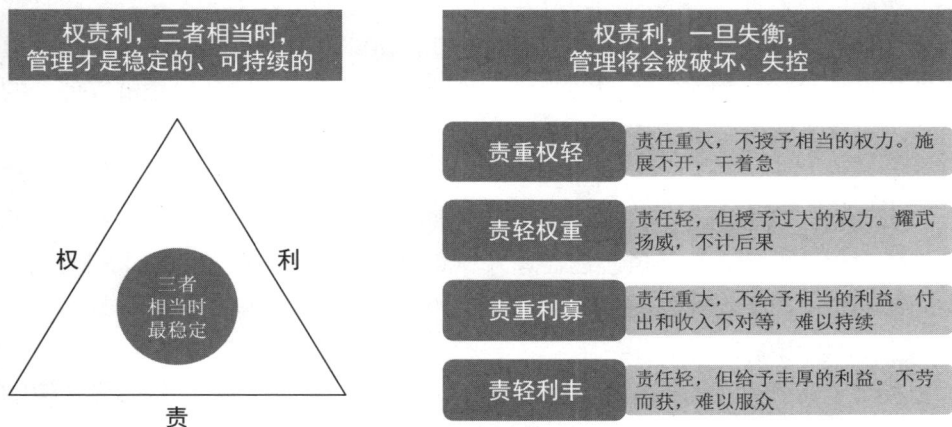

图 4-3-2　权责利供应链管理的铁三角

（1）责重权轻。它是指责任重大但没被授予相当的权力。这会导致工作施展不开，只能干着急。在这种况下，即使管理者意识到问题并希望加以改进，却因为权力不足而无法有效施展，结果只能是焦急地等待事态恶化。比如，某公司的供应链管理者需要确保产品按时生产并交付给客户，但他们却无权干涉生产部门的排程安排。如果生产部门出现生产计划延误，供应链管理者虽然意识到这将影响交付时间，却无法直接干预生产进程或调配资源，最终导致供应链的断裂和客户投诉。在这种情况下，责任虽然在供应链管理者手中，但没有被授予相当的权力，使其无法有效应对问题，只能束手无策、干着急。

（2）责轻权重。它是指责任轻但被授予过大的权力。这会导致滥用权力或不计后果地工作。在这种情况下，管理者可能会忽视供应链的整体利益，只关注自身权力的行使，忽略供应链中其他环节的平衡和协调，最终可能造成供应链的混乱和不可挽回的损失。比如，某公司的供应链管理者拥有决定采购供应商的权力，但其责任仅仅是确保供应商按时交付所需的原材料。然而，由于过大的权力，该管理者可能会滥用职权，选择与自己有私人关系的供应商，而不是根据最优的供应链策略和质量要求进行选择。这样做虽然可能带来个人利益或便利，但却无视供应链的整体效益和风险控制，最终可能导致供应链的延误、质量问题或成本增加。

（3）责重利寡。它是指责任重大但不给予相当的利益。这会造成付出和收入不对等难以持续。当一个供应链管理者承担着巨大的责任，需要处理复杂的供应链网络、风险管理和协调各方利益时，但却没有相应的利益回报时，就会出现责重利寡的情况。比如，某公司的供应链管理者负责全球采购策略和供应商管理，需要处理海量的数据、制订采购计划、协调不同地区的供应商，并确保供应链的可靠性和效率。然而，该管理者的薪酬和职位并未与其所承担的责任相匹配，甚至比其他部门的管理者要低。在这种情况下，供应链管理者可能感到不公平和不被重视，缺乏积极性和动力去应对复杂的供应链挑战。长期下来，这可能导致供应链管理者的工作质量下降，影响供应链的整体运营和业绩。

（4）责轻利丰。它是指责任轻但给予丰厚的利益。这种不劳而获的情形难以服众。责轻利丰可能导致不公平和不正义的局面，还可能使得供应链中各方降低动力和创新意愿。从而，导致供应链管理人员满足于现状，忽视市场需求和变化，影响供应链的竞争力和长期发展。

（三）组织熵减模型

如图 4-3-3 所示，组织也是作为一种形式的系统存在，也是符合熵增定律的。我们可以将组织的运行状态分为不同的区域来描述。

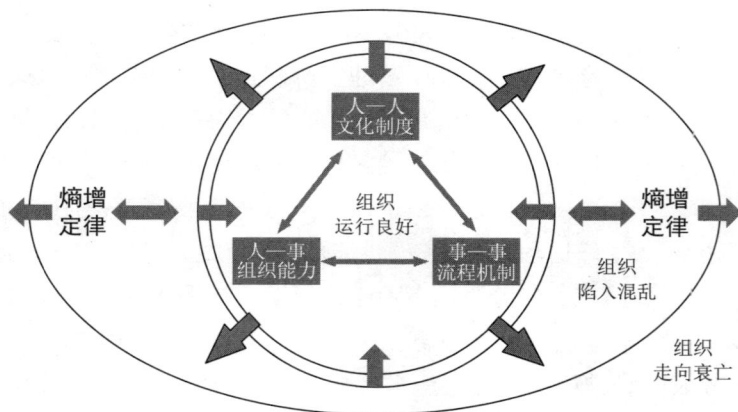

图 4-3-3　组织熵减模型

首先，在最里面圆圈区域，代表着组织良好的运行状态。在这个区域中，各个部门和个体之间的协调与合作达到了较高水平，工作有序进行，目标有效实现。在这个状态下，组织能够高效运转，创造出更多的价值。

其次，最里面圆圈和中间圆圈的区域，代表着组织开始出现一些混乱和问题。

可能是由于沟通不畅、资源分配不均或者内部冲突等原因，导致工作流程受阻或无法顺利进行。这时候，组织需要及时发现问题，并采取相应的措施来解决，以恢复正常的运行状态。

再次，最外面椭圆和中间圆圈的区域，代表着组织陷入混乱的状态。在这个区域中，各部门之间的协作关系破裂，领导层无法有效管理，决策失误频繁出现，导致组织整体无法有效运作。如果组织停留在这个状态，将会进一步加速熵的增加，使组织逐渐失去竞争力。

最后，最外面的椭圆之外的区域，代表着组织走向衰亡的状态。在这个阶段，组织已经失去了自身的功能和存在的意义，无法应对市场的变化和挑战，最终导致解散或倒闭。

在组织管理中，核心的任务就是管人理事，即有效地管理和提升组织内的人力资源，同时，梳理并改善组织的运营事务。管理的目标是保持组织内部的有序性，避免混乱和衰退的发生。如果没有有效的管理，人和事就会逐渐失去秩序和规范，组织将无法正常运作。

那么，如何让组织保持良好的运行状态呢？这就需要外部力量实现组织的熵减，而这个外部力量就是组织熵减模型所涉及的内容。

组织熵减模型是指通过一系列的方法，聚焦和厘清组织中人和事这两个关键变量，以及它们之间的关系，从而减少组织的混乱程度，提高组织的效率和绩效。在实践中，组织熵减模型通常被分为三个方面，即"人—人"熵减之道、"事—事"熵减之道和"人—事"熵减之道。

二、"人—人"熵减之道（模型 28：管理转换器模型；模型 29：组织能力树模型；模型 30：成功之坡模型）

"人—人"熵减之道是指通过提升人这个要素和人与人之间的关系减少组织的混乱程度。这包括建立符合发展要求的组织文化、合理的选育用留机制、高效的协作机制等方法。如果组织的人才密度大且成员之间的互动关系良好，就能够高效协作，从而降低组织的不确定性和混乱程度。

（一）培育组织文化

1. 何谓文化

文化广义是指人类在社会实践过程中所获得的物质、精神的生产能力和创造的物质、精神财富的总和，狭义是指精神生产能力和精神产品。文化是人们解决问题、认识世界、建构社会的方式和工具。通过不断地丰富和传承文化，我们可以更好地理解自身、认识世界，促进社会的和谐发展和人类的共同进步。

如图 4-3-4 所示，文化包含着丰富而多样的元素，可以被分为物质层、制度层和精神层这三个层面。

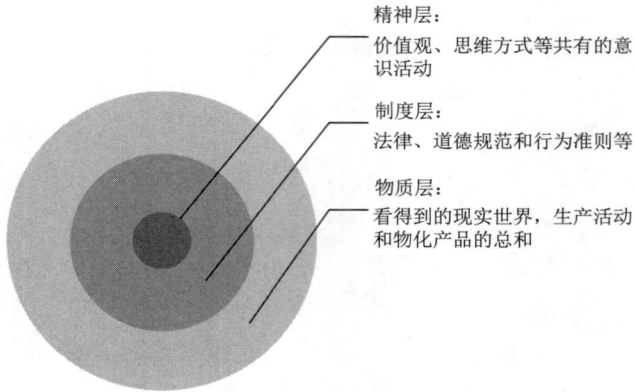

精神层：
价值观、思维方式等共有的意识活动

制度层：
法律、道德规范和行为准则等

物质层：
看得到的现实世界，生产活动和物化产品的总和

图 4-3-4　文化的三个层面

（1）物质层。它代表着我们所看得到的现实世界，是由生产活动和物化产品的总和构成的。

（2）制度层。它体现了社会规范和秩序。这些制度性安排和规范性指导，构成了社会运作的基本框架和规则，保障了社会秩序的稳定和公正。

（3）精神层。它涉及人们的思想观念、价值取向和意识形态等方面，是文化内核中最为重要的部分。

2．打造文化引领文明

如图 4-3-5 所示，相对于自然而言，文化即人化的产物。自人类诞生以来，人们便在自觉或者不自觉地进行文化创造。文明即文化的产物，是相对于蒙昧和野蛮而言的。当人类将自身和社会改造到一定程度后，文明便得以出现。一个组织、一个企业乃至一个国家，通过打造自身的文化，可以实现在文明阶梯上的攀升。只要足够优秀，就能成为组织、企业乃至国家中的领头羊，引领文明不断向前发展。这种文化的塑造和传承，对于组织和国家的发展至关重要，也是推动整个人类文明进步的重要力量。

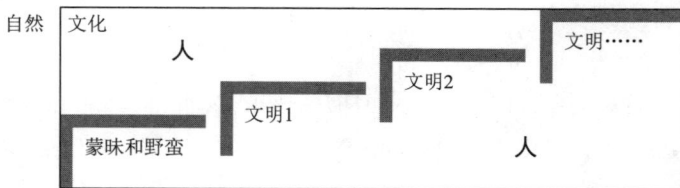

自然　文化
人
文明……
文明2
文明1
蒙昧和野蛮
人

图 4-3-5　打造文化，引领文明

3．设计供应链管理的组织文化

企业文化是企业的基础和灵魂，基于企业文化的内容，供应链管理的组织也应该设计自身的组织文化。如图 4-3-6 所示，在设计供应链管理组织的文化时，我们可以从使命、愿景和价值观三个维度出发。

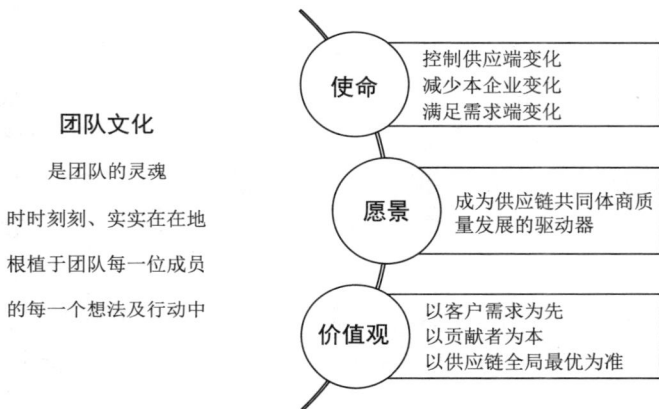

图 4-3-6　设计供应链管理的组织文化（示例）

（1）使命。控制供应端变化，减少本企业变化，满足需求端变化。具体来说，供应链管理团队需要通过对供应链的各个环节进行有效的监控和管理，确保整个供应链始终保持稳定并且能够及时地应对市场变化和需求变化。在控制供应端变化方面，供应链管理团队需要关注供应商的稳定性、产品质量和交付时间等，确保供应链的稳定性和可靠性。此外，我们还需要积极协调各个供应商的合作，以达到更好的供应链效果。在减少本企业变化方面，尽可能减少企业内部的调整和变化，从而提高生产效率和降低成本。这也需要供应链管理团队在企业内部各个部门之间积极协调和沟通，确保整个供应链的运作畅通无阻；在满足需求端变化方面，供应链管理团队需要积极地响应并作出相应的调整，以确保企业能够及时地满足客户的需求。这也需要供应链管理团队具备敏锐的市场洞察力和快速反应能力，以在激烈的市场竞争中占据优势。

（2）愿景。成为供应链共同体高质量发展的驱动器。供应链共同体是指企业内部各环节以及供应链上下游伙伴之间形成的一种紧密的协同关系，包括企业内部的销售、计划、采购、生产、仓库和物流等，还包括供应链上下游的供应商、客户等。在这个共同体中，供应链管理团队扮演着重要的角色，我们需要积极主导并推动供应链上下游各方之间的合作，以实现供应链的整体效益最大化。

（3）价值观。以客户需求为先，以贡献者为本，以供应链全局最优为准。以客户需求为先，意味着供应链管理团队要深入了解客户的需求、喜好和期望，从而调整和优化供应链的各个环节，以确保产品和服务能够完全满足客户的要求。这需要及时地回应客户的需求变化，并持续提供高质量的产品和优质的服务。以贡献者为本，意味着供应链管理团队要重视和尊重供应链中的每一个参与者，包括供应商、合作伙伴、员工等。他们是供应链管理的贡献者，是支撑供应链运作的关键力量。因此，供应链管理团队要关注他们的权益和福利，激发他们的积极性和创造力，建立良好的合作关系，共同推动供应链的发展和优化。以供应链全局最优为基，意味着供应链管理团队要以整体的利益为出发点，而非局限于某个环节或个体的利益。我们需要综合考虑供应链的各个环节，协调和优化整个供应链的运作，以实现供应链的最优效益。这需要跨部门、跨企业的协同合作，共同寻求供应链的整体效率、成本和质量的最佳平衡点。

总之，团队文化是团队的灵魂，时时刻刻、实实在在地根植于团队每一位成员的每一个想法及行动中。只有通过不断打造和保持优秀的组织文化，才能够推动供应链管理组织的长期稳健发展。

4．宣讲供应链管理的组织文化

如图 4-3-7 所示，在设计好供应链管理的组织文化后，宣讲组织文化是第一步。万事开头难，但这一步至关重要。

（1）内容。宣讲的内容不是简单地复制粘贴，而是真正内化的东西。只有内化的东西才能够深入人心，产生共鸣；否则，宣讲对象会认为通过其他途径可以很容易获取相同的信息，而不会珍惜听宣讲的机会。因此，宣讲的内容需要经过深入思考和融会贯通，以确保其独特性和吸引力。

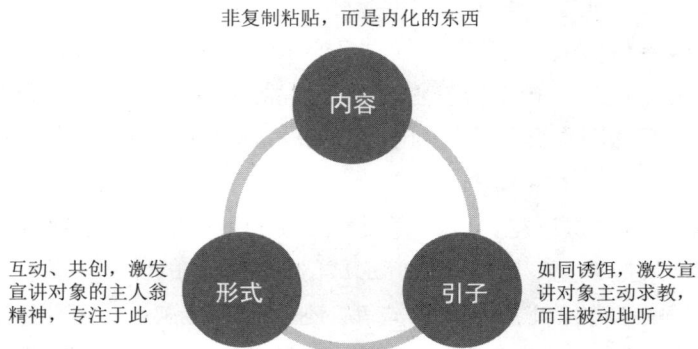

非复制粘贴，而是内化的东西

内容

互动、共创，激发
宣讲对象的主人翁
精神，专注于此

形式　　　引子

如同诱饵，激发宣
讲对象主动求教，
而非被动地听

图 4-3-7　宣讲供应链管理的组织文化

（2）引子。好的引子就如同诱饵，能够激发宣讲对象的好奇心和求知欲。一个吸引人的引子能够让听众主动地产生兴趣，愿意积极参与讨论和学习，而非被动地听。因此，在宣讲之前需要精心设计引子，让听众在最短的时间内被吸引进来，从而更好地接受后续的内容。

（3）形式。宣讲的形式需要是多样化的，并且要注重互动和共创。通过互动和共创的形式，可以激发宣讲对象的主人翁精神，让他们成为宣讲活动的参与者和共同创造者。这样不仅可以增加宣讲的趣味性和吸引力，更能够让宣讲对象更加专注和投入其中，从而更好地领会和理解宣讲的内容。

🔔 **思考**

如图 4-3-8 所示，假如你面前有三个按钮，分别是不劳而获、劳有所获、劳而无获。你可自由选择一种作为生活方式，你会按下哪一个按钮？选择的理由？

图 4-3-8　可自由选择的按钮

_____

_____

_____

_____

_____

_____

🔔 **提示**

追求不劳而获，是人性。这种追求源于人的天性，希望能够获得更多的回报，却不愿意付出相应的努力。然而，我们也必须认识到，这种追求在很大程度上是不现实的，因为世界上几乎没有什么是可以不劳而获的。

追求劳有所获，是常识，普遍的价值观。在现实生活中，人们普遍认同劳动才能换来回报的观念。努力工作、付出汗水和劳动，才会得到相应的成果和收获，这是社会共识也是普遍价值观的一部分。

劳而无获，是效率低下的表现。尽管劳动是重要的，但单纯的劳动并不一定能够带来理想的收获。关键在于劳动的有效性和效率。只有通过高效的劳动，才能够真正获得有意义的成果。否则，再大的劳动也可能无法换来应有的回报。

（二）打造供应链管理的组织环境

1. 如何对待人性

如图 4-3-9 所示，面对人性，我们需要从两个不同的视角来思考和对待。

（1）个人成长。从个人成长的角度，一定要克制自己的人性。个体的人性包含了许多本能和冲动，需要经过教育和培养才能够让其更好地服务于个人发展和社会进步。在实际生活中，放任自己的人性会导致诸多问题和熵增，而克制自己则可以让个人更加深入地思考和反省，从而更好地实现成长和发展。

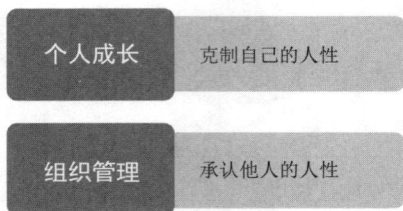

图 4-3-9　从两个不同的视角来思考和对待人性

（2）组织管理。从组织管理的角度，我们需要承认和平衡他人的人性。在组织管理工作中，一方面，要影响其中的个体，尽可能克制自己的人性，让其更好地发挥自己的潜力和价值。另一方面，需要承认和尊重他人的人性，这是根植于个人内心深处的东西，不容易改变。所以，我们应该基于对人性的考虑，来思考和落实我们的管理工作，让个体更好地融入组织，实现个人和组织的共同成长和发展。

以下列举可能的情形和管理方法：

第一，考虑到人们都喜欢赞扬，因此，需要及时激励和认可团队成员的工作表现，这样可以有效地提高他们的士气和工作动力。比如，供应链管理的一个团队负责管理全球物流运输，确保产品按时送达客户手中。团队面临着诸多挑战，包括跨国运输、海关审批、供应商延迟等问题。为了激励团队成员的工作表现，可以采取以下措施：一是实时反馈。当团队成员成功地解决了一个关键的运输问题，或者处理了一个紧急情况，领导立即赞扬，并在团队会议上公开表扬。二是奖励制度。比如，设立供应链卓越奖，每月评选出在工作中表现出色的团队成员。获奖者可获得奖金、奖杯和表彰证书，并被邀请参加公司颁奖典礼。三是发展机会。为优秀的团队成员提供培训和晋升等机会，让他们对未来充满希望，以激励他们持续努力。

第二，考虑到个别人经不起金钱诱惑，为避免贪污和受贿，可以采取以下管理措施：一是建立透明采购流程。公司需要建立透明的采购流程，并将其公之于众。二是建立严格审批程序。审批程序需要相互监督，包括采购团队成员、财务部门和高层管理人员。在审批过程中就有机会检测和防止贪污和受贿的行为。三是供应商背景调查。在与供应商合作前，公司需要对供应商的背景进行调查，了解其业务模式和信誉记录。这可以帮助公司避免与不诚实的供应商合作，减少贪污和受贿的风险。四是提高员工意识。公司需要为员工提供必要的培训和教育，加强他们对贪污和受贿的认识和警惕。五是强化内部控制。公司需要建立有效的内部控制系统，监督采购流程和财务流程。这包括审计程序、风险评估和内部监管机制等方面的工作。

2. 打造力出一孔、利出一孔的奋斗者环境

如图 4-3-10 所示，为了实现力出一孔、利出一孔的奋斗者环境，可以按照以下四个步骤进行。

图 4-3-10　打造力出一孔、利出一孔的奋斗者环境的四个步骤

（1）创造团队环境。引入奋斗者和协作者，意味着要吸引和留住具有积极进取心和合作精神的人才，形成一个高效的团队。同时，要及时请出"躺平"者和不合作者，以保持团队的活力和凝聚力。这就涉及搭建和完善组织架构，确保团队成员的角色和职责清晰明确。

（2）打造团队文化。在创造团队环境的基础上，建立共同的愿景和价值观，构造共同利益。共同的愿景能够激励团队成员朝着共同的目标努力，而共同利益则可以促使团队成员相互合作，共同成长。这样就注入了组织的灵魂，形成了团队成员之间的共同认同和凝聚力。

（3）分享阶段成果。通过绩效激励实现个人与公司目标的统一，通过项目激励实现跨部门协同。这意味着要建立有效的绩效评估体系，将个人的奋斗目标与公司的整体目标相结合，同时通过项目激励激发团队成员之间的合作与协同。这样能够激励团队成员兑现他们的奋斗成果，并带来更好的业绩和效益。

（4）期许长期成果。通过股权激励实现员工与员工、员工与部门、部门与部门、部门与公司的利益共同体。这意味着要通过股权激励机制，让团队成员分享组织的长期成果，形成利益的共同体。这就给团队成员提供了持续发展的空间和动力，激励他们为组织的长远发展贡献力量。

（三）提升领导力（管理转换器模型，组织能力树模型）

领导力是指一个人通过能力和影响力来激发、指导和影响他人实现共同目标的能力。优秀的领导者应该具备良好的领导力，即能够通过自身的魅力、智慧和决策能力来影响和激励团队成员。同时，他们也需要拥有适当的领导权，以便行使管理职责并推动组织的目标达成。

如图 4-3-11 所示，在马斯洛需求层次中，从金字塔底部开始第一层的生理需求和第二层安全需求，对应着的是领导权。从第三层至第五层，对应着的是领导力。同时，我们也会发现被满足需求的层次越高，被领导者因此做出的贡献越大。

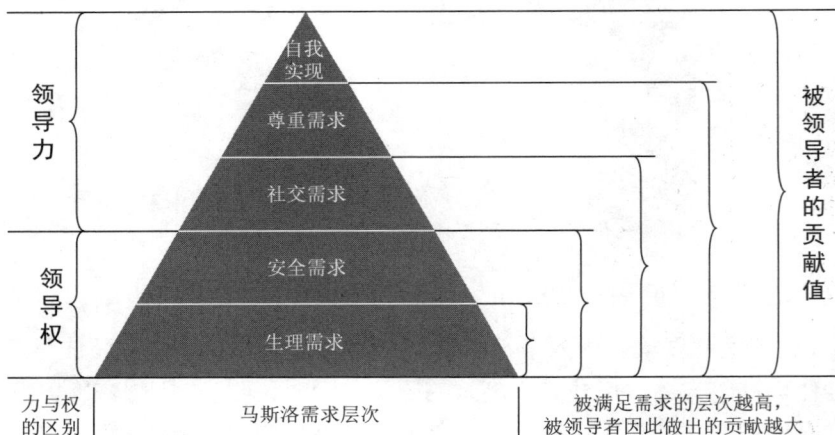

图 4-3-11　领导力与领导权

1. 领导者应具备管理转换器的功能

管理转换器模型，如图 4-3-12 所示。图中左侧的箭头代表涌向组织的复杂、压力和思想等，它们来自于外部环境的变化和挑战、客户的需求、公司的要求和上级的指示等。右侧的箭头代表经过管理转化器传递给组织内部成员的简单、动力和行动等，这些体现在组织中明确的工作任务上。而中间的部分为管理转换器，作为领导者，需要按以下步骤履行好管理转换器这一角色。

（1）充分理解（外部）。对外部环境的变化和挑战、客户需求、公司要求，以及上级指示进行充分理解是至关重要的。领导者需要积极主动地关注并分析外部环境的变化，包括市场趋势、竞争动态、政策法规等因素，同时对客户的实际需求、公司的战略要求，以及上级的指示有清晰的认识。只有深入了解外部环境的种种变化和要求，才能有针对性地制定内部的应对策略，从而确保组织能够灵活应对外部压力，做出正确的决策，并朝着既定的目标稳健前行。

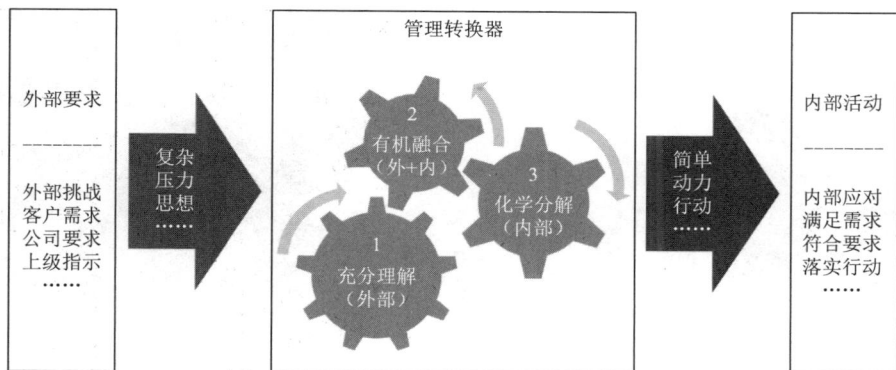

图 4-3-12　管理转换器模型

（2）有机融合（外＋内）。在理解了外部要求后，需要审视自身组织的资源和能力，这是一个非常关键的步骤。领导者应当全面评估组织内部的资源情况，包括人员素质、技术水平、资金实力等各方面的能力和潜力。通过对内部资源的审视，可以更好地了解组织的优势和劣势，有效地利用现有资源来应对外部挑战和需求。只有在资源和外部要求之间实现有机融合，才能为组织的行动提供充分支持和有效的信息输入，使组织能够在竞争激烈的环境中立于不败之地，并实现持续发展。

（3）化学分解（内部）。将外部要求转化为内部具体的行动计划和工作安排，确保能够有效地应对外部压力并推动组织内部的行动。领导者需要将对外部环境的理解和对内部资源的审视转化为具体的行动计划和工作安排。通过明确任务目标、分配资源、制定时间表，以及监督执行，领导者可以确保组织能够有条不紊地应对外部压力和推动内部行动。同时，化学分解也需要考虑到组织内部成员的需求和能力，使得行动计划更加贴近实际、可操作性更强，从而提高组织内部的凝聚力和执行力，确保组织能够有效地应对外部挑战，实现整体发展。

2．领导者的担当力与决策力

如图 4-3-13 所示，在一个理想的组织中，下级对他自己的责任领域有深刻的理解和丰富的经验，这个专长会优于他的领导者。这样，他就可以为组织提供高质量的建设性意见。领导者可以通过与下级沟通，便能获得有效的信息和建议，确保决策更加全面和客观。

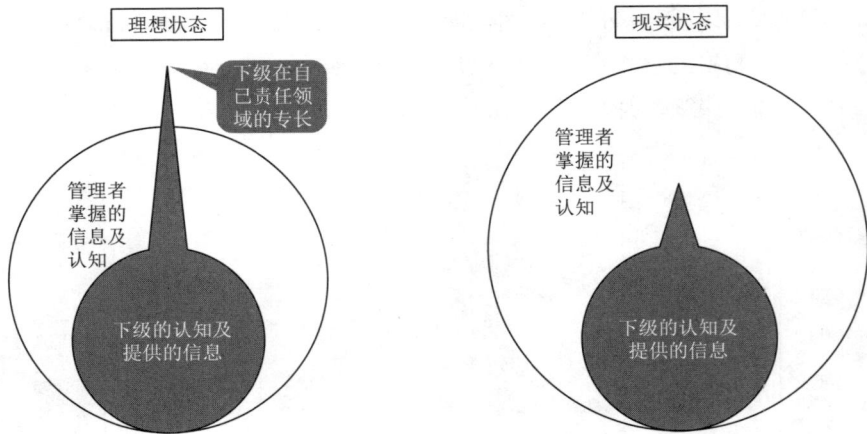

图 4-3-13　领导者决策的不同状态

　　然而，在现实情况下，下级在专业领域可能并不如领导者那样精通，不能给上级提供完整且有效的决策基础信息。在这种情况下，领导者需要根据自身的知识和经验，做出正确的决策。并通过与下级的沟通和交流，不断提高下级的专业水平和认知能力。同时，需要领导者还需要具备担当力和决策力，不要因为下级提供的信息不够完整而拖延决策，做无谓的等待和消耗，而错失时机。

3．如何让决策变得更轻松

　　决策从来都不是一件轻松的事情，我们可以借助一定的方法进行思维转变，如图 4-3-14 所示，从而让决策的过程更从容。比如，从竞赛思维转变至选择思维。竞赛思维提倡的是没有最好，只有更好。而选择思维提倡的是适合的才是最好的，不盲目追求和攀比，而是要以需求为中心，以匹配需求为目的。

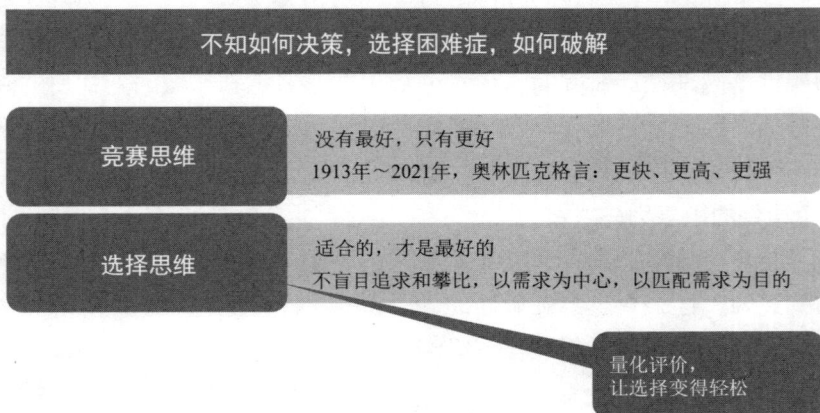

图 4-3-14　思维转变让决策过程更从容

我们还可以进行量化评价，如图 4-3-15 所示。量化评价为一个通用的工具，将量化评价用于决策对管理者非常有帮助。管理者可以简单直观地选择，总体得分越高则选择越佳。在设计量化评价工具时，有以下几个方面值得重视：一是评价维度要完善；而是评价标准要明确；二是评价权重要分级。

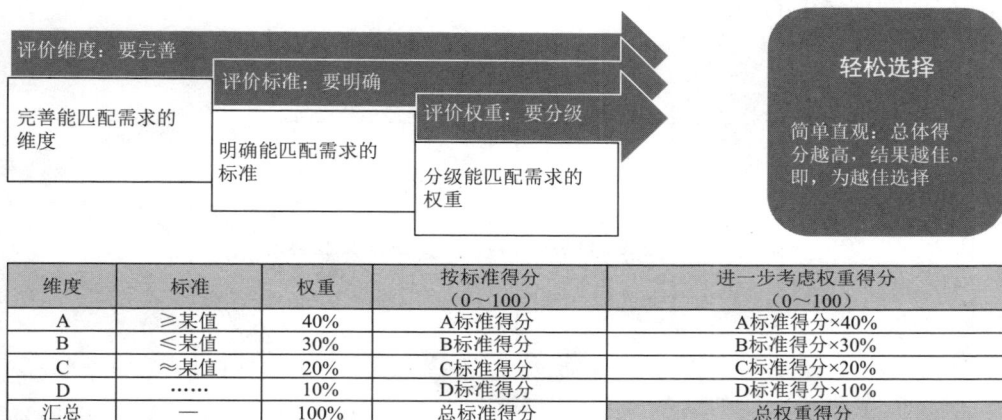

维度	标准	权重	按标准得分 （0～100）	进一步考虑权重得分 （0～100）
A	≥某值	40%	A标准得分	A标准得分×40%
B	≤某值	30%	B标准得分	B标准得分×30%
C	≈某值	20%	C标准得分	C标准得分×20%
D	……	10%	D标准得分	D标准得分×10%
汇总	—	100%	总标准得分	总权重得分

图 4-3-15　量化评价

比如，在供应链管理人才的选育留用工作中，不管是选人、育人、用人还是留人，对人的评价是基础。管理者可以从如下三个维度开展评价员工的表现：

（1）听其说看其做。如图 4-3-16 所示，先要听其说，如果对方口若悬河但没有或不愿承诺，那就是无约束和无责任的空谈。也要看其做，如果对方忙忙碌碌却没有取得成果，那就是无意义和不成事的工作。

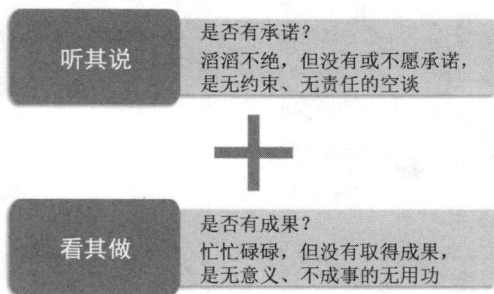

图 4-3-16　听其说看其做

（2）静动结合。如图 4-3-17 所示，首先，要关注静的方面。这意味着我们要观察对方在过去和现在的表现，看到的是某个特定时刻和孤立时刻下的固定表现。通过对过去和现在的观察，我们可以了解员工在不同情况下的表现和能力。其次，要关注动的方面，即观察内在联系和未来预判。我们可以观察员工在过去一段时间内的变化，包括技能的提升、经验的积累等等。这样可以帮助我们了解员工的成长和发展潜力。最后，我们也需要对员工的未来做出一定的预判，推测他们在未来一段时间内的发展方向和可能的趋势。这样可以有针对性地进行培训、岗位安排等，以更好地发挥员工的潜力。

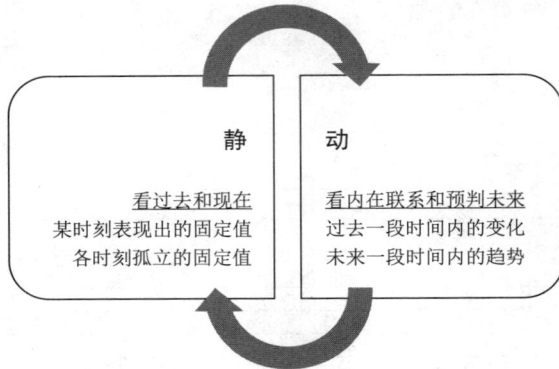

静　动

看过去和现在　看内在联系和预判未来
某时刻表现出的固定值　过去一段时间内的变化
各时刻孤立的固定值　未来一段时间内的趋势

图 4-3-17　静动结合

（3）意愿和能力。分析员工的意愿和能力，并根据不同情况采取相应的措施，是提高员工绩效和组织效益的重要一环。通过调整和优化员工的意愿和能力匹配，企业可以最大程度地发挥员工的潜力，推动组织的持续发展。

如图 4-3-18 所示，根据意愿的高低和能力的强弱，我们将员工意愿和能力分为四个象限。

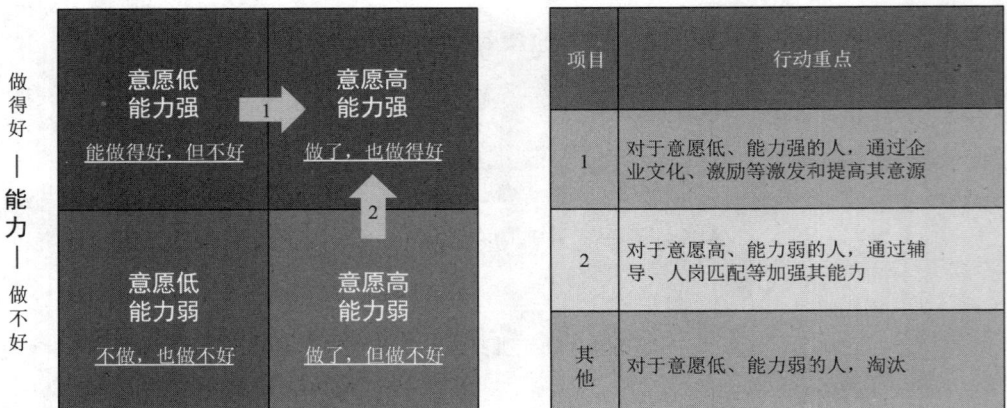

做得好—能力—做不好

意愿低 能力强
能做得好，但不好

意愿高 能力强
做了，也做得好

意愿低 能力弱
不做，也做不好

意愿高 能力弱
做了，但做不好

不做 —意愿— 做了
心里想着，手上做着

项目	行动重点
1	对于意愿低、能力强的人，通过企业文化、激励等激发和提高其意源
2	对于意愿高、能力弱的人，通过辅导、人岗匹配等加强其能力
其他	对于意愿低、能力弱的人，淘汰

图 4-3-18　意愿和能力四象限

第一象限为意愿高能力强。这是理想的员工类型，他们不仅内心迫切想要做好工作，而且具备所需的能力和技能。这些员工通常是团队中的核心成员，可以胜任复杂的任务并取得卓越的成果。

第二象限为意愿低能力强。这部分员工拥有出色的能力和技能，但却缺乏对工作的积极性和意愿。这可能是由于缺乏动力、不适应当前的工作环境或其他原因所致。对于他们，企业可以通过建立积极的企业文化、提供激励机制等方式，激发他们的意愿，使他们更有动力去追求卓越。

第三象限为意愿低能力弱。这部分员工既缺乏积极性和意愿，又没有足够的能力和技能来胜任工作。对于他们，企业可能需要考虑淘汰或重新安排岗位，以确保团队整体的效率和绩效。

第四象限为意愿高能力弱。这部分员工具有积极的工作态度，有内在的动力和意愿去完成工作，但可能缺乏必要的技能或经验。对于他们，企业可以通过提供培训、辅导和岗位匹配等方式，帮助他们提升能力，以更好地发挥他们的潜力。

4．如何评价不同层级的人员

组织能力树模型，如图 4-3-19 所示。一棵苹果树从下到上分别有树根、树干、枝叶和果实，分别对应着基层或新手、中层或熟手、中高层或能手、高层或高手。基层或新手必须有心，随着层级往上走，对有力的要求也逐渐增高。

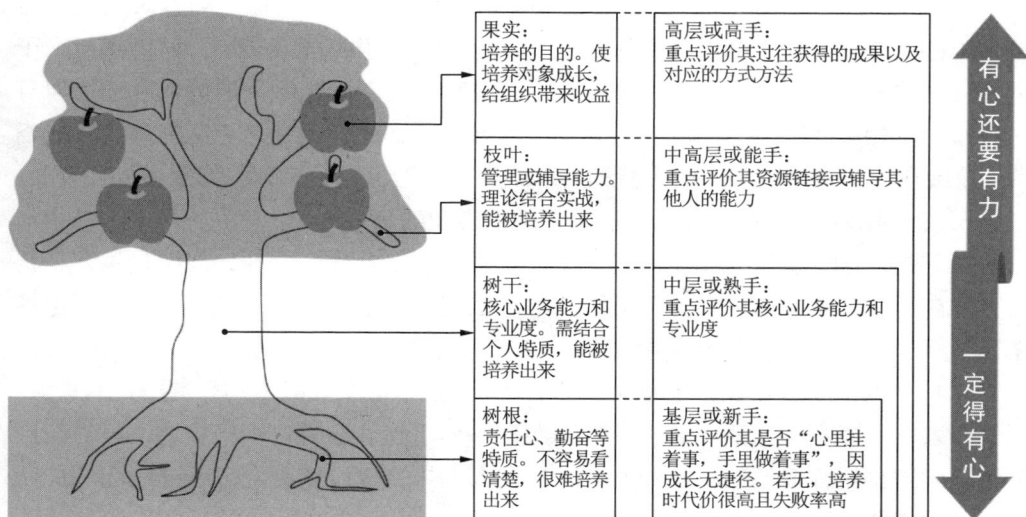

图 4-3-19 组织能力树模型

（1）树根对应着基层或新手。树根代表责任心和勤奋等特质，由于这些特质有一定程度的隐藏性，不容易被辨识清楚，也很难培养出来。对于基层或新手，评价其是否心里挂着它，动手实践它。成长无捷径，要想比别人成长更快，无非是在人人平等的时间面前，经历更多和总结更多。若有强烈责任感且能吃苦耐劳，就算学历不高和当前的技能不好，也值得培养。因为责任感和吃苦耐劳的精神与生俱来，或者是要经历长时间的摸爬滚打来打破实现的，这点很难培养，而其他能力相对容易。若无强烈责任感又不能吃苦耐劳，即便学历高且当前技能好，也不值得培养。因为会耗费太多时间精力让其摸爬滚打，且失败率高，不仅一事无成，对方不但不感激反而可能会记恨你。

（2）树干对应着中层或熟手。树干代表核心业务能力和专业度。这些能力可以通过结合个人特质来培养出来。对于中层或熟手，评价重点在于核心业务能力和专业度的展现。中层或熟手在组织中扮演着关键角色，他们应该具备深入了解自己领域的核心知识和技能，以及对业务流程和操作的熟悉程度。核心业务能力意味着能够高效地处理日常工作并解决相关问题，同时也具备发展创新方案和战略规划的能力。专业度包括对行业趋势和发展动态的了解，对市场需求和客户需求的把握，以及对自身职责和角色的清晰认知，专业度的高低直接影响到业务的质量和效率。

（3）树叶对应着中高层或能手。树叶代表管理或辅导能力，这些能力可以通过理论结合实战来培养。对于中高层或能手，资源链接或辅导其他人的能力是评价中高层或能手的重要指标之一。

（4）果实对应着高层或高手。果实代表培养的目的，旨在让培养对象成长为优秀的领导者或专家，并为组织带来更多的收益。对于高层或高手，评价重点在于过往获得的成果以及对应的方式方法。高层或高手需要为组织创造价值，通过自身的努力和贡献实现组织的目标。他们需要能够在领导岗位上制订和实施有效的战略计划，或在专业领域内创造出独特的技术或产品，为组织带来商业价值和社会效益。

5．如何用人——让专业的人能专注地做专业的事

如果是利剑，要让它用于战场，不能要求它留在厨房。同理，如果是菜刀，要让它留在厨房，不能要求它用于战场。为什么呢？不是说利剑不能切菜和菜刀不能作战，而是要让专业的人能专注地做专业的事。具体原因如下：

（1）确保高效率。在分工越来越细的现代社会，每个人或事物有其擅长的领域。利剑作为一种锋利的武器，其设计和制造都是为了战斗。将它用于厨房，虽然理论上可以切割食材，但显然不如专业的厨房菜刀高效，也可能因为过于锋利而增加使用风险。同理，菜刀亦然。

（2）确保资源的最优配置。将资源准确地配置到最适合它们的位置，是提高整体效能的关键。如果将高价值、专业化的资源用于非专业领域，不仅浪费了这些资源的潜能，还可能导致其他领域因缺乏适当资源而效率低下。从宏观角度看，正

确地配置资源对于社会经济的发展至关重要。

（3）促进成长和提升幸福感。每个人都有自己擅长和热爱的事物，找到并专注于自己的"战场"，可以使个人的潜能得到最大限度的发挥。反之，如果一个人被迫从事他不擅长或不感兴趣的工作，不仅会降低工作效率，还可能影响到个人的幸福感和职业成就感。

6．正激励和负激励

不管是在哪个环节，在完成对人的评价后就会涉及激励了，而恰当的激励对组织活力起到至关重要的作用。激励包括正激励和负激励，正激励是指通过奖励和认可来鼓励员工的积极行为和出色表现，而负激励是指通过惩罚或限制来阻止或纠正员工不良行为。下面我们通过一个简单的例子来了解激励方式的重要性，如图 4-3-20 所示。

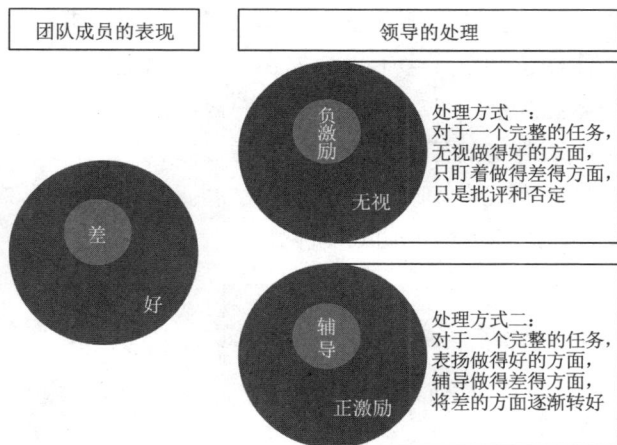

图 4-3-20　正激励和负激励

假设某位团队成员在一项工作中，八个任务完成得很好，两个任务完成得较差。领导有如下两种不同的处理方式及影响：

（1）对于一项工作，领导无视该团队成员做得好的方面，只是盯着做得差的方面进行批评和否定。这种片面的评价方式并不公正，因为它忽略了该团队成员取得的优异成绩，只看重了问题和缺陷。这种做法就好比用一根针去扎穿做得不好的部分，反复抨击只会导致更多的伤害和负面影响。团队的积极性会受到损害，团队成员可能会变得沮丧和消极。这种负面循环会使得团队成员越来越不愿意承担责任，逐渐失去对工作的热情和投入。最终，团队中的每个人都会变得谨慎小心，尽量避免承担风险和责任，以免遭受更多的批评和指责。

（2）对于一项工作，领导者在表扬该团成员做得好的方面的同时，也关注并辅导其改进做得差的方面。这种做法是基于对整体任务的评价，而不是局限于片面的表现上。当团队在某些方面表现不佳时，领导者应该通过辅导和指导的方式帮助团队逐步改善。这种做法类似于用一块恢复贴去贴住差的部位，领导者通过提供正面的指导和支持，帮助团队克服问题和缺点，使得差的部分逐渐减少。这种做法能够激发组织和个人的积极性，形成创先争优的氛围。团队成员会感受到领导对他们的关心和支持，从而更加投入工作，并积极寻求改进和成长的机会。

（四）实现个人发展（成功之坡模型）

作为管理者要帮助下属实现他们的个人发展，作为非管理者要实现自己的个人发展。下面我们从以下几个维度来介绍个人发展之路。

1. 建立自驱的良性循环

成功之坡模型，如图 4-3-21 所示。在成功之坡模型中，良性循环被视为推动个人发展和成功的重要因素。这种循环包含自驱力量、自反馈机制、自我调节能力和正向加强效应。个体在这种循环中不依赖外部力量，而是凭借内在的动力和意愿前行。自驱力使得个体更加坚定地朝着目标前进，自反馈机制则帮助个体及时调整行动方向，确保在正确道路上前行。同时，个体通过自我调节，能够适应环境变化并做出相应的改变，从而实现持续的个人成长和发展。而正向加强效应则会进一步强化个体的积极行为和心态，形成成功的良性循环。

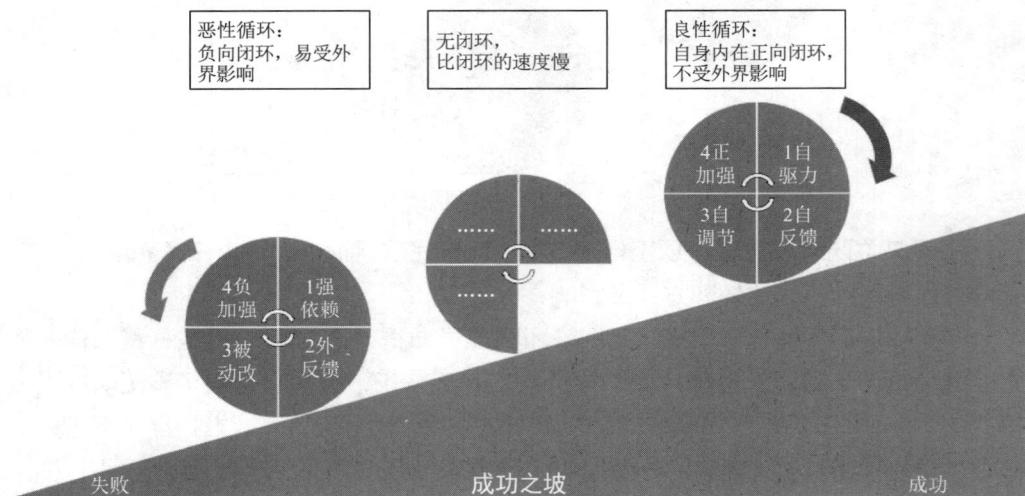

图 4-3-21　成功之坡模型

相比之下，恶性循环则是一种负面的状态，个体过度依赖外部力量，容易受到外部反馈的消极影响，导致被动改变和负面加强。这种循环将个体推向失败的轨道，使个人发展与成功渐行渐远。而无闭环则处于中间状态，发展速度较慢，方向不明确，缺乏良性循环中的积极元素。

因此，建立自驱的良性循环对于个人发展至关重要。通过培养自驱力、建立有效的自我反馈机制、提升自我调节能力，并寻找正向加强的机会，个体可以加速自身发展步伐，实现更高水平的成功和成就。

2. 成为复合型人才

如图 4-3-22 所示，我们可以将人才分成创业型人才和守业型人才。通常，创业型人才实现从 0 到 1 的开拓，或者实现数量的增加，做的是偏前端和偏销售的工作。守业型人才实现从 1 到 N 的改善，或者实现质量的提升，做的是偏后端和偏运营的工作。

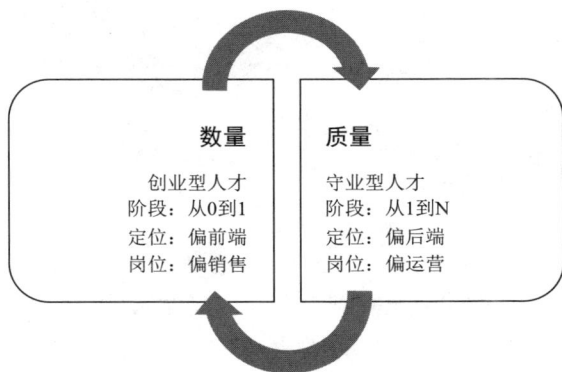

图 4-3-22　复合型人才

在当前高度竞争的社会中，成为复合型人才已经成为了越来越重要的一个方向。与传统的单一专业或技能相比，复合型人才拥有更广泛的知识和技能，能够适应不同的工作需求和环境变化，并具备更强的竞争力。

对于个人发展而言，需要有意识地进行多方面的能力练习和积累，包括技术、管理、市场营销、人际交往等方面。这样可以培养出全面发展的优势，从而在职场中不断获得机会和提升。

3. 从自践行者到引领者

如图 4-3-23 所示，一辆车代表着一条业务线。背离者是指和组织对着干并损害组织利益的人。观察者和评价者是指只愿意坐享其成和喜欢指指点点的人。践行者和推进者是指实实在在地执行和推进某件事的人。正面影响者和引领者是指自己能做好，还能影响和引领其他人的人。

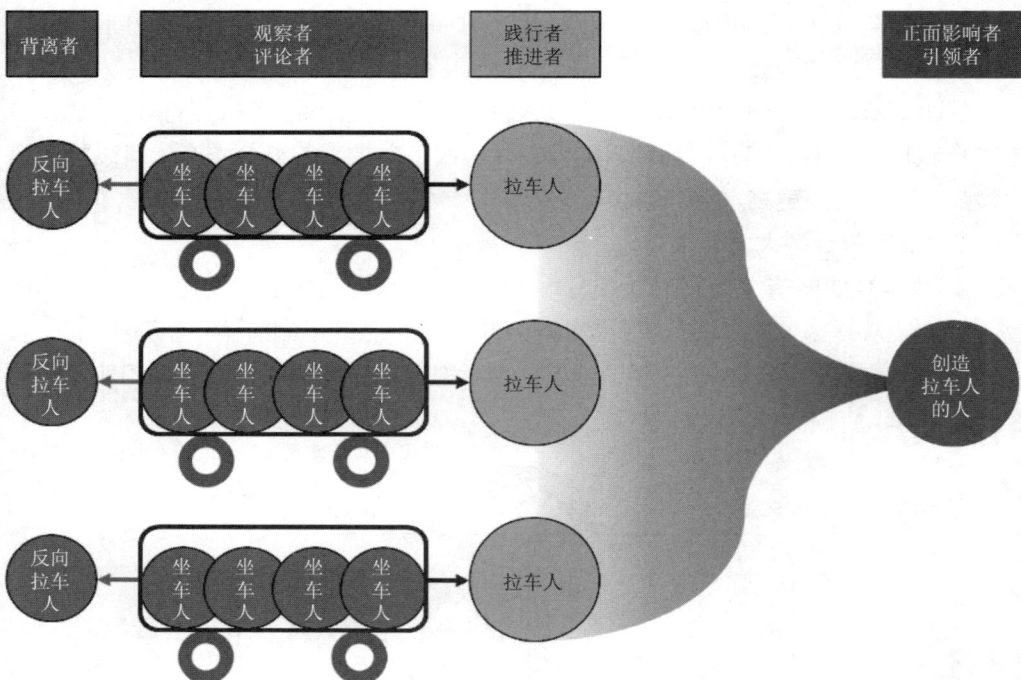

图 4-3-23　从拉车人到"创造拉车人"的人

拉车人，只能解决一条业务线的问题。创造拉车人的人，能创造出多个拉车人，从而解决多条业务线的问题。优秀的拉车人将超越我自己，突破组织发展的天花板。从拉车人到创造拉车人的人，可以通过如下方式实现：

（1）将组织中的坐车人或反向拉车人培养成拉车人；

（2）从组织外引入拉车人；

（3）自己保持精进成长，同时创造出比自己更厉害的拉车人。这样组织发展才能突破受自己个体限制的组织天花板。

三、"事—事"熵减之道（模型 31：团队运作的飞轮模型）

"事—事"熵减之道是指通过改善"事"这一要素及事物间的关系来提高组织的生产效率和创新能力。这包括规划、计划、执行和纠偏，以及建立和优化制度、流程、机制和规则。只有在工作梳理清晰且持续改善的前提下，组织才能更有效地利用资源，从而降低组织的混乱程度，并提升整体运营效率。

（一）"事—事"熵减之道团队运作的飞轮模型

"事—事"熵减之道团队运作的飞轮模型，如图 4-3-24 所示。供应链管理团队要想实现好的表现且持续优化，可以按照供应链管理团队运作飞轮模型的做法。

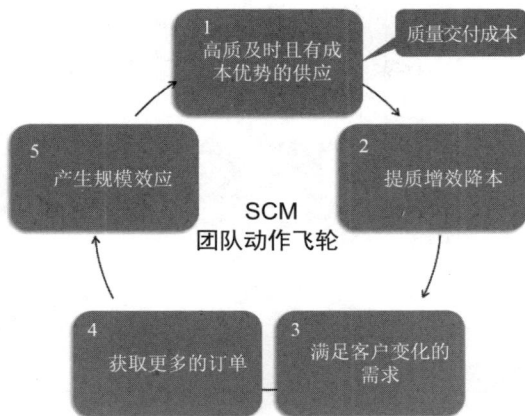

图 4-3-24 "事一事"熵减之道团队运作的飞轮模型

（1）高质及时且有成本优势的供应。它是飞轮模型的起点，也是供应链管理的立足之本。为了满足客户需求，提供高质量且及时交付的产品或服务，并通过精益生产方式降低成本，获得成本优势。

（2）提质增效降本。它是在高质及时且有成本优势的供应基础上寻求进一步发展的关键。通过流程优化、技术创新和供应商合作等方式，不断提高供应链的效率和质量，同时降低成本，以在竞争中赢得更多的市场份额和利润。

（3）满足客户变化的需求。它是自身能力的建设的最终目标，只有这样才能真正实现商业价值。因此，供应链管理团队需要不断了解市场需求和客户反馈，加强研发、设计和供应商管理，提升产品和服务的差异化和个性化水平，进一步满足客户的需求。

（4）获取更多的订单。它是通过提供优质产品和服务，以及满足客户变化的需求来增加客户数量和订单量。同时，强大的供应链管理能力也能助力市场和销售团队，以吸引更多的客户和订单。

（5）产生规模效应。随着订单量的增加，规模效应逐渐显现和放大，自身企业的成本能进一步降低。于是，可以投入更智能化的设备和能力提升的资源，加强下一轮的高质及时且有成本优势的供应，让下一轮飞轮运动有了更高的起点。

（二）"事一事"熵减之道团队管理的 PDCA 模型

"事一事"熵减之道团队管理的 PDCA 模型，如图 4-3-25 所示。PDCA 又称戴明环，用于针对工作效果按计划（plan）、执行（do）、检查（check）与处理（act）来进行梳理，以确保目标能够可靠达成，并促使品质持续改善。通常情况下，多用于提高产品品质和改善产品生产的过程中。

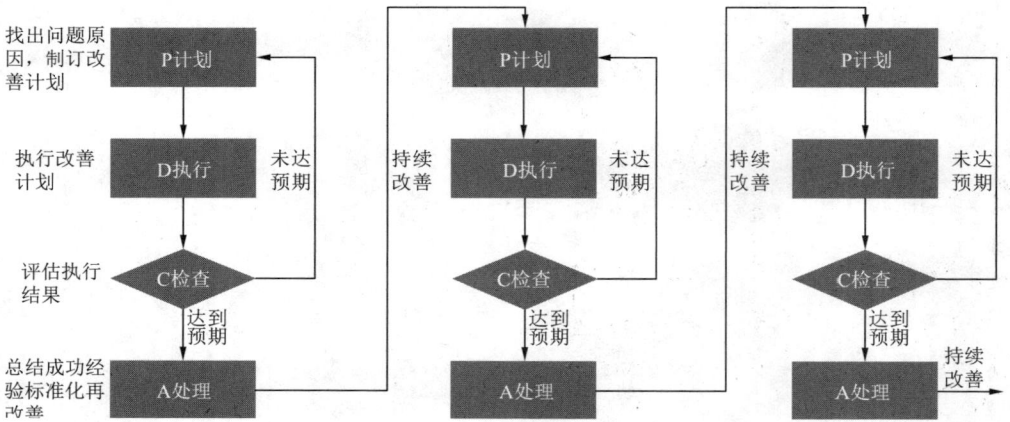

找出问题原因，制订改善计划

执行改善计划

评估执行结果

总结成功经验标准化再改善

图 4-3-25 "事—事"熵减之道团队管理的 PDCA 模型

我们如何将 PDCA 模型运用到供应链管理的事务管理工作中呢？我们先简单介绍一下 PDCA，P 代表计划是指找出问题原因和制订改善计划；D 代表执行是指执行改善计划；C 代表检查是指评估执行结果；A 代表处理是指总结成功经验和标准化，以及进一步改善。我们将 PDCA 植入到供应链管理的事务管理工作中，如图 4-3-26 所示。

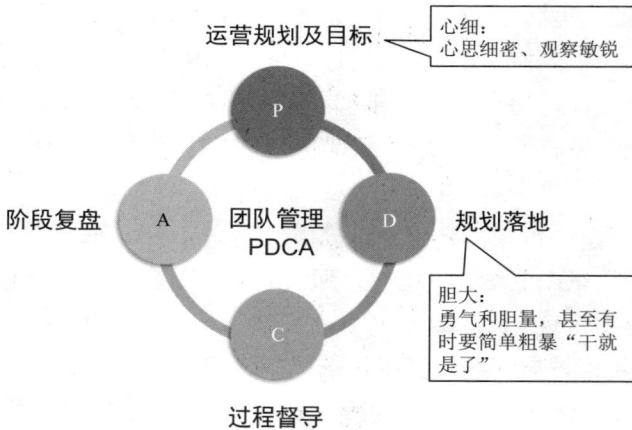

图 4-3-26 团队管理 PDCA

（1）P 阶段对应着运营规划及目标。其中包括团队文化、战略即经营计划等，以及设定了团队的绩效指标等目标。在这个阶段，需要管理者心细，即心思细密和观察敏锐。在供应链管理中，P 阶段可以包括制定供应链整体规划、设定供应链效率和成本指标等目标。

（2）D 阶段对应着规划落地。要实现团队的目标，先要将供应链目标分解至各个环节和团队成员，并强调执行和协同，而且需要明确在什么时候，要完成什么样的行动以及实现什么样的效果。然后，强力执行。在这个阶段，需要管理者的胆大，即勇气和胆量，要有决断力，甚至有时要简单粗暴地干就是了。

（3）C 阶段对应着过程辅导。在团队成员执行任务过程中，管理者要能及时掌握进展以及发现问题。然后，及时辅导团队成员以解决问题。比如，管理者可以通过现场走动管理去现场发现并解决问题。在这个阶段，需要管理者对供应链各环节的监控和问题发现，并通过培训和辅导解决问题。

（4）A 阶段对应着阶段复盘。管理者需要定期或者在项目关键里程碑时对团队工作进行复盘，快速总结当前的问题，重点放在将来的行动上。比如，管理者可以通过部门月会和绩效面谈等方式，去落实相关的激励以及最佳实践的分享和复制。在这个阶段，需要管理者包括对供应链问题的深度总结和解决方案的归纳，以及经验的分享和复制。

我们如何持续改善供应链管理的事务管理呢？值得注意的是，PDCA 需要结合SDCA 来使用，才能实现持续改善。否则，可能会陷入一种反复无常并没有真正改善的困局。SDCA 中的 S 指的是标准化（standard），SDCA 中的 DCA，可以结合PDCA 中的 DCA 来理解，如图 4-3-27 所示。

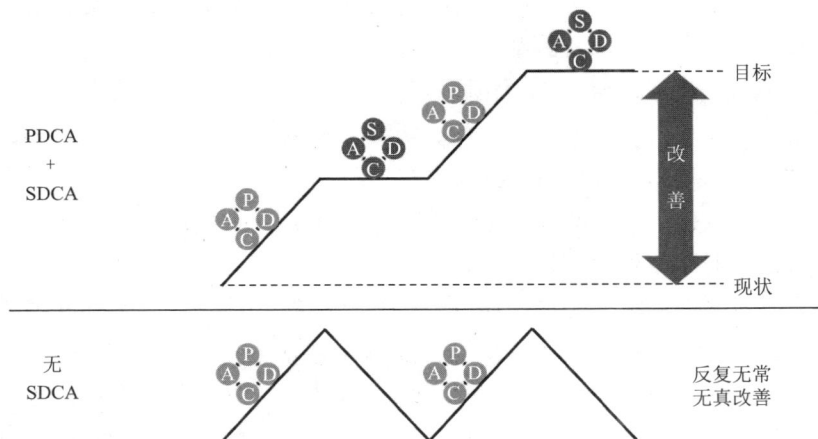

图 4-3-27 PDCA 和 SDCA 的结合

关于标准化，在团队完成一轮改善后，团队需要建立一套标准化的工作流程或者操作规范等。通过明确标准化，可以确保在执行过程中的一致性和稳定性。标准化的目的是降低变异性、提高效率，并为后续的改进提供基准。标准化的内容可以包括但不限于工作流程、操作指南、质量标准、安全规范等，不同领域和行业会有不同的标准化要求。

（三）事的生命周期

一个任务从被触发到被很好地完成，其生命周期包括规划、计划、执行和纠偏这四个过程。如图 4-3-28 所示，事的生命周期是一件事情从路线规划开始，在迷宫中经历重重险阻后到达目的地的场景。

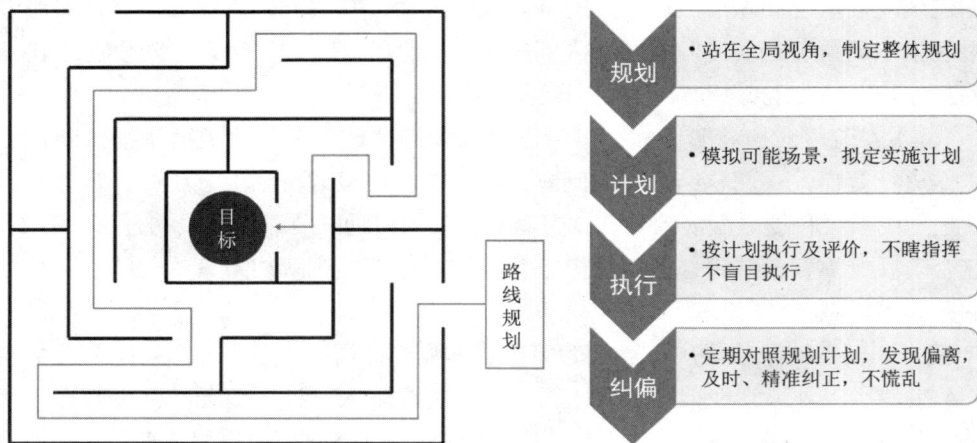

图 4-3-28 事的生命周期

（1）规划。在规划阶段，需要站在全局视角制定整体规划。没有路线规划，可能会迷失方向，走错路口。因此，制定整体规划非常关键。这类似于图中所示的路线规划，供应链管理的整体规划也可以被视为一张供应链的路线图，指引着整个供应链系统朝着既定的目标发展。比如，需要根据战略制订中心经营计划，明确各部门基本要求及期望，并与部门负责人达成共识。

（2）计划。在规划完成后，进行模拟和制订实施计划是非常重要的一步。通过模拟可以更好地评估整体规划的可行性，并提前发现潜在的问题和风险。制订实施计划则是将整体规划转化为具体可操作的步骤和行动计划，以确保任务的顺利执行。一个好的实施计划应该是多场景的，能够应对各种突发情况和变化。特别是在今天这个快速变化的时代，灵活性和适应性是成功的关键。因此，在计划阶段中，需要制订各部门的常规工作计划、项目计划以及绩效考核责任书等文件，以确保每个环节都有明确的指导和目标。

（3）执行。按照制订的计划进行实施是至关重要的。然而，仅仅盲目地执行并不足以确保任务的顺利完成。作为管理者需要在执行过程中持续评价执行情况，及时调整和优化策略，以确保任务能够按照预期达成。设计、推行和优化流程也是提高执行效率的关键。通过分析和评估执行过程中存在的瓶颈和问题，管理者可以重新设计和优化流程，以提高工作效率和质量。同时，适时地引入自动化和信息化技术，可以进一步提升执行效果，减少人为错误和时间浪费。

（4）纠偏。定期对照规划计划进行检查，如果发现执行有偏离计划的情况，就需要及时纠正。以下是一些纠偏的方法和注意事项。

通过日常的上报下达机制，发现问题并快速解决问题。在绩效面谈中，可以根据一句话职责及期望，以及绩效考核责任书来确定绩效等级，不必过于详细和复杂。否则，把绩效评估的过程搞得太复杂，是没有意义的。同时，需要引导被考核人注重改善方向而不是过分纠结当期的绩效分数。

规划力、执行力和结果一览表，见表 4-3-1。

表 4-3-1　规划力、执行力和结果一览表

结果		执行力		
		强	中	弱
规划力	强	好结果 如：及早系统规划；按计划交付高质量的阶段性及最终结果	一般结果 如：及早系统规划；按截至日期卡点交付最终结果	差结果 如：及早系统规划；没有好的执行，在最后一刻说做不到
	中	一般结果 如：一般规划；按计划交付阶段性及最终结果	一般结果	差结果
	弱	差结果 如：无规划意识，"推一下动一下"式的被动执行；执行得再好，也是片面的	差结果 如：无规划意识，"推一下动一下"式的被动执行；按截至日期卡点交付最终结果	差结果 如：无规划意识，"推一下动一下"式的被动执行；在最后一刻说做不到

综上所述，要想出色地完成一个任务有一个好结果，要有强规划以及强执行。

🔔 思考

在供应链管理工作中，如何避免成为"保姆"，实现轻松管理？

_____

_____

_____

_____

_____

_____

（四）做好日常运作及会议管理

作为供应链的管理人员，如果将过多时间和精力花在日常运作的管理活动上，

往往会影响规划和计划工作的质量，这是得不偿失的。因此，供应链管理人员需要找到方法来轻松有效地处理日常运作管理工作。

1. 用心建设"制度—流程—机制—规则"

通过用心建设"制度—流程—机制—规则"，并且维护它们的尊严，以减少例外事件的发生。

首先，建立健全有效管理制度和流程可以帮助规范日常运作，提高工作效率。这包括建立明确的工作标准、流程和责任分工，确保每个环节都能够有条不紊地进行。

其次，建立健全有效管理机制和规则可以帮助管理人员更好地监督和指导日常运作。比如，建立有效的监控和反馈机制，及时发现问题并进行纠正。同时，明确的规则可以帮助员工更好地理解工作要求，避免出现混乱和偏离情况。

最后，维护这些制度、流程、机制和规则的尊严也非常重要。这意味着管理人员需要定期审查和更新这些制度，确保其与实际工作相适应，并且坚决执行这些规定，不偏袒、不纵容。只有这样才能最大程度地减少例外事件的发生，提高日常运作管理的效率和质量。

2. 科学的会议管理

不在开会，就在开会的路上。这句话道出了会议多的情况。今天开，明天开，次次讲的都是一样的内容。这句话，道出了会议无决策或执行不到位的情况。在现代商业环境中，会议是团队合作和决策制定的重要方式之一。然而，如果会议过多、冗长或缺乏明确目标，就可能导致时间浪费和效率低下的问题。因此，有效的会议管理至关重要。

供应链团队通过科学的会议管理，可以提高会议效率、减少浪费，有助于促进团队协作和决策效率。制定明确的会议目标、精心策划会议议程、邀请合适的与会人员、提前准备和分发材料、严格控制会议时间、记录会议内容和行动项、跟踪和评估会议效果。

科学的会议管理，如图 4-3-29 所示。

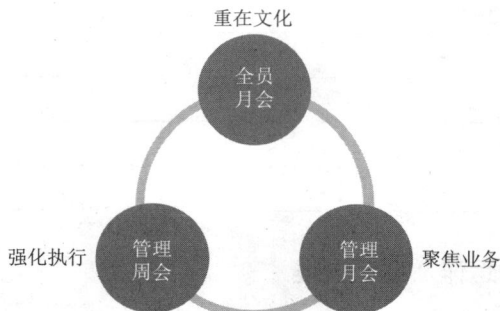

图 4-3-29　科学的会议管理

（1）全员月会。它是供应链管理的一项重要活动，通过全员参与，旨在加强企业文化建设。在全员会议中，管理层可以分享企业和部门的最新工作进展、下一步的工作方向和思路。同时，最佳实践分享也是一项重要的内容。通过员工的分享，整个团队可以从中学习到先进的工作方法和经验，提高整个团队的素质和能力。分享者也可以通过全员会议这个平台展示自己，在团队内获得更多的认可和支持。还有，为了激励成员争先创优，全员会议还可以设置表彰活动，表彰在工作中表现出色的员工和团队。这不仅可以激发员工的积极性和创造性，还可以使整个团队更加团结。此外，除了工作上的交流和分享，全员会议还可以安排集体活动，如生日会等。这些活动将有助于增强团队的凝聚力和向心力，营造愉悦的工作氛围。通过这些活动，员工之间的情感联系和信任感也得到了进一步加强。

（2）管理月会。它是专为管理人员设计的一种会议形式，其重点放在业务方面。在管理月会上，管理人员将聚焦于企业和部门的目标，以及各区域的自主规划。他们可以对过去一段时间的工作进行复盘，评估相关绩效指标的达成情况，并回顾行动计划的完成情况。同时，明确下一阶段的目标和计划是非常重要的。管理人员可以讨论和制定具体的目标，并确定实现这些目标所需的行动计划和资源分配。这有助于确保整个团队对下一阶段工作的方向和重点有清晰的认知，并能够协调合作，共同实现目标。此外，管理月会也是一个协调和协作的平台。不同部门和区域的管理人员可以分享彼此的经验和最佳实践，促进跨团队的沟通和合作。他们可以互相学习和借鉴，在业务发展上形成共识和合力。

（3）管理周会。它是强化执行的一种会议形式，主要面向管理人员。在管理周会上，管理人员可以对碰执行过程中出现的情况进行讨论和分析。通过确定任务的责任人和完成时间，并对进度进行跟踪和监督，以确保工作按计划顺利进行。当出现问题或者工作进展不如预期时，管理人员必须迅速做出反应，并制定应对措施以解决问题。这有助于避免问题扩大化和影响业务进展，同时也能够增强团队的协作和应变能力。

四、"人—事"熵减之道（模型 32：团队管理的飞轮模型；模型 33："人—事—果"组织成事模型；模型 34："资源—能力—收益"螺旋上升模型；模型 35：资源能力蛋糕模型；模型 36：领导艺术屋模型）

"人—事"熵减之道是通过优化人与事之间的关系来提高组织的效率和绩效。这包括制定明确的工作要求、激励员工积极参与工作、提供必要的培训和发展机会等。只有在人和事之间建立良好的关系，才能够让员工更好地理解自己的工作职责和组织的目标，并且为实现这些目标付出努力。

（一）"人—事"熵减之道团队管理的飞轮模型

"人—事"熵减之道团队管理的飞轮模型，如图 4-3-30 所示。作为供应链的管理者，如果想让团队管理的效益高且持续优化，可以按照供应链管理团队管理飞轮模型的做法。

图 4-3-30　"人—事"熵减之道团队管理的飞轮模型

（1）制定团队规划并辅导成员执行。作为供应链的管理者，制定团队规划是确保团队目标清晰明确的关键一步。然而，单纯地制定规划并不足以确保成功，供应链的管理者还需要扮演着辅导者的角色，引导团队成员将规划付诸实施。辅导不仅意味着向团队传达目标和任务，更重要的是要激励、支持和指导他们在实现这些目标的过程中。管理者应该倾听团队成员的需求和挑战，并提供必要的资源、培训和反馈，以确保他们能够有效地执行规划。通过持续的沟通和指导，管理者可以帮助团队克服障碍，保持动力，最终实现共同的目标。

（2）绩效考核与激励管理。在进行绩效设计时，责任书应该全面涵盖企业、部门、岗位和项目的绩效指标。企业、部门和岗位绩效是基本的考核对象，能够反映出整体组织运营的效率和效果。而项目绩效则扮演着牵引和提升的角色，通过项目绩效的考核，能够促进跨部门之间的合作，加强团队间的协同效应。对于项目绩效的激励，奖金可以从项目收益中提取，激励团队成员积极参与和推动项目的顺利完成。通过合理的绩效考核和激励管理，可以有效激发团队成员的工作积极性，提高团队整体的执行效率和创造力。

（3）带领团队获得高绩效、使成员成长。管理者通过带领团队获得高绩效，以提升团队在企业中的形象。让团队成员感到自豪和归属，从而激发他们的工作热情和责任感。同时，管理者应该注重培养和发展团队成员。除了培训和激励等方式，带领成员打胜仗是一种深刻的方式，能让团队成员将获得实际的成长和锻炼，从而实现个人成长和团队整体绩效的提升。

（4）触发团队内良性竞合、创先争优。管理者可以创造竞争场景来激发团队活力，形成良性竞争和合作的关系。其中一种方式是通过轮流汇报及评价，让团队成员相互了解对方的工作内容、成果和方法，并进行评价和反馈，从而促进团队内部的交流和学习。另外，举办竞赛活动也是一种有效的方式，可以通过比赛的方式来评定团队成员的能力和表现，激发团队成员的竞争意识和主动性。此外，在公众场合表彰优秀团队和个人，也是一种有效的鼓励方式，可以激励团队成员为争取荣誉和名誉而不断努力和进取。通过这些方法，可以不断激发团队成员的工作热情和创新精神。

（5）团队成员自主规划、超越组织期望。在过去，团队成员是执行团队负责人的规划，缺乏主动性和独立思考能力。然而，为了实现突破和创新，团队成员需要从执行者转变为创造者。这一转变的关键点在于管理者要给予团队成员更大的自主权和责任任命。在执行的基础上，管理者可以逐步引导团队成员开始自主规划并执行。首先，可以通过明确团队目标和战略方向，鼓励团队成员提出自己的想法和建议，并将其纳入团队的规划中。其次，可以提供培训和指导，帮助团队成员发展自主思考和决策的能力。同时，重视团队成员的反馈和意见，给予他们参与决策的机会，让他们感受到自己的价值和影响力。

（6）形成良好的团队文化。通过前面五步，供应链管理团队正呈现出执行力强、创造力强、创先争优和充满活力的特点。为了固化这些特点，需要建立一系列良好的团队价值观和行为准则，以引导团队成员的行为和思维方式。良好的团队文化，为团队的发展和壮大提供了沃土。

（二）"人—事—果"组织成事模型

供应链管理者在工作中很多时候需要依靠团队成员来实现目标。对待团队成员和工作事务，以及处理二者之间的关系，对于管理工作来说至关重要。如图 4-3-31 所示，通过"人—事—果"组织成事模型可以帮助我们取得良好的结果。

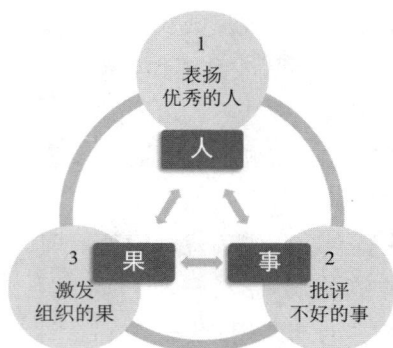

图 4-3-31 "人—事—果"组织成事模型

（1）表扬优秀的人。供应链管理者需要通过回顾过去，挖掘那些真正符合企业目标导向的优秀事迹。这些事例包括团队成员在工作中取得的突出成绩，或是他们在解决问题、创新等方面表现出来的特别能力和素质。当供应链管理者发现某个团队成员表现出色时，及时表扬和鼓励他们是非常重要的。这不仅可以提高这个人的自信心和工作热情，更可以激励其他团队成员效仿他们的优秀表现，从而营造一种争先创优的氛围。

（2）批评不好的事。供应链管理者需要通过回顾过去，总结那些违背公司导向的不好事件。这可能包括团队成员在工作中出现的失误、不当行为或不符合公司价值观的做法。重要的是，供应链管理者在处理这类情况时要保持客观公正，以事论事，避免对个人进行攻击或过度指责。供应链管理者需要注意批评时的方式和态度，要坚持对事不对人的原则，给予被批评的团队成员足够的尊重和面子。在直面问题时，要坦诚而坚决地指出问题所在，提出改进建议，并引导团队成员认识到错误，并且从中吸取宝贵的经验教训。通过将失败转化为宝贵的经验，团队成员可以更好地成长和进步。

（3）激发组织的果。激发组织的果需要展望未来，提出符合企业导向的具体计划和要求。在制订计划和要求时，供应链管理者需要考虑团队成员的能力和资源，确定切实可行的目标，并明确分工和责任。此外，管理者还需要及时调整计划和要求，以适应不断变化的市场环境和业务需求。在执行计划和要求的过程中，供应链管理者通过表扬优秀的人、批评不好的事以及激发组织的斗志，激励整个团队取得优异的成果。在达成目标后，供应链管理者需要公开表扬整个团队的成绩，让团队成员感到自豪和满足，同时也鼓励他们继续保持良好的状态。通过这种方式，供应链管理者可以不断激发团队成员的工作热情和积极性，实现整个组织的目标。

（三）"人—事"熵减之道对领导者的要求模型（"资源—能力—收益"螺旋上升模型，资源能力蛋糕模型，领导艺术屋模型）

"人—事"熵减之道给组织的发展提供了一种良好的方法，而要实现"人—事"熵减，领导者需要具备以下条件：

1. 对领导者的基本要求

如图 4-3-32 所示，对领导者的基本要求可以分为如下四个方面。

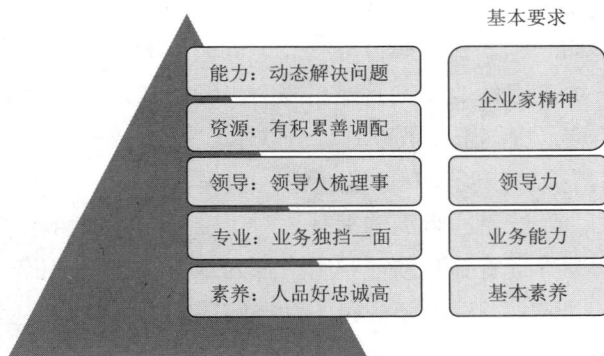

图 4-3-32　对领导者的基本要求

（1）基本素养。领导者应具备良好的人品和高度的忠诚度，这是进入企业核心层的最低门槛。良好的人品包括诚实守信、正直可靠、善于沟通和团队合作，能够树立起良好的榜样形象，赢得员工和同事的尊重与信任。而高度的忠诚度意味着领导者对企业的使命和价值观念忠诚不渝，愿意为企业的长远利益和发展目标而努力奋斗，甚至在面临困难和挑战时也能坚定不移地支持企业的决策和方向。这种忠诚度与责任感将成为领导者在危急时刻的精神支柱，塑造出一支团结奋进、担当责任的高效团队。

（2）业务能力。在所负责的业务范围内，领导者应具备独当一面的能力，能够引领企业，并做出正确的判断和决策。优秀的领导者不仅要了解行业动态和市场趋势，还需要具备深刻的洞察力和战略眼光，能够准确分析问题、制定有效的解决方案，并在关键时刻果断决策，引领团队向正确的方向前进。具有独立思考能力的领导者不会被外部干扰左右，而是以客观理性的态度对待问题，确保企业和部门的发展方向正确无误。他们不仅仅是执行者，更是决策者和领路人，能够激发团队潜力，推动组织持续成长。

（3）领导力。领导者应拥有组织的问题即管理者的问题的态度和勇气，还应具备管人理事、改善人和改善事的能力，以有效地管理团队和解决问题。首先，领导者需要始终保持一种积极的态度，认识到组织中出现的所有问题都是管理者的责任。他们不会把问题归咎于他人，而是勇于承担责任，并主动寻求解决方案。这种态度能够激励团队成员，建立一种积极向上的工作氛围。其次，领导者需要具备管人理事的能力。他们善于管理团队成员，了解每个人的优势和潜力，并合理分配工作任务，激发团队成员的工作动力和创造力。同时，领导者还需要制定明确的工作目标和规划，确保团队朝着共同的目标努力前进。最后，领导者需要注重改善人和改善事。他们应重视员工的培养和发展，为团队成员提供学习和成长的机会，帮助他们提升专业技能和领导能力。通过持续的培训和反馈机制，领导者能够不断改善团队的整体素质，提高工作效率和质量。同时，领导者也需要改善事务管理，优化工作流程和组织结构，提高工作效率并降低成本。

（4）企业家精神。在现代商业环境中，领导者需要具备丰富的资源积累和优秀的资源调配能力。随着管理级别的提升，对于资源的储备量和调配能力的要求也越来越高。优秀的领导者能够有效地利用资源为企业及部门带来实质性的收益，推动组织持续发展。同时，领导者还应善于动态解决问题，并始终坚持"只要思想不滑坡，办法总比困难多"的信念。他们应以目标和结果为导向，不容忍也不需要任何理由，同时反思失败原因并制定下一步的应对策略。虽然解决问题看似是一种基本的能力，但在管理岗位上很容易因为只指挥但没有实操而失去这个能力。然而，本质上，企业的价值就在于在解决社会形形色色的问题中让企业持续经营，个人的价值则在于解决问题中发挥出来。领导者能够解决的问题越大，回报也会越大。

2．企业家精神

在对领导者的基本要求金字塔中，企业家精神位于金字塔的顶部。如何将企业家精神落到实处？如图 4-3-33 所示，我们通过"资源—能力—收益"螺旋上升模型来了解。

通过资源—能力—收益螺旋上升模型，我们可以看到资源、能力和收益在每一层都会按照先后顺序排列，但并不是线性发展的，在每一轮循环中它们会互相作用、相互促进、叠加影响，从而呈现出一种螺旋式上升的趋势。这个模型则是企业家精神的实践过程，最终驱动企业高质量发展。

（1）精准投入资源是起点。这是企业家精神实践的第一步，它也是实现供应链高效运作和优化绩效的基础。精准投入资源意味着将有限的资源集中投入到最需要的地方，以最大程度地提升供应链的效益和竞争力。这需要管理者在资源分配上做出明智的决策，并根据实际情况进行调整和优化。

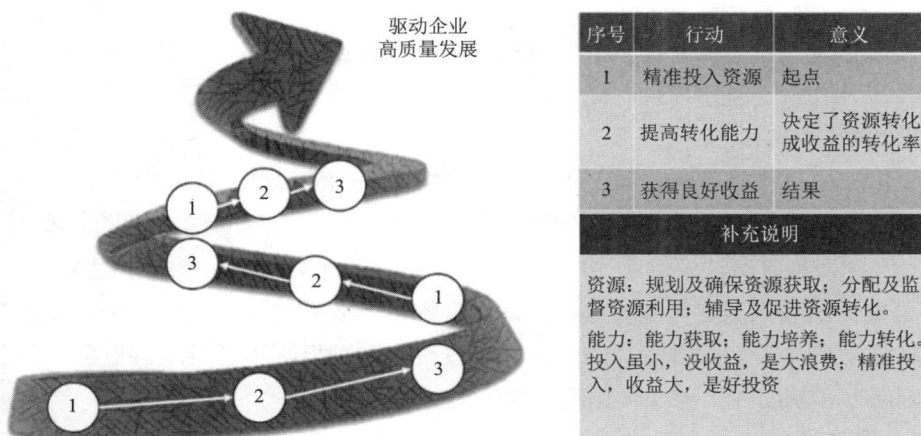

图 4-3-33　"资源 - 能力 - 收益"螺旋上升模型

首先，精准投入资源需要对市场需求进行深入分析和了解。管理者需要通过市场调研和数据分析，把握市场的变化和趋势，了解消费者的需求和偏好。这样可以更准确地确定产品和服务的需求特点，为资源投入提供依据。

其次，精准投入资源需要与供应链上下游企业进行紧密协作和规划。管理者需要与合作伙伴共同制定供应链的战略和目标，明确各环节的责任和任务。通过协同规划，可以合理配置资源避免资源浪费和缺口，提高供应链的整体效率。

再次，精准投入资源需要以数据驱动的决策为基础。管理者可以利用信息系统和数据分析工具，收集、整理和分析供应链相关的数据。通过对数据的准确评估和分析，可以更加精准地判断资源投入的效果优化资源配置，提高资源的转化效率。

最后，精准投入资源需要管理者具备风险管理和适应能力。管理者应该识别和评估供应链中的潜在风险，并建立相应的应对机制。通过合理的风险管理，可以避免资源投入到高风险环节，确保资源的精准使用，并提高供应链的适应能力和稳定性。

（2）提高资源转化能力。可以通过如下方法来提高资源转化能力。比如，推动技术创新，发掘和应用新的技术手段和工具，提高生产效率和质量，降低成本，从而提高资源的转化效率。推出符合市场需求的新产品，并加强产品差异化和定制化，提高产品附加值和竞争力，从而增加销售额和利润。通过与供应链上下游企业协同，实现资源共享和分工协作，优化整个供应链的效率和效益。加强成本控制和管理，降低成本，提高利润率，从而提高资源的转化效率。

（3）获得良好收益。获得良好收益是供应链管理的最终结果。管理者需要具备企业家精神，以资源和能力为视角对待每一个管理行为，从而实现良好的投资回报。投入虽小但没收益，这是大浪费。精准投入且收益大，这便是好投资。

比如，规划及确保资源获取。管理者应该有远见和洞察力，提前规划和确保所需资源的获取。这包括与供应商建立稳定的合作关系，确保供应链畅通无阻及时获取所需的物资和原材料。

又如，分配和监督资源利用。管理者需要合理分配资源，并且确保其有效利用。通过制定明确的工序和流程，优化资源配置避免资源浪费和闲置。同时，通过监督和控制及时发现并解决资源利用中的问题。

再如，辅导和促进资源转化。管理者要提供必要的辅导和培训，帮助员工充分发挥其能力和才干，促进资源的转化。通过设立激励机制和提供发展机会，激发员工的创造力和积极性，进一步提高资源的价值和效益。

3．在有限的资源和能力下创造价值

企业的资源和能力的配置是动态变化的，要能满足企业发展需求。过迟、过低的配置会阻碍企业的发展，过早、过高的配置会给企业带来浪费。因此，在有限的资源和能力下，管理者需要接受不完美并抓大放小，实现效益最大化。

如图 4-3-34 所示，我们通过资源能力蛋糕模型来了解如何分配资源和匹配能力。

（1）企业理想的样子。企业理想的样子位于模型的底部，代表企业的愿景。企业的事务分为核心、关键、重要和次要这四种类型，在对具体事务分配资源和匹配能力时，需要结合其重要性来考虑。因为，资源和能力是有限的，需要思考如何实现效益最大化。

（2）当下的目标。当下的目标位于模型的中部，是低于愿景的，代表企业当前需要实现的目标。基于有限的资源和能力，接受不完美。选择聚焦和管控愿景中的核心、关键和重要部

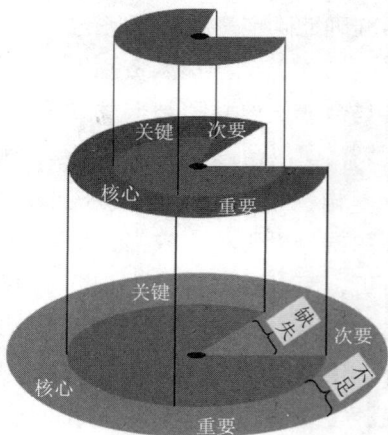

图 4-3-34　资源能力蛋糕模型

分，暂搁或放权愿景中次要的部分。在此前提下，补全缺失的部分和增强不足的部分，逐步实现愿景。

（3）当下的实力。当下的实力位于模型的顶部，代表企业当前的资源和能力水平。聚焦和管控当下目标中核心、关键和重要的部分，暂搁或放权当下目标中次要的部分。在此前提下，补全缺失的部分和增强不足的部分，按节奏地实现当下的目标。

管理者需要注意避免顾了次要的部分，但丢掉了核心、关键和重要的部分的误区。过分挑剔次要部分会浪费时间和精力，导致团队成员信心受挫、效率低下和无

成就感。因此，管理者需要有清晰的思路和策略，并带领团队一起实现企业的愿景和目标。

4．会做、会教、会管

在团队的事务中，尽管管理者可能只会亲自实操部分事务，但其职责要求管理者必须能够管好所有的事务。优秀的管理者不仅精通核心业务，还了解绝大部分业务，并且能够全盘管控整个业务。

领导者的会做、会教、会管，如图 4-3-35 所示。管理者面对当前下属无法胜任的工作时，应该展现出会做、会教和会管的思路，这种思路强调了管理者需要具备全方位的管理能力。管理者如果只顾管理而忽视实操和教学，就会导致自身脱离实际操作，失去对业务的敏感度和理解，进而影响到团队的表现和效率。因此，管理者需要不断保持"手感"，亲自完整地做一些工作，并且注重培养团队成员，使团队整体能力得到提升，实现共同的目标和成就。通过这样的方式，管理者才能真正发挥领导作用，推动团队朝着成功和稳定的方向前进。

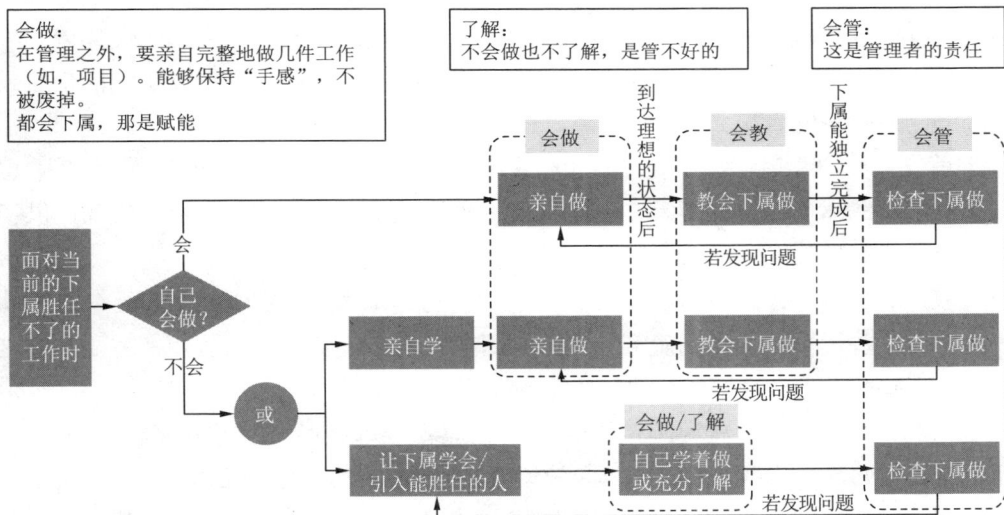

图 4-3-35　领导者的会做、会教、会管

5．领导艺术屋模型

在管理中，有两种极端的风格，分别是一刀切式和放养式。简单来说，一刀切式管理倾向于过度集中权力，缺乏灵活性，可能扼杀员工的创造力和潜力。而放养式管理则过分强调员工自主意识，缺乏统一管理，可能造成松散和低效的局面。我们需要寻求一种刚柔并济的管理方式，才能确保组织的健康发展。

如图 4-3-36 所示，通过领导艺术屋模型，我们来了解实现刚柔并济的方法。如同装修房屋，不能动承重墙、配重墙和房中梁等。若动了会带来重大安全隐患。在不动的情况下，可根据自己的需求来装修。在管理中，识别和区分刚性要素和柔性要素是非常重要的，因为这有助于在保持核心稳定的情况下，灵活地应对变化和挑战。管理者需要搭建和管控刚性要素，以及赋能和使能柔性要素。

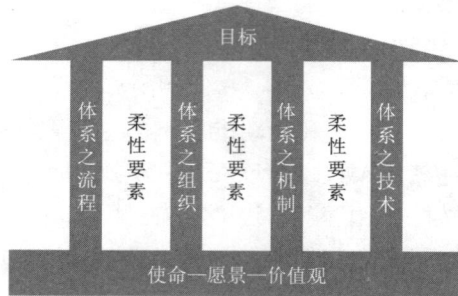

图 4-3-36　领导艺术屋模型

（1）刚性要素。刚性要素是组织中不可动摇的基础要素，它们为组织提供了方向、稳定性和准则。在一定周期内坚守它们，不能以任何理由去动刚性要素，或者逾越它们去执行和评价等，以确保组织的整体稳定和发展。刚性要素包括企业或部门的使命愿景价值观、目标和体系，还有相关的原则和底线等要素。

首先，使命愿景和价值观代表了组织的核心信念和文化，它们是组织存在的意义和价值观的体现。这些要素在一定程度上是稳定不变的，它们为组织员工提供了共同的价值观基础，并对组织的行为和决策产生影响。

其次，目标是组织的战略定位和长期规划的具体表达，它们指引着组织的行动和决策。这些目标应该是明确的，在一定周期内不会随意更改。管理者需要牢记这些目标，并把它们作为评估绩效和决策的重要依据。

再次，体系是一个相对固定的框架，它确保组织内部稳定运作和高效沟通。管理者需要遵循这个体系，并确保其有效运转，以达到组织的整体目标。

最后，相关的原则和底线是组织在运作过程中必须遵循的准则和规范。这些原则和底线确保组织在各种情况下都能够保持合法、诚信和道德的行为。

（2）柔性要素。柔性要素是指处理具体事务时所采用的方式、方法和实施路径，以及技巧和形式等要素。相对于刚性要素，柔性要素更加灵活多样，可以根据具体情况进行个性化的调整和应用，但必须在遵循刚性要素的前提下进行。柔性要素的使用可以提供更大的灵活性和适应性，使组织能够更好地应对变化和挑战。比如，在市场环境发生变化时，柔性要素可以帮助组织调整策略、创新产品或服务，并采取适当的市场营销手段。这样，组织可以更好地满足客户需求，保持竞争力。举例来说，一旦设定了年度预算目标，这个目标就属于刚性要素，不能轻易更改。同时，在不改变目标的前提下，可以运用柔性要素来实现目标的完成。比如，可以根据个人偏好选择适合自己的方法和改变实施路径，以更加高效地达到预算目标。

　　总的来说，刚性要素提供了组织的基本框架和准则，柔性要素则在这个框架内提供了更多的选择和调整空间。柔性要素的应用必须在遵守刚性要素的前提下进行。管理者需要在保持刚性要素的稳定性和一致性的同时，合理灵活地运用柔性要素，以实现组织的整体目标。

🔔 学后行动

　　你所在的团队有哪些管理方面的问题？如何改善？

_____

_____

_____

_____

_____

后记

我是一名在供应链管理领域摸爬滚打了近二十年的从业者。回望我的职业生涯，从初入计划部门时的青涩，到逐步成长为能够全盘管理供应链并参与公司战略决策的关键角色，我深知这条路上的不易与精彩。在这过程中，我亲历了战略规划的宏图大展、日常运营的精细打磨、精益管理的持续精进、流程优化的创新突破、数字化转型的浪潮涌动，以及项目管理与专业咨询的深度挑战。每一步都烙印着奋斗的足迹，每一刻都充满了成长的喜悦。

面对未知与挑战，我也曾有过彷徨与自我怀疑。但正是这些时刻，激发了我不断寻求突破与成长的决心。通过在实践中不断试错、总结经验、积累知识，我逐渐找到了适合自己的工作节奏和学习方法。工作不再仅仅是完成任务的机械过程，而是成为了我精心雕琢的艺术品，每一次努力都闪耀着智慧与汗水的光芒。

人这一辈子，总会碰上不少难事儿，有的让人头疼得不行，信心都快没了，甚至想放弃。但有些时候，咬咬牙，就把难题给解决了。要是能一开始就看到希望，明白这些难处其实是让人变强的垫脚石，而不是拦路虎，人的心态就会更稳，做事儿也会更有劲儿。这样一来，事情也就变得简单多了，咱们也能赢得多，输得少。

我写这本书，初衷很简单，就是希望把我这些年在供应链管理上的一些心得、经验和教训，用最通俗易懂的方式分享给大家。我知道自己还有很多不足，但我希望能通过这本书，为那些想入门或者正在路上的朋友，提供一点点帮助和启发。

这本书更像是一个陪伴者，陪你一起看到希望和克服当前的困难，牵引你看到并追求供应链管理的这份美好。它不会直接告诉你所有答案，但会引导你如何去寻找答案，并享受解决问题的过程。另外，由于篇幅有限，有些详尽的内容未在本书中呈现。我打算在供应链管理之美系列的其他专著中展开，让我们共同期待。同时，我也非常期待大家的反馈和建议，因为在我看来，每一次的交流都是一次宝贵的学习机会。

最后，我想说，作为供应链人，让我们相互学习，共同进步，一起打造更加高效、协同的供应链共同体。一起成长为卓越的供应链人，放大个人和组织的价值，打造不可取代的竞争力。我相信，只要我们保持谦逊，持续努力，就一定能够迎来更加美好的明天。

彭东文

2024 年冬至